フィリップ・ヴァン・パリース
PHILIPPE VAN PARIJS

ヤニック・ヴァンデルポルト
YANNICK VANDERBORGHT

BASIC

ベーシック・インカム
～自由な社会と健全な経済のためのラディカルな提案～

INCOME

［監訳］
竹中平蔵
Supervised by
HEIZO TAKENAKA

A RADICAL PROPOSAL
FOR A FREE SOCIETY
AND
A SANE ECONOMY

CROSSMEDIA PUBLISHING

監訳者まえがき

···

　　の本は、今後世界で経済・社会のあり方を議論する際に間違いなく
　　大きな話題となるであろう「ベーシック・インカム」に関する、包括的な分析・解説書である。世界が混迷し社会の分断が進む中、本書は間違いなく今後の政策論議のバイブル的役割を果たす文献となるだろう。

　これまで監訳者は、日本国内の経済政策としてこうしたベーシック・インカム（ないしはその類の政策）の導入がやがて必要になると主張してきた。しかしその度に、リベラル、コンサーバティブ、双方からの反論を受けた。そうした中で出会ったのが、ハーバード大学出版会から出された本書である。ベルギーの大学に所属する二人の学者、P. V. パリース氏（経済学・社会倫理学）とY. ヴァンデルポルト氏（政治学）が記した本書は、400ページ近くにものぼる大部の書物だ。その中には、なぜこうしたベーシック・インカムの制度が必要なのか、これまで世界各国でどのような議論や論争・実証がなされてきたか、経済的および政治的な実現可能性をどのように考えるべきか、貴重な情報が集約されている。これらは、今後日本国内で議論される政策論にとって、このうえなく有益な素材となると確信している。

　私がベーシック・インカムの考え方に最初に関心を持ったのは、ミルトン・フリードマンの負の所得税という考えを学んだことがきっかけだった。実は本書の筆者は、最も理想的で目指すべき政策として、「資産状況にかかわらず、就労条件を課すことなく、個人単位で万人に対して定期的に現金収入をもたらす」、その意味で完全無条件のベーシック・インカムを主張している。これは、フリードマンの負の所得税とは概念的に異なるものではあるが、本書では負の所得税をベーシック・インカムに親和性の高い政策として位置付けている。同時に著者たちは、この理想的な政策が容易には実現できないであろうこと、したがって部分的な制度改革から行う「慎重

で、段階的アプローチ」の重要性をも強調している。

　また著者たちは、暫定的な提案として、一人当たりGDPの４分の１の金額のベーシック・インカムを主張しているが、これをあえて日本に当てはめれば、月額約９万円という計算になる。日本国内では、財政負担を大きくしないという前提で月額７万円という試算例（元日銀政策審議委員・原田泰氏による）があるが、これらを含めて１つの目安になるかも知れない。

　本書の監訳を通して私自身多くの情報を得ることができたが、とりわけ以下の３点について強い印象を受けた。第一は、ベーシック・インカムに関する問題については、既に長い論争が行われてきたことだ。その起源は、18世紀末にまで遡ることができる。そしてまた政策提案や論争に合わせて、これまでにさまざまな社会実験などが行われてきたことも重要だ。

　第二の点は、ベーシック・インカムの論争には、私たちがよく知る世界的に著名な専門家が深く関わってきたことだ。先に述べたフリードマンもその一人だが、ガルブレイス、ミード、トービンなど、経済学の教科書に必ず登場する歴史的なエコノミストが名を連ねる。さらには、アメリカの1972年大統領選挙における民主党のマクガヴァン候補の場合など、公約にベーシック・インカムが掲げられる寸前まで行っていた。それほどに、この議論の根は深く、長い論争の歴史を持っている。

　第三に、著者たちのベーシック・インカム論には、深い哲学的背景がある。何よりも自由と平等を尊び、恣意的な介入の支配を無くしたり、そのような介入から守ったりすることに重点を置いた、分配的正義の考え方だ。最も自由のない人たちがより自由を得るために、そして社会の遺産を共同でシェアするために、ベーシック・インカムが必要であると主張されている。

　日本でベーシック・インカムを論じると、必ず「働かずに政府がカネを出せば、労働のインセンティブが失われる」、いや「これは社会保障費を削減するための戦略だ」といった批判が右・左の陣営から出される。こうし

た点については既に深い論争がなされてきたこと、近年はこれらを超えて
更なる論議が行われていることを、本書から学ぶことができるだろう。

　本書の構成と概要は、以下の通りである。
　第1章「自由を実現する手段」では、なぜいま無条件なベーシックイン
カムが必要なのかが論じられる。複雑化する今日の世界には、脅威と機会
がある。これを評価する基準は、自由——より具体的に、豊かな人だけで
なく万人にとっての実質的自由である、と述べる。そして、経済的な安定
を追求する方法を、根本的に立て直す措置として「ベーシック・インカム」
が必要であることが主張されている。
　技術革新など様々な要因によって所得獲得能力には大きな格差が生じて
いる。経済成長が続けば、失業や雇用の不安定化が抑えられるという過去
の考えを捨てる必要があるのだ。このため、厳密な意味において三つの要
因を満たす（個人ベース、普遍的、義務を課さない）「無条件」なベー
シック・インカムが必要であると結論されている。
　ベーシック・インカムという用語が歴史的にどのように使われ、どのよ
うな内容を意味していたかも紹介される。また無条件ベーシック・インカ
ムと、既存の条件付き最低所得制度の間には、根本的な違いがある点が強
調されている。また能動的な福祉国家を目指すにあたって、「ベーシック・
インカムは、コストではなく投資」という興味深い指摘がなされる。

　第2章「ベーシック・インカムとその親戚たち」では、ベーシック・イン
カムと親和性のある六つの考え方について検討し、結論としてベーシック・
インカムこそが理想的な仕組みであることを示している。検討されるのは、
　①トマス・ペイン、ジェムス・トービンらも唱えた「基本的一括付与」、
　②オーギュスタン・クールノー、ジョージ・スティグラー、ミルトン・フ
リードマンらが主張した「負の所得税」、
　③低賃金労働者限定の給付付き税額控除としてアメリカで実施されてき

た「勤労所得税額控除」、

④ノーベル賞受賞者のエドムンド・フェルプスによる「賃金補助」、

さらに⑤「雇用保証」、及び⑥「労働時間削減」だ。とりわけこの章では、負の所得税との対比に、多くのスペースを割いている。

本章では、ベーシック・インカムにとって負の所得税は「もっとも近い競合相手」であることを認めつつ、その上でいくつかの点で前者が優れていると主張する。同時に筆者たちは、ここで吟味される代替案は、ベーシック・インカムと有意義な形で組み合わせることで現状を大きく改善できる場合も多い、との認識も示している。この点は、第7章の「政治的な実現可能性」への伏線にもなっている。

第3章には、「ベーシック・インカム前史：公的扶助と社会保険」というタイトルが付されている。16世紀以降、公的扶助と社会保険という考え方が2つのモデルとして示された。それらの論議の結果、どのような帰結がもたらされたかを論じている。ベーシック・インカムの議論は、18世紀から始まっており、その詳細は第4章で論じられる。そうした歴史を正しく理解するにあたって、公的扶助と社会保険という2つの社会的保護のモデルについて議論しておくのが必要……それが本章の役割である。

紹介されるのは、キリスト教における隣人愛の務めから、公的扶助の考えとその実践に至る過程、またその反動で公的扶助の揺り戻しが起こる過程、さらには社会保険という考えがいかに発展し、近代化された公的扶助がそれと共存してきたのか……。そこでは、ビーベス、ロック、マルクス、ピット、マルサス、リカード、ヘーゲル、モンテスキュー、ルソー、ビスマルクら、歴史を作った錚々たる大家たちが登場し、社会の根本的なあり方を巡る極めて興味深い議論が展開される。

今日では、社会保障というのは政府の当然の役割と認識されて、様々な制度が定着している。しかしここに至るプロセスで、いかに多くの識者が深く論争し、また社会実験が行われてきたのか、極めて興味深いものがある。

第4章「ベーシック・インカムの歴史：ユートピア主義者の夢から全世界的な運動へ」は、文字通り本書の主題であるベーシック・インカムの議論がいかにして誕生し、発展・変遷してきたかを論じている。前章で示された社会的保護の2つのモデルとは異なるものとしての、"ベーシック・インカム"だ。こうした議論は18世紀末から展開されており、その歴史的展開と変遷を振り返りながらこの考えの基本部分が詳述される。

　まず18世紀末から19世紀にかけて、トマス・ペイン、ジョン・スチュアート・ミルらから始まったこの議論は、第一次世界大戦後のイギリスにおいて、一時期国民的議論となっていく。多くの論者を巻き込み、「自由」「共有資産の公平な配分」「労働のインセンティブ」といった概念を軸に展開されていったのだ。そしてアメリカで公民権運動が頂点を迎えた1960年代に、ベーシック・インカムは、より具体的な政策論として取り上げられていった。アメリカの政策論争において、ベーシック・インカム型の構想が（短い期間ではあったが）華々しく論じられたのだ。

　またこの間、いくつかの実証実験も行われた。またアラスカ州において、実質的な意味でのベーシック・インカム制度が導入されているという紹介も興味深い。そして欧州での動きも含め、1980年代中頃以降こうした論議のための世界的なネットワークが形成されていく姿が描かれる。

　ベーシック・インカムを具体的な政策として議論するに当たり、その経済的・政治的な実現可能性が重要な問題となる。それらを第6・7章で論じる前段として、第5章「倫理的に正当化可能か？：フリーライド（ただ乗り）対公平な分配」では、その倫理的な正当性が議論される。ベーシック・インカムについては、道徳的な反対論があり、また関連して社会保障に関する哲学的な論争がある。それらについて踏み込んだ分析が示され、ベーシック・インカムが倫理的に正当化されることを結論づけている。

　ベーシック・インカムが貧困・失業を撲滅することを認めながらも多く

の人がこれを批判するのは、大きく2点だ。労働は良き人生の一部であるのだから、無条件に所得を与えるのは怠惰という悪徳を助長するのではないか……。健康な人が他人の労働によって生活するのは公正さにかけるのではないか……。

　筆者たちは、そうした2点について（特に第2の点に）焦点を当て、ベーシック・インカムの意義と重要性、そしてその倫理的正当性を丁寧に解説する。その根底には、万人の実質的自由を実現するという高い理念がある。そして、リベラルな平等主義の一形態としての「分配的正義」に基づいて、ベーシック・インカムの倫理的正当性が主張されていく。リバタリアン、マルクス主義といった立場がベーシック・インカムの主張とどのような位置付けになるのか、そうした興味深い分析も示される。

　第6章「経済的に持続可能か？：財源、実験、移行の方法」では、ベーシック・インカムが財政的な意味での実現可能なのか、そして持続可能なのかという、多くの人々が懸念する重要問題が取り上げられる。

　財源としてはまず、中核となる個人所得税の議論から始まって、さまざまな手法が検討されていく。容易に想像されるように、個人所得のみに財源を求める単純計算をすれば、相当の高税率が必要ということになる。しかしその際、よりダイナミックに、その制度によって経済行動がいかに変化するかを考察する必要がある。本章ではそうした実験例やシミュレーションを紹介し、その効用と限界が示される。

　さらに、個人所得以外の財源（資本など）について考察していく。この制度が経済的に持続可能か、確かに難しい問題だが、その選択肢は多様である。また一口にベーシック・インカムと言っても、その導入の仕方（何を廃止するか、どこから資金を賄うか、など）如何で、内容は多様だ。筆者らは、課税なしにベーシック・インカムを可能にする方法や新たな可能性などにも言及している。

　当然ながら、どれも単一では決定的に持続可能性を保障するものではな

いだろう。その上で筆者らは、よりリアリスティックに、そして慎重に前進できる様々な方策（部分的なベーシック・インカム、控えめな水準からの開始など）を、慎重な段階論的アプローチとして考察している。

　続く第7章「政治的に実現可能か？：市民社会、政党、裏口」では、ベーシック・インカム制度の政治的なフィージビリティが論じられる。当然ながら政治的な可能性を考えるにあたっては、国民の意識（世論調査）が重要だ。しかし地域特性や質問内容によって、ベーシック・インカムへの評価は大きく分かれ、限界がある。そこで、市民社会の様々な集団や政治的派閥ごとに、議論の内容を検討している。

　まず労働組合だが、興味深いことに労働者の立場を守るはずの労働組合は、いくつかの理由（組合員の大部分が安定したフルタイム労働者、など）でベーシック・インカムに前向きではなかった。また雇用者に関しては、負担の面からとりわけ反対論が強かった。それでもより良い社会のために、ベーシック・インカムへの理解が深まりつつあることが紹介される。

　ベーシック・インカムの政治的な見通しを評価するにあたって、それと親和性があると考えられる各プレーヤーの態度、その背後にある論理が検証されねばならない。筆者らは、プレカリアート、女性、社会主義者、自由主義者、環境保護論者、キリスト教徒、といった多様なカテゴリーについての分析を提示する。現状、これらの勢力は大きな政治的力になってはいないが、いくつかの新しい兆候が生まれつつある。

　本格的なベーシック・インカムが容易に採用される環境には、未だ至っていない。しかし、その可能性は高まっており、個人単位だが部分的で慎重な導入などへの期待が述べられていく。

　なお、原書は8つの章から成り立っているが、大部の文献であること、また日本の読者の関心がどこにあるかも考慮して、移民・EUについて論じる第8章については著者の許可も得て割愛した。関心のある読者は原書を参

照されたい。また本書には、大部の脚注が付けられているが、これらは
PDFで版元のホームページよりダウンロードして頂くという扱いにさせて
いただいた。

　今回の大変面倒な企画・編集を担当して下さったクロスメディア・パブ
リッシングの林聖氏には、心からお礼を申し上げる。また本書は、非常に
格調高く難解な英語で書かれており、翻訳を担当された永盛鷹司氏は、大
変ご苦労が多かったと思う。心から感謝申し上げたい。さらに、校正の面
でご尽力頂いた(株)SHAIFの祖父江麻世さんに、心から御礼申し上げる。

　本書は、社会福祉の歴史、哲学、論争を学ぶ格好の指南書でもある。ベー
シック・インカムは決して容易には実現しないだろうが、部分的な実現を
含め、これからの社会のあり方の根本を担う、極めて重要な政策になる。
考えてみれば、生活保護(日本の導入は1950年)など今日の制度を初めて
導入するときも、大きな論争があったはず。それに匹敵する、社会のあり
方をどうするか、自由や平等をどう認識するのか、社会の「パラダイムシフ
ト」に関する大論争を、我々は経なければならないだろう。

　本書はそうした際の、建設的で意義深い論争の道標になると確信してい
る。

2022年10月

監訳者　竹中平蔵

[BASIC INCOME | Contents]

第 1 章
自由を実現する手段

Chapter 1 :
The Instrument of Freedom

第2章
ベーシック・インカムと、その親戚たち

Chapter 2 :
Basic Income and Its Cousins

....

第3章
ベーシック・インカム前史：公的扶助と社会保険

Chapter 3 :
Prehistory : Public Assistance and Social Insurance

第 4 章

ベーシック・インカムの歴史：
ユートピア主義者の夢から
全世界的な運動へ

Chapter 4 :
History : From Utopian Dream to Worldwide Movement

....

第 5 章

倫理的に正当化可能か？
フリーライド(ただ乗り)対 公平な分配

Chapter 5 :
Ethically Justifiable ? Free Riding Versus Fair Shares

第 6 章
経済的に持続可能か？財源、実験、移行の方法

Chapter 6 :
Economically Sustainable ? Funding, Experiments, and Transitions

第 7 章

政治的に実現可能か?
市民社会、政党、裏口

Chapter 7 :
Politically Achievable ? Civil Society, Parties, and the Back Door

はじめに
Prologue

「持っている金は自由のための手段だが、追い求める金は隷属のための手段だ」

"Th e money that one possesses is the instrument of freedom;
that which one strives to obtain is the instrument of slavery."

ジャン・ジャック・ルソー『告白』
Jean- Jacques Rousseau, Confessions

（『ルソー全集 第1巻』白水社）

私たちの社会、および私たちの世界の未来に対する、自信と希望を再び打ち立てるためには、今信じられている知識を覆し、先入観に揺さぶりをかけ、極端な思想をも受け入れることを学ぶ必要があるだろう。この極端な思想の1つこそ、単純だが決定的に重要な、無条件ベーシック・インカムの思想である。資産状況にかかわらず、就労要件を課すこともなく、個人単位で、万人に対して定期的に現金収入をもたらすものだ。

　この発想自体は新しくはない。18世紀末以来、大胆なことを考える人たちの多くがこうした発想を持っていた。だが、不平等が拡大し、オートメーションの新たな波が押し寄せ、地球環境を考えると成長には限界があるという意識が急速に強まっている今日、無条件ベーシック・インカムの思想は、世界中でこれまでになかった規模で注目されるようになった。発展した福祉国家の行く末を案じる人ならば誰でも、ほぼ確実にこの思想と出会うだろう。また、限りある地球のなかのまだ発展していない地域における基本的な経済安定を、どのように設計するか思案している人も同様だ。無条件ベーシック・インカムの思想は必ずや、明日の世界を自由の世界にしたい人の興味を惹きつけるだろうし、そうした人々を感動させることもし

ばしばだろう。ここで言う自由の世界とは、単なる形式的自由ではない実質的自由が、幸福な少数の人のみならず万人に保証された世界である。

　本書の第1章では、無条件ベーシック・インカムを推進する中心的な論拠を提示する。すなわち、無条件ベーシック・インカムはいかにして貧困と失業、不愉快な仕事、狂気じみた成長の問題に立ち向かうのか、ならびに、無条件ベーシック・インカムはいかにして自由を実現する手段や、人間を解放する持続的な制度の枠組みに欠かせない要素を提供しうるのかを論じる。第2章では、ベーシック・インカムという発想に惹きつけられている人（筆者たち自身も含む）に、ある程度好感を持たれる別の考え方をいくつか検討し、なぜベーシック・インカムが好ましいと考えられるかを指摘する。第3章では、16世紀以降に確立された2つの社会的保護のモデルである公的扶助と社会保険について、その思想的・制度的な結末を概説する。第4章では、今述べた2つのモデルとは根本的に異なる第3のモデル、ベーシック・インカムの思想のとても興味深い歴史を、18世紀末から振り返る。第5章ではまず、ベーシック・インカムに対する道徳的な反対論を取り上げる。それに応答する形で、第1章では簡潔にしか語らなかった、ベーシック・インカムが本質において倫理的に正当化される根拠を提示し、いくつかの別の哲学的なとらえ方についても論じる。第6章では、実質的なベーシック・インカムが財政的に実現可能なのかどうかを問い、これまで提案されてきたさまざまな財源を検討する。その議論を背景に第7章では、世界中の政治的・社会的勢力によるベーシック・インカムに対する態度を概観することで、ベーシック・インカム実現への政治的な見通しを評価する。そして、起こりうる揺り戻しを避ける方法も検討する。本書全体の主眼は豊かな社会に対する提案であるが、それは開発途上国にとってもますます関係のある事柄になってきている。そのことについても、端々で論じられるだろう。

　無条件ベーシック・インカムの思想を仔細に検討した後で、それを支持するか、拒絶するかを選択すればよい。本書は確かに、無条件ベーシック・

インカムがなぜ支持されるべきか、筆者たちが考える理由を説明したものだが、熱狂的な同志のための宣伝パンフレットではない。本書の大部分は、さまざまな分野から多様な言語で出されて急速に広まっているベーシック・インカムに関する文献を、わかりやすく、批評的に統合したものだ。したがって、信頼できる情報と、理解の助けとなる知見の保管庫となれるように願っている。そのような情報や知見は、双方の陣営によく見られる事実誤認や概念的な混乱を正してくれるので、ベーシック・インカムに賛成する人にとっても反対する人にとっても有益であるはずだ。また、本書は、ベーシック・インカムの妥当性と実現可能性に対して投げかけられるきわめて本格的な反対論に、真正面から取り組もうとしている。こうした反対論を巧みにかわせば、テレビの討論には勝てるかもしれないが、正義に適う提案が長期的に認められることにはならず、むしろ逆効果だろう。いかにも、世界をよりよくすることは<u>可能であり</u>、その実現のためには、想像力を豊かにし、情熱を持つ必要がある。しかし、不都合な事実や厄介な問題をごまかさない、知的に誠実な議論も同じくらい不可欠だ。本書を通して読者には、この共同作業に参加してもらいたい。

　ベーシック・インカムは、喫緊の問題を軽くするための賢い方法というだけではない。それは自由な社会の大黒柱だ。その社会では、労働を通してであれ、労働以外の活動であれ、人々が成功できるための実質的自由が公平に分配される。それは社会主義と新自由主義の両方に代わる道の本質的な要素である。また、過去の功績を擁護したりグローバル市場の流れに抵抗したりするよりも、はるかに実りの多い現実的なユートピアの実現に不可欠な要素だ。ベーシック・インカムとは、危機を機会に、あきらめを決意に、苦悩を希望に転換するために求められる未来像において、極めて重要な役割を果たすものである。

第 1 章

自由を実現する手段

....

Chapter 1 :

The Instrument of Freedom

....

私たちは、多くの力によって作り変えられた、新たな世界に生きている。コンピューターやインターネットによって、混乱を伴う技術革新が起こっている。貿易、人の移動、それにコミュニケーションのグローバル化が進展している。急速に拡大する世界規模の需要は、天然資源の蓄えが減っていったり、人間の生活環境が極限に達したりすることでやがて迎える限界に迫りつつある。家族から労働組合、国家独占、社会保障に至るまで、国民や産業を保護する伝統的な制度が正常に機能しなくなっている。そしてこうしたさまざまな動きは、爆発的な相乗効果をもたらしている。

　このような状況は前例のない脅威を生み出しているが、前例のない機会をも生み出している。このさまざまな脅威と機会を評価するためには、規範的な基準が必要だ。本書全体を通して用いるのは、自由という基準、もっと正確には、豊かな人のためだけではない、万人の実質的自由という基準だ。この規範的な観点については、第5章で詳しく説明して検討する。だがさしあたりは、このような大雑把な記述で十分だろう。この規範の意識があるからこそ、前述したような世界の動きが激しい衝突を引き起こさないように、あるいは、新たな形態の隷従を生まないように、私たちは強く望むのである。そして代わりに、世界の変化を解放への梃子として利用しようと思うのだ。そのために、都市の公共スペースを抜本的に改善したり、教育を生涯を通した活動へと変革したり、知的財産権を再定義したりといった、さまざまな面での行動が急務だ。そして何よりも、私たちの社会と世界における経済的な安定を追求する方法を、根本から立て直すための措置が必要だ。今日および未来のいずれの社会でも、人が個人として、そして共同体としてしっかり立っていられるような土台が求められる。不安を食い止め、希望を強めようとするなら、一般にベーシック・インカムと呼ばれているものを、思い切って導入するべきだ。すなわち、社会の個々の構成員全員に対して、ほかの収入源からの収入とは関係なしに、付帯条件もつけず、定期的な所得を現金で支払うのである。

新たな世界
A New World

こうした極端な改革が今日、これまでにないほど重要性を帯び、さらには喫緊の課題となっているのはどういうわけなのだろうか？ベーシック・インカムへの賛意を公に表明する人の数が記録的に増えているなかで、よく引き合いに出されるのは、オートメーションの新たな波がすでに押し寄せてきており、これからさらにそのうねりが大きくなっていくという予想だ。ロボット化が進み、自動運転の乗り物が開発され、人間の頭脳労働の多くがコンピューターにとって代わられる[1]。新しい技術を設計する人、操作する人、そしてそれを最も活用しやすい地位にいる人といった、一部の層の富や収益力はこれまでにないほどの高みに達する一方で、それよりも多くの人が急激に貧しくなるだろう。もっとも、技術の変化は、最近起こったものもこれから起こるものも、国内の稼ぐ力の二極化を推し進めている諸要因のうちの1つにすぎない[2]。技術の変化とそのほかの要因はさまざまな場所、さまざまなタイミングにおいて、さまざまな度合いで相互に作用している。とても複雑な仕方で作用するので、どの要素についても、それがどの程度の割合で原因となっているのかを言い当てることは不可能だ。グローバル化によって、珍しいスキルや有用な強みを持っている層には世界規模の市場が与えられる一方、平凡な能力しか持っていない層は貿易や移住を通して互いに競争しなくてはならなくなるため、二極化が拡大する。生産力の低い労働者の稼ぐ額は、暗黙の企業内助成金という形で底上げされているのだが、公的・民間両方において市場の独占が縮小し、弱まり、解体されることで、その底上げの幅が小さくなっている。それと同時に、企業のなかできわめて評価の高い従業員たちの企業に対する忠誠心が低くなっているので、労働者の生産性の高低と賃金の多寡がより緊密に連動するようになる。さらに、こうした稼ぎの不均衡は、こ

れてまた資本の利得により差が拡大する貯蓄能力や相続財産によって、拡大するのである[3]。

　このようなさまざまな傾向がもたらす結果は、所得の分配においてすでに目に見える形で現れている。背が低い順に並んで行進している人々の一団で、所得の分配を表すとしよう。行列の末尾にいる巨人たちは、10年経つごとにますます身長が高くなり、並の身長の人たちは行列の後ろのほうへと移動していく。そして、まともな収入があるとみなされるレベルに達していないか、そこに転落する恐れのある萎縮した人々がますます増えていく[4]。稼ぐ能力のこのような二極化は、制度的な背景によってさまざまな形をとって現れてくるだろう。最低賃金法、団体交渉、豊富な失業保険によって給与水準がしっかりと保たれていて、今後もそうであり続ける場所には、大量の失業が起こるという結果になることが多いだろう。そうした給与水準の保護がすでに弱いか、これから弱くなる場所では、雀の涙ほどの賃金しかもらえない不安定な仕事をして必死にお金をかき集める人の数が劇的に増加するという結果になるだろう[5]。こうした状況はすでに見られるが、予期されているオートメーションの新たな波の影響が具体的に出てくれば、さらに悪化する。

　こうした影響は短期的な問題を生み出すにすぎないと主張する人もいる。なにしろ、ある種の保障された所得を導入するべきだという切迫した要求の理由として、迫りくるオートメーションの危機という話が持ち出されたのは初めてのことではないのだ[6]。過去には、消えた職もあれば、新しく生まれた職もあった。少ない労働力で商品が生産できるようになれば、その分だけその商品の生産量が増加する。以前の４分の１の数の労働者で自動車を生産できるようになった自動車メーカーは、生産量を４倍に増やしたではないか。労働力を節約する技術革新は災難などではなく、生産性向上が経済成長という形をとるならば、祝福すべきことなのだ、と言われる。稼働率が上昇すれば、よい仕事を供給し、それによって賃金という形で直接的に、あるいはその賃金の力で可能になる社会的給付という形で間接的

に、人口の大部分にまともな所得を与え続けることができる。過去にはこのように、成長が続けば失業や雇用の不安定は抑え込めるのだという合意が、右派と左派の間に存在した。今日、世界の豊かな国々でこれまでにないほどの規模でベーシック・インカムが注目されているという状況は、この合意がもう消えてしまっている証左である。

　成長が万能薬だという信仰は、3つの側面から切り崩されている。第一に、これ以上の成長が望ましいのかどうかという疑問がある。地球環境を考えると成長を制限したほうがよいのではないかという懸念は、1970年代から表明されてきた。その懸念は今では、気候に対する修復不可能で予測不可能な影響への意識が高まるにつれ、さらに大きくなっている。第二に、持続的な成長の妥当性に疑問を抱かない人々のなかにも、その実現可能性に対する疑念が存在する。特にヨーロッパと北アメリカに関しては、ラリー・サマーズ（訳注：1954〜。経済学者、政治家。クリントン政権で財務長官、オバマ政権で国家経済会議委員長などを歴任）が「長期停滞」と呼んだ状態に陥ると予測されている。第三に、成長が望ましいものであり可能でもあると信じている人でも、成長が失業や雇用の不安定を構造的に解決してくれるという信念に対して疑問を抱かざるを得なくなるような根拠が存在する。確かに、成長率と失業率には明らかに負の相関関係がある。だが何と言っても、黄金の60年代から大きな成長を遂げてきた（1人あたりのGDPは2倍や3倍になった）にもかかわらず、失業や雇用の不安定がなくなったところをいまだに誰も目撃していないのだ[7]。さらなるオートメーションが進むなかで、成長が失業や雇用の不安定の解決策にならないのではないかというこれらの疑念に対しては、それぞれにさまざまな反論があるだろう。だがそれに関してはひっくるめて、差し迫る課題に対するより信頼できる対応を求める声が高まりつつあることを説明し、それを正当化するだけで十分だろう。アメリカ国家安全保障局（NSA）の内部告発者エドワード・スノーデンでさえも、この答えに行き着いている。2014年の『ネーション』誌上でスノーデンはこう語っている。「科学技術者として、時代の流れを見ているが、オートメーションがますます職を奪うことになるのは

避けられないだろうと思う。職がない人や、有意義な職に就けない人に
ベーシック・インカムを支給する制度を整えなければ、社会不安が起こり、
人が死ぬ可能性がある」[8]

ベーシック・インカム
Basic Income

　くして、有意義な職が減っていくという予測のもとでは、増えてい
く失業者に対して何らかの生計の手段が提供されなければならな
いという確信に容易に至るのである。この確信を具現化するには、まった
く別種の２つの方法がある。ただし、その１つはとても魅力に乏しい。16
世紀に起源を持ち、今では条件つきの最低所得保障制度という形で実例が
存在する、古き公的扶助のモデルを拡充するという方法だ。このような制
度は概して、貧困世帯が仕事によって直接的ないしは間接的に得ている所
得（あるならば）を補い、社会的に定義された何らかの最低水準まで届く
ように補完する。

　それが広範囲をカバーするものであろうと、困窮する人々の一部の層し
かカバーしないものであろうと、このような制度は極度の貧困の除去には
大いに貢献する。ところが、条件制限ゆえにこの制度は、受益者を永久に
福祉手当を受給し続ける１つの階級にしてしまうという傾向を内在的に
抱えている。貧困状態が続き、それが自発的ではないと証明できるという
条件のもとで、継続的に補助金を受け取る資格が与えられる。そして受給
者は大なり小なり、生活に干渉されるような屈辱的な手続きを強いられる。
職と関連づけられた社会保険制度が発達している国（すなわち、年金やそ
の他の定期的な補助金を受給する資格が、一定期間雇用されていたか自営
業を営んでいたかで決まる制度が整備されている国）では、ここで述べた

ような影響は相対的に少数の人々にしか及ばない。しかし、職の減少傾向
が持続するならば、影響を受ける人々の割合は増えていくだろう。さらに、
公式の制度ではない、人と人との結びつきに支えられている安定の基盤が
弱くなり続けるにつれ、不安定な状況に置かれる人々の数はますます膨れ
上がるだろう。家族がばらばらになる割合はこれまでにないほど増加して
いるし、核家族の規模はますます小さくなっている。また、労働者の流動
性が高まることによって、近親者同士が離れ離れに散らばり、地域共同体
の結びつきが弱まっている。したがって、来たるべき有意義な職の減少に
対処する方法が条件つきの最低所得保障制度のみであった場合、私たちを
自由にしてくれるはずだった技術の進歩は、ますます多くの人を奴隷状態
にしてしまうだろう。

　では、ほかに方法があるのだろうか？　万人の自由を実現することに専
心している人々にとっても、今日の未曾有の課題に対処し空前の機会を活
用する適切な方法として、最低所得制度が欠かせないのは確かだ。だが、
それは無条件であるべきなのである。ブラジルのベーシック・インカムの
闘士エドゥアルド・スプリシー（訳注：1941～。ブラジル労働者党所属の左派政治家、経済学者）の言葉「外への道は扉を
通ることだ」（訳注："The way out is through the door". 論語の「誰能出不由戸」が念頭にあると考えられる）は広く知られている。スプリシーは、
ベーシック・インカムの支給こそが貧困から抜け出すための最も明確で最
良な方法だと言いたかったのだ。家から出るには、扉を通るのが最も明確
で最良な方法であるのと同じである。ただし決定的に重要なのは、無条件
の最低所得制度の「無条件」という形容詞は、厳密に解釈されなければな
らないということだ。すでに存在する制度も、若干の緩い意味において
「無条件」と呼ばれる場合がある。社会保険よりも公的扶助という形をと
るそれらの制度は、給付を受ける資格を得られるだけの社会保険料を支
払った人に限定されないし、通常、制度を運用する国の国民に限定されず、
ほかの国籍を持っていても合法的に滞在している人は受給の対象となる。
そして多くの場合、現物給付よりも現金給付が行われる。しかし、ベーシッ
ク・インカムとは、これよりもさらに厳密な意味において無条件なのだ。

世帯の状況とは関係なく、完全に個人として受給資格が与えられる。また、それは一般に普遍的〔ユニバーサル〕と呼ばれ、すなわち収入や資力の調査を必要としない。そして、それは対価として労働をしたり、就労の意思を証明したりする必要のない、義務を課さない制度である。本書に登場する「ベーシック・インカム」という語は、ここで述べた3つの意味においても無条件で支給される所得という意味だと考えてもらいたい。

　このような意味で、あるいはこれに近い意味で「ベーシック・インカム」という語が使われるのは本書が初めて、というわけではまったくない。この使い方での「ベーシック・インカム」という言葉の最初期の登場例としては、オックスフォード大学の経済学者ジョージ・D・H・コール（訳注：1889～1959）によって1953年に書かれた、ジョン・スチュアート・ミル（訳注：1806～1873）の社会主義に関する議論を詳説した本のなかの一節、およびオランダの経済学者ヤン・ティンバーゲン（訳注：1903～1994）によって1956年に書かれた経済政策についての教科書が挙げられる。1986年には、当時新設されたベーシック・インカム欧州ネットワーク〔Basic Income European Network（BIEN）〕が類似した定義を採用し（そこにはティンバーゲンとコールの影響もあった）、2004年にBIENがベーシック・インカム世界ネットワーク〔Basic Income Earth Network〕に改称した際にも引き継がれた[10]。それ以来、アメリカ合衆国ベーシック・インカム・ネットワーク〔United States Basic Income Guarantee network（USBIG）〕など、いくつかの国の組織が団体名に同様の表現を採用した結果、この言葉が人口に膾炙することになった。アメリカ合衆国では、1960年代末には「ベーシック・インカム」という名称がときおり使われていたものの、最も一般的な名称は長い間「デモグラント〔demogrant〕」であった[11]。ベーシック・インカムと同じ構想を表す名称として使われている、ないしは使われていたほかの言葉には、国家特別手当〔state bonus〕、社会配当金〔social dividend〕、普遍的配当金〔universal dividend〕、普遍的交付金〔universal grant〕、ユニバーサル・インカム、シティズンズ・インカム〔citizen's income〕、シティズンシップ・インカム〔citizenship inc ome〕、市民賃金〔citizen's wage〕、生存所得〔existence income〕などがある（そして英語以外の言語にも、類似の表現がいくつもある）。

　定義を明確にするために指摘しておかねばならない大切なことがある。ここまで述べてきたように、そしてこの後すぐに論じていくように、ベーシック・インカムとはさまざまな意味で無条件なものだが、1つの重要な点においては条件がついたままになる。その受給者は、ある特定の地理的に限定された共同体の構成員でなければならないのだ。本書の解釈では、この条件とは永住権や国籍を保持しているかどうかではなく、納税者として居住していることだ。つまり観光客や一時滞在者、正式な滞在許可のない移民、外交官、所得が居住地で個人所得税の課税対象にならない超国家的な組織に勤務している人などは、ベーシック・インカムの対象にはならない。ベーシック・インカムよりも高額の費用で扶養されている刑務所の受刑者も対象にはならないだろう。といっても、出所した瞬間から受給資格が与えられなければならないが。

　ベーシック・インカムの給付額は定義上、均一でなければならないかというと、必ずしもそうではない。第一に、年齢で差をつけうる。ベーシック・インカムの案のなかには、はっきりと成人に限定されていて、それを形式的に補完するものとしての普遍的な児童手当制度とセットになっているものもある。しかし通常は、ベーシック・インカムとは生まれたときから受給資格が発生すると考えられている。その場合、すべての案においてではないにしても普通、未成年者への給付額は低く設定される[12]。第二に、場所によって差をつけてもよい。一般には、ある国の内部でのベーシック・インカムは均一であるとされ、目に見える生活費の違い（特に家賃の違い）は考慮されない。これによって「周縁」にいる人々に対する再分配の機能がしっかりと働くのである。しかし、特に国境を越えた規模で運用する場合、生活費の差を考慮に入れて給付額を調整してもよい。この場合、貧しい地域に対する再分配の効果は、なくなりはしないが減ることにはなるだろう。

第三に、同一空間内では変わらないとしても、時間によって変化する場合もありうる。ベーシック・インカムが意図された役割を果たすためには、1回限りや予測不可能な頻度ではなく、確実に定期的に給付される必要がある。第4章で詳しく見るように、最初期のベーシック・インカムの案〈1797年のトマス・スペンス（訳注：1750〜1814）および1848年のジョゼフ・シャルリエ（訳注：1816〜1896）の案〉では、給付は3カ月に1回とされた。1918年にマーベル・ミルナー（訳注：生没年不詳）とデニス・ミルナー（訳注：1892〜1956）によって構想された国家特別手当制度では、1週間に1回の給付があるとされた。逆に長期的な例としては、アラスカ永久基金（訳注：アメリカ合衆国のアラスカ州で、石油や天然ガスなどの鉱物資源が枯渇するときに備えて、石油事業などの利益から積み立てが行われている信託基金。住民には無条件に年間配当が支払われる。2019年は1人あたり年1606ドル支払われたという。第4章参照）の配当金がある。これは年1回支払われている。だが、ジョゼフ・シャルリエの最終案以降に出された案のほとんどは、月1回の支払いを想定している[13]。

　ベーシック・インカムは、定期的に給付されなければならないだけではない。その給付額が安定していなければならず、とりわけ、突然の景気悪化の影響を受けてはならないのだ。しかしこれは、給付額が固定されていなければならないという意味ではない。ひとたび実施されるとなれば、物価指数に合わせて変動してもよいし、1人あたりのGDPと連動させればより効果的だ。後者は実際に、1920年にデニス・ミルナーが考案したイギリスで最初のベーシック・インカム計画でも支持されているし、最近では、労働組合のリーダーであるアンディ・スターン（訳注：1950〜）にも支持されている。スターンはこの案を支持する理由として「社会の利益が、一部の人たちだけではなく、より広くすべてのアメリカ市民に還元されるようになるからだ」と述べている[14]。ただ、起こりうる景気後退の衝撃を和らげるためには、給付額をその年の状況と連動させるのではなく、数年単位の平均をベースに決めるほうが賢明だろう。

　最後に問題になるのが、ベーシック・インカムは抵当として利用できるのか、そして課税対象になるのか、ということだ。ベーシック・インカムを抵当設定できないようにする、すなわち、ベーシック・インカム受給者が将

来の給付の見込みを融資を受けるための保証にできないようにするという
ルールを定めるのが、一番道理に適っている。ベーシック・インカムをほ
かの収入の補完と考えるのではなく、現行法では通常差し押さえの対象と
ならないような、万人の所得の基盤になる部分だと考えるなら、これは当
然だ。他方で、ベーシック・インカムを所得税の課税対象としないことが
最良かどうかは断言できない。税制によっては、この点が重要になるから
だ。たとえば、個人所得税の課税単位が世帯であり、世帯全体の収入の合
計に対して累進課税される場合、課税基準にベーシック・インカムを含め
れば、人数の多い世帯ほどベーシック・インカムの額が実質的に減ってし
まう。反対に、個人所得税の税率が固定されているか、厳密に個人単位で
課税される場合、ベーシック・インカムを所得税の課税対象にすれば、一定
量の給付額が減るのに等しい。こうなると、給付額をあらかじめ低く設定
して非課税にするほうが、行政管理上、より合理的だ。

　このように、ベーシック・インカムの定義をさまざまな形で明確にして
きたが、それに鑑みると、ここではっきりすることがある。ベーシック・イ
ンカムに用いられている「ベーシック」という言葉は、まさにその無条件
性ゆえに人が立っていられる基盤を提供するという思想を示している。ほ
かの収入源からの所得をその上に追加することも含めたさまざまな方法で、
生活の構築を可能にする基盤なのだ。給付額の特定の水準はその定義に
まったく含まれない。具体的には、ベーシック・インカムは定義上、生活に
最低限必要だとみなされている額に足りていなければならないわけではな
いのだ。もちろん、個別の案の利点を論じるにあたっては、ベーシック・イ
ンカムの給付額の水準も大いに関係があるし、「ベーシック・インカム」の
名を冠するにふさわしい制度には一定の最低水準の設定が求められると論
じている人は多くいる。しかしそのような個別の例は置いておいて、本書
では一般に共通する語の使用法に従った定義を採用する。この定義を用い
て論じれば、「その制度がベーシック・インカムの資格を満たすと言えるほ
ど無条件なものであるか」と、「その制度が正当な基準に合わせて調整され

ているか」という、2つの大きな論点を便利に使い分けられる。そのため、この定義から外れることが戦略的な意義を持つような状況もあると念頭に置きつつも、本書ではこの定義を固持しよう。

とはいえ、特定の国の状況を念頭に置いてベーシック・インカムについての議論を深めるには、持続可能だと考えられるくらいには穏当で、社会に大きな変化をもたらせるという説得力があるくらいには手厚い、一定の額を心に留めておくと都合がよい。そこで、どの国の話であっても、その国の現在の1人あたりのGDPのおよそ4分の1という額を考えるように提案したい。年齢や場所によって給付額が変わるという場合、この額は画一のものではなく平均になるだろう。2015年の1カ月あたりのこの値は、米ドルに換算すると（これ以降、本書の表記は米ドル換算である）、アメリカ合衆国で1163ドル、スイスで1670ドル、イギリスで910ドル、ブラジルで180ドル、インドで33ドル、コンゴ民主共和国で9.50ドルとなる。購買力平価GDPに直すと、スイスで1260ドル、イギリスで860ドル、ブラジルで320ドル、インドで130ドル、コンゴで16ドルとなる。世界全体のGDPの4分の1が給付される全世界的なベーシック・インカムの場合は、名目値で1カ月あたり約210ドル、1日あたり7ドルとなる[15]。この値は本書の中で、個別の制度や制度案を総合的に判断するための手頃な指標となってくれる[16]。

1人あたりのGDPの4分の1のベーシック・インカムを個々人に給付すれば、すべての世帯が貧困から抜け出すのに十分だ、とここで主張したいわけではない。そうなるかどうかは、どの国の話で、どの貧困基準を選ぶか、およびその世帯の構成や国内の所在地にもよるだろう。たとえばアメリカ合衆国では、1人あたりのGDPの4分の1のベーシック・インカム（1163ドル）は、2015年の公的な貧困ラインである、1人世帯で1028ドル・同居世帯で661ドルという額の両方を上回っている[17]。そしてすべてではないにしろ大部分の国で、1人あたりのGDPの25%は、世界銀行が定める絶対的貧困ラインの月38ドル（あるいは1日1.25ドル）を上回っている（訳注：2015年9月までの値。

）。だが、その国の可処分所得の中央値の６割という、ヨーロッパ連合が定める「貧困リスク」の基準値と比べると、少なくとも１人世帯においてはGDPの４分の１のほうが低くなる[18]。

　このため、１人あたりのGDPの25%という値は重大でも、ましてや神聖不可侵でもない。ベーシック・インカムの構想の「控え目な」バージョンと「手厚い」バージョンの間を取るなら、この値は説得力をもって支持されるだろうが、この段階では、特定の値に過度に重きを置くのはふさわしくない。すでに言及し、また第４章でさらに見ていくように、ベーシック・インカムを推進する人たちからは実にさまざまな額が提示されている。本書では、より高い給付額のほうが倫理的に正当化されるということ（第５章）、およびより低い給付額のほうが政治的には都合がよいこと（第７章）を論じよう。ちなみにこの「より低い給付額」というのは、発達した福祉国家にすでに存在する公的扶助と社会保険制度のもとで、多くの世帯が与えられている額よりも低い水準になるだろう。ベーシック・インカムを既存の給付の代替にする場合は、ベーシック・インカムよりも低額のものしか置き換え対象にしてはいけないということを、ここで大事な点として念頭に置いてもらいたい。現在、ベーシック・インカムよりも高額の給付を受け取っているという場合には、その条件つきの給付が上乗せされることで補完されるような無条件の土台を、ベーシック・インカムが提供してくれると考えるのが最も適切である。そして条件つきの給付のほうの既存の条件を維持し、貧困世帯の可処分所得の総計が減らないようにしながら課税後の額を下方修正すればよいのだ。ベーシック・インカムに関してときどき語られることとは異なり、そして福祉制度の抜本的な簡素化という売り込みでベーシック・インカムを支持している人たちには残念な話だが、そもそもベーシック・インカムを、既存のすべての所得移転にとって代わるものだと考えてはならない。ましてやベーシック・インカムが、教育や医療やその他のサービスの質を維持するための公的支出の代わりになるなどと、考えてはならないのだ[19]。

つまり本書で主張したいのは、21世紀現在の状況に鑑みると、ここで説明してきた無条件ベーシック・インカムと、既存の条件つきの最低所得制度という形で具体化されている公的扶助との間には、根本的な違いがあるということだ。どちらも貧困を緩和するための方法ではあるが、無条件ベーシック・インカムはそれにとどまらない意味を持っている。それは社会の周縁で運用されるのではなく、まさに社会の中枢における力関係に影響を及ぼすのだ。困窮を和らげるのみならず、万人を自由にすることがその要点なのである。単に貧困層でも我慢して生きていけるようにする方法ではなく、私たちが待ち望むべき新しい社会、新しい世界を実現するための鍵となる要素だ。その理由を示すために、ベーシック・インカムと既存の最低所得制度の違いを明確にしながら、先ほど述べた３つの無条件性に順番に焦点を当てよう。それは「個人」に、「普遍的」で、「義務を課さない」受給資格が与えられるというものであった。しかしその議論に入る前に、これら３つとほぼ共通するものの、依然として論争の的となっている１つの特徴についても簡単に検討したい。

現金給付の所得
A Cash Income

　ベーシック・インカム構想の基本は、食糧、住居、衣服、その他の消費財という形での給付ではなく、現金給付だ。これは16世紀以降ヨーロッパで設けられた最初期の最低所得保障制度や、最近でも発展途上国で実施されている食糧配給プログラムとは対照的だ。現物給付のほうがよいとする意見でよく言われるのは、贅沢品や粗悪品に使われてむだになってしまうことがなく、世帯全員に基本的な生活必需品が提供される可能性が高くなる、というものだ。フードスタンプや使途の決められた商品

券といった、最低所得を提供するのによく使われる特別な形式の通貨も、このような考え方に基づいている[20]。自由に行動する権利よりも健康や生活必需品に焦点を当てた、現物給付の貧民救済策のほうが大衆の支持を得られるという事実は、お金が責任ある使い方をされないのではないかという懸念がはびこっていることを反映している。

　これと反対の意見としては、特に電子決済が主流の時代、現金を公平かつ効率的に給付するほうが、食糧や住居を公平かつ効率的に給付するよりも官僚主義的で煩雑な手続きがはるかに少ない、というものがある。現金給付はまた、恩顧主義的な圧力やあらゆるロビー活動、それに不適切な配分によるむだを減らしてくれる[21]。さらに、食糧より現金が給付されたほうが、貧しい人々が住んでいる地域の購買力を創出し、地域経済を活性化できる。それに対して、輸入食品を無料で配給する場合、地域経済を逆に圧迫する傾向があるのだ[22]。現物給付で与えられたものを扱う中古品市場が次々と現れることに着目すれば、現金給付の利点はより際立つだろう。現物給付で与えられるものが最優先の必要を満たしてくれるという議論は、現実とは異なる理論上の話にすぎなくなる。最も基本的なこととして、万人にとってのより大きな自由の実現に優先順位を置いた場合は、使用の対象や使用時期に制限がない現金給付が選ばれる。現金給付の受給者にはお金をどのように使うかの自由が与えられ、ささやかな予算のなかでもとりうる多様な選択肢を個人の好みで選べるからである[23]。現物で給付される最低所得の最も明確で包括的な形式が刑務所であることは、決して偶然ではない。

　しかし、自由のために現金給付を選択するということを、教条的に受け止めてはならない。第一に、現金給付のベーシック・インカムの利点は十分に開かれた透明性のある市場の存在を前提としている。差別があれば、現金給付が与えるはずの購買力が無に帰するか、縮小させられてしまうからだ。第二に、緊急事態および臨時の状況においては、市場が発展するのを待っている余裕はなく、人々を飢えから救う方法は食糧や住居を提供す

る以外にないだろう[24]。第三に、すでに述べたが、ベーシック・インカムは国家によって提供されているすべてのサービスにとって代わるものではない。緩やかなパターナリズム、外部経済・不経済への着目、市民権を十分に行使するための前提条件への顧慮を組み合わせれば、基礎的な健康保険や幼年・初等・中等教育などの一部のサービスについては、現金給付の優位性を唱える論は簡単に覆される。個人の長期的な利益に関して、そしてまた、正しく機能する経済や民主主義に不可欠な、健康でしっかり教育された労働力や市民を維持するという社会の利益に関しては、現物給付が正当化される。安全で楽しい公共スペースや、その他の公共物・公共サービスの提供に関しても、同様の議論が成り立つ[25]。このような理由から、現金給付のベーシック・インカムに強く賛成することは、さまざまな公共サービスの現物による提供を支持することと矛盾しない。

個人単位の所得
An Individual Income

現行の生活保護などの多くの条件つきの最低所得と同様、ベーシック・インカムは現金で支払われる。しかしそれらとは違い、ベーシック・インカムは厳密に個人単位で給付されるという点でも、無条件なのである。「厳密に個人単位で」とは、論理的に独立した2つの特徴の両方を意味している。個々人に対して、そしてその個人の世帯の家計状況とは独立した基準で支払われるのだ[26]。この両者を順番に検討してみよう。

　ベーシック・インカムは、世帯全員分の給付金が「世帯主」1人に支払われるものではない。世帯の成人した構成員の全員に、個別に支払われるものだ。未成年者もこの制度の対象になる場合は、大人より少ない額をその世帯の誰か1人に渡す必要がある。母親に渡すのがよいだろう[27]。個別の

支給に反対し、世帯主１人への支給に賛成するときにまず挙げられる根拠は、その簡便さだ。もしベーシック・インカムが税額控除の形をとる場合、すなわち、受給資格のある人の数に応じて増えるベーシック・インカムの額だけ、その世帯の税負担を減らすという場合、簡便さという利点は特に有効だ。世帯のなかで生活費を稼いでいるのが１人だけであれば、給付金を世帯内で移転させる必要はまったくなくなる。稼ぎ手の納税額を減らせば、それに応じてその人の純利益が増えるからだ。しかし、万人の自由の実現を目指している立場からは、受給資格のあるすべての人に個人単位でベーシック・インカムを直接給付することこそが、その世帯内部の権力の配分にまで影響するがゆえに、大変重要なのだ。稼ぎが少ない、あるいはまったくない女性が、個人の資格で自身と子どもたちに対する定期的な所得を与えられるとすれば、自身と子どもたちの存在によってパートナーの所得がベーシック・インカムの額だけ増えるという状態よりも、世帯のなかで支出を管理できる割合が高くなるだろうし、貧困から抜け出す方策もより広がるだろう。

　さらに、より賛否が分かれる第２の点に関しても、ベーシック・インカムは、厳密に個人単位である[28]。現行の条件つきの最低所得制度では、個人にいくら給付されるかは、その世帯の構成に左右される。一般的には、成人２人の世帯、あるいは成人が３人以上いる世帯よりも、成人が単独で暮らしている世帯のほうが、かなり多くの額を受給する資格があるのだ[29]。この広く採用されている制度設計の根拠は明白だ。貧困に対処する場合、消費における規模の経済性（訳注：全体の規模が大きくなるほど、単位あたりのコストが小さくなること）に着目する必要があるからである。生活の最低限の必要を満たすためにかかる１人あたりのコストは、住宅費やそれに従ってかかる光熱費、家具代、台所や洗濯の用品代などの関連費用を、他人と分担しないほうが高額になる。その結果として、単独世帯の人のほうが貧困から抜け出すのにより多くのお金が必要になり、世帯の構成によって給付額に差をつけることは道理に適う。

　このような規模の経済性にもかかわらず、この２番目の意味においても

ベーシック・インカムが厳密に個人単位でなければならない、説得力のある根拠が存在する。その人が属している世帯の規模とは無関係に、個人の受給額が決められなければならない理由は2つある。1つ目は、同居しているかどうかを確認するのが難しいということだ。かつては、同居は結婚とほとんど同義であったため、確認は容易だった。2人の人間が結婚しているかどうかを調べるのは簡単で、過去にはそうすれば2人の人間が同一世帯で生活しているかをわざわざ調べる必要はなかった。今日では、結婚は長く続かないし、正式に離婚するずっと前から関係が事実上解消している場合もよくある。それに加えて、書類上登録されていない同居がより一般的になっている。このような変化のせいで、同居を確認する際には以前よりも手間のかかる立ち入った方法をとらなければならない。洗面台を共有しているかや、電気と水の使用量の変動を調査するよりも、自治体の住民登録を参照して管理するほうが費用もかからないし、プライバシーも侵害されにくい[30]。世帯の形成・解消・再編成がより非公式かつ流動的に行われるのが一般的になるほど、管轄する機関は一方では恣意性と不公平、他方では市民の生活への干渉と高い管理コストのどちらをとるかという、ジレンマに陥る。結果として、この2番目の意味においても、給付を厳密に個人単位にしたほうがよいことになる。

　理由の2つ目は、さらに根本的な話だが、世帯の構成によって給付額に差をつけると、人々が同居を避けるようになることだ。これは逆説に聞こえるかもしれないが、税制や給付の制度が厳密に個人単位になるほど、共同体にとっても都合のよいものになるのだ。世帯単位の制度で、人数に応じて給付額が減っていく場合、孤独の罠、すなわち孤独から抜け出せない状況を作り出すことになる。同居を決めた人たちは給付の減額によって不利になるからだ[31]。すると、さらなるよくない効果も現れる。人々が一緒に暮らすことによって起こる相互扶助と、情報や人脈の共有が弱くなるのだ。空間やエネルギー、冷蔵庫や洗濯機など、貴重な物的資源が十分に活用されなくなる。そして、人口に対して世帯の数が多くなれば、人々が密

に暮らすことがなくなり、移動においても課題が大きくなる。社会的結合の強化と物的資源の節約への関心が高まるにつれ、世帯の規模で給付額に差をつけることに対する反対意見の説得力も日増しに強まっていく。持続可能な万人の自由を追求するにあたっては、同居は推進されるべきで、同居によって不利になってはならない。

　このように、ベーシック・インカムは個人ベースで支払われるので、条件つきの最低所得制度とは異なる。また、ベーシック・インカム導入が喫緊の課題だという本書の議論にとってさらに重要な次の２つの点においても、無条件であることは、条件つきの最低所得保障とは異なっている。ベーシック・インカムは、普遍的、すなわち資力調査を課されないという意味で無条件である。裕福な人にも、困窮している人と同じように受給資格がある。そして、義務を課さないし、就労の意思を審査されないという意味でも無条件である。自発的に就労していない状態にある人にも、就労している人や不本意に失業状態にある人と同じように受給資格がある。この後見ていくように、これら２つの無条件性は決定的に重要だ。前者は人々を失業の罠から解放し、後者は就労の罠から解放する。前者は人々が求人に応じやすくするし、後者は求人を断りやすくする。前者は可能性を創出し、後者は義務を撤廃することでその可能性を拡大する。前者がなければ、後者は排除を容易にしてしまう。また、後者がなければ、前者は搾取を容易にしてしまう。これら２つの特徴をセットで運用することで、ベーシック・インカムは自由を実現する最高の手段となるのだ。

普遍的な所得
A Universal Income

現行の最低所得制度はどれも、何らかの資力調査と紐づけられている。受給者が受け取る金額は一般に、その世帯のほかの収入源からの所得（稼ぎ、貯蓄の利息、年金など）の合計と、その世帯が属する等級に規定された最低所得の差額である。そのため、ほかの収入源からの所得がゼロの場合に受給額が最も高くなるし、ほかの収入源から得た所得が1単位増えるごとに受給額は1単位ずつ減少するという形で、ほかの収入が増えるにしたがって受給額は減っていく。一部には、一定の収入の幅や一定の時期のなかでは収入の増額と同じだけの給付金の減額が起こらないようにして、儲けを出すことを許容するように修正された制度もある。だがそのような場合でも、資力調査に基づく公共料金の免除や減額がなくなると、給付金も減少する傾向にあり、結果的に純粋な単位ごとの削減に近くなる。（さらには、結果はむしろ悪くなるか、実際に悪くないにしても、ばらばらですぐに変わる複雑な情報を集めて手続きをするのが苦手な人からは、悪くなっていると受け止められることもある）。所得に加えて、その人の所有物の価値や、同一世帯ではない親等の近い親戚の経済力など、ほかの「資力」が考慮される制度もある。そして、資力調査の対象となる資力が受給者の所得の範囲を超えていようといまいと、このような給付の諸手続きはどれも事後的に実施される。つまり、受給者の持っているものの査定は、それが当てになるかどうかに関係なく、給付に先立って行われるのである。

ベーシック・インカムは反対に、事前的に実行され、資力調査も行われない。ほかの収入源からの所得、所有している資産、親類縁者の所得とは関係なしに、裕福な人にも貧しい人にも同じように先払いされる。公的に所有された天然資源から得られる収益を充てたり、ある地域の所得を別の地

域へ移転したりするなど、外的なものが給付金の財源となる場合には、結果として、ベーシック・インカムの導入はすべての人の所得を同じだけ増やすことになる。そうではなく、支給対象である住民の所得税や消費税を財源とする場合には、多く稼いで多く消費する人が自分たちの給付金（かそれ以上）を負担することになる。そのため、ベーシック・インカムと、所得に応じた給付金制度の主要な違いは、ベーシック・インカムがすべての人をより裕福にするということでもなければ、ましてやベーシック・インカムが金持ちにとって得な制度ということでもない。逆説的だが、ベーシック・インカムはどちらかといえば貧乏な人にとって得な制度なのだ。

この直観に反した主張をどのように理解すればよいだろうか？　貧困の撲滅が狙いなら、個人単位という性質とともに、ベーシック・インカムの普遍的性質は、一見すると痛ましいほど資金をむだにしているようにも感じられる。この反対論がいかに説得力を持つかを知るためには、貧困世帯の所得が貧困ラインを上回るのに必要な所得移転の額である「貧困ギャップ」を明確にするとよい。貧困撲滅プログラムの「ターゲット効率性」は普通、そのプログラムの支出がどれだけの割合でこのギャップを埋めるのに貢献しているかで測定される。確かに、所得と貧困ラインの差を埋めるという形で厳密に最も貧しい層のみをターゲットとする条件つきの最低所得制度のほうが、この意味ではベーシック・インカムより効率的なはずだ。というのも、ベーシック・インカムは所得が貧困ラインを上回っている無数の世帯にも支給されるために、貴重な資金をむだにしているように見えるからだ。それでも、普遍的なベーシック・インカムのほうが好ましいと言えるはっきりした理由が3つある[32]。

1つ目の理由は、普遍性それ自体、つまり給付が貧困と認められた人だけではなくすべての人に対して行われること自体にある。普遍的な給付制度と的を絞った給付制度、どちらがより効率的かを比較した研究の多くでは、まさにこの点で、普遍的な制度のほうに軍配が上がっているのだ[33]。貧しい人のみをターゲットとする給付金を受け取るためには、その資格があ

る人は諸手続きをとらなければならないが、その人たちは制度について無知だったり、勇気がなかったり、恥の意識を持っていたりして、手続きができない可能性がある。資力調査を伴う制度では、受給対象者の正味の人数に対する給付率を普遍的な制度の場合と同等にしようとする場合、啓発キャンペーンが必要だ。しかし、それには必然的に少なからぬ人件費や運営コストがかかる。収入のみを受給資格の基準とする制度であっても、誰を受給対象に含めるか・受給対象から外すかという判断には恣意性や恩顧主義が入り込む余地がある。すべての合法的居住者に対して支払われるベーシック・インカムの場合、給付を受けるための特別な行政手続きを必要としない。さらに、社会が貧困者とその他の人、つまり助けが必要な人と自らの力で生活できる人という形で目に見えて分断されなくなる。社会の構成員全員に与えられるベーシック・インカムを受け取るのは、少しも屈辱的ではない。このことは本質的に、関係する人々の尊厳の問題にとどまらない。貧困の軽減という点でも、効率性を高めるのだ[34]。このように、複雑な手続きを廃し、受給者に汚名を着せないようにするので、普遍的な制度は高い給付率を少ない広報コストで実現できる。

　ベーシック・インカムは確かに広報・監視・承認にかかるコストを減らすだろうが、給付金の配布や、その財源となるべき資金を集めるのにはより多くの運営費がかかるという反対意見が挙がるかもしれない。給付が貧しい人のみならず全員に対して行われる場合、移転される所得の総額がより大きくなるのは間違いない。ただ、何も郵便配達人が毎月の給付金を現金で各戸に届けるという話をしているのではない。税金が源泉徴収され、電信での自動送金が主流になっている今、かかる費用は、資力調査で認められた人に範囲を限定し、その全員が給付金を確実に受け取れるようにするためにかかる費用に比べたら、小さくなる。少なくとも税制がある程度うまく機能する、十分に整えられた経済においては、正味の受給資格者に対する任意の給付率を達成したい場合、それにかかる運営費の総額は、資力調査を課す制度よりも普遍的な制度のほうが間違いなく安くなるだろう。

このような意味で、条件つきの制度よりもベーシック・インカムを導入したほうが、解放を低コストで実現できると言える。

　ベーシック・インカムのほうが条件つきの制度より好ましいと言える2つ目の理由に話を移そう。それは、受給者が稼ぐかもしれないほかの所得と関係なくベーシック・インカムの受給資格が保持されるという普遍性そのものには、人々をお金の欠乏から救ってくれるという点を超えた、さらなる重要性があるからだ。その人たちが労働市場から締め出されないようにするという役割も持っている。資力調査がある制度のもとでは、不安定でも所得があれば給付金の受給資格が失われたり、部分的に削減されたりする。不確実な状況を避けようという合理的判断が働くため、生活保護受給者は失業状態にとどまろうとしがちだ。このリスクは、恵まれぬ人々の大部分が就かなければならない多くの仕事の性質によって、いっそうひどくなる。その人たちが就ける仕事は、契約が不安定で、雇用者が非良心的で、稼ぎも不透明なのだ。働き始める際、これからどれくらいの収入が得られるか、職場でうまくやっていけるか、あるいはいつ仕事がなくなって、再び給付金の受給資格を得るために多かれ少なかれ煩雑な行政手続きを行わねばならないのか、なかなか見通しが立たない。そうした場合、資力調査を経て認められた所得移転給付からの脱出は魅力的ではなくなる。それに、トマ・ピケティ（訳注：1971〜）が指摘しているように、経済状況に応じた給付金の受給資格が認められるまでには数カ月かかることがあるが、「毎日の経済収支がとても脆弱な世帯にとっては、この数カ月がきわめて重要になりうる」のだ。ピケティはそこで答えが明らかな問いを提起している。「数カ月働いたせいで、その仕事が終わったときから何期かにわたって最低所得の給付金がもらえなくなるかもしれないとなると、どうしてそんなリスクを冒すことができようか？」[35]。こうした問題が起こる確率は相対的に低いとしても、借金地獄に陥ってしまうかもしれないという可能性は、しばしば変化する不透明な規則を知り、理解し、さらにはそれに働きかける能力がない人々にとっては、重大な脅威として認識されるだろう。反対に、普遍

的なベーシック・インカムのもとでは、仕事を得たり自営業を行ったりする際の恐怖は少ない。

　この、簡単に職に就けるようになるという普遍性の利点は、それと密接に関わるもう1つの特徴の効果によってしっかりと強化される。その特徴とは、人々が生み出すどんな利益も自分たちの純収入を増やすために使われるという事実であり、これが普遍的な制度が好まれる3つ目の理由である。これは普遍性があるからといって、論理的にそうなるというわけではない。理論上は、所得に100％の課税をすることもできるからだ。だが、常識的に考えれば、現実的問題として、所得の低い人からすべてを没収してしまうような直接税があからさまに課税されるとは想像しづらい（この特徴があれば必ず普遍性があるというわけでもない。第2章で説明するように、普遍的な給付とは関係ない、いわゆる負の所得税という制度にもこの特徴は見られる）。なぜこの特徴が重要なのだろうか？　典型的な公的扶助制度を考えてもらいたい。最も効率よくターゲットを扶助するために、利用可能な財源が、貧困世帯がほかの収入源から得る所得と、そのタイプの世帯すべての生存が保証されるように設定された所得水準との差を埋めるのに使われる。すでに述べたように、貧困世帯が自力で稼いだ分だけ、給付金が必然的に返還されるという形になっている。つまり、貧困ではない人にお金を配るというむだを避けることは、労働を通して貧しい人が得た所得には暗に100％の限界税率が設定されているに等しい。この状況は一般に、貧困の罠もしくは失業の罠と呼ばれている。資力調査を伴う給付金が収入に連動して減額されたり停止されたりすることで、給料の低い仕事から得られた収入は相殺されてしまうか、仕事に関連する支出のせいで結果的にさらなる損失となってしまうのである[36]。直接税の税率が100％にはならないという穏当な想定のもとでは、普遍的なベーシック・インカムは、そのような罠を作り出さない。受給者がわずかな収入を得たとしても、給付金は停止されたり削減されたりせず、全額支払われるからだ。そして、こうした低賃金雇用を支える仕組みは、最低賃金法が存在する場合にも意

味があると指摘しておきたい。自営業や共同作業のような形での就労が行われる可能性があるだろう。また賃労働であってもパートタイムであったり断続的であったりするし、一般に最低賃金法の規定に当てはまらない見習いやインターンという形もありうるからだ。このような、より手軽にできる仕事の潜在的重要性が高まれば、厳しい最低賃金規定が存在したとしても、資力調査によって作り出される失業の罠はより重大なものになってしまうだろう[37]。

これまで検討してきた3つの点に鑑みると、資力調査を伴う最低所得制度とベーシック・インカムの違いは明確になるはずだ。前者はセーフティネットを提供するが、受け止めるべき人を大量に取りこぼすことになるし、また受け止められた人の多くはそこから抜け出せなくなってしまう。それに対して、後者は万人が安定して立っていられる土台を築く。罠にかかる人たちが、さまざまなハンデを背負ったごく少数の層であるなら、この違いは大きな意味を持たないかもしれない。しかし、本書でこれまで述べてきたいくつかの理由のせいで、この失業の罠にかかる恐れのある人たちの割合が増えていくと、この違いはきわめて重要になる。資力調査つきの給付金の額を引き上げない理由としてよく挙げられるのは、まさにより多くの人が失業の罠から抜け出せなくなるから、というものだ。

公的支出の額をはるかに引き上げないと、普遍性は達成できないということはまさに自明であり、事実だ。一定額を全員に配るのは、それを貧しい人のみに配るよりも多額のお金を要する。しかし、コストというのはいろいろな所で発生する。制度の財源が税によって賄われているとすれば、かかるコストの大部分は一方の手でお金を回収し、もう一方の手で同じ世帯にお金を戻すときにかかる。それ以外の額は単に、住民の異なる階層の間で行われる民間の消費による再分配と変わらない。これはインフラを整備したり公務員を雇ったりといったときに発生する、実体的な資金を使用した<u>事実上</u>の機会費用を意味する（なぜなら、その物的資源や人的資源に対して使われたお金でほかのこともできたはずなので）予算上のコストと

は性質がかなり異なるものだ。運営上の利益や損失、および人々の行動に見られるポジティブあるいはネガティブな反応をまとめると、資力調査を伴う制度から普遍的な制度へ移行しても、住民全体としては裕福にも貧乏にもならない。この意味で、コストはかからないのである。

　もちろん、この結論は静的な視点、つまり、経済的アクターの行動が変化しないという想定のもとでのみ妥当性を持つ。そのような想定は成り立たないだろう。だが、行動の変化こそがまさに、この提案の肝心なところなのだ。というのも、ちょうど論じてきたように、ベーシック・インカムが普遍的であるがゆえに、現在失業の罠にはまっている人は就労へのインセンティブをより強く感じるようになるだろうし、雇用者側にとっては、その人たちを雇うインセンティブが強くなるからだ。ただし、所得の低い層の行動に対する影響のみを見るわけにはいかない。所得分布のなかのそれ以外の層におけるインセンティブに対して、普遍的な制度への移行が及ぼしうる影響を考えれば、真のコストの問題は確かに持ち上がる。それについては、ベーシック・インカムの３つ目の独特な（そして最も賛否両論のある）要素を検討してから、再度考えよう。

義務を課さない所得
An Obligation- Free Income

　これまで論じてきたように、ベーシック・インカムとは定期的に現金支給される、個人単位の普遍的な給付である。それはいわゆる「ヒモつき」ではないという点でも、条件つきの最低所得制度とは異なる。受給者には、就労や労働市場への参加意思といった義務はない。この厳密な意味において、ベーシック・インカムは<u>義務を課さない</u>と言える[38]。現行の条件つきの制度では、どの程度就労の意思を示さなければならないかは

国によって大きく異なっている。しかも、同じ国のなかでも地方自治体によって異なることもある[39]。だが一般に、自らの意思で仕事をしない人、積極的に求職していると証明できない人、地域の公的扶助を管轄する機関が内容・場所・労働時間に鑑みてふさわしいとみなして提供したり何らかの形で「斡旋」したりする仕事を断った人は、給付金を受け取る資格がなくなる。そのような制度が何をもたらすのか、社会学者のビル・ジョーダン（訳注：1941～）が『Paupers: The Making of the New Claiming Class（生活保護者：新たな受給層の形成過程）』でありありと描き出している。生活保護受給者のある層が、無条件ベーシック・インカムを導入すべき根拠を明確に強調している事情について、ジョーダンは以下のように書いている。「生活保護制度の基盤は、国からの給付金が支給されるか止められるかの基準となる規定にあった。こうした規定によって、その仕事がいかに劣悪で給料が悪くとも、権力はその仕事に就くことを誰かに強制してもよくなるので、雇用者側に力が与えられていたのである」。これらの規定は「最も不快な仕事に最低の賃金しか払わない最悪の雇用者でも、健常な失業者が1人でもいる限りは労働力を確保できる」ようにしていた[40]。反対に、ベーシック・インカムでは、受給にその種の条件は何も課されない。主婦、学生、それに浮浪者にも、賃金労働者や自営業者と同じように支給されるし、自ら仕事を辞めた人にもクビになった人と同じように支給される。受給者が本当に仕事を探しているのか、あるいは怠けているだけなのか、調査する必要はない。

　こうしたことから、ベーシック・インカムの普遍性という性質が失業の罠の解消に役立つのに対し、義務を課さないという性質は雇用の罠の解消に役立つのだ。普遍性が担保されなければ、義務を課さないという性質は容易に排除を生み出してしまう。義務を課さないが資力調査のある給付金では、失業の罠から抜け出す見込みのない人たちが得られるはずのお金を止めることになってしまうからだ。しかし、義務を課されていたとしたら、普遍性という性質は搾取を生み出す。就労が条件となっている普遍的な給

付金は事実上、雇用者のための助成金と化すからだ。給付金をもらい続けたいなら職にとどまらざるを得ない労働者に対して、雇用者はより低い賃金を払って済ませてしまうだろう。それとは反対に、ベーシック・インカムの普遍性は当然ながら、当座の経済という意味では生産性の低い仕事のための潜在的な助成金となるが、その義務を課さないという性質ゆえに、劣悪で屈辱的な仕事への助成金となることは防がれる。この２つの無条件性が結合しているがゆえに、ベーシック・インカムが賃金を押し下げるという主張と、逆に押し上げるという主張の両方に説得力があるのはなぜなのか、わかるだろう。

　ベーシック・インカムの普遍性によって、労働者は給料の低い仕事、さらにはほとんど無償に等しいくらい給料が低かったり当てにならなかったりする仕事にまで就きやすくなる。資力調査つきの最低所得制度によって設定されていた下限がなくなるからだ。こうして、すぐに稼ぐ能力が低い人でも労働市場から締め出されなくなる。そのため、所得の平均は減っていくかもしれない[41]。しかし、給付に義務が課されないとなると、労働者が「イエス」と言うのは、給料が低いにしてもその仕事がそれ自体でよいものだったり、役に立つスキルを身につけられたり、居心地のよい人間関係が得られたり、昇進の見込みがあったりというように、十分魅力的な場合のみである。義務を課されない所得が提供されると、給料が低く魅力にも乏しい職には労働者が「ノー」と言いやすくなる。こうして「ノー」と言う自由が高まった結果として、劣悪な仕事が人を惹きつけられず、十分な労働者が集まらなくなったとしたら、雇用者はその仕事を機械化するかもしれない。機械の導入が不可能だったり高くついたりする職場では、その仕事をもっと魅力的に感じてもらうようにしなくてはならない。そしてそれもできないか、コストがかかりすぎるなら、給料を上げるしかなくなる。そう、誰もやりたいと思わない大変で稼げない仕事の給料をよくする必要が出てくるのだ。しかもおそらく、読者諸君（や筆者たち）よりも高い給料にする必要になる。これはよいことだ[42]。このようにして、平均賃金はおそら

く上昇するだろう。

　労働に対する報酬の平均水準と全体の就業率に対して作用するこれらの相反する力の効果が、純粋にどのようなものなのかは予測できない[43]。結果的にどうなるかは、市場の力関係や社会的な規範による。それに、法的に決まっているにせよ労働組合などによって交渉されるにせよ、パートタイムや自営業に関する規定、最低賃金制度の存在とその範囲といったような、制度的な要因にも左右されるからだ。しかし、確かなことが1つある。2つの無条件性が組み合わさることで、最低限の選択肢しか持っていない人たちの選択の幅が広がるのだ。ベーシック・インカムは、貴重な才能や教育や経験を持っている人、あるグループの内部で強固な地位がある人、影響力のある人脈を持つ人、労働組合の強い後ろ盾がある人、あるいは家族の制約がほとんどない人の交渉力には、ほとんどプラスにならない。だが、そのような利点を持たない人に力を与え、可能な職業の選択をより容易にしてくれるのだ。労働者自身のみが、何をやりたいのか、何を学ぶべきなのか、どんな人とうまくやっていけるのか、どこに住みたいのかを考えながら、選択肢となる複数の仕事の本質的な質を比較できる[44]。どこかの専門家や議員や官僚が比較するよりもずっとよいだろう。これがどの程度まで可能になるかは、もちろんベーシック・インカムの給付額がどれくらい高いかによる。けれども、受給者が一時的にしろ終身にしろ、より魅力的な職業を選択する（そしてそれとともに、人がやりたがらない仕事に労働者をとどめておくのに必要な賃上げが実行される）ためには、まったく働かなくてもまっとうな暮らしができる水準に給付額を設定する必要はない。今日存在している職の条件が改善され、まだ存在しない多くの職が現実的になっていく結果、労働の質は大きく高められると予想される。特に、最も社会的に弱い層が行っている労働の質は間違いなく高まるだろう[45]。万人の自由の実現に力を注いでいる人たちに、普遍性と義務からの自由という要素の組み合わせが好まれるのは、このような理由からである。そして、これこそが、その人たちがベーシック・インカム導入を求めている

理由なのである。

能動的な福祉国家
An Active Welfare State

こ　れまで述べてきた事柄を考えると、多面的な無条件性ゆえに、ベーシック・インカムが自由を実現するための強力な手段だということを否定するのは難しくなるだろう。しかし、ベーシック・インカムは持続可能なのだろうか？　アンソニー・アトキンソン（訳注：1944〜2017。イギリスの経済学者）とジョセフ・スティグリッツ（訳注：1943〜。アメリカの経済学者）の用語を使うなら、ベーシック・インカムにおいて期待され、意図される効果とは、「企業内の生産」を「家庭内の生産」（すなわち、家庭や地域社会における給料の支払われない生産的活動）と「企業内の消費」（労働の質の向上）に替えることである[46]。だが、ベーシック・インカムに必要な税の基盤は、企業内の生産（国のGDPにカウントされる、民間や公共における有給の活動）のみによってもたらされる。ベーシック・インカムの財源を確保するさまざまな方法や、経済的行為者の行動に与えるであろう影響、そしてそれに基づく制度の持続可能性については、第6章で詳細に論じたい。特に、このような疑問を解決しようとして行われたさまざまな実験や計量経済学の試みについて検討する。だがここでは、ベーシック・インカムの経済効果と経済的持続性を論じる際に見過ごされることが多い、いくつかの注目すべき点を挙げるにとどめたい。

　一般に懸念されているのは、義務を課さない最低所得の導入と、その財源確保のために生産的活動に対する増税が組み合わされば、労働力の供給にマイナスの影響が出るのではないかということだ。ここで前提として指摘しておくべきポイントは、ささやかながらも人々に所得を与えることの

重要な作用とは、その人たちが働けるようにすることなのである。ナミビアのルター派の元監督でベーシック・インカムの推進者、ゼファニア・カメータ（訳注：1945〜）の言葉を借りるなら、「イスラエルの民は、奴隷状態から逃れるための長い旅路で、天からマナ（訳注：イスラエル人が荒野で神から恵まれた食物。旧約聖書出エジプト記）を授かった。だがそれでイスラエルの民が怠け者になったわけではない。むしろ、旅を続けられるようになったのだ」と言える[47]。最低所得を保障する制度がどんな形でも存在しない発展途上国では、ベーシック・インカムが多くの人に生存の手段を与えてくれるので、この意見は完全に妥当なものと言える。さらには資力調査つきの制度がすでに存在しているところでも、ベーシック・インカムは貧困層における給付率を高め、極度の貧困状態を軽減するという点で、妥当性を持つのである。

　物質的なインセンティブに対して、ベーシック・インカムが与える影響に目を向ける際にはまず、多くの労働者の所得に対する限界税率が大きく引き上げられたとしても、労働に対する限界収益は、より低い限界税率が主流だった何十年か前よりもかなり高水準にとどまるだろうということを認識しておくべきだ。言うまでもなくそれは実質賃金が上昇しているからである[48]。次に、社会的な階級秩序や羨望の的となる消費ができるかどうかは、労働への対価の相対的な額で決定される。このため、限界的な収益の絶対的な額が減少しても、労働者が自分の経済状態を向上させたいと思わなくなることはほとんどないだろう。「生産的活動へのインセンティブは主として、それに対する報酬の絶対的な多寡ではなく、他者との相対的な関係で決まる」と、学術界で最初期にベーシック・インカムを提唱したG・D・H・コールも指摘している。そのため、「ある共同体が社会的平等の状態に近づくほど、努力への強いインセンティブをもたらすのに十分な所得の格差は小さくて済むようになる」のだ[49]。さらに、働く動機やよい仕事をしようとする動機は、絶対的・相対的な収入以外にも多種多様である。そしてそのような動機はすべて、ベーシック・インカムの制度が導入されればさらに魅力を増すことになる。ピーター・タウンゼント（訳注：1928〜2009。イギリスの社会学者）

は所得保障の案を論じるにあたって、これらの動機について以下のように説明している。「男性が働くのは、妻・子ども・友人・隣人からの尊敬を保つためであり、人生の習慣や期待によって起こる心理的欲求を満たすためであり、［中略］社会関係の網目のなかに居続けるために必要な情報・教訓話・小話のストックを補充するためである」[50]。

しかし、ベーシック・インカムの経済効果を、労働市場における供給側の短期的な影響だけだと考えるのは間違いだ。無条件な（訳注：に提供されるという）基盤が提供されることによって、自営業者、労働者協同組合、資本と労働の協調関係などが、不透明かつ変動する収入のリスクからしっかりと守られるようになるので、ベーシック・インカムは起業家の活動を活発にすると期待されている[51]。さらに重要なのが、人的資本に対する長期的な効果への期待だ。限界税率が上がれば教育や職業訓練へのさらなる投資をするインセンティブが小さくなるし、若者はベーシック・インカムで可能になった生活を楽に享受するので、のちのち家族を養うのに必要になってくる教育をおろそかにするのではないか、という懸念がときおり表明される[52]。このような悪影響はないとは言えないが、それはベーシック・インカムが社会の人的資本に与えるであろう多数のよい効果によって、あらかた相殺されるのだ。

まず第一に、セーフティネットの代わりに強固な基盤を提供して失業の罠をなくすことは、目下の生産性が低い一部の人々を労働力として採用できるようになるだけではない。生産的スキルの退化と自身の職業的向上心の低下という２つの要因に足を引っ張られて失業者がさらに雇用不適格者に落ちていってしまう、ということに歯止めをかけるという利点もある。

第二に、「普遍性」と「義務を課さない」という２つの無条件性の組み合わせは、高度な訓練の要素を持つ職の創造や維持に向いた、制度的な流れを作り出す。一例としては、ベーシック・インカムによってすべての若者が無給ないしは低賃金のインターンシップを受けられるようになる。ベーシック・インカムがなければそうした機会は、私的なベーシック・インカムに相当するものを出せるか、積極的に出そうとしてくれる親を持つ恵ま

れた人たちに独占されるのだ。見習いやインターンシップは、政府や労使間の合意によってさほど助成されていない。それゆえ、一人前になった途端に辞めてしまうような人々に投資しなければならない雇用者たちが疲弊しているような国においては、このような効果は特に強く発揮される。

　第三に、ベーシック・インカムが導入されれば、さらなるスキルを習得したり、もっと自分に合った職を探したり、ボランティア活動に参加したり、単純にどうしても休みをとりたくなったりしたときにパートタイムに移行したり、仕事を一時的に辞めたりすることが、すべての人にとって容易になる。そうなると、有能な労働者が、定年の時期よりもずっと前に取り返しがつかないほどの燃え尽き症候群になってしまったり、能力が時代遅れになってしまったりするリスクは低くなる。教育制度が生涯学習の方向へ舵を切るのと合わせて、このような、より柔軟で緩やかな労働市場は、若い学生と大人の労働者を厳格に分ける労働市場よりも、21世紀の人的資本の開発にはるかに適しているはずだ。

　最後に、ベーシック・インカムがもたらすこの効果は現在の労働人口の人的資本に限らず、子どもたちの世代の人的資本にも関わっている。家庭の収入を安定させるほかの方法と同様、ベーシック・インカムは子どもの健康や教育に有益な効果をもたらすだろう[53]。失業の罠の問題が解決されることに鑑みると、働いている大人がいない家庭で育った影響で働く意欲が損なわれてしまうような子どもは減るだろう。そして何よりも、パートタイムという選択を容易にし、仕事と家庭がよりうまく折り合うようにすることで、最も必要な時期に両親が子どもの面倒をもっとしっかりと見てあげられるようになるのだ。

　全体として言えるのは、経済が効率的に機能するためには、近視眼的な方法で雇用率を引き上げ、労働市場に供給される労働力を最大化する必要はないということだ。強迫的に人々を動かし、やりたくない職や何も学べることのない職に縛りつけておいても、持続可能な形で経済をより（良識的な意味で）生産的にできるわけではない。詩人のカリール・ジブラン

（訳注：1883
　　　〜1931）は1923年にこう述べている。「その仕事に愛を感じられず、嫌悪感しか抱けないのなら、その仕事を辞めたほうがよい。［中略］なぜなら、どうでもよいと思ってパンを焼いても、苦いパンができるだけであり、誰かの飢えを満たすことはろくにできないだろうから」。そう信じていたのは詩人だけではない。2万人以上の従業員を抱える企業の経営者であったゲッツ・ヴェルナー（訳注：1944〜2022。ドイツのド
　　　　　　　　　　　　　　　　　ラッグストアチェーンDMの創始者）も同じく、無条件ベーシック・インカムが従業員全員に働かなくてよいという選択肢を現実に与えるならば、自分の会社の業績は悪くなるどころか、もっと成長できるだろうと主張していた。（ヴェルナーについては第7章で再び取り上げる）。

　これらの理由により、比較的恵まれた人だけに、ではなく、すべての人に対して、有給の職・教育・家族の世話・奉仕活動の間を簡単に移動できる自由を与えることは、公平であるばかりか、経済的に賢くもあると言えるだろう。ベーシック・インカムによってもたらされる、より大きな安心と、望ましい形の柔軟性の拡大には密接なつながりがあるので、ベーシック・インカム導入はコストというよりも投資と言える[54]。ベーシック・インカムが「能動的な福祉国家」の賢明で解放的な形だとみなされていることにも、うなずける。「能動的な福祉国家」という表現は最も一般的には、いわゆる「積極的な労働市場政策」を指すのに使われ、そこには多かれ少なかれ干渉的に労働者の活性化を促す機構の存在が含意されている。こちらの抑圧的な解釈のもとでは、能動的な（あるいは活性化を促す）福祉国家とは既存の給付金制度の受給者が本当に働けないのか、あるいは本当に仕事を探しているのかをチェックするために監視を行う存在だ。この取り組みによって、給付金の額が減らされ、受給資格の条件が厳しくされ、受給のハードルが高くされる。21世紀の初めにイギリスのトニー・ブレア政権やドイツのゲアハルト・シュレーダー政権によって着手され、保守派の後任たちによって続行された改革はどちらも、抑圧的な解釈の「能動的な福祉国家」が実践されたときにどうなるかを例証している。北アメリカの勤労福祉制度（訳注：給付金受給の条件として与えられた仕事や
　　　奉仕活動や就業訓練が義務づけられている制度）もその例だ。

しかし、この抑圧的な解釈とは反対に、能動的な福祉国家というものを解放的に解釈することもできる。この場合の「活性化」とは、失業の罠や孤立の罠のような障壁を取り除くこと、および有給の活動にせよ無給の活動にせよ、人々がより幅広い選択肢を持てるように教育や就業訓練へのアクセスを容易にして、力を与えることである。就労を強制するのではなく、自由に就労ができるようにすることで成り立つ。この特徴こそが、解放的な意味での能動的な福祉国家の核心である。それは不活性な労働者への所得移転に集中して、その人たちを不活性にとどめてしまう「受動的な」福祉国家に典型的な、資力調査つきの最低所得制度とは対極にある。義務を課さずに所得を提供するので、ベーシック・インカム制度は有給の職を神聖なものではなくしてしまうというのは事実だ。障害のある人たち、および不動産や有価証券による不労所得で暮らす人たちだけでなく、働かずに収入を得ることが万人において正当化されるからだ。しかしそれでも、ほかの収入源からの所得を上乗せできる普遍的な土台を提供するので、ベーシック・インカムは活性化の手段とみなすことができるし、就労訓練事業やソーシャルワークといったほかの手段がより効果的に機能する助けとなる。義務を課さないため、ベーシック・インカムは人間の労働の「脱商品化」を促す。だが普遍的であるがゆえに、ベーシック・インカムがなければ労働市場から排除されてしまうであろう人の労働力の「商品化」を促しもするのだ[55]。したがって、ベーシック・インカムの支持者は、能動的な福祉国家の名のもとで主張される言説や政策のすべてを、原則的に拒否する必要はない。また、有給の労働が希薄化すると言われているがために受動的な福祉国家が必要だとしてベーシック・インカムを引き合いに出すのは、さらに不要なことだ。

特に重要なのは、「承認と尊敬は自分のやりたいことを好き放題やって得られるのではなく、他者への奉仕で得られる」という考え方と、ベーシック・インカムは完全に両立可能だということだ。それが有給の雇用という形をとろうと、別の形態であろうと、すべての人が自分のしたいこと、うま

くできることを探しやすくするために、ベーシック・インカムはある。多くの人は人生のいずれかの段階で、自分に近い人のためであれ人類全体のためであれ、無給の活動を通して他人の幸福に貢献したいと思うだろう。ボランティアで託児施設を運営するとか、ウィキペディアの記事を執筆するといったように。ところが、人生のなかで「生産年齢」の段階にいる人の大半は、会社に属しているかどうか、あるいはフルタイムかどうかにかかわらず、何らかの有給の仕事を通して貢献したいと思うだろう。それを評価する社会的規範、つまりは他者への貢献という意味での労働を善とする価値観は、ベーシック・インカムとは矛盾しないし、ベーシック・インカムの持続性を高めるのに一役買うのである。この社会的規範に適う方法の幅が広がると、人を自由にする力はますます打ち消されなくなる[56]。

健全な経済
A Sane Economy

これまで述べてきたことは、実質的なベーシック・インカムが致命的な破綻の引き金になるのではないかという疑いを鎮めてくれるだろう。では、これまで述べてきた内容を考えれば、ベーシック・インカムが最大限の経済成長を得るために必要だと証明されるのだろうか？　それは間違いなくあり得ない。そして、それでよいのだ。万人の自由の実現のために力を注いでいる立場としては、自発的でない失業が主要な問題である。経済成長は、失業に対する自明の治療法であると常に言われていた。だが、すでに述べたように、豊かな国々で持続的な経済成長を続けることが可能なのか、望ましいのか、それに持続的な経済成長が本当に失業の解決策となるのかという強い疑いが生じている。ベーシック・インカムは、生産性向上と足並みをそろえた狂気の経済成長に頼らない、もう1つの解

決策となる。ジョン・メイナード・ケインズ（訳注：1883~1946）は、「省力化の手段を見つけだすペースが速すぎて、労働力の新たな用途を探すのが追いつかなくなる」と、成長が人類の進むべき道ではなくなる時代がやってくると書いている。そうなった暁には、人類は「パンをできるかぎり薄く切ってバターをたくさんぬれるように努力すべきである」[57]。

　ベーシック・インカムは、こうした方向へスムーズに、賢く進んでいける方法なのだ。人々の労働時間に制限を設けずに、労働時間を簡単に減らせるようになる。労働時間を減らすことで失われるものを少なくするし、頼みの綱となる安定した収入を与えてくれるからだ。その結果、働きすぎて病気になってしまう人と、仕事が見つからなくて病気になってしまう人、両方の問題の根本的な対策となるのだ[58]。良識的な意味での完全雇用という目標を放棄することにはならない。というのも、完全雇用とは2通りに解釈できるからだ。1つは、生産年齢人口のなかの健康な人全員に、フルタイムの有給の仕事が与えられている状態、もう1つは、望む人全員に、有意義な有給の仕事に就ける現実的な可能性が与えられている状態である。ベーシック・インカムはその目標として、前者を退けて後者を採用している[59]。そして、当座の生産性が低い低賃金の仕事をする人に援助し、人生の好きなときに仕事を減らすという選択をしやすくするという両方のやり方で、この目標を追求しているのである。それで物的な消費を犠牲にするのか？　先進国に関して言えば、確かにそうだ。意図的にそうなっている。というのも、経済はただ効率的であればよいというわけではない。健全でなければならないからだ[60]。そして健全な経済を作るためには、人々が病気にならないような経済を整備する方法を見つけなければならないだけではない。持続可能で、誰もが実践できる生き方をも見つけなければならないのだ。無条件ベーシック・インカムの導入は、そのどちらをも実現する前提条件なのである。

BASIC
INCOME

A RADICAL PROPOSAL
FOR A FREE SOCIETY AND A SANE ECONOMY

第2章

ベーシック・インカムと、
その親戚たち

....

Chapter 2 :

Basic Income and Its Cousins

....

本書の読者の多くは、この章を不要と感じるだろう。だが何人かの人々には、本章の一部を必ず読んでもらいたい。前の章で行った分析には十分惹かれるが、本書で提案されている解決策よりももっとよい方法を簡単に思いついたり、読んでいる間もそれが頭から離れなかったりしていた読者たちに、本章を読んでもらいたいのだ。この章では、無条件ベーシック・インカムの代替になるような制度のうち主要なものについて、手短に紹介し、考察したい。本書の立場としても、これらの代替案には少なからず共鳴するところがある。なかには、全面的にというわけではないけれども、ベーシック・インカムと有意義な形で組み合わせられる案もある。そして、ベーシック・インカムがない状態では、このような代替案の導入によって現状を大きく改善できる場合が多いとも、たやすく認めざるを得ないだろう。それでも本書では、これらの代替案よりもベーシック・インカムこそが、この本の議論の射程には含まれないほかの領域の改革と一緒に行われることで、自由な社会と健全な経済を実現するための制度的な条件として最も有力になるのは間違いないと考えている[1]。その理由を、ここから簡潔に説明していこう。

ベーシック・インカム　対　基本的一括賦与
Basic Income Versus Basic Endowment

ベーシック・インカムとは、定期的に給付される所得であり、その支払いのインターバルは個別の案によってさまざまだ。ではその代わりに、すべての人に、成人するタイミングで基本的な一括賦与を行うのはどうだろうか？　これはたとえば、トマス・ペイン（訳注：イギリス出身、アメリカ合衆国の政治理論家・思想家）（1796年）、トマス・スキッドモア（訳注：1790〜1832。アメリカ合衆国の政治家・改革者）（1829年）、フランソワ・ヒュエット（訳注：1814〜1869。フランスの哲学者。）（1853年）のような人たちによって提案され

ていた[2]。同様の発想はその後も、別の名前をつけられて展開されている。例を挙げるなら、ジェイムズ・トービン（訳注：1918〜2002。アメリカ合衆国の経済学者）は1968年に「国民若者賦与」という案を提唱した。ウィリアム・クライン（訳注：生年不詳、カリフォルニア大学ロサンゼルス校名誉教授）(1977年)とロバート・ヘイヴマン（訳注：1936〜。ウィスコンシン大学マディソン校名誉教授）(1988)は「普遍的個人資本勘定」を提唱した。そして最も体系的で野心的な案としては、ブルース・アッカーマン（訳注：1943〜。イェール大学スターリング記念講座法学・政治学教授）とアン・アルストット（訳注：1963〜。イェール大学ロースクール教授）が1999年に提唱した「ステークホルダー・グラント」がある。

　ベーシック・インカムと基本的一括賦与の共通点は多い。どちらも現金給付で、個人単位で支給され、資力調査や労働の審査は行われない。さらに、基本的一括賦与はたやすくベーシック・インカムに転換できる。受給者の死亡まで、一括賦与と数理的に等価の年間給付が得られるように、所得の定期的な供給を行えばよいだけだからだ。逆に言えば、ベーシック・インカムに抵当設定を可能にするならば（自由という観点からは推奨されているようだが）、同等の賦与をしていることになる[3]。このことを考えると、2つの案の間には決定的な違いはないように思われる。しかし1つだけ違いがある。そしてその違いこそが、無条件ベーシック・インカムのほうが確実によいという考えを正当化するのである。

　この違いを明らかにするためには、2つの案それぞれについて細部を明確化し、公平な比較対照ができるようにすることが重要だ。現金給付の普遍的な基本的一括賦与はすでにいくつかの国で存在しているか、過去に存在したことがある。しかし定期的な所得移転給付の額に比べると、それらの賦与額は小さい[4]。ブルース・アッカーマンとアン・アルストットの案の給付額はもっと多くなっている。総額8万ドルの交付金が（あるいは2万ドルを4回に分けてもよいが）支払われ、65歳からは無条件の基礎年金が受け取れるというものだ。もしこの給付金が21歳から65歳までの528カ月の間、月ごとに支払われるとしたら、（インフレーションを考えなければ）月額およそ150ドルになる。だが、当然考慮に入れておかなければならない点が2つある。65歳になる前に死ぬ人がいるということと、給付金が利

息を生むということだ。アッカーマンとアルストットは、21歳のときに8万ドルの交付金をもらうのは、月々400ドルのベーシック・インカムをもらうのとおよそ同等だと見積もっている。ただ、この2人が想定する5%という実質利率はかなり楽観的なので、ここではより現実的な見積もりとして、月々300ドルとしておこう[5]。

しかし、そのような見積もりが導き出される根拠を細かいところまでいちいち取り上げる必要はない。金額について1つの考えとして、ここでは月額1000ドルのベーシック・インカムを妥当な基準としよう。これは裕福さでアメリカ合衆国よりいくらか劣る国の、1人あたりのGDPの4分の1になる。これと「同等の」基本的一括賦与は、1人あたりおよそ25万ドルとなる。公平に比較するためには、さらに複雑な要因を考える必要があるだろう。特に、それぞれの案と必然的に結びついていて、その財源にも関わってくる、さまざまな貯蓄の種類に関する事柄が考えられるだろう[6]。だがこの議論の目的からすると、そのような複雑な要因を棚に上げて、およそ同じように財源が確保される、ほぼ同等の2つの制度を比較すればよい。21歳から65歳まで月々1000ドルのベーシック・インカムを支給する制度と、21歳の時点で25万ドルの基本的一括賦与を行う制度だ。21歳未満の人と65歳を超える人については考慮しなくてもよいだろう。前者はアッカーマンとアルストットの案で何も言及されておらず、後者については高齢者に限定してベーシック・インカムに相当するものが想定されているからだ。

類似してはいるものの、基本的一括賦与とベーシック・インカムは、立脚する規範的な視点が大きく異なるようだ。基本的一括賦与は成人としての生活のスタート地点で、機会を平等化する一方、ベーシック・インカムは生涯を通した経済的安定を提供する。万人の自由の実現に専心する人は、どちらを好むだろうか？[7]　一見したところ、その答えは明らかだ。基本的一括賦与は年金のようにも使えるため、ベーシック・インカムが提供するすべての可能性を持っていることになる。しかし、ベーシック・インカムを推奨する人の多くが望ましいと考えているように、ベーシック・インカ

ムに抵当設定をできなくするのなら、その逆は成り立たない。基本的一括賦与だけに伴う可能性としては、「元手を吹き飛ばす」ことがある。これは消費のために意図的に行われる場合もあれば、よくない家を買ってしまったり、合わない勉学を選択してしまったり、うまくいかない事業を始めてしまったりというように、投資の失敗として意図せず起こる場合もある。アッカーマンとアルストットによれば、ひとたび若い市民のもとにお金が行き渡れば、それを「消費するか投資するかは本人の自由だ。大学に通うことも通わないこともできる。家を買うために、あるいは万が一のときのために貯金もできる。あるいは、ラスベガスで吹き飛ばすこともできる」[8]。つまり、自由とは間違いを犯す自由でもあるというわけだ。

　それでも、万人の自由、万人に実質的な機会を与えることを考えると、25万ドルの1回限りのまとまった給付金よりも、それと「同等」の、1000ドルのベーシック・インカムを毎月給付するほうが望ましいのは間違いない。それはなぜか？　その人の生涯を通した機会は、21歳のときに給付される一括賦与によっては、ほんのわずかな程度にしか定まらないからだ。若者は知的能力、親の面倒見、学校の質、社会的なつながりなど、多くの要素に強く影響される。一般に、これらのさまざまな面ですでに恵まれている若者こそが、まさに賦与されたお金を最も賢く使える人なのである。それゆえ、同じ額面をもらった際の実質的な可能性は、自分にとって何が大切かをよく考えて最善の選択をしっかり行えるようにする、知識・指導・教育・人間関係を成人生活が始まる時点で有していない人にとっては、著しく小さくなる[9]。

　無条件に、生涯にわたって基本的な所得を保障することは、人の自由がその人自身の若いときの自由によって犠牲にされてしまうのを防いでくれるだけではない。結局は、生涯を通して投資を行ったりリスクをとったりというように、実質的な可能性という形で、自由の幅をはるかに大きくするのだ。有意義な額のベーシック・インカム制度と、それと「同等の」基本的一括賦与の制度のどちらかを選択するなら、万人の自由の実現のために

力を注いでいる人はためらいなく前者を選ぶべきだ。しかし、この選択は補足的な「資本の賦与」を支持することとは対立しない。ただし、それは有意義な額のベーシック・インカムの持続可能な財源確保を危うくしない程度の控え目なものであるべきだ[10]。

ベーシック・インカム　対　負の所得税
Basic Income Versus Negative Income Tax

基本的な一括賦与よりも概念的には離れているが、さまざまな意味でベーシック・インカムに最も近い競合相手と言えるのが、「負の所得税」として一般に最もよく知られている制度だ。負の所得税構想の起源は、数理経済学の創始者の1人であるオーギュスタン・クールノー（訳注：1801〜1877。フランスの哲学者・数学者・経済学者）までさかのぼれる。クールノーは「最新の発明品である特別手当は、所得税の反対である。代数的な言葉を使うなら、それは負の所得税ということになる」と書いている[11]。この考え方は、アバ・ラーナー（訳注：1903〜1982。ロシア生まれのアメリカ合衆国の経済学者）とジョージ・スティーグラー（訳注：1911〜1991。アメリカ合衆国の経済学者。1982年ノーベル経済学賞）の著作で繰り返されている[12]。そしてミルトン・フリードマンの著作『資本主義と自由』（2008年、日経BPクラシックス）やそのほかのいくつかの著述やインタビューによって、大衆にも普及するようになった[13]。個人所得税を財源とするベーシック・インカムと負の所得税は同等だと主張する人は、ミルトン・フリードマン自身も含めて多くいる[14]。さらに、資力調査を伴う最低所得制度に反対してベーシック・インカムを推進する際に持ち出される論拠の多くは、負の所得税の案を推進する際にも用いられている。それでも、ベーシック・インカムと負の所得税の間には決定的な違いがあり、万人の自由の実現のために専念する人にとっては、この違いがとても重要なのだ。

ベーシック・インカムと負の所得税は同等だという主張になぜ説得力があるのかを理解するためには、資力調査つきの最低所得制度（図2.1）・ベーシック・インカム（図2.2）・負の所得税（図2.3）について、ほかの公的支出がないと考えた場合の所得の推移を様式化して示したグラフを一目見れば済むと考える人もいるだろう。また、数値で示した簡単な例を考えてみればもっと直観的にわかるという人もいるかもしれない。ここでは再び、ほかのあらゆる公的支出を考えず、1ドルでも所得があれば25%の所得税がかけられて、それを財源として成人ひとりひとりに毎月1000ドルのベーシック・インカムが給付される場合を考えてみよう。全額を支払い、全額を回収する代わりに、政府は差し引きによって正味の移転額だけを移動させればよい。つまり、給付されるだけで課税されない層と、課税されるだけで給付されない層を作ることになる。これは、1000ドルのベーシック・インカムを、一律かつ個人単位の還付可能な1000ドル分の税額控除に変えることに相当する。この方法で、全額を支払い回収するのと同じ、効果的な限界税率の推移と課税・移転後の所得の分布を再現できる。これを具体的に表すと：

- ●所得のない人はベーシック・インカムと負の所得税、どちらの制度下でも1000ドルの給付を受ける。

- ●2000ドルを稼いだ人は、最終的に2500ドルを手にする。これは、ベーシック・インカム制度の場合、ベーシック・インカムの1000ドルと、課税後の利益の1500ドル（2000ドルの75%）による。負の所得税制度の場合、総収入の2000ドルと、税額控除分の給付（1000ドル）と課税分の500ドル（2000ドルの25%）の差額である500ドルによる。

- ●4000ドルを稼いだ人は最終的に4000ドルを手にする（この人の所得額が、いわゆる損益分岐点に該当する）。ベーシック・インカム制度の場合、ベーシック・インカムの1000ドルと、課税後の利益の3000ドル（4000ドルの75%）による。負の所得税制度の場合、総収入の4000ドルに、何も追加されない。1000ドルの税額控除は、課税額の1000ドル

（4000ドルの25%）と同じだからだ。

●8000ドルを稼いだ人は最終的に7000ドルを手にする。ベーシック・インカム制度の場合、ベーシック・インカムの1000ドルと、課税後の利益の6000ドル（8000ドルの75%）による。負の所得税制度の場合、総収入の8000ドルから、2000ドルの課税（8000ドルの25%）と1000ドルの税額控除の差額である、1000ドルの正の所得税が引かれることによる[15]。

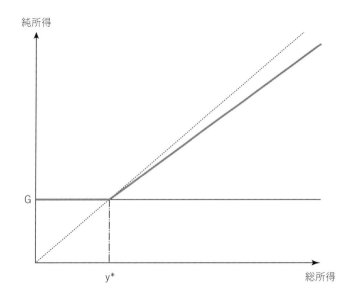

図2.1　資力調査つきの最低所得制度のもとでの純所得

横軸は総所得、つまり課税と移転をされる前の所得を表している。縦軸は純所得、つまり課税と移転をされた後の所得を表している。45度の線は、課税も最低所得保障もない場合の純所得がどれだけになるかを示している。このとき、総所得と純所得は等しい。点Gは最低所得の額を示している。

通常の資力調査つきの最低所得制度のもとでは、所得移転が受給者の総所得とその世帯が下回ってはいけない所得の最低水準（G）との差を埋める。太線は、これらの所得移転とその財源となる課税を加味した純所得を示しており、ここでは直線になるように想定されている。総所得がy*の額を超える人が、最低所得制度の資金の実質的な負担者となる。そして総所得がy*を超えない人が、この制度の実質的な受給者となる。

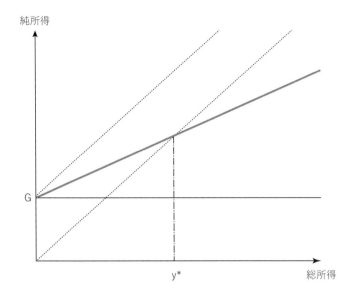

図2.2　ベーシック・インカムのもとでの純所得

ここでは、課税されないＧの額のベーシック・インカムが、その人の総所得とは関係なしに、市民ひとりひとりに給付される。Ｇから出て、45度の線と平行になっている２本目の点線は、ベーシック・インカムを加えた総所得を表している。太線は、課税とベーシック・インカムの両方を加味した純所得を表している。損益分岐点のy*は、純所得を表す太線と総所得を表す45度の線が交わる点と一致している。総所得がy*を超える人が、ベーシック・インカムの資金の実質的な負担者となる。総所得がy*を超えない人が、この制度の実質的な受給者となる。

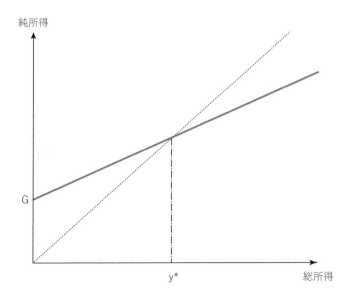

図2.3　負の所得税制度のもとでの純所得

太線は、同じ税率の正の所得税と負の所得税の両方を加味した純所得を表している。この直線的なモデルでは、損益分岐点y*より下では、それより上で所得税が上がっていくのと同じ割合（総所得の増加分のパーセンテージで表される）で、給付金が下がっていく。世帯に支払われる給付金（負の所得税）はその世帯の所得が高くなるにつれて漸減していき、損益分岐点y*では実質ゼロになる。この損益分岐点は、負の所得税がその資金を実質的に負担する人にかかる正の所得税に転換する総所得の額で、ベーシック・インカム制度の場合と同じである。

　この例のように、ベーシック・インカムと負の所得税が同等であると言えるためには、以下のように条件を限定しておかなければならない。まず、この例にもあるように、課税が直線的である必要がある。つまり、限界税率はどの所得額でも一定ということだ。ベーシック・インカムとは異なり、負の所得税という概念はこの特定の条件下でしか成り立たないと言われる場合もある。フリードマンもそう考えていた。しかし負の所得税という言葉は、より広い意味で、累進課税や逆進課税の場合でも用いられてしまいがちだ。それでも、負の所得税による所得移転の財源は個人所得税である

という想定は共通している。対してベーシック・インカムは定義上、本書の第6章で取り上げるように、そのほか多くの財源を用いることも可能である。

2番目に、この例にある通り、給付の単位は個人でなければならない。ベーシック・インカムはその定義からしてそうであるが、負の所得税においては定義上はその限りではない。むしろ、負の所得税の案や実際行われている実験のほとんどは、一般的な財務の慣習に従って、給付・課税ともに所得の移転に関する単位を世帯で考えており、個別化の必要性を裏づけるようなさまざまな問題点を生み出している。しかし原理的には、給付・納税両方の資格を個人単位にしても、負の所得税の導入は可能だ。ベーシック・インカムと負の所得税の同等性が主張できるのは、個人単位にされたときのみである。

3番目に、この例にある通り、負の課税と正の課税のための所得の基準はどちらも同じように定義されなくてはならない。ところが、負の所得税の推進者のなかには、その世帯に含まれない親類の所得も含めるなどして、負の所得税のための評価対象をより広くできることが、この制度の利点の1つだと考えている人もいる。たとえばドイツの経済学者ハンス=ゲオルグ・ペーターゼン（訳注：1946~）は、この「家族のなかの自己責任という重要な役割」の余地を残せる可能性が、負の所得税がベーシック・インカムに勝っている重要な点であると考えている[16]。当然だが、ベーシック・インカムと負の所得税が同等になるのは、ほとんどの負の所得税の案がそうであるように、税率表の負の部分にも正の部分にも同じ所得基準が適用される場合のみである。

4番目に、この例のように、負の所得税の受給資格は、ベーシック・インカムの受給資格と同様、労働の能力に基づかないという意味で無条件という前提がなければならない。フリードマンのものも含む負の所得税の案は概してこの前提を満たしているが、すべての案がそうというわけではない。特に、負の所得税とみなされることが多い案のなかで最も有名な、ニクソ

ン大統領の家族支援計画（第4章で詳しく取り上げる）では、健康な成人に対する所得移転が、働く意思がある場合に限り認められていた。給付つき税額控除に義務が課される場合、当然ながら、ベーシック・インカムとの同等性は主張できない。

　このように条件を明確にしたところで、両者の同等性が最も高い例を考えれば、ベーシック・インカムと負の所得税の本質的な違いに焦点を当てられるようになる。この例では、給付・納税は個人単位で、労働の意思の調査がなく、財源は税率が一定の個人所得税から確保されるとする。すると、本書の第1章で普遍性という表題で論じた2つの特徴を深堀りする必要が生じる。そのうちの1つはどちらの制度にも共通するものだが、もう1つが、重要な違いになる。

　ベーシック・インカムと負の所得税、両方の制度に共通し、両者を通常の資力調査つきの制度から区別する普遍性の特徴とは、両者が最低レベルの所得に対して100%という法外な実効税率を課してしまう可能性を排除していることだ[17]。どちらの制度も、限界税率を同じに設定することで同じ水準の最低所得を保障できる。そのため、予算的な負担も同じだと考えられる。さまざまな消費財や娯楽の組み合わせのなかから労働者が選択できる幅も同じになり、合理的な経済主体として予期される行動も同じだと考えられる。

　しかし、2つ目の特徴にも留意が重要だ。それは普遍性それ自体、つまりベーシック・インカムはほかの収入源による所得とは関係なしに、万人に対して同額が前払いされるという事実である。一見すると、これは負の所得税制度のほうに軍配が上がってしまうような、行政手続きの副次的な差である。最終的に同じ結果になるのだったら、負の所得税制度にしたほうが納税者と政府の間のむだなやりとりを避けることができる。ところが、貧困にあえぐ人々には飢えをしのぐための所得移転給付を受け取れる課税年度末まで待つ余裕がないので、負の所得税制度にも前払いの手続きが含まれなければならないのは明らかだ。損益分岐点よりも低い所得しか得ら

れないことがわかっている人（保障される最低所得よりも総所得が低いと予想されるグループに限らない）はみんな、この手続きをとることができなくてはならない[18]。給付金の支給が電信で行われ、税金が源泉徴収される時代、負の所得税制度で発生するこの追加的な手続きの情報発信や資格調査にかかるコストは、ベーシック・インカム制度で生じる金銭のやりとりの事務コストを軽く上回るだろう。同時に、手続きの複雑さと、手続きをとると不名誉の烙印を押されてしまうというよくある理由で、受給資格者における給付率は、普遍的制度なら楽に達成できる水準よりも、かなり低いままになるだろう。それゆえ、負の所得税制度は理論上は貧困を軽減する手段としてベーシック・インカムと同等だが、まさにこの目的を果たすために実際にはうまく機能せず、通常の資力調査つきの制度の難点の1つとよく似てしまうことになる。

　給付が前払いで行われるという性質は、ベーシック・インカムを貧困のみならず失業を軽減するための効果的な手段にする点でも重要である。というのも、失業の罠は、仕事をしているか、していないかで所得に差が出てしまうという問題からだけでなく、人々が不安定な雇用そのもの、および不安定な仕事に就くことで行政手続きが煩雑になるのを避けようとして生まれるからだ。この点、負の所得税を推進する人は、その制度が現行の福祉の業務を改善してくれると信じている[19]。だが、受給者と労働者という行政上異なるステイタスの間を行ったり来たりする必要があるため、負の所得税制度は通常の資力調査つきの制度と同じ内在的な欠陥が存在することになる。ベーシック・インカムという制度と結びついた前払いの給付だけが、この問題を一気になくすことができる[20]。

　したがって、個人単位で運用され、理論上は同じ純所得になるとしても、負の所得税制度は最も近いベーシック・インカム制度でも決して同等にはならず、貧困対策と失業対策、どちらの側面でも同じ利点を持たない。その根本的な理由は、哲学者のミシェル・フーコー（訳注：1926〜1984）がその負の所得税についての議論（第4章で再び取り上げる）のなかで強調している。負

の所得税はあくまでも貧困層に向けた政策なのだ。19世紀末からヨーロッパで発展した福祉国家はどこも「経済介入によって人口の内部に貧しい人々と貧しくない人々とのあいだの裂け目をなくす」ことを望んでいた。フーコーによれば、これとは反対に、負の所得税は、時代は違えど救貧法（訳注：1601年に確立したイギリスの貧民救済に関する法律。1947年に現行の社会保障制度に舵を切ったために廃止された）のようなもので、「貧しい人々とそうでない人々、援助を受ける人々とそうでない人々とを分割しようとする」ものだ[21]。万人を貧困と失業から解放するために今の社会に求められ、そして万人の自由の実現に心を砕いている人が闘って目指さなければならないのは、すべての人が立っていられるような土台である。それはただの貧困者向けの政策を拡充することとは違うのである。

　普遍的なベーシック・インカム制度の原理的な優越性が明らかになった一方で、それがどれほどの変化を生み出せるかは、部分的にはその場の経済的・行政的状況の問題である。手始めに、ベーシック・インカムの前払いの給付を全員に対する義務とするのではなく、初期設定として選択されるという形にしてもよいだろう。これは実際、ジェイムズ・トービンが「デモグラント」の最善の運用の仕方として構想した[22]。安定した雇用で働いている人は自分たちのベーシック・インカムを税額控除という形で受け取るように申請でき、すべての人がそれができる立場になれば、負の所得税との違いはなくなる。さらには、社会の成人全員が、それぞれ1つの雇用元のみに雇われているとしよう。そうすると、すべての雇用者は、賃金の一定の割合を政府に支払い、政府は従業員の数だけベーシック・インカムを計上する。そしてすべての従業員は毎月、税金とベーシック・インカムが加味された純所得を賃金として受け取ることになる。その従業員が子どもの主たる保護者であるなら、ここに子どものためのベーシック・インカムも含まれる。無給の休暇をとっている従業員も、雇用者からベーシック・インカムを受け取れる。この想像上の状況では、まず間違いなく、負の所得税となる給付つきの一律の税額控除は、前払いのベーシック・インカムと同じくらい強固な基盤をもたらすだろう。だが、学生や失業者、顧客は

いるが雇用者がいない人、複数の雇用者に雇われている人がいた場合は、もっと複雑になる。そしてさらに、それらのさまざまな立場の間を人々が移動し続けている場合はなおさらだ。このようなより現実的な状況でも、もし事務処理上可能なら、受給資格のある人に対する税額控除分の還付を加速させれば、毎月所得を申告する形でも負の所得税のデメリットを減らせるだろう。それでも、前払いで全員に支払われるというベーシック・インカムの2つの利点は明白なままである。自分や世帯をともにする人にしっかりとした定期的な収入がある多くの人たちには、この利点は関係ないだろうが。

しかしながら、政治的な実現可能性という点では、負の所得税の制度が大きく勝っていると認めなければならないだろう。第一に、さまざまな種類の世帯の限界税率と純課税額が2つの制度でまったく同じだったとしても、負の所得税制度が必要とする税と支出の総額は、ベーシック・インカム制度の対応する総額よりも、はるかに小さい。そのため、より安上がりのように見え、それゆえだまされやすい世論という法廷では、気に入られやすい[23]。第二に、ベーシック・インカムとは異なり、労働者の純賃金を増加させるベーシック・インカムと同額の税額控除の場合、その所得を受給する権利が労働の遂行から来ているという印象を拭い去ることはない。そうなると、この制度は労働組合から支持されやすくなる。その地盤は（給付金を払う）政府ではなく、（賃金を支払う）企業にあるからである。第三に、通常の条件つきの制度から負の所得税制度に移行する行政的な手続きのほうがスムーズに進む。というのも、すでに存在する社会保障による所得移転はそのまま保たれ、負の所得税か正の所得税のどちらを適用するか決定する際に考慮すればよいからだ。他方で、ベーシック・インカムを導入すると、ほかのすべての給付の正味金額の下方修正が求められる。これらの政治的な利点は、状況によっては負の所得税が最も実現可能性の高い方策として甘んじて受け入れられる、あるいはベーシック・インカムを導入するまでの移行期の有望な方策として採用される、よい理由になるかもしれ

ない（移行期の施策については第6章と第7章でさらに検討する）。しかし、これらの政治的利点も、万人の自由の実現を目指す人が自分たちの主義に基づいて無条件ベーシック・インカムのほうを推すことを止めることはできない。万人の自由の実現のために力を注いでいる人ならみんな、無条件ベーシック・インカムのほうが好ましいと考えるはずなのだ。

ベーシック・インカム　対　勤労所得税額控除
Basic Income Versus Earned Income Tax Credit

負の所得税は、給付つき税額控除と考えることができる。給付つき税額控除は別の形態でも提案されたり、実施されたりしており、そちらのほうが負の所得税と比べて決定的な利点があると主張する人もいるだろう。そのなかで最も有名なのは勤労所得税額控除〔Earned Income Tax Credit（EITC）〕という、現在アメリカ合衆国で実施されている、低賃金の労働者限定の給付つき税額控除だ。最初は、1970年代にニクソン政権の家族支援計画に代わるものとしてラッセル・B・ロング上院議員 （訳注：1918〜2003）（第4章で取り上げる、「富の共有」運動の主導者だった父親のヒューイ・ロング （訳注：1893〜1935） 同様、ルイジアナ州選出の保守的な民主党員であった）によって提案されたEITCは、1975年にジェラルド・フォード大統領 （訳注：1913〜2006） のもとで制定された[24]。1993年にはクリントン政権のもとで大幅に拡充され、2013年時点でおよそ2700万人の受給者がおり、アメリカ合衆国の貧困対策の柱となっている。1990年代以降、OECDの国のほとんどがこれと似たような、働いている人のための税額控除制度を導入している。

　負の所得税と同様、EITCは一部の層にとっては税額控除になり、別の層にとっては税務行政組織からの給付金という形をとる。だが税額控除は一律ではなく、稼ぎにのみ適用される。つまり、所得全体ではなく、労働によ

る所得のみが対象である。EITCの額は稼いだ額に応じて増加していき、ある特定の範囲では一定になり、さらに稼ぐと次第に削減されていく[25]。最下層の人の稼ぎが増えると、負の所得税制度のもとでは給付金が減額され、資力調査つきの最低所得制度のもとではさらに大きく減額される（図2.1および2.3を参照）のに対し、EITC制度のもとでは、最低レベルの稼ぎしかない層においては、稼ぎの増加で給付金が増額されることになる（図2.4を参照）。

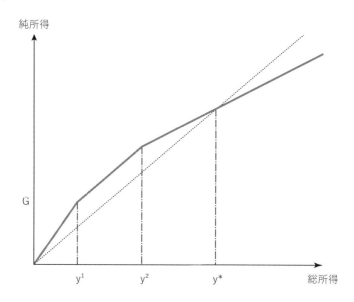

図2.4　勤労所得税額控除（EITC）のもとでの純所得

45度の点線は課税や所得移転が何もなかった場合の純所得を表している。太線はEITCが適用されたとき、純所得がどのようになるかを示している。労働者に与えられる給付・控除の額は最初、y1の点に稼ぎが達するまで増額され（段階的導入部）、次にy2に稼ぎが達するまでは一定になり（平坦部）、最後に損益分岐点y*に至るまで減額されていく（段階的削減部）。このy*は、給付・控除か課税かの境界となる稼ぎの金額である。

　負の所得税の案の多くと同じように、現在アメリカ合衆国で実施されているEITCでは、所得移転の額を算出する単位は世帯である。たとえば、2

人の納税者が結婚している場合、給付つき控除を受ける資格があるかどう
か調べるのに、両方の収入が考慮される。このことは、夫婦で稼ぎが少な
いほうの人の労働の意欲を阻害している。イギリスの勤労世帯税額控除や
フランスの活動手当のような、ほかの場所の類似した制度も世帯単位と
なってはいるが、勤労所得に対する税額控除は定義上必ずそうしなければ
ならないというわけではない。原理的には、個々人の収入を基準に受給資
格を決めることもできる。

　EITCが持つと言われている利点の1つは、その捕捉率が80％ほどで、そ
の数値は貧困家庭一時扶助〔Temporary Assistance to Needy Families
(TANF)〕やフードスタンプ（どちらも第3章で論じる）のような既存の資
力調査つきの制度に比べて高いことである。しかし、この高い捕捉率は多
くの受給者が高いお金を支払って確定申告代行業者に頼っているからこそ
実現しているのであり、この制度の段階的導入部にいる貧しい層の労働者
と、特定の民族集団の捕捉率はもっと低い。さらに、EITCの小切手は、た
いていその受給資格を認められるだけの賃金を稼いだ期間から何カ月も
経った後にしか支払われない。負の所得税のように、EITCも事後的に運用
されており、この主要な特徴は、ある研究によると「所得の落ち込みから家
族を守るというその小切手の力に重大なブレーキをかけることになる」の
だ[26]。負の所得税の場合と同じく、この問題の明らかな解決策は、前払いの
仕組みを制度に組み込むことだ。申請すればEITCの一部を自分の給料と
一緒に前払いでもらえるようにする仕組みは1979年から2010年まで実施
されていたが、給付率がとても低いために廃止された。多くの受給者は、
会計年度末にお金を返さなければならないリスクをとりたくなかったの
だ[27]。この点で、資力調査つきの所得保障制度に対して普遍的な制度が持っ
ているアドバンテージは、低収入の労働者を対象にした給付つき税額控除
制度との比較においても、容易に当てはまると言える。

　言うまでもないが、ベーシック・インカムないしは負の所得税とEITC
の主要な違いはもちろん、EITCがもっぱら働いている貧困層を対象として

いることだ。そしてこれこそが、資力調査つきの公的扶助よりもEITCが多くの人に魅力的だと思われている明らかな理由だ。ジェニファー・サイクス（訳注：ミシガン州立大学ジェームズ・マディソン・カレッジ助教授）とその同僚たちによれば、EITCのような制度が実施されているという現状は、「家計の援助を目的にした政府の事業においては、労働のような多くのアメリカ人が認める行動と結びついている限り、制度利用者が不名誉にさらされるのを防ぐために普遍的性格を持たせる必要はない」ことを示しているのだという[28]。この主要な違いから、たとえば、なぜEITCがアメリカ合衆国でどちらの党派からも支持されていて、アメリカの社会保障の構成要素としてきわめて論争が少ない部類に入るのかがわかるだろう。

　ところが、ベーシック・インカムや負の所得税と比べたとき、EITCは失業者に何もしないという点では明らかに不利だ。EITCは結果として「低賃金で人を雇用する雇い主の恩恵になっている」と労働組合のリーダーであるアンディ・スターンは指摘している。「EITCがなければ、理論的にはみんな低賃金の仕事をやりたがらなくなるからだ」[29]。この点は、本書の著者たちのように、万人の自由の実現を目指して努力している人にとっては致命的な欠陥だ。とはいえ、資力調査つきの最低所得制度がすでにある状態でEITCのような措置が導入された場合は、純所得の分配が負の所得税やベーシック・インカムを導入した際の結果に近くなる（図2.5を参照）。そのため、EITCを資力調査つきの最低所得制度の代わりではなく、補完として導入すれば、ベーシック・インカムに一歩近づいたと考えることができる[30]。だがそれには、2つの条件が伴っている必要があるという難点がある。恵まれない層にとっては統合された制度よりも当然わかりにくくなるのだ。それに、人の自由とは単に選択肢の多さで決まるわけではなく、その人が持っていると自分で理解している選択肢の多さで決まる。そのため、本書の立場からすると、そのようなハイブリッドな制度を負の所得税よりも好む理由がないし、ましてやベーシック・インカムよりも好む理由はまったくない。

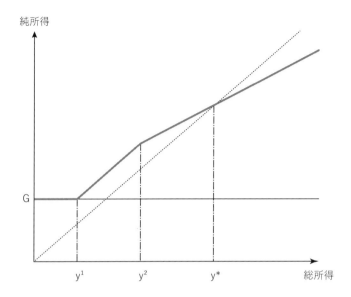

純所得

G

y¹　　y²　　y*　　総所得

図2.5　EITCと資力調査つき最低所得制度を組み合わせた場合の純所得

45度の点線は課税や所得移転が何もなかった場合の純所得を表している。太線は、EITC制度（図2.4を参照）と資力調査つき最低所得制度（図2.1を参照）を組み合わせた際に、純所得がどのように推移するかを示している。この例では、総所得が0からy1の額のとき、純所得は最低所得の金額Gまで引き上げられる。そのため、EITCの段階的導入部は見えなくなる。しかし、給付つき税額控除のおかげで、総所得がGを超えなくても純所得がGを超えることが可能になる。そして、給付額が平坦に上昇していく部分全域で（つまりy2まで）、限界税率がゼロになるので労働へのインセンティブがより高くなる。そして給付額が次第に減っていく範囲（y*まで）では低くなっていく。

ベーシック・インカム　対　賃金補助

Basic Income Versus Wage Subsidies

　ベーシック・インカム、負の所得税、勤労所得税額控除はどれも、パートタイムや明らかに生産性が低いために給料の低い仕事に対する、補助ととらえることもできる。この点で、これらすべての制度は失

業の罠の対策となり、より多くの人が仕事に就けるようにするのだ。だが、労働に対する報酬が本当の重点なら、もっと直接的な戦略に思える方法をなぜ行わないのだろう？　賃金の低い労働者に対する賃金補助は、労働者の収入を増やすか、雇用者の人件費を減らすか、あるいはその両方のために、公共の制度ができる直接的な貢献であるのだから。

　そのような制度は、一時的なものであれ恒常的なものであれ、また、的を絞ったものであれ全体のためのものであれ、これまで数多く提案されており、施行されたものも多い。たとえば、低賃金の人には社会保険の保険料を減額するという制度がある。特に野心的な賃金補助の制度は、ノーベル経済学賞の受賞者であるエドムンド・フェルプス（訳注：1933~）によって提唱された。フェルプスは期間を区切らない雇用助成を求めた。それは雇用者に直接支払われ、雇用者が最低賃金を払うのにかかるコストの4分の3と定められ、時給が上がるごとに次第に減額されるという、民間のフルタイムの労働者に限定された制度だ[31]。

　その代わりに、限られた期間の助成ではなぜいけないのだろうか？　基本的には、そうすると離職の際のコスト（よりも多い額）が助成によってカバーされるので、雇用者と労働者がその関係を保つために投資をすることが少なくなり、生産性に打撃を与えるからだ。では、賃金の額に関係のない、一律の雇用助成ではなぜいけないのだろうか？　そうすると、税率を著しく上げなければいけなくなり、政治的な実行可能性と経済的な妥当性に影響が出るからだ。フェルプスが自身の制度案をフルタイムの労働者に限定したのはなぜか？　何よりもそれは、フェルプスが失業者を「フルタイムの職を持ちキャリアを築く人生」に引き入れたかったからだ。そうすれば「その人たちは自立し、自身の能力に気づく、よりよい機会が得られる」だろうから。そしてなぜ民間だけなのだろう？　それは「助成の目的は、恵まれない労働者を社会の事業に限りなく幅広く統合することを目指すものであり、その事業とは民間部門の活動にほかならない」からだ[32]。

　前の節で論じたような勤労所得税額控除ではだめなのだろうか？　フェ

ルプスの意見によると、勤労所得税額控除の最も根本的な欠陥は、時給が低い労働者ではなく、年間の所得が低い世帯を対象にしていることである。そのため、一部の労働者は労働時間を短縮しようとする[33]。当然ながら、フェルプスはフリードマンの「負の所得税」やマクガヴァン（訳注：1922〜2012。アメリカ合衆国の政治家。1968年の民主党大統領候補）の「デモグラント」が体現しているような「現在の労働のステータスや労働の経験に関係なく、国内のすべての大人と子どもに支払われる一律で一括の給付」に対してはさらに厳しい判断を下している。フェルプスは「ロバート・ケネディ上院議員（訳注：1925〜1968）に助言するグループの一員だったが、そのときジェイムズ・トービンから若き日のマーティン・フェルドシュタイン（訳注：1939〜2019。経済学者、ハーバード大学教授）まで全員が、そのような制度の導入を支持していた。私たちの誰も、そのような助成を労働と結びつけるのが重要だと考えていなかった」と回想している。ところが結局、助成と労働が結びついていないと、「非常に多くの若者がビジョンや意志を失い、もう1年、人生の挑戦やリスクから逃げ続けてもよいな、と思うだろう」とフェルプスは信じるようになった。負の所得税は、標準的な公的扶助に比べたら「人々を労働から遠ざけたままにしてしまうという、福祉が持つ傾向を和らげる」とフェルプスも認めてはいる。しかし、「自立の手段、個人の成長の媒介、および帰属意識・他人に必要とされているという意識を持つ手段である、定職に就くことそのものを再び促しはしない」と主張しているのだ[34]。

　フェルプスの案は「将来性のない仕事に永久に就くことを、恵まれない人に運命づけてしまう」恐れがあるという意見に対して、フェルプス自身も、その制度は教育に戻る人を減らすだろうとは認めている。だがフェルプスにとっては、雇用され、職にとどまるインセンティブを提供することが最も重要なのだという。「ブルジョワの食事が口当たりのよいものにされて多くの人が食べられるようになれば、ブルジョワ的な振る舞いでそれに応える人も増えるだろう」[35]。フェルプスはまた、自身が提案する制度を実施しても、不平等はわずかにしか解消されないだろうとも認めている。残念だが、「人類の解放と発展の幅広い機会の実現を重視する社会では、平

等は二の次にならなければならないこともよくある」[36]。

　しかし、フェルプスの雇用助成制度の案は果たして本当に「人類の解放と発展の幅広い機会」を追求していて、それが可能だと期待されうるのだろうか、と不思議に思われるかもしれない。フェルプスの著書『Rewarding Work（やりがいのある労働）』の最初の章は、アメリカの大統領カルヴィン・クーリッジ（訳注：1872〜1933）の有名な主張「アメリカのビジネス（本分）とはビジネス（商売）である」の引用で始まり、本の結びはその反復で終わっている。「私たちは開祖たちの思想に立ち戻る必要がある。スミスとクーリッジの言葉を言い換えるなら、政府のビジネス（本分）とは基本的にビジネス（商売）なのだ」[37]。この本でフェルプスは、社会・経済政策の究極的な目的は自由ではなく、単にビジネスであるべきだと強く主張している。まさにビジーネス〔busy-ness〕、自由な人々よりも忙しい生活こそが目的なのだ。フェルプスの事実の認識は、ベーシック・インカムを推進する立場のそれと大きくは違わない。この分析に対するフェルプスの応答は規範的によく考えられた末に出てきたもので、その熟慮をここで今取り上げた主張にまとめてしまうのは不当かもしれない。それでも、フェルプスの考え方は本書の筆者たちとは決定的に異なっているのだ。「忙しくあること（ビジーネス）」だけが大事なのだとしたら、賃金助成は確かに無条件ベーシック・インカムよりも勝っている。しかし、万人の自由の実現を目指す立場からすれば、明らかに反対の結論になる。

ベーシック・インカム　対　雇用保証
Basic Income Versus Guaranteed Employment

無条件ベーシック・インカムの代替として、働くことを法的に保証するという施策がときおり提案される。つまり、所得を保障するのではなく雇用を保証し、働かずに所得を得る権利ではなく、所得を得られる仕事をする権利を保証する。16世紀以降に実施された初期の公的扶助制度の多くは、健常者のなかでも労役場の収容者か、少なくとも自治体の行政が課した仕事を行うことに合意した人のみが扶助を受けられたという点で、このタイプの施策であったと解釈することができる。そして雇用保証は、働く能力がある人に所得を保障するための施策として、今日でも支持者がいる。その人たちは、政府は労働とは無関係に給付金を配るという活動をするべきではなく、あくまで究極の雇用者として機能しなくてはならないという意見だ。アメリカ合衆国の例でいうと、そのような制度案はラトガーズ大学の法学教授フィリップ・ハーヴェイによって練られ、強力に推進されてきた。この制度の基本的な考え方では、すべての住民に職に就く権利が与えられる。この権利付与は連邦・州・地域レベルの公権力によって施行される雇用創出事業を通して行われる。提供される職は失業者の適性や志望に合致し、民間や公共の類似の仕事と同じくらいの賃金が支払われる必要がある。職は主に保育や公共空間の改善に関わる仕事など、地域奉仕の分野で創出される。資力調査つきの所得助成は、働けないとみなされた人たちのみが対象となる[39]。

このような制度を好む論拠のなかの、説得力のある主張の1つに、受給者が自分たちの収入のために働こうとするはずなので、この制度にかかる正味のコストが同等の所得保障制度よりも少なくなるだろう、というものがある。だが、身体的に健全な失業者が収入を得る方法がほかになかった場合、この制度は強制雇用と強制労働が合体したものとなる。設備、訓練、

監督、それに紛争解決の手続きにかかるコストを考えると、スキルもモチベーションもまったくないような人を徴用しても、実質的な生産性がマイナスになる可能性がきわめて高い。ビル・ジョーダンはこう述べている。「強制労働の制度でわかること、それは途方もない非効率だ。これはソ連の政治犯収容所も、サッチャー政権時代のイギリスで急増した政府の失業対策事業も、刑務所の労働も一緒だ。資格審査を運営したり監督したりするスタッフの人件費など、施行にあたってのコストは膨大で、底知れぬ労力が求められる」[40]。全員に所得を与えるが働かない健常者には所得を与えない——これを政府がどれほど厳格に考えるか、その度合いによっては、このような勤労福祉制度にかかる実質的なコストが、本物の受刑者を拘禁しておくコストに近くなる可能性は大いにある。このような勤労福祉制度を批判している人の多くと同様にこの制度をより冷静に支持している人も現実をしっかりわかっている。雇用に最も向いている層を選び出すことを超え、さらに対象を広げてしまうと、所得を得させるために人々を強制的に働かせることは高くつく[41]。そのような義務が正当化されるとしたら、間違いなくコストを度外視したところに根拠があるはずだ。提供される職があまりに魅力に欠けるので飢えたり物乞いをしたりするほうがマシだと思う人が出てきて、制度利用率が低くなり、結果的にコストが低下するという場合は別だが。

　しかしここでは、働くのに適しているとみなされた人の頼みの綱となる選択肢がそこまでひどいものではなく、雇用保証制度が強制労働という形をとるとしよう。この場合、万人の自由を目指す立場の人はやはり、政府が究極の雇用者になるという発想を歓迎しないのだろうか？　この点については、ナチの強制収容所に入る人を迎えた言葉「働けば自由になる」を引き合いに出して簡単に片づけてしまうわけにもいかない。有給の仕事にアクセスできる現実的な可能性をすべての人に保証することは、大事な目的であり、まさに、無条件ベーシック・インカムを主張するうえでも中心的な事柄であるからだ。それでも、2つのことを考慮すると、雇用保証とい

う道が有望ではないという結論になる。

　考えなければならないことの１つ目は、労働組合のリーダーであるアンディ・スターンの言葉が的確に言い表している。スターンは、人生に目的を与えてくれるという点で労働を重視しているので、「ごく自然のこととして、迫りくる技術による失業の津波の解決策になりうると私が一番最初に考えたのは、仕事がほしいアメリカ人全員に仕事を保証するというものだった」と書いている。だが、さらに考えた結果、スターンは意見を変える。「結局、政府機関の一部の人間が、個人の違いや選択を犠牲にして、国全体における特定の職種や業種の価値を決めてしまうのは避けられない。それに、雇用保証事業にはとても大きな政府の官僚機構が求められるだろう」そのため、「人々に単に現金を配ったほうがより簡単で効果的だ」という結論に至った[42]。

　考えなければならないことの２つ目は、哲学者のヤン・エルスター（訳注：1940〜。ノルウェーの哲学者）が的確に表現している。有給の仕事に就けるようにするということがなぜその仕事が生み出す所得以上に大事なのか。その重要かつたびたび真っ先に挙がる理由の１つは、在職者に与えられる認知だ。その人の時間、努力、能力が、社会にとっての価値を有するという証拠が与えられるのだ[43]。だが、雇用保証制度の枠組みで、法的な権利として仕事が与えられるとしたら、この機能は失われる。そのため、政府を究極の雇用者にすると、いくぶん自滅的な様相を呈する。他方で、職に就いても失われない普遍的な給付金を配ることで、自分にとって十分に意味のある仕事に就くために人々が自身の価値を定められるようになるという状況には、雇用保証で生じるような自滅的なところは何もない。また、無条件ベーシック・インカムのもとで行われる、自発的な労働時間の短縮の促進によるワークシェアリングの推奨も、労働の機能を自分で破壊することにはならない。

　したがって、エドムンド・フェルプスの賃金補助の案のように、無条件ベーシック・インカムよりも公的な雇用保証のほうが勝っていると立証するには、有給の雇用として解釈される「忙しくあること（ビジネス）」の

ような、何かしらの本質的な価値を想定する必要がある。万人の自由の実現を目指す人はしかし、どの面から見ても、ベーシック・インカムをとるほうが賢明だと思うだろう。とはいえ、無条件ベーシック・インカムの代替ではなく適度な補完として運用される雇用保証制度や、それと並ぶ職業訓練制度については、排除する必要はないのだが[44]。

ベーシック・インカム　対　労働時間削減
Basic Income Versus Working- Time Reduction

働きたい人全員が働けるためには働き口の数が相当不十分で、かつ理由は何であれ、経済成長がその問題の解決策になるという信念が放棄されたとしよう。そのときは、フルタイムで働いている人（と、もしかしたらそれ以外も）の労働時間をかなり削減し、それを失業者に割り当てようという案を推進したくなるかもしれない。この手の案には、1977年にフランスのアドレというグループが労働を1日2時間だけにするように呼びかけたことから、2010年のニュー・エコノミクス・ファウンデーションによる、週労働時間を21時間にするという主張に至るまで、長い系譜がある[45]。これらの案と、1日や1週間の労働時間を減らすために古い時代に行われた闘い——特にカール・マルクスによって雄弁に語られた意見——の間には、表面的な連続性しかないと指摘しておきたい[46]。この提言の動機はもはや苦痛を減らすことではなく、特権を分け合うことなのだから。そして、いかによい意図を持っていて、一見して説得力があるように思えても、1週間あたりの労働時間を減らすための現代の案は、歓迎されないことと逆効果になることとの間で、3つの大きなジレンマに必然的に直面することになろう。

　第一に、労働時間の削減に呼応して給料も削減された場合、最低レベル

の給料しかもらっていない労働者の所得が貧困ラインを下回る可能性が出てくる。これは、当然歓迎できないし、とても許容できない結果だ。そうではなく、もし月々の給料が労働時間の削減にもかかわらず維持された場合、時間あたりの賃金コストが増えることになる。これが生産性の上昇と合わさった場合には、再分配するための労働時間はなくなるし、生産性の上昇が起こらなかった場合は、賃金コストの上昇に応じて労働力の需要が減っていく。このいずれかの状況になるので、失業者は期待されたように減少せず、逆に膨れ上がってしまう[47]。

　第二に、労働力が余っている職のみについて労働時間が削減された場合、以前と同じ時間だけ働き続けられるほかの職の人たちには、受け入れ難いほど不公平な特権が与えられることになる。そうではなく、労働時間の削減が一律に行われた場合には、珍しい才能を持ちやる気のある人がうまく使われなかったり、高価なコストをかけた訓練がむだになったりといった、厄介な障壁が立ちはだかる。そしてここでも、全体の雇用率は下がってしまう可能性がかなり高い。

　第三に、賃金労働者と自営業者の区別なく、すべての労働者に強制的に労働時間の削減が課されるとしたら、公正な制度の実施のためのどんな取り組みにも、悪夢のように高コストで干渉的な官僚主義的手続きが求められるだろう。反対に、この施策が賃金労働者に限られている場合、自営業者が（それが本物だろうと偽装していようと）急増するだろう。雇用者は、労働時間が厳しく制限された従業員を雇うよりも、労働時間の制限がない自営業者に（その人が高いスキルを持っていようといまいと）業務を委託することになる。その結果、自称自営業者が不健全に膨れ上がり、不安定な条件の労働者が増え、労働の分担に期待された効果は実現しなくなってしまう。

　ここまで述べてきた3つのジレンマが組み合わさると、トップダウンで週労働時間を大きく減らすことに対する、動かし難く決定的な反論が成立する[48]。しかしだからといって、週あたりの平均労働時間を削減するとい

う考えをすべて捨てるべきというわけではない。むしろ、それをもっと穏当で、柔軟で、効果的で、自由に合った形で、ボトムアップで追求するべきなのだ。つまり、ますます多様化し急速に変化する労働市場に適合し、人々の人生のさまざまなステージにおける好みの多様性を尊重し、すべての男女をフルタイムの終身雇用という理想から解放する形で、だ。この形こそ、無条件ベーシック・インカムなのである。

　ベーシック・インカムを受給する権利を得るために、非自発的な失業という条件が課されないと考えると、労働者は無条件ベーシック・インカムの受給資格を失うことなく仕事を辞められる。そして、世帯の所得を構成しているベーシック・インカムの給付額は世帯の誰かが労働時間を少なくしても変わらないことを考えると、労働時間を減らして生じる、その世帯が負担するべきコストは減り、それに応じて労働時間を減らそうという傾向は増える。現在雇用されている人が労働時間を減らして空いたところには、現在失業している人が入れる。特に、ベーシック・インカムの普遍性ゆえに失業者はパートタイムから始めたり、重要な職業訓練の要素があるが給料は低い仕事をしたりすることが簡単になるので、失業者の就労が促進される。第1章で論じたように、ベーシック・インカムは、働きすぎて病気になった人と仕事が見つからなくて病気になってしまった人の両方を治療する、ジョブ・シェアリングの装置なのである。すべての労働者が、自分の大人としての生活のより長い期間にわたって、自分に合った形で働くこと——それをベーシック・インカムは容易にするのだ。

　ベーシック・インカムは、週あたりの労働時間や一生の労働期間を厳しく制限して望まない余暇を強いるのではなく、最も余暇を奪われていた人たちに自発的な余暇をとるよう促すものだ。つまり、より短く働きたいと思った人がそれを実行できるための財源を、より長く働きたいと思った人が提供するというものである[49]。許容できるような方法で週あたりの最大労働時間をトップダウンで大きく削減するという案には、先ほどのような3つのジレンマがあるが、それらを度外視したとしても、万人の自由の実

現のために力を尽くす人にとっては、労働時間削減とベーシック・インカム、どちらの案が好ましいか、その答えは明らかなのだ。

第3章

ベーシック・インカム前史：公的扶助と社会保険

Chapter 3 :

Prehistory: Public Assistance
and Social Insurance

無条件ベーシック・インカムの構想は、18世紀終わりになってから
ヨーロッパでひっそりと現れ始めた。そしてイギリスでは第一次
世界大戦後、アメリカでは1960年代終わりと1970年代初頭に、短い期間、
国民的な議論の対象となった。1980年代初頭に、ヨーロッパ諸国で再びこ
の構想が取り上げられるようになり、それ以降、次第に国際的な議論と全
世界的な運動に成長していった。本書の第４章では、このわくわくする歴
史を扱いたい。だがその歴史は、公的扶助と社会保険という別の２つの社
会的保護のモデルについてまず語らないことには、正しく理解されないだ
ろう。この２つが段階的に導入されていく過程で、ベーシック・インカム
への関心が高まり、やがてベーシック・インカムが進むべき道が作られた
のだから。

想像段階の公的扶助：ビーベスの『De Subventione Pauperum（貧しい人への扶助について）』

Public Assistance Conceived: Vives's De Subventione Pauperum

トマス・モア（訳注：1478〜1535年）の『ユートピア』（1516年）（1993年、中央公論
新社）では、ユートピア島を訪問したとされる架空のポルトガル人
旅行家ラファエル・ヒュトロダエウスが、イングランドでカンタベリー大
司教と交わした会話が記述されている。「単なる盗みは死刑に値するほど
の大犯罪ではありません」とヒュトロダエウスは言う。「他に求める生計
の道をなにも持っていない人たちを盗みから遠ざけるには、どんな重い
刑罰でもたりません」。そしてヒュトロダエウスは絞首台の代わりになる
ことを提案する。「あの人たちにもなんらかの生計の糧ができるようにし
てやり、まず第一に盗まなきゃならぬというような、第二にそのために死
ななきゃならぬというような、恐ろしい窮地に追いこまれる人がなくなる

ようにもっと配慮してやるべき」だと[1]。その後、この会話は突然中断されるのだが、そのときヒュトロダエウスはこの目的がどのように達成できるかを説明し始めたところだった。「農耕を復活させ、織物業を再建して正業をつくり出しなさい」[2]。

　経済の復興は効果があるだろうが、モアは「あの人たちにもなんらかの生計の糧ができるように」するための、もっと直接的な別の方法も思い描いていた可能性が高い。それはモアの最も近い友人で、同じ人文主義者であった人物によって、『ユートピア』からわずか数年後に明言された。大学街ルーヴァンで『ユートピア』の出版が手配された翌年の1517年、デジデリウス・エラスムスが同地でコレギウム・トゥリリンゲ（訳注：神学中心の古い大学に対抗し、人文主義的な教育を行った教育研究機関。名称は三言語学院の意味で、ラテン語・ギリシア語・ヘブライ語で教授が行われた）を設立し、ここにフアン・ルイス・ビーベス（1492～1540）という若手学者を招いた。スペインのバレンシア地方の改宗ユダヤ人（訳注：キリスト教に改宗したユダヤ人）の家庭に生まれたビーベスは、パリのソルボンヌで学んだ後、好景気に沸く港町ブリュージュに暮らしていた。モアに宛てた書簡のなかで、エラスムスはビーベスのことを「その若さにもかかわらず、大部分の学者たちをしのぐほどの多岐にわたる哲学の知識を持っている」と評している。1525年春、オックスフォードでしばらく教えた帰路、ビーベスはロンドンのモアの家に迎えられた。そのときビーベスは、問題になりかねないと自分でも思っていた本を執筆中で、そのタイトルと概要さえも秘密にしていた。1525年10月にビーベスは、友人のフランシス・クラネフェルトに宛ててこのように書いている。「この本のタイトルや内容を、最も大切な友に宛てた手紙にも、書くわけにはいきません。その手紙が間違った人物のもとに渡ってしまうのを恐れているからです」[3]。この本はその翌年、『De Subventione Pauperum（貧しい人への扶助について）』というタイトルで、アントワープで出版された。

　斬新で破壊分子的な要素は、ビーベスのその本のどこにあったのだろうか？　『De Subventione Pauperum（貧しい人への扶助について）』は公的扶助の制度、つまり社会保障と現在呼ばれているものの最初期の形態の必

要性を、初めて詳細な形で訴えた。本の前半では、公的扶助の制度をキリスト教における隣人愛の務めと結びつけるような、神学的な議論が行われている。貧しい人を助ける義務は、キリスト教の伝統のなかでは古くからの論題であり、強く主張されたこともある。その流れに従って、ビーベスはミラノ司教の聖アンブロジウス（340〜397）が述べた、裕福な人が困窮する人を救わないのは結果的に盗みと同等である、という有名な言葉を引いて訴えた。「あなたが溜め込んでいるのは飢えている人のパンであり、あなたが蓄えているのは裸の人の衣服であり、あなたが地面に埋めているお金は貧しい人の解放と自由のためのお金なのである」[4]。ビーベスもこれに同意する。「裕福な人から何かを盗むのが犯罪だとすると、貧しい人から何かを取り上げるのは何倍も邪悪なことではないのか？ 裕福な人からはお金が奪われるだけだが、貧しい人からはその人の生命そのものが奪われるのだから」[5]。

　目新しさが出てくるのは、『De Subventione Pauperum（貧しい人への扶助について）』の後半からだ。ここでビーベスは、公権力が貧民救済に直接関与するべきだと主張している。そこで特に持ち出されている論拠は、モアの書いたラファエル・ヒュトロダエウスを彷彿とさせるものだ。「人々の寛大さが失われつつあるときには、困窮する人々は食べるものが何もなくなってしまう。事実上、町や街頭で盗みを働くしかないと思う人も出てくるだろう」。だが、ビーベスが提唱する制度が実施されれば、「盗み、犯罪、強盗、殺人、極刑に値する罪は少なくなるだろう」[6]。ビーベスが論じているのは公的扶助の原理原則だけではない。どのような形で実施されるべきかも詳しく述べている。ビーベスが明確に主張している形態は、貧しい人にターゲットを絞り、家計状況を考慮に入れ、働く意思が求められ、現金給付よりも現物給付を採用するという点で、厳しい条件がある制度だ。「何よりも、主によってすべての人類に課せられた掟を我々は認識しなければならない。それは、各々が自分の仕事によって得たパンを食べなければならないということだ。ここで言う『食べる』、『食べさせる』、『生計』という言

葉は、食べ物に限らず、衣服や住居、燃料、照明など、人間が暮らしていけるために必要なすべてのものを指している。年齢や健康状態からして働ける貧しい人はみんな、何もしないでいるべきではない」[7]。

この労働の条件は特に強調されている。どんな貧しい人にも、やるべきことは何かしらあるという。

たとえば、服を縫えない人もストッキングを縫える。その人が高齢だったり、思考が追いつかなかったりする場合には、地面を掘ったり、水をくみあげたり、荷物を運んだり、荷車を押したりといった、数日で教えられる比較的簡単な手仕事を教えるべきだ。[中略] 目が見えない人でさえも、何もしないでいるべきではない。できることはたくさんある。[中略] 病人や高齢者は、その年齢や健康状態に応じて、簡単な作業を課せられるべきだ。何もできないほど衰弱しているひどい病気の人などいないのだから。このようにして、自分たちの仕事に忙しく集中させておけば、働かない人たちのなかに生まれてくる思想や悪習を抑えられるだろう[8]。

この制度は貧困の原因が何であれ、貧しい人全員を対象にすることを目指してはいるが、労働の条件は貧困の原因に応じて異なったものにすることができるという。「賭け事、娼館通い、贅沢や暴飲暴食など、悪く愚かな方法で財産をむだにした人も、食わせてやらねばならない。なぜなら、人間を飢えたまま放置することは許されないからだ。しかし、そのような人たちに対しては、最も嫌な仕事が与えられるべきだ。[中略] その人たちが飢え死にすることはあってはならないが、慎ましい食事と厳しい労働にとどめられなければならない」[9]。

この制度の目的は、すべての貧しい人に、そして貧しい人のみに手を差し伸べることだった。「立派な教育を受けた」人で、自分が困窮していると明かしたくない人がいる場合は、「注意深く調べられ、慎重に援助される必要がある」。他方で、「怠け者や仮病を使う者による詐欺から制度を守るた

めに、特別な注意が払われなければならない。そのような者たちがごまかしを行う機会をなくすのだ」とも述べられている。そして、貧しい人に保障された生活の糧は慎ましい額でなければならない。「いかなる贅沢も許してはならない。簡単に悪習に走るからだ」。ただ、労働を通して稼ぐ額を上回る支援が追加される可能性はある。「自宅に住んでいる貧しい人のためには、公共事業で仕事や雇用を調達してやる必要がある。ほかの市民は、貧しい人に働き口を与えるほど働き手に困っていないからだ。もし、貧しい人たちが労働によって稼げる額よりも多くを必要としていると判明した場合は、欠けていると判断された分だけ支援を追加することができる」[10]。

　これらすべての財源はどのように確保されると想定されていたのだろうか？　部分的には、この制度の一環で徴用された人たちが作る製品によってだが、それよりも比重が大きいのは、裕福な人たちによる自発的な寄付によってだ。「人々に善行を強いることはできない。さもなくば隣人愛と福祉の考え方が消滅してしまうからだ」。しかし、お金が有効に使われるとわかっていれば、人々は寛大に寄付してくれるだろう。さらに、「最もお金を必要としている人を助けるために有効に分配されるとわかっているのなら、今ここにいる町と同じ援助が貧しい人に対してなされていないほかの町にも、多くの裕福な人がお金を送るようになることが望ましい」[11]。今日風の言い方をするなら、慈善目的のクラウドファンディングといったところだろう。

実践段階の公的扶助：
イープル市の救貧法からロックの思想まで
Public Assistance Implemented: The Poor Laws from Ypres to Locke

ビ　ーベスがこのように描写し、推進していた公的扶助の制度は、完全に新しいわけではなかった。16世紀初頭、都市では物乞いの数が急増していた。地域の教会や宗教的なグループと連携しているものであれそうでないものであれ、個別の慈善事業では追いつかないことがわかってきており、いくつかの都市の行政当局は、自らが介入する必要があると考えた。都市の行政によって運営される貧民救済の制度は、いくつかのヨーロッパの都市では1520年代から存在したと知られている[12]。ビーベスの本は、そのような公営の扶助制度を体系的に正当化しており、ビーベスが考えるその最適な形を練り上げたものだと考えられる。

　他方で、これらの制度のいくつかはプロテスタントの教義に影響を受けて作られた。なかでも最も直接的な制度と言えるのは、ドイツの小都市ライスニヒのものだ。ヴィッテンベルクに95カ条の提題を貼り出してからわずか3年後の1520年、マルティン・ルター（1483〜1546年）は「キリスト教界の改善について――ドイツのキリスト教徒貴族に宛てて」（『宗教改革三大文書　付「九五箇条の提題」』講談社、2017年所収）に、このような制度について書いている。「すべてのキリスト教信者は物乞いのような行為をやめるべきです。これはすぐにでもなされねばなりません。キリスト教信者は誰でも物乞いをするべきではないのです。私たちが真剣に考えるなら、これを廃止するのは簡単なことです。それぞれの都市が自らの町に住む貧しい人々に対して責任をもてばよいのです。そして、他の町から来る物乞いは、それが巡礼者であろうと、托鉢修道院の修道士であろうと、どのような名前であっても、町には入れないことです」[13]カトリック教会の権力組織はしかし、2つの理由でこれが気に入らなかった。1つ目の理由は、

貧しい人への支援における教会の独占的な地位が侵害されるからで、2つ目の理由は、物乞いを禁止すると、フランシスコ会とドミニコ会の生計の手段が脅かされるからだ（このときより3世紀前に設立されたこれらの托鉢修道会は、その頃まで大きな勢力を持っていた）。そのため、自身の著書が危険な異端の教説だと非難されることをビーベスが恐れたのは、驚くべきことではない[14]。

　まさにこの批判が、ビーベスの青写真とかなり近いもう1つの制度に向けられた。1525年にフランドル地方の都市イープルの行政官らによって導入された制度だ。教会の教義に反しているとして、托鉢僧たちがこの制度を告発した。行政官たちは自らの制度を正当化するために、ソルボンヌ大学の神学部に召喚された。それをまとめたのが1531年の『Forma Subventionis Pauperum（貧民扶助の形態）』である。ここではビーベスの著書が明示的に引用されているわけではないが、『De Subventione Pauperum（貧しい人への扶助について）』に影響を受けた可能性は高い[15]。ビーベス同様、『Forma Subventionis Pauperum（貧民扶助の形態）』の著者も以下のように主張している。「生きるために働きたがらない頑固な物乞いも、自分の手で働くことを命じられる。というのも、そうしなければ、その人たちは善良な人々の施しによって何もしないで食べるという罪深い暮らしをし、他人の労働を利用することになり、その人たち自身や地域にとって有害な状態になる」。このような説明に鑑みて、イープルの制度はいくつかの但し書きがつけられて承認された[16]。

　「我々は自分たちの政策の利点をもっとよく知ってもらうために、この報告書によってそれをさらに多くの人に示した」とイープルの報告書には書かれている。「善きことがより広まれば、そこから得られるよい成果も多くなるというのは、善きことの本質である」[17]事実、この種の制度が広まるまでにそう長くはかからなかった。1531年、ソルボンヌの神学者たちの好意的な裁定に従う形で、神聖ローマ皇帝カール5世は、帝国内で物乞いを規制し、貧しい人々を行政のもとで救済するという勅令を公布した。また、

似たような制度を導入する都市も増えていった[18]。ビーベスの『De Subventione Pauperum（貧しい人への扶助について）』は1531年にはスペイン語版が、1533年にはオランダ語版とドイツ語版が、1545年にはイタリア語版が、1583年にはフランス語版が出版された[19]。スペインと北海沿岸低地帯（訳注：現在のベルギー、オランダ・ルクセンブルク）の両地域では、この本はすさまじい論争に火をつけた[20]。しかし、時代の風潮はできあがっており、貧しい人に対する都市の行政による扶助が一般化するという流れは、不可逆のものだと明らかになる。

　これは特にイングランドに当てはまった。ビーベスはヘンリー8世がキャサリン・オブ・アラゴンと離婚するまで、その宮廷と定期的に直接やりとりをしていた。1531年の法令による、物乞いを規制しようというイングランドの最初の試みは、ビーベスの考えた制度と類似点がある。イープル市の報告書は1535年に英語版が出版されたが、その翻訳者は、公的扶助をさらに発展させたトマス・クロムウェルの1536年の法案の起草にも関わったと言われている[21]。この法案が、ヘンリー8世統治下で行われた修道院解散によって強化され、1597〜1601年に完成したエリザベス救貧法につながる、一連の流れの始まりとなる。それまでにないほど対象範囲を広げた救貧法は、王国中のすべての地域自治体に対し、困窮者に現物給付で支援をすること、およびすべての健常者に労働を課すこと（必要なら、この目的で設立された労役場で労働をさせる）を強いた[22]。支援の財源は「救貧税」から賄われた。これは一定の水準を超えた富を持つすべての教区民に課される税金で、宗教的・社会的圧力から自発的に行われていた中世の慈善的寄付の習慣をわずかに発展させたものであった[23]。このモデルはそれからおよそ2世紀にわたって揺るがず、さまざまな地域で模倣された。これは17世紀末から、まずはニューイングランド地域、次いでほかの北アメリカの植民地というように、大西洋を超えて輸出された。それらの地域では地方自治体が貧困者を補助する制度が設立されたが、その貧民救済の法案はイングランドの救貧法を手本としていたのだ[24]。

　批判されるとしたら、たとえばジョン・ロックの「救貧法論」（1697年）

（『ロック政治論集』法政大学出版局、2007年所収）に見られるように、法律の施行が緩すぎて成果が挙がっていないという点が主であった。ロック（1632〜1704年）によれば、「誰もが肉、飲み物、衣服と燃料を必要とします。それだけのものが、彼が労働するとしないとにかかわらず、王国の蓄えから出ていくのであります」という。さらに、「必要な救済の不足によって死亡者が出た場合、救済を行うべきであった当該教区は、事実の状況と犯罪の悪質さに応じて、罰金が科されるものとする」とロックは提案している。しかしロックはまた、「真実にして妥当な貧民救済［中略］その内容は、彼らの仕事を見つけてやること、彼らが怠惰に他人の労働に依存して生きたりしないよう、配慮することであります。また、私どもは、貧民救済のために制定された法律が、この目的のために意図されたものであることは存じております。しかしながら、そうした法律の意図についての無知、または適正な執行の無視のために、これらの法律は、救済を求める者たちの暮らしぶり、能力、または生業についての調査さえまったく行なわれないまま、怠惰に生きる者たちを扶養するだけに成り果てました」と述べている。

　ロックが考える制度においては、14歳以上の就労していない浮浪者は船の上か収容施設での3年間の強制労働を強いられる。それより若い場合は、「就労学校」に通わなくてはならない。これには「3歳から14歳までの子ども一名の稼ぎを総計すれば、そうした子どもに対するその全期間における扶養と教育は、教区には何の費用負担もかけない」という利点がある。それに、「日曜日ごとに校長とともに彼らを教会に必ず来させ、それで何ほどかの宗教心をもたせられるであろう」というさらなる利点もある。法律が確実に施行されるために、ロックは「物乞い対策巡察官」を指名することを提案している。この巡察官がたびたび「当該任務をおろそかにし、その結果、よそ者、またはその他の物乞いが［中略］街頭に出たりした場合には」、巡察官自身が収容施設や船で3年間の労働をしなければならなくなる。

　1723年、労役場テスト法は働けない人への「施設外救済」を制限し、健常な貧困者への「施設内救済」、つまり労役場制度を一般化した。2世紀が

経っていたが、この制度はビーベスが提唱していたこととわずかに異なっているだけだった。ところが、18世紀の終わりにかけて、本当に新しい取り組みがこのイングランドにおいてなされ、それは一見すると本物の最低所得制度への大きな一歩だと思えるものであったのだ。

脅かされる公的扶助：
スピーナムランド制度と揺り戻し
Public Assistance Threatened: Speenhamland and the Backlash

救貧法の始まりの頃にまでさかのぼると、現金給付の扶助はイングランドで臨時の措置として登場していた。特に食料価格が異常に高くなった期間だ。扶助には多様な形態があったが、たとえば失業した農業従事者に対する支給、大家族への手当、それに賃金補助さえも存在した。1795年５月、イングランド南部のスピーナムランドにおいて、そのような臨時的な措置を制度化するような案が決議された。貧しい労働者の収入を補完するために、各教区が現金の給付金を支給すると定められたのだ。補填される額は、それぞれの世帯の収入が家族の規模と小麦の価格に対応して算出された基準額に届くよう、割り出された。やがて「スピーナムランド制度」として知られるこの制度は、ある自治体のなかに公式に居住している貧しい人に対して、「自分たちで食べていく」ように求めながらも、その人たちがどのように稼ごうとそれを補完するような現金の受給資格を与えるものであった。1796年、イギリスの首相ウィリアム・ピット（訳注：1759〜1806年）はこの制度をイングランド中に広めようとしたが、失敗した。このような制度が導入された場所ではどこでも、それが貧困、失業、経済成長に与える効果について、すぐに激しい論争の的となった[25]。

　驚くには当たらないが、この制度のような動きは保守派陣営の激しい非

難にさらされた。エドマンド・バーク（1729〜1797年）は、1795年11月にウィリアム・ピットに宛てた覚書で、以下のように率直に表明している。「われわれに必需品を供給することは、政府の力にあまることである」（『世界大思想全集第2期第11（社会・宗教・科学思想篇第11バーク）』河出書房1957年）。それゆえ、必要な生計の手段を得られる仕事を見つけられないとき、その人は「慈悲の管轄区域内に入る。その領域内では、為政者は、なにもすべきことがない。為政者の干渉は所有権の侵害であり、かれは、所有権を保護することこそが職務である。全く疑う余地なく、貧民に対する慈善は、全キリスト教徒に負わされた直接の不可避の義務である。それは、序列においては借金返済につぎ、強さの点でそれとひとしく、そして、自然によって、われわれにとってそれより限りなくよろこばしいものとされたのである」。バークはそのため、政府にこのように提案する。「つぎのようなそもそもの考えに、それが空論的であれ実際的であれ、断乎として抵抗することしかないのである。その考えとは、すなわち、神意がしばらく貧民にあたえることをさしひかえたもうところの、生活必需品を、かれらに供給することが、政府つまり政府と解されるものの、あるいは富者つまり富者と解されるものすらの、能力のおよびうることであるという、かんがえである」。そしてこう結論づける。「わたしの見解は、いかなる種類の行政であれ、やりすぎには反対である。そしてとくに、当局者側のあらゆる干渉のうちもっとも重大なもの、すなわち民衆の生活資料にたいする干渉——には、つよく反対する」[26]。

　貧困者への公的扶助に対する最も詳細で影響力のあった批判である、トマス・マルサス（1766〜1834年）が著した『人口論』（1798年）（2011年、光文社）は、ピットがスピーナムランド制度を広めようと試みたちょうど2年後に出版された。この本の経験的根拠の大部分は、フレデリック・モートン・イーデン（訳注：1766〜1809年）の『State of the Poor（貧者の国家）』（1797年）から引かれている。それは救貧法の歴史と批判を書いた長大な本で、貧しい人を公的に助けてしまうことは「生活必需品への欲求や、それと同じように

強い、人生の余裕への欲求によって生み出される、努力しようという闘争心を阻むものである。というのも、怠惰だろうが、先のことを考えていなかろうが、浪費しようが、堕落しようが、その人は決して欠乏に苦しむことはないと安心してしまうからだ」という結論に至っている[27]。マルサスの論文はこの分析を発展させ、貧しい人に対する公的扶助が一般化すれば、人々は労働や貯金をあまりしなくなり、若くして結婚するようになって子どもの数が増え、その食べ物の消費から食料価格が押し上げられ、実質賃金が下がると主張している。そのためマルサスは、公的な支援をすべて廃止するように勧めている。ピットの貧民救済法案については、「人口をその扶養手段を増やすことなしに増加」させるもので、「したがってまた、ますます多くの貧乏人をつくりだしてしまう」と書いている[28]。

『人口論』のより後の版には、「救貧法の漸進的な廃止計画」が含まれているが、マルサスは以下のことを認めなければならないと記している。それはすなわち「われわれは正義と名誉の上から、貧民の被扶養権を正式に否認しなければならない」のであり、また、このことは来たる世代にはっきりと通告されなくてはならないと認めなければならない[29]。そのため、家族を養えるという見込みもなしにある人が結婚してしまうなら、

　　彼にはすべての教区扶助が拒絶されるべきであり、彼は私的な慈善の不確かな援助に任されるべきである。彼は、神の法則である自然の法則の再三にわたる訓戒に背いたために、この法則が彼とその家族を苦難に陥れたこと、彼の労働が正当に購入するもの以上には、わずかな食物たりとも社会に請求する権利を持たないこと、もし彼とその家族が彼の無分別な当然の結果に気づかずにすんだならば、それはある親切な慈善家の憐れみのお陰であり、それ故彼はその慈善家にもっとも深い感謝の念を捧げるべきであることを教えられなければならない[30]。

当時、公的扶助の最も体系的な形だったイギリスの救貧法が大きな間違

いだったというこのような考え方は、イングランドやそのほかの国の主要な思想家に広く共有されていた[31]。たとえば、近代経済学の創始者の1人であるデヴィッド・リカード（1772〜1823年）は『経済学および課税の原理』（1817年）（『世界大思想全集　第2期　第8（社会・宗教・科学思想篇第8）』河出書房、1964年所収）で、救貧法の「有害な傾向」は「マルサス氏の見事な手ぎわで充分に評論された時から、もはや秘密ではない。そして貧民の友は皆、必ずその廃止を熱烈に望むはずだ」と堂々と述べている。このような法律のどのような傾向からそう言えるのだろうか？

　　その傾向とは、立法府が慈恵的に志向したように貧民の状態を改めることなく、貧民と金持と双方の状態を悪化させることなのだ。救貧法は貧民を富ませる代りに、金持を貧しくするようにもくろまれている。そして現行法が施行されている限り、つぎのことは全く事物の自然な順序なのである。すなわち、貧民扶助基金が累増して、ついにはこの国の全純収入を吸収しつくすか、あるいは少なくともその中の、国家が公経費に対する国家自身の欠くことのできない需要をみたした後に、当然われわれに残すだけのものを吸収しつくすということ、これである[32]。

　　同様の調子で、おそらくドイツで最も影響力のあった哲学者、ゲオルク・ヴィルヘルム・フリードリヒ・ヘーゲル（1770〜1831年）は、『法の哲学』（1820年）（『世界の名著35』中央公論社、1967年所収）のなかでイギリスの救貧法について論じている。そして労働を斡旋することなしに貧困者の生計の手段を保障するのは、「市民社会の原理に、すなわち市民社会の諸個人の自主独立と誇りの感情という原理に反するだろう」と書いている。救貧法の検討からヘーゲルが出した結論は、「貧困対策としても、またとくに社会の主観的土台である廉恥心と誇りの放擲とか、賤民発生の源である怠惰や浪費などとかに対する対策としても、貧民を彼らの運命にまかせて、大道で乞食をせよと命ずるのが、最も直接的に効果のあるやり方である」と

いうものだ[33]。

　アレクシ・ド・トクヴィル（1805〜1859年）もまた、同様に厳しかった。1833年にイングランドに旅行した際の記録でトクヴィルは、ラドノー卿という人が「公的な慈善から屈辱的な性格がなくなってしまった」と苦言を呈し、救貧法の運用を蝕んでいるさまざまな不正についての、裏づけに乏しい報告をしているのを引用している。たとえば、自分の財産を隠していた老人、継父に援助してもらえるはずの女性、パブで稼ぎを浪費してしまう若者たちなどだ[34]。そしてその2年後の『Memoir on Pauperism（貧困に関する覚書）』でトクヴィルは、救貧法に対する評価を長い1文にまとめている。

　　一時的なものにせよ、恒常的なものにせよ、貧しい人の欠乏を満たそうという狙いがある行政の制度は、貧困を癒やすよりも多くの惨めな人たちを作り出し、その制度が援助し元気づけたいはずの住民の状態を悪化させ、やがて裕福な人を貧しい人の小作人に成り下がらせ、貯えの源を枯渇させ、資本の蓄積を止め、貿易の発展を妨げ、人間の産業と活動を麻痺させ、極めつけには、施しを受けていた人が与えていた人と同じくらい多くなり、落ちぶれた裕福な人から生計の手段を受け取れなくなり、援助を求めるよりも一思いに裕福な人の財産をすべて奪取するほうが簡単だと気づいたとき、国家のなかで暴力による革命が引き起こされる──そう私は強く確信している[35]。

　公的扶助はそれゆえ、「とても危険な措置だ。それは個人の苦しみをうわべだけ、一時的に止めるにすぎず、どのように使われようと、社会の傷に炎症を起こさせる」。では、代わりにどうしろというのか？　個人的な慈善行為だ。「個人的な慈善行為は有益な結果しかもたらさない。その不十分さこそがまさに、危険な結果が起こらないようにしてくれる保証なのだ。多くの不幸が軽減されるし、悪いものは何も生み出されない」[36]。

これよりもいくらかマイルドな立場をとったのが、社会改革者にして功利主義哲学の創始者であるジェレミ・ベンサム（1748～1832年）である。その『Second Essay on the Poor Laws（救貧法に関する第2論文）』（1796年）においてベンサムは確かに、とりわけ財産を持っている人々の安全のために、困窮した人を援助することに賛成している。しかし同時に、いかなる理由でも労働の強制を緩めることに対しては、強い反対を表明している。

　　財産を持たない個人は次第に自分たちの労働によって生計を立てる身分から脱し、他人の労働によって生計を立てる身分になっていくだろう。現在、怠惰は多かれ少なかれ独立した資産を持つ人に限られている。だが遅かれ早かれ、生存のために永続的に消費される貯蓄の永続的な再生産を、労働によって行っている多数のあらゆる個人にまで、怠惰は広がるだろう。そしてしまいには、誰のためにも労働する人が1人もいなくなってしまうだろう[37]。

　結果として、「適切な能力を持っている人に対しては、労働を条件とすることなしには、救済を与えるべきではない。その仕事の量とは、一般的な例に当てはめるなら、救済の費用に見合う報酬が得られる程度のものだ」[38]。ベンサムは困窮者に最低限の生活をさせつつ、その人やその子どもたちに宿賃代わりに働くことを強いるための「勤労院」の設立を提唱した。ベンサムの計画は、私有の「全国慈善会社」が、公的な助成を受けて作られたイングランド中の勤労院の管理を委託されるというものだった[39]。

　1832年、救貧法を調査するための王立委員会が設立され、ベンサムの元秘書だったエドウィン・チャドウィックとオックスフォードの経済学者ナソー・シニアが、その最も影響力のあるメンバーとなった。1884年に出版され広く行き渡った最終報告書は、マルサスの冷酷な判断と共通するところが多くあった。スピーナムランド制度やその他の形態の公的扶助は「労

働者のあらゆる［中略］質を縮小、さらには破壊していると言っても過言ではない。自らの収入が家族が増えることのみで増え、家族が減ることのみで減り、技能や正直さや勤勉さといったことがまったく考慮されないとわかっている人が［中略］これらの利点を身につけたり維持したりするどんな動機を持とうか？　不幸なことだが、これらの美徳は急速にすり減っていくだけでなく、反対の悪徳にその場所を奪われるということは、証左から明らかである」[40]。

　しかし報告書では、すべての形態の公的な救済が廃止されるべきだと結論づけられているわけではない。ここでもただ、あらゆる形態の「施設外救済」が病人や高齢者に制限される一方、健常者は「施設内救済」（すなわち、貧しい人が救援の対象から完全に脱したいと思うほど魅力に乏しい条件下で管理された労役場内部における救済）のみに頼れるようにするべきだと結論づけられたのである。1834年の救貧法改正（「新救貧法」として知られる）はこの考え方に沿って議会で可決された。施設外救済の代わりとなった施設内救済はコストが割高であると証明され、当時始まりつつあった労働運動の反対もあったにもかかわらず、労役場外部における貧民救済はすべて廃止された[41]。スピーナムランド制度を一般化しようとしたピットの試みは、このように大きな揺り戻しにつながることになった。イングランドは、バーク、マルサス、リカード、ヘーゲル、トクヴィルらが好んだような私的慈善に戻ったわけではない。しかし、ビーベスまで後退してしまったのだ。

大胆な宣言：啓蒙主義と革命
Bold Declarations: Enlightenment and Revolution

　　の期間ずっと、より有望なこと、つまり、強制労働に落ち込むこと
　　なく、本当の所得保障の方向へ舵を切らせるような考え方は何もな
かったのだろうか？　一握りの啓蒙主義の思想家たちによる著作のなかに
は部分的に、キリスト教徒の慈善の義務とは完全に関係ない形で、政府に
はすべての市民の生存を保証する義務があるとする最初の主張が、ほぼ間
違いなく見られる[42]。たとえば、モンテスキューの『法の精神』（1748年）
（1989年、岩波書店）には、慈善の施しは十分でなく、国家が「全公民に対
してその暮しを確実にする１つの義務を負っている。すなわち食糧、適当
な医療、そして健康に反しない生活様式」と書かれている。しかしモンテ
スキュー（1689〜1755年）はまた、怠惰を助長する宗教的な慈善の制度を
破壊してイングランドの産業の発展に貢献したヘンリー８世を称賛してい
るし、特定の不慮の災難に応じた一時的な扶助のほうが「恒久的な施設」
よりもはるかによい、と述べていた[43]。

　ジャン＝ジャック・ルソー（1712〜1778年）はモンテスキューほど相反
する２つの考えを抱えていたわけではなかったが、かなり回りくどかった。
ルソーは『人間不平等起源論』（『人間不平等起源論　付「戦争法原理」』
2016年、講談社）の締めくくりで、「大多数の人が飢えて必要なものにも事
欠いているのに、ほんの一握りの人たちが余分なものをもてあましている
などということは、明らかに自然法に反している」と主張しているが、この
状況をいかに是正するかということにまでは言及していない[44]。『社会契約
論』（2013年、光文社）では、「人は誰も、自分に必要なものを手にいれる自
然な権利をもっている」とし、「いかなる市民も他の市民を買えるほどに裕
福にならないこと、いかなる市民も身売りせざるを得ないほどに貧しくな
らないこと」と書いているが、労働の義務と一体になった所得をルソーが

考えていた可能性はきわめて低い。というのは「真に自由な国では、市民はすべてをみずからの手で行い、金銭で代用させはしない。自分の義務から逃れるために金を支払うどころか、金を払ってでも、みずからの義務を果たすだろう。一般の意見とは反対に、わたしは租税よりも賦役のほうが自由を損なうことが少ないと考えている」と述べているからだ[45]。のちの『告白』(1986年、白水社)では、「持っている金は自由のための手段だが、追い求める金は隷属のための手段だ」と書いている[46]。しかし、ルソーはこの場で、制度的な帰結を検討しようとは考えていなかった。

　曖昧な書き方をされていたとはいえ、これらの新しい考え方にはフランス革命の後、政治的な反響が寄せられた。王政時代のフランスの貧民救済は、ヨーロッパのカトリック国の大部分と同じく、フランス革命以前は教会とキリスト教徒としての義務である慈善による保護にとどまっていた。これは、イングランドよりもはるかに顕著だった。しかし、特に都市部で教会の影響力が小さくなると、教会の貧困への対処法に対して批判が高まるようになり、フランス版の労役場である救貧院 (dépôts de mendicité) が1767年以降に設立された[47]。そして救貧委員会 (comité de mendicité) が1790年に設立された。国民議会を代表して1790年7月に発表された報告書では、物乞いをなくすことが「賢明で啓蒙された国家の義務」だと、著者のフランソワ・ラ・ロシュフーコー＝リアンクール (1747〜1827年) によって表明された。委員会はさらにこのように論じている。「貧しい人に慈善を施すことのみが常に考えられ、貧しい人の社会に対する権利、および社会の貧しい人に対する権利についてはまったく主張されてこなかった。これこそが、フランスの憲法が果たすべき偉大な義務である。というのも、これまでほかのどの憲法も、人間の権利を承認し、尊重することはなかったからである」[48]。

　1792年9月、フランスの国民公会は新憲法を準備する委員会を発足させたが、そのメンバーで中心人物となったのが、哲学者・数学者・政治家のコンドルセ侯爵アントワーヌ・カリタ (1743〜1794年) であった。委員会は

混乱した状況のなかでその仕事を行った一方（ルイ16世は1793年1月にギロチンで処刑された）、当時少数派だった左派のジャコバン派は、社会権を憲法に含めるように圧力をかけていた。そのリーダーだったマクシミリアン・ド・ロベスピエール（1758〜1794年）は1792年12月の演説で、「第一の権利とは存在する権利だ。それゆえ、社会の第一の法とはその構成員全員に対して存在の手段を保障するものである」と力強く宣言している[49]。1793年4月、ロベスピエールはそれを「1793年の人間と市民の権利の宣言」の草稿で詳細に述べている。「社会は、仕事を提供するか、働けない者に対して生存の手段を保障することにより、そのすべての構成員の生存を守る義務を負っている。必要なものを得られない者に不可欠な扶助を与えることは、余分なものを所有している者たちの責務である」[50]。1793年6月に新憲法制定を目指した国民公会で採択された文章は、コンドルセの憲法委員会が出した穏健な案と、ロベスピエールの草稿を新憲法に含めたかったジャコバン派の要求の妥協の産物であった。それは1793年の7月から8月に実施された人民投票で大多数によって承認された。その第21条は、ロベスピエールの案に近く、史上初めての憲法による社会権の擁護となっている。「公的扶助は神聖な負債である。社会は、仕事を提供するか、働けない者に対して生存の手段を保障することにより、不幸な市民の生存を守らなければならない」[51]。

　これは紙の上では新しい大きな一歩であったが、その大胆な宣言は何も実現しなかった。少しの間力を持った後、ジャコバン派は権力の座を追われたのだ。ロベスピエールは1794年7月にギロチンで処刑された。1793年憲法が施行されることはなかったし、第21条の内容はその後のフランスの憲法には登場しなかった。だが、これがまったくその後に影響を残さなかったというわけではない。事実、パリでの出来事を熱狂的に見守っていた2人のドイツの哲学者の著作には、この影響が見られる。イマヌエル・カント（1724〜1804年）は『人倫の形而上学』（1797年）（『世界の名著32』中央公論社、1972年所収）で、政府には「資産のある者たちを強要して、最

不可欠な自然的諸要求をもみたすことのできぬ人たちを維持するための手段を調達させる、という権能を賦与されて」いるという考え方を擁護している[52]。ヨハン・ゴットリープ・フィヒテ（1762〜1814年）は『閉鎖商業国家』（1800年）（『フィヒテ全集　第16巻』哲書房、2013年所収）のなかで、「理性国家には貧しい人々が存在してはならない」と論じている[53]。

　ところで、革命の混乱のなかでほとんど気づかれなかったが、もっと重大なことが起こっていた。それは、まずヨーロッパの大陸部に始まり世界中に広がった強力で新たな出発に向けて、社会的保護という考え方の背を強く押すような出来事であった。

社会保険：コンドルセからビスマルクまで
Social Insurance: From Condorcet to Bismarck

　1793年7月、憲法を承認するかどうかの人民投票がまだ実施中だったとき、ジャコバン派の主導で、憲法委員会のリーダーを務めたコンドルセに逮捕令が出された。投獄と、おそらく命じられるであろう死刑を逃れるために、コンドルセはパリ市内で潜伏生活に入った。1794年3月に隠れ家を出たコンドルセはまもなく逮捕され、獄中で謎の死を遂げた。潜伏していたこの9カ月間で、コンドルセはその最も有名な著書を書いた。この『人間精神進歩史』（1951年、岩波書店）は翌1795年に刊行されたが、これはスピーナムランド制度の導入と同じ年だ。その最後の章には、コンドルセが豊かな将来のために初めての案、すなわち社会保険の構想を総括的に記述した短い一節がある。

　　それゆえに、われわれの社会においてもっとも数も多く、もっとも活
　　動的な階級をたえず脅かしている不平等や隷従や貧困さえも必然的な原

因なるものがあるのである。このような不平等や隷従や貧困の原因は次のような方法を講ずれば、大部分は消滅させることができるということを、われわれは示すであろう。すなわち偶然を偶然と対立させるようにすることだ。老齢に達した人に、その貯蓄から生み出された扶助、しかも同じ犠牲を払いつつもその結果を収穫する必要が生じないうちに死んだ人々の貯蓄をも加えて、扶助を保証してやること［中略］である。これらの手段は単に若干の個人を救うためのみではない。多数の家庭の周期的な没落が原因となって、常に堕落と貧困とが生ずるのである。このような堕落や貧困から社会全体を救うための対策は、未だ真に有益なものとなり得るほどの広さと形式で行われて来たことはなかった。しかし、それでもこれらの手段を考えついて、すでに採用して成功しているのは、計算を人間の寿命に関する確率に応用したり、金銭の融資に応用したりしたおかげである[54]。

全労働者とその家族を対象とした、保険料に基づく社会保険という構想は、公的扶助の背景にあった支配的な考え方とは根本的に異なるものだった。決定的な点は、「多数の家庭の周期的な没落」は金持ちが貧困者を助けるのではなく、労働者相互の助け合いによって防がれるとすることだ[55]。コンドルセの構想は当時すぐには影響力を持たなかったが、19世紀には受け入れられやすい土壌が整備された[56]。産業革命と、伝統的な連帯の制度の急速な解体によって、公的扶助の狭い枠組みを超えた社会的保護の形態の模索が急務となった。多くのヨーロッパの都市では、自発的な相互扶助の組織が、労働運動の高まりと結びつく形で林立した。そして、国家による社会保険の創設が、マルクスの社会主義革命とプルードンの無政府主義的な相互扶助主義の両方に代わるものとして、一部の社会主義運動の指導者たちによって提唱されるようになった[57]。ドイツでは、公的に運営される強制加入の社会保険の構想が、レオポルド・クルークによって初めて提案され（1810年）、講壇社会主義者と呼ばれたグループによってのちに深め

られた。これはアドルフ・ワーグナー（1881年）とグスタフ・フォン・シュモラー（1890年）が率いた社会主義者の学者のグループで、近代の社会保険制度の誕生に決定的な影響を与えた。社会主義運動の高まりに対抗し、ドイツの国としての統一を強化するため、ドイツの宰相オットー・フォン・ビスマルクは1883年から1889年の間に、強制加入の総合的な労働保険の制度を初めて制定した。これは病気、就労不能状態、老齢に対して補償される保険で、その運営には雇用者と労働組合が積極的に関与するとされた[58]。

　ビスマルクの先駆的な制度は、ヨーロッパのほかの国に即座に模倣されたわけではない。左派からの抵抗が強かった。この制度はプロレタリアートを資本主義と和解させてしまうための試みだと考えた革命論者のみならず、より寛容で包括的な公的扶助制度にすべての希望をかけていた改革論者の反対にも直面したのだ。それでも、社会保険制度は結局、普及した。たとえば1905年、フランスの社会主義運動のリーダー、ジャン・ジョレス（1859～1914年）は、行政の裁量が大きすぎるとして資力調査つきの公的扶助を批判している。「ひとたび『生計の手段がない』と言い出せば、感謝を要求されたり議論の余地が生まれたりして、不確実な要素が入り込むことになる」。反対に、社会保険の受給資格は過去に支払った保険料に基づくので、本当の権利と考えることができるという。そしてそれは「真の、実体的な差異をもたらす」。引退する年齢に達した人は自分たちの年金を「議論の余地なしに、絶対に確実に」受給できる。そのためジョレスは、「総合的で体系的な保険機構がすべてのリスクを対象とし、扶助にとって代わる日が来る」ことを確信しているという[59]。

　労働災害を補償する強制加入の保険はフランスでは1898年、公的な老齢年金制度は1910年に実施された[60]。ヨーロッパやその他の地域の多くの国々でも、これと同じ時期に類似した社会保険のモデルが導入された。このようなモデルにおいては、労働者と雇用者の両方、または労働者か雇用者のどちらかが義務として保険料を支払う。典型的な形は、総賃金から決まった割合が引かれるというものだ。そしてそれと引き換えに、労働者や

その家族は、病気・失業・障害・老齢・死去などの際に、一家の稼ぎ手の収入の一部が補償されるという権利を持つ。ビスマルク以降、社会的保護は、近代的な政府が行う活動のなかで比較的周辺的な地位を占めるのをやめ、次第に中心的な責務だと認められるようになった。それは多くの場合、いわゆる「社会的パートナー」、すなわち、雇用者と労働者の代表と政府の協力のもとで行われた。これが、社会保険を核とする近代の福祉国家の誕生を特徴づける出来事である。今日でも、あらゆる福祉国家において社会保険制度は主要な役割を果たしているし、特に大陸ヨーロッパのいわゆる「ビスマルク型」福祉国家においては、きわめて重要な役割を果たしている。アメリカ合衆国では、失業保険、メディケア（訳注：65歳以上を対象とする老人医療保険制度）、「社会保障計画」（老齢・遺族・障害保険）が社会保険制度に含まれる。

　これらの制度は貧困者に的を絞ったものではなく、貧困でない人にも莫大な額の所得移転がなされるが、やがて貧困対策に大きな影響を与えるようになった。その影響は部分的には、保険が適用されるさまざまなリスクが補償されるという直接的な効果となって現れた。しかし、もう1つ、重要度を増していった影響がある。多かれ少なかれ意図されておらず不透明なやり方で行われたものの、事前的な分配あるいは本物の連帯の要素が、ますます保険制度に内包されるようになったことである。言い換えれば、おおよそ予測可能で、それゆえ保険という動機だけでは正当化できない、恵まれた層から恵まれていない層への分配が、ますます増えたのだ[61]。これはたとえば、一律の健康保険、児童手当、老齢年金の最低額と最高額の設定といった形で現れ、それらはすべて社会保障の保険料に応じて拠出される。表向きは社会保険という形をとりつつ、高所得と低所得の労働者、および低リスクと高リスクの労働者の間のこの真の連帯は、過去には私的慈善や公的扶助によって行われていた役割の大部分を果たせるようになったのだ。

　このような道筋に沿って発展するにつれ、社会保険制度は公的扶助制度を急速に矮小化し、貧困との戦いにおいて副次的な地位に追いやった。社

会保険制度はまた、一般的にはその包括的で「普遍的」な性質ゆえに、公的扶助制度に勝ると考えられた。裕福な人も貧しい人も、すべての労働者を対象にした制度は、貧困者を特定してそれに的を絞った制度よりも、貧しい人の尊厳を守る。この議論は、社会的給付をフルに受け取る資格を得られるだけの保険料を支払っている（あるいは雇用者に支払ってもらっている）労働者であったり、その労働者に扶養されていたりする人が、人口の大部分に認められるという状況では、かなり大きな説得力を持つ。しかし、この条件が満たされない場合は、この議論に説得力はなくなる。若者の多くが、労働市場に参入できないかもしれない。失業保険の受給が認められた期間が終わっても、別の仕事を見つけられない労働者も多いかもしれない。家族の形態が崩れることで、職歴のない片親が多数生まれるかもしれない。さらに、多くの労働が公的に認知されていないところで行われているという状況が世界中に存在する。そのようななかでは、公的扶助はビーベスやスピーナムランド制度の時代に劣らず意味のあるものとなる。しかし、そのような制度も現在では事実上、以来改良されて多少は包括的になった社会保険制度の有意義な補完として、運用されなければならない。

社会保険の後の公的扶助：
ルーズベルトからルーラまで
Public Assistance After Social Insurance: From Roosevelt to Lula

社会保険制度がしっかりと定着した国々では、近代化された公的扶助制度が登場することになった。これらの制度は、社会保険制度によってはまったくカバーされないか、十分にカバーされない取り残された人たちに最終的なセーフティネットを提供するという、中心的ではないものの重要な役割を果たしている。アメリカ合衆国では、一般にアメリカの

近代的福祉国家の成立の瞬間と考えられている1935年に、フランクリン・D・ルーズベルト（訳注：1882 ～1945年）政権のもとで成立した社会保障法が、老齢保険と失業保険で構成されていた分厚い社会保険の要素と並んで、受益者負担なしの公的扶助のプログラムを含んでいた。これは養児童扶助〔Aid to Dependent Children（ADC）〕といい、1962年には養児童家族扶助〔Aid to Families with Dependent Children（AFDC）〕と改称され、さらに1996年には貧困家庭一時扶助〔Temporary Assistance to Needy Families（TANF）〕へと変更された。子どものいる世帯に的を絞ったこのプログラムは、連邦レベルで資金が提供され、州レベルで実施されるが、1996年には州の権限が大幅に強められた[62]。この家庭向けの最低所得制度のほかに、現在は補助的栄養支援プログラム〔Supplemental Nutrition Assistance Program〕として知られるフードスタンプが、リンドン・B・ジョンソン大統領の「貧困との戦い」政策の枠組みのなかで1964年に創設された。これは労働市場に参入する能力があるが職を見つけられない低所得の大人に商品券を配り、認可された店で食べ物を購入できるようにするものだ[63]。

　ルーズベルトの法案の10年後、イギリスではさらに包括的な国民扶助法〔National Assistance Act〕が成立した（1948年）。これ自体は、サー・ウィリアム・ベヴァリッジ（訳注：1879 ～1963年）の戦時中の報告書『ベヴァリッジ報告：社会保険および関連サービス』（法律文化社、2014年）に基づいている。この法案によって貧困世帯に、「その生活の必要を満たす」のに十分な額が、無期限に現金で「扶助交付金」として提供される。その対象は「委員会によって規定されうる方法で就業可能だと登録された」健康な人であった。今日でもなお実質的に生きているこの制度は、強化され統一された全国的な社会保険制度を補完するものだった。そして、救貧法的な制度の完全なる廃止をはっきりと印象づけた。

　20世紀の後半、イギリスの公的扶助のプログラムに大まかに似ている制度が、前から存在していた各地の制度の上に追加されたり統合されたりする形で、社会保険制度の隙間を制度的に埋める試みとして、ヨーロッパの

ほかの場所でも導入された。スウェーデンは、以前の貧民救済の形態を真の全国的な最低所得制度に転換することを目的に、公的扶助の法律を制定した最初の国だ（1957年）。デンマークとドイツは1961年、オランダは1963年、ノルウェーは1964年、ベルギーは1974年、アイルランドは1975年にその先例に倣った。フランスが独自の制度を導入したのは1988年になってからで、ミシェル・ロカール（訳注：1930〜2016年）が首相を務める政権が、社会参入最低所得手当〔revenu minimum d'insertion〕を実施したときだ。これは2009年に積極的連帯所得手当〔revenu de solidarité active〕に改変された。今日では、ヨーロッパ連合に加盟するほとんどの国が何らかの形で国としての最低所得制度を実施しているが、その運用と管理は地方の行政に任されていることも多い。主要な例外はイタリアとギリシアだ。ヨーロッパと北アメリカのほかにも、このような制度は20世紀後半にOECD諸国で導入された。たとえば日本は1950年に生活保護法を成立させた。今日でも有効なこの法律によると、とても厳しい資力調査と厳格な就労能力の証明という条件を満たした場合だが、困窮する個人全員に公的扶助を受ける資格が与えられる[64]。

　どれだけ幅広く対象になるかや、中央集権の度合い、および細かい条件は国によって、そしてときには国の内部でも大きく異なっている。これらの制度はすべて、労働・貯蓄・社会保険によって十分な収入が得られない世帯のために、ほとんどの場合は貧困ラインを下回る最低所得を条件つきで保障することで、セーフティネットを構築しようという狙いのもと実施されている。公的扶助は、困窮する人々の最終的なセーフティネットとして機能する。資力調査が課され、健康な人には就労への意思が求められ、その世帯全体の所得レベルに準じて実施される。そのような最低所得保障制度は、（多数いるが隠されている、保険による補償対象の厳格な定義から外れた人たちのおかげである場合もしばしばだが）高度な社会保険のシステムが住民の大多数をカバーできている国では、相対的に小さな役割しか果たさない。

反対に、公的扶助の制度は、インフォーマル経済（訳注：非公式な経済。法令や慣行の上で公式な制度的とり決めの適用を受けていないか、それが十分ではない経済活動）の占める割合が大きい、あまり発展していない国々でははるかに重要な役割を果たすことになる。古い例としては、南アフリカ共和国の「老齢給付」が挙げられる。これは1920年に白人のみを対象に作られ、アパルトヘイトが終わる頃に全国民に対象が広げられた、受益者負担なしの年金制度である[65]。近年では、いわゆる発展途上国において広く、条件つきの現金による所得移転給付制度への関心が高まっていることがわかる。ブラジルのボルサ・ファミリア（家族手当）が最も大規模な事例だ。これは2003年にルイス・イナシオ・ルーラ・ダ・シルヴァ大統領（訳注：1945年〜）による飢餓ゼロ計画の一環として、2001年にフェルナンド・エンリケ・カルドーゾ大統領（訳注：1931年〜）のもとで全国規模で導入された資力調査つきの児童手当ボルサ・エスコーラ（学童基金）、およびほかのさまざまな資力調査つきのプログラムを統合する形で創設された。これは家族構成によって決められた一定の水準を下回る所得の世帯に給付金が分配されるもので、幼児は健康診断を受け、児童は学校に通うことが条件とされている。2014年までにこの制度の対象となったのは1400万の家族で、ブラジルの人口の4分の1を上回る人数となった。同様のプログラムで有名なものは、メキシコで1997年に始まり、のちにOportunidades〔機会〕に改称されたProgresa〔進歩〕や、2002年に創設されたチリのChile Solidario〔チリ国家連帯〕などがある[66]。国際機関や影響力のある研究に後押しされて、このような制度はラテンアメリカの外にも広まっている。その結果、社会保険制度が相対的に控え目で、所得の分配において公的扶助が周辺的な役割よりはるかに大きな意味を持っている国を含め、国家によって運営される条件つきの最低所得制度は全世界的な現象となっている。ここから無条件ベーシック・インカムに至るまでの道はまだ長い。しかし、無条件ベーシック・インカムの構想が生まれた背景とその実現が最適な道となるべき状況の歴史的な概要説明は、これにて完了である。

第4章

ベーシック・インカムの歴史：ユートピア主義者の夢から全世界的な運動へ

....

Chapter 4 :

History: From Utopian Dream
to Worldwide Movement

....

1795年は、スピーナムランドの当局が真の最低所得制度にも見える、資力調査つきの現金支給の給付金制度を導入した年だが、すぐに揺り戻しが起こったのであった。同じ年、もっと後に現代の福祉国家の中心的な原理となっていくような、包括的な社会保険について初めて系統立てて考察した、コンドルセの著書が出版された。そしてこの年は、コンドルセととても親しかったある友人が、真の無条件ベーシック・インカムとかなり近い構想のさきがけとして認められるような小論文を書いた年でもあった[1]。それは当時はほとんど注目されず、やがて忘れられたものの、2世紀の時を経て再発見されたのだった。

構想段階のベーシック・インカム：
トマス・スペンス対トマス・ペイン

Basic Income Imagined: Thomas Spence versus Thomas Paine

『Agrarian Justice（土地配分の正義）』（1796年）と題され、「フランス共和国の議会および総裁政府」に宛てられたパンフレットのなかで、当時アメリカとフランスの革命運動における著名人となっていたトマス・ペイン（1737〜1809年）は、公的扶助とも社会保険とも根本的に違う制度を提唱した[2]。ペインが提案したのは、「国民の基金を作り、すべての人が21歳になったときにそこから15ポンドを、土地所有制度の導入による相続権の喪失に対する補償も兼ねて支払う。さらに、年間10ポンドを生涯にわたり、現在生きている50歳の人に支払う。ほかの全員に対しても、50歳に達したときから同様にする」ことだ[3]。

　この金額には当時どのような意味があったのだろうか？　1人あたり15ポンドあれば、若い夫婦は「牛が買えるし、数エーカーの土地を耕す装備も買える」[4]。しかし、当時の平均寿命は短かったとはいえ、基金の大部

分（ペイン自身の計算ではおよそ8割）が50歳以上に達したすべての男女に対する、厳密に個人単位で、普遍的で、無条件のベーシック・インカムの支払いに充てられる見込みだった[5]。

　ペインがこの提案を道徳的に正当化する根拠は、キリスト教の伝統を彷彿とさせるものだ。すなわち、この地上の土地は人類共通の財産だということである。この手の考えは4世紀に聖アンブロジウスによって表明されている。「地上は豊かな人も貧しい人も問わず、すべての人のために創造された。それなのに、どうして自らの土地を所有する権利を主張するのか？」[6]。これはビーベスの『De Subventione Pauperum（貧しい人への扶助について）』でも繰り返されている。「神は存在を与えたものすべてを、障壁も錠前もない世界の広大な領域にもたらされたのであり、すべての被造者の共有物とされたのである」[7]。そして、ジョン・ロックの『統治二論』（1689年）（『完訳 統治二論』2010年、岩波書店）において再び表明されたことは有名だ。だがロックにとっても、この共同所有という考え方はキリスト教徒の慈善の義務と明確に結びついたものであった。ロックによれば、「資産をもつ者が、そのあり余る財産の中から援助を与えることをしないで同胞を死滅させることは、いかなる場合にも罪であるからである。正義が、すべての人間に、彼自身の誠実な勤労が産み出した物と、彼が受け継いだ祖先の公正な取得物とに対する権原を与えるように、慈愛は、人が生存のための他の手段をもたない場合に、極度の欠乏から免れさせるだけの物を他人の剰余物に対して要求する権原をすべての人間に与える」という[8]。さらに、土地の恵みは労働という賦課と結びついている。「神が世界を全人類に共有物として与えたとき、神は同時に人間に労働することを命じ、また、人間の困窮状態も労働を必要としたのである」。神がこの世界を与えたのは「あくまでも勤勉で理性的な人間の利用に供するためであり（労働がそれに対する彼の権原となるべきであった）、断じて、喧嘩好きで争いを好む人間の気まぐれや貪欲さのためではなかった」のだ[9]。

　これとはきわめて対照的に、ペインは以下のように主張している。「私が

訴えているのは慈善ではなく権利であり、施しではなく正義だ」。そして「土地は自然の未耕作の状態では人類共通の財産であったし、そうあり続けたはずだという、議論の余地がない」立場から、ペインは新しい、過激な結論を導き出す。土地が耕作される場合、「個人の財産になるのはその改良した分の価値だけであり、土地そのものの価値ではない。そのため、あらゆる耕作された土地の所有者は、共同体に対して所有する土地の地代（この概念のもっとよい表現を思いつかない）を支払う義務を負っている。そしてこの地代から、この計画で提案されている資金が出されるのだ」。ペインが提案する制度の普遍的な本質は、この正当化のすぐ後で述べられる。「すでに述べたように、支払いは裕福か貧乏かを問わず万人に対して行われるというのがこの提案だ。妬みを引き起こすような区別を出さないためには、このようにするのが一番よい。また、そのようにするのが正しくもある。なぜならそれは自然の相続財産に代わるものであり、その人が作り出したり、作り出した人から相続したりした財産とは別のものとして、権利として万人に属するからだ。それを受け取らない選択をする人の分のお金は、共通の基金に組み入れればよい」。[10]

　ペインが提案したのはこのような、普遍的で、義務を課さない、個人への現金給付であったが、成人の期間全体にわたって支払われるものではなかった。しかし、それがさらに急進的な、真の生涯にわたるベーシック・インカムの提案となるまでに、そう長くはかからなかった。1797年にロンドンで刊行されたパンフレット、『The Rights of Infants（幼児の権利）』においてイングランドの教師・活動家のトマス・スペンス（1750～1814年）は、ペインの『Agrarian Justice（土地配分の正義）』を指して、「偉大な根本的真理」の基盤の上に「妥協的なご都合主義の呪うべき骨組み」を組み立ててしまったに過ぎない、という攻撃から始めている[11]。次にスペンスは、自身が若いときから精力的に擁護し続けてきたという提案を説明する[12]。それは、それぞれの地方自治体のすべての土地と建物は女性からなる委員会に委託されるべきで、その使用権は競売で売られ、その収益の一部は建物の

建設費や管理費を含むあらゆる公的支出と、政府に支払われる税金に充てられるべきだというものだ。「そして余った分については、すべての公的支出が支払われた後、男女、既婚・未婚、嫡出・非嫡出、老若にかかわらず、その教区に住むすべての人に対して、公正かつ平等に分配されるべきだ。その際には裕福な農家や商人の家庭と、[中略]貧乏な労働者や機械工の家庭の間に、区別は存在しない」。[13]

　スペンスが自らのベーシック・インカムの構想を正当化する根拠は、根本的にはペインのそれと同じである。「そのように余った地代を分け合うことは、耕作や改良のために賃借され奪われた、自分たちの共有財産である自然の資材と同等なものとして、文明化された社会の人間全員が持つ不可侵の権利である」からだ。しかしスペンスによれば、ペインの構想の結果は、「多数の人が貧乏になって物乞いをするようになり、必要な無数の物品や、人が欲求や好みに応じてほしいと思うであろう贅沢品が買えない状態になる」という。他方でスペンス独自の制度は「快適な生存のための無尽蔵の手段」を万人に提供できるというのだ。スペンスの制度のもとで支払われる、より手厚く対象の広い配当金は、経済活動の全体的なレベルを押し上げる。「国内の商業は驚異的なほど活発になる。なぜなら貧乏な人がいなくなるからだ。よい服を着ない人、よい家を持たない人、よい食べ物を食べない人はいなくなる。そして政府にわずかな額を取られるのを除いては、すべての教区・地区において大量の地代が丸ごと家庭へと循環するので、生活必需品のみならず多くの高貴なものや贅沢品までをも万人が購入できる、普遍的な繁栄がもたらされるだろう」。[14]

　ペインの制度の財源は、改良されていない状態の土地の価値分の地代に限定されているのに対し、スペンスの制度ではすべての不動産・建物およびその他の改良が地代の価値に含まれるというのが、2つの制度の根本的な違いだろう。しかしここで、ペインもまた、自身の制度が立脚する別の倫理的基盤をほのめかしているという点を指摘したい。それは本書の第5章で本書の立場を擁護するために示される基盤により近く、給付金の水準

についてはスペンスの制度よりもはるかに手厚い額を正当化するものだ。

　私有財産は社会がもたらした結果だ。そして個人が社会の助けなしに私有財産を獲得するのは、その人が土地をそもそも創れないのと同じく、まったく不可能だ。社会から個人を分離し、島や大陸を所有させても、その人は私有財産を獲得できない。豊かになれない。［中略］それ故、その人自身の手で作り出せる範囲を超えた私有財産のすべての蓄積は、社会生活によってもたらされている。そしてその人物はあらゆる正義・感謝・文明の原則に基づいて、その蓄積の一部を元々やってきた場所である社会へと返す義務がある[15]。

　スペンスが、自分はペインよりも寛大な制度を構想していると考えていたのが正しいか否かは置いておくとして、スペンスの構想は1820年代にイングランドの急進的な改革派の一部に検討されたのち、ペインの構想とともに世に忘れ去られることとなった。

国家規模のベーシック・インカム：
ジョゼフ・シャルリエ
Basic Income on a National Scale: Joseph Charlier

1848年2月21日、ロンドンにて、共産主義者同盟は若きドイツ人カール・マルクスによって前の月にブリュッセルで大急ぎで書き上げられた小冊子を刊行した。『共産党宣言』（2020年、光文社）だ。それから数日後の2月24日、フランス国王ルイ・フィリップが、パリで起こった革命によって退位させられた。3月4日、マルクスはブリュッセルで逮捕され、ベルギーを追放された。3月28日、マルクスが副議長を務めていたブ

リュッセルの民主協会の中心メンバーだった作家のヤーコプ・カッツ（1804〜1886年）の弟、ヨーゼフ・カッツ（訳注：生没年不詳）の家で、ある書類が警察に押収された。フラマン語で書かれ、『Project of a New Social Constitution（新しい社会のための憲法草案）』と題されたこの文書には、以下のことが明記されていた。「大地は人々の普遍的な遺産」であり、「その果実は万人に公平に分配されなければならない」（第4条）。「不動産に関する個人的な財産権はすべて廃止される」（第5条）。そして建物が建っているか建っていないかにかかわらず、すべての土地は国家によって賃借され、その収益は「社会のすべての構成員に、人の数だけ平等に、誰も排除されることなく分配されるための果実とみなされる」（第6条）。これははからずも、半世紀前にペインとスペンスによって正当化されたのと同じ方法で正当化された、明らかな無条件ベーシック・インカムの案である。ところがこの短い文書は、これ以上具体的なことは述べていないし、その著者もわかっていない[16]。また、その後同じ年にブリュッセルで出版された、同様の構想を本1冊分の議論に発展させたものとの、明らかな関連も見られない。

その本『Solution du Problème Social（社会問題の解決）』は、同時代のマルクスの『共産党宣言』と比べても同じくらい野心的で斬新なものである。だが、あまり人を惹きつけるような書き方をされておらず、その著者ジョゼフ・シャルリエ（1816〜1896年）についてもほとんど知られていない。当時も、さらにはのちの時代のどの時点でも、この本は目に見える影響力を持たなかった。トマス・ペインは若者に対する基礎的な一括賦与と、高齢者に対する基礎的な年金の導入を提唱した。トマス・スペンスは地方自治体の規模での真のベーシック・インカムを提唱した。そしてシャルリエの著書は、国家規模で本物のベーシック・インカムを導入するべきという主張を最初に行ったのだ。すなわち、一律の「大地からの配当」を3カ月に1回、その国の「固有の」居住者に対し、男女を問わず、大人か子どもかも問わず支払うこと、そしてそれは建物の有無を問わずすべての不動産に

かかる地代を資金とすることを提唱したのだ[17]。シャルリエがペインの『Agrarian Justice（土地配分の正義）』、もしくはスペンスの『Rights of Infants（幼児の権利）』を知っていたという証拠はない。シャルリエが自著を書いている間に家から1マイル（^{訳注：約}1.6km）も離れていない所で押収されたとはいえ、『Project of a New Social Constitution（新しい社会のための憲法草案）』について知っていたかどうかは、なおさらわからない。しかし、シャルリエの議論の出発点は、これらと同じで、自然はすべての人の必要を満たすために創造されたということにある[18]。そのため、土地の私有は正義に悖るもので、究極的にはただ国家のみがすべての土地、ならびにそこに建つすべての建物の所有者とならなければならない、とシャルリエは論じている。改革派としてシャルリエは、土地の所有権を没収しつつ、現在の土地所有者に生涯年金を保障し、相続のたびに新築の建物の価値の一定割合を没収するという、過渡的な体制を提案した。この地代から得られる収益はすべての世帯に対して、その「絶対的な必要」を満たすのに十分な所得をもたらし、結果として「貧窮という疫病の最高の治療薬」が提供されるのだという[19]。

この本や、死去するまでに出版した同じテーマの別の本においてシャルリエは、自らの提案をさらに練り上げ、あらゆる種類の反対意見にやり返している[20]。配当金の額はいかにも、「国家が万人に対してパンを食べられる保証はするが、トリュフを食べられるようには誰も保証しない」程度になるとシャルリエは論じる。「怠け者には残念な話だろう。最低限の余裕でやっていかなくてはならないのだから。社会の責務とは、一部の人が他の人に損害を与える形で強奪することなしに、万人が自然の摂理によって自由に使える要素を享受できるような、公平な分け前を保証することであり、それを超えるものではないのだ」。それでも、交渉力の配分は大きく変化するだろう。「もう労働者が資本を前にして頭を垂れなくてよくなる。共同の主体という本来の役割に地位を下げた資本のほうが、対等な立場で労働と交渉することになるだろう」。結果的に、嫌がられる仕事は、担い手

を見つけるのがより困難になっていく。「大衆の物質的状況を改善することにより、最低所得保障の導入は大衆に職業選択の際の選り好みを多くさせるようになる。けれどもこの選択は通常、労働力に支払われる対価によって決まるので、関係する産業は労働者たちに、仕事で生じる不都合を補うだけの高い給料を提供する必要が出てくるだろう」。そのため、ここで提案されている制度は「直接的な効果として、目下のところ悲惨な状況が運命づけられている最下層の階級に、そのうんざりするが役に立つ労働に対する報酬という形で、償いをするだろう」[21]。

その長い人生の晩年にシャルリエは、ブリュッセル大学の学長に宛てて、自身の意見を普及させようとして、もっと簡潔にまとめ直した最後の著書と一緒に、手紙を送った。この手紙でシャルリエは、自身の提案は「社会的な問いに与えられるべき合理的で正義に適った唯一の解答であり、いくぶん利己的な反対者に対して悪意があるわけではありません。人が直面したがらない真実、直面する勇気のない真実というものがあるのです」と繰り返している[22]。おそらく、この手紙に対してはこれ以前の手紙と同様、何の返事もなかった。世界はシャルリエの情熱的な訴えを聞く準備ができていなかった。1848年のシャルリエの本は当時ほとんど読まれず、その後の著作も同様に、すぐに忘れ去られたようだ[23]。

真剣に検討されるベーシック・インカム：ジョン・ステュアート・ミルのフーリエ主義

Basic Income Taken Seriously: John Stuart Mill's Fourierism

同じ頃、孤立していた初期のベーシック・インカムの支持者たちの小さなグループに加わった、シャルリエよりはるかに権威のあったもう1人の著述家は、忘れ去られることはなかった。1848年という年には、

マルクスの『共産党宣言』とシャルリエの『Solution du Problème Social（社会問題の解決）』が出版されただけではない。ジョン・ステュアート・ミル（1806〜1873年）が、近代経済学の基礎となる古典に数えられる、『経済学原理』（1959〜1963年、岩波書店）の初版を出版した年でもある。驚くべきことでもないが、この本では救貧法についてのしっかりした議論もされている[24]。本書の第3章で引用した救貧法に対する名だたる批判者たちと同様、ミルは貧困者に対する公的扶助に内在する構造的な問題を見抜いて明らかにしている。扶助そのものは有益な効果をもたらすものの、その制度に頼ることは「大部分有害」だとミルは書いている。だがリカード、ヘーゲル、トクヴィルとは異なり、これを理由に私的な慈善に戻るべきだという主張をミルはしていない。いくつかの条件を前提として、「健常者でも生活に困窮しているものには、その救済を私人の自由意志による慈善に任せておくよりも、むしろ法律によって生活費の確実性が与えられる方が、はるかに好ましいと思う」とミルは書いている[25]。

この条件とはどのようなものなのだろうか？　要するに、労働のインセンティブを残すのである。つまり、援助を受けている人の生活状況は「自分自身の努力によって生活をささえている労働者」ほど快適であってはならない。そうすれば、援助を受ける資格のない貧困者を強制的に働かせる制度、すなわち、「一般に人間は自らの動機によって影響を受けるのに、それを奪い取ってあたかも家畜のように支配し、労働に従事せしめる」必要がなくなる。さらに、「国家は一般的規則にしたがって行動しなければならない。国家は、救済に値いする貧困者と、これに値いしない貧困者との間に、区別をすることを企てることはできない。［中略］公的救済の配分にあたる人たちは、調査者となる任務をもつわけではない」とミルは書いている。そのため、必要なのは、私的な慈善でも労役場でもなく、健康であろうとなかろうと、「推称に値いするもの［中略］、であろうとなかろうと」、すべての貧窮者に対する生存の法的な保証なのである[26]。

ミルはこれを具体的に掘り下げたのだろうか？　著書の初版ではこれ以

上掘り下げていないが、1つの重要な追加がなされてすぐ翌年に出た第2版では、さらに論じられていると言ってよいだろう。「本書が書かれてからますます重要性を帯びた社会主義者の論争のおかげで、それを扱った章を拡充することが望ましくなった。一部の社会主義者によって提唱されたある特定の構想に対して、その章のなかで述べられている反対意見が、その名のもとに含まれるすべてに対する全体的な非難だと間違って理解されるようになってしまったので、なおさらだ」[27]。ミルが真剣に検討する価値があるとみなした、この「特定の構想」とは何だろうか？　それは間違いなくフーリエ主義だ。ミルはフーリエ主義を「すべての形態の社会主義のうち、もっとも巧妙に、また反対論をもっとも多く考慮して組み立てられてある」と表現している[28]。

　多くの業績を残した変わり者、シャルル・フーリエ（1772～1837年）は、ロバート・オーウェンやサン＝シモン伯爵とならんで、エンゲルスが言う「偉大な空想的社会主義者」の1人だ。エンゲルスは、この3人が社会主義を歴史的な力の産物ではなく、倫理的な理想の実現と考えていたと批判している[29]。『La Fausse Industrie（贋産業論）』でフーリエは、ペイン、スペンス、シャルリエが訴えたのとかなり近い正義の概念を表明している。「文明化された秩序が人間から、第一の権利を成り立たせる狩猟、漁業、採取、牧畜という自然の4つの生存手段の柱を奪うならば、土地を占有する階級は土地を占有できなかった階級に対して、豊富な生存の手段のなかの最低限のものを与える義務がある」。そしてフーリエは、このように受け取る人に義務を課さずに「豊富な生存の手段のなかの最低限のもの」を与えることが、労働の質に影響を与えると力説する。「ひとたび十分な最低限度の生計が保障された庶民が、わずかにしか働きたがらなくなったり、まったく働きたがらなくなったりすると、満足した状態にかかわらず人々が働き続けようと確実に思うような、魅力的な産業の制度を発見し、組織する必要が出てくるだろう」。[30]

　しかし、フーリエが『La Fausse Industrie（贋産業論）』で思い描いていた

制度は労働の意思の調査を明確に除外していたとはいえ、貧しい人をターゲットにしており、資力調査を含んでいたことは明らかだった。つまり、義務を課さないが、普遍的ではなかったのだ[31]。

　フーリエの主要な弟子で、フーリエ学派を発足させたのが、フランスの哲学者・経済学者のヴィクトル・コンシデラン（1808〜1893年）だ。コンシデランは、労働の魅力が劇的に進歩することを要求し実現するであろう、義務を課さない最低所得への権利を、師フーリエとともに主張した。だがその言葉遣いからは、コンシデランが真の普遍的なベーシック・インカムを構想していたとうかがえる。「最低所得の促進は、自由の基礎であり、プロレタリアの解放を保証するものである。最低所得なくして自由はない。産業における牽引力なしに最低所得はない。これが庶民の解放で肝心な点である」[32]。

　このような意見に見られる潜在的な曖昧さは、ミルが『経済学原理』第2版で行っているフーリエ主義の共感的な説明では、完全に取り除かれている。「この［フーリエ］主義は、私有財産制を廃止しようとするものではなく、また相続を廃止しようとするものでさえもない。かえってそれは労働と並んで資本と生産物を分配上の要素としてはっきりと考慮しているのである。［中略］生産物の分配の際には、まず第一に、労働のできる人にもできない人にも、ともに一定の最小限度の生活資料だけはこれを割り当てる。そしてその余の生産物は、あらかじめ決定しておいたある割合をもって、労働、資本および才能の三要素へ割り当てる」[33]。

　ミルがこの制度に魅力を感じたのも不思議ではない。救貧法についての議論でミルが提唱しているのと同じく、フーリエ主義的な制度は「生活費の確実性」を、健康かどうかを問わず万人に保障する。資格のある人とない人を根掘り葉掘り調査して分けることもない。それでも、「まず第一に［中略］割り当てる」最低所得を超えて積み上げていくという形で、労働・資本・能力に対価が支払われることにより、インセンティブは保たれる。これをミルは、自身が『ミル自伝』（1951年、岩波書店）に書いた「将来の社

会問題」、すなわち「如何にせよ、個人の行動の最大限の自由と云う事を、地球上の生産原料の共同所有という事、及び全ての労働力の利益に万人平等に與かるということに調和せしめ得るか」に答えを出すための、的確な方法と考えたに違いない[34]。

　若干のほかの19世紀の思想家たちも、土地のすべての価値を反映させた税金を徴収するという考え方を擁護した。そのなかで特筆すべき人としては、イギリスの社会哲学者ハーバート・スペンサー（1820〜1903年）、フランスの経済学者レオン・ワルラス（1834〜1910年）、アメリカの社会改革運動家ヘンリー・ジョージ（1839〜1907年）などが挙げられる。ところがこの人たちは、トマス・スペンス、ジョゼフ・シャルリエ、そしてジョン・スチュアート・ミルのフーリエ主義解釈とは異なり、地代の収入がほかの公的支出よりも現金所得の分配に使われるべきだと明確にほのめかしたわけではなかった[35]。

議論が深まるベーシック・インカム：第1次世界大戦後のイギリス
Basic Income Debated: England after World War I

　ベーシック・インカムに関する議論が本当の国民的議論に近づいたのは、第1次世界大戦直後のイギリスにおいてだ。議論に最初に火をつけたのは数学者、哲学者、非国教徒の政治思想家、戦闘的な平和主義者、そしてノーベル賞受賞者であるバートランド・ラッセル（1872〜1970年）だ。1918年に初版が出版された短いが鋭い著作『自由への道』（1953年、角川書店）でラッセルは、社会主義と無政府主義の利点を組み合わせた社会モデルを主張している。

自由については無政府主義が勝り、仕事への誘引については社会主義に分がある。これら両者の長所を統合する方法を見出すことはできないであろうか。私はできると思う。［中略］一層砕いて言えば、われわれの主張の帰着するところは次のごとくである。すなわち生活必需品を得るに十分な或る少額の収入は人が働くと否とを問わず万人に保証せらるべきであり、それ以上の収入——生産せられる物資の総量がこれを許容する限度においての収入——は、社会が有用と認める或る仕事に進んで従事しようとする人々に与えらるべきである[36]。

　この構想は特に、芸術家が「わが謹厳な文明がころしてしまいそうではあるが実は非常に必要としている気軽さというものを生かす」のに必要な、自由を保証するための２つの方法のうちの１つに等しい、とラッセルは述べる。その１つ目の方法とは、「１日数時間だけ働き、１日フルタイムの仕事をするものに比すれば相応に減額した給与を受け取る」ことだ。もう１つの方法は「無政府主義者の望む通り、人が働くと働かざるとを問わず生活必需品はすべての人に無償で均等に与えられるものとすることである。この方法によれば、誰もが働かずして生活し得る。すなわち生存のためには十分であるが贅沢はできないという『遊民の賃銀』と呼ばれるべきものがあるのだ。芸術と楽しみとに時間の全部を費そうとする芸術家は、この「遊民の賃銀」を得て生活し、たまたま外国見物がしたくなれば徒歩旅行にでて、小鳥のように自由に、またおそらくは小鳥と同様に幸福に、大気や太陽をたのしむこともできるのである」[37]。

　フーリエやシャルリエと同様にラッセルも、このような「生活必需品を得るに十分な或る少額の収入」を提供することは、人々の労働への意思に影響すると警告している。しかしラッセルはこの２人と同じく、このことを構想の問題点というより、推進するための根拠とみなしていた。「怠惰を経済的に可能ならしめる一大利点は、それが仕事を不愉快でなくする強力な動機を供するということであろう。いかなる社会といえども、大部分の

仕事が不快ならば経済問題の解決策を見出し得たとはいえないのである」[38]。
後年に書かれた『怠惰への讃歌』(2009年、平凡社)というエッセイで、ラッ
セルはこのテーマに再び言及している。「近代の技術によって、或る限度内
のひまは、少数の特権階級の特権でなくて、社会全体を通じて、公平に分配
される権利となることができるようになった。勤労の道徳は、奴隷の道徳
であるが、近代世界は奴隷を必要としない」[39]。とはいえ、万人に何もしな
い権利を認めることは、それを行使しづらくする十分な社会的プレッ
シャーがある限りにのみ、実現可能だろうとも述べているが。「教育が完了
したとき、何ひとも働くことを強要さるべきではない。働かぬことを選ん
だものはただ生きるに足るだけを受け、全く自由に放任さるべきである。
しかし怠惰を選ぼうとするものが比較的僅少にとどまるように、働くこと
を可とする強い世論の存することはおそらく望ましいことである」[40]。

　ラッセルの『自由への道』が刊行されたのと同じ年、若きエンジニアで、
クエーカー教徒で、イギリスの労働党員のデニス・ミルナー(1892～1956
年)が、1人目の妻マーベルと共同で、『Scheme for a State Bonus (国家特
別手当の計画)』と題する短いパンフレットを出版した。折衷的な論拠を
いくつも用いて、ミルナー夫妻はイギリスの全市民に無条件で週1回支払
われる所得の導入を主張した。1人あたりGDPの20%という額に設定さ
れたこの「国家特別手当」は「いかなる形でも収入が存在する人」全員の負
担金を財源とし、特に第1次世界大戦後に先鋭化していた貧困問題の解決
を可能にするとされた。国家特別手当制度は生存の手段を得る道徳的権利
に基づいている一方で、その生存の手段を取り消されてしまうという恐れ
によって強制される労働の義務はすべて除外されている。「人々を労働に
向かわせられるかどうかは教育の問題である。飢餓は、教育的な強制力と
して利用されてはならない。というのも、能力のない労働者を生み出すだ
けだからだ」とミルナー夫妻は書いている。「生存のために第一に必要なも
の」にアクセスできれば、労働者は賃金の「交渉においてより対等な位置
に立てるようになる」。そして賃金の上昇は「必要なものに対する需要の

高まりを意味する。それによってあらゆる基幹産業が安定する」のだ[41]。

　このパンフレットに続いてデニス・ミルナーは、『Higher Production by a Bonus on National Output: A Proposal for a Minimum Income for All Varying with National Productivity（国家の生産力に対する特別手当による生産力の向上：国家の生産性に応じて変化する万人のための最低所得に関する提案）』という1920年の本で、この提案を詳述している。失業の罠の話から労働市場の柔軟性の話まで、あるいは捕捉率の低さの話から利益分配の理想的な完成形の話まで、この後に出てきたベーシック・インカム導入を訴える声で中心的な役割を果たしている議論の多くは、このミルナーの本のなかに見出せる。ミルナーの提案は、著名なクエーカー教徒で国際連合の職員であったバートラム・ピッカード（1892～1973年）の複数の著作で熱狂的に支持されている[42]。それは短命に終わった国家特別手当連盟（その旗印のもとにミルナーは国政選挙にも参加した）に支持され、1920年のイギリス労働党の党大会でも議論された。ところが1921年、労働党は結局この提案を退けた。1927年にミルナーは精神分析家のマリオン・ブラケットと結婚し、その後アメリカでしばらく過ごした後、1954年に死去した。自らの国家特別手当の構想に再び言及することはなかったようだ[43]。

　だが、もう1人のイギリス人のエンジニアがこの構想を再び取り上げ、かなり大きな影響力を持つようになるまでに長くはかからなかった。その人、クリフォード・H・ダグラス"少佐"（1879～1952年）は、第1次世界大戦後にイギリスの産業の生産力が高まったことに感嘆するとともに、生産過剰のリスクについて考え始めた。銀行が国民に信用を与えたがらず、国民の購買力が緩やかにしか上がらない状態で、4年間の戦争で疲弊した国民が豊富にある商品を消費するなどできるだろうか？　と考えたのだ。この問題を解決するため、本や人気のあった講演・著述などの一連の活動のなかでダグラスは、すべての世帯に毎月「国民配当」を支払うという仕組みを備えた「社会クレジット」制度の導入を提案した[44]。この社会クレジット運動はさまざまな命運をたどった。イギリスでは定着しなかったが、カ

ナダのいくつかの地域で多くの支持者を得たのだ[45]。

　この社会クレジット運動がイギリス国民の幅広い層において熱狂的に取り上げられたのは短い間だったが、ベーシック・インカムの考え方そのものはイギリス労働党に近い知識人たちの狭いサークルのなかで、土壌を獲得しつつあった。そのなかで最大級に著名だった知識人の1人が、経済学者のジョージ・D・H・コール（1889～1959年）で、オックスフォード大学チチェリ講座の社会・政治理論の主任教授を最初に務めた人物だ。コールはそれまでの国家特別手当連盟や社会クレジット運動による訴えを、完全に認識していた[46]。複数の著作で一貫して、「社会配当」や「ベーシック・インカム」とコールが最初に呼んだと思われる制度の正当性を論じている[47]。1935年には、所得の「一部は労働の報酬として、そしてもう一部は国から直接すべての市民に支払われる「社会配当」として分配されるべきだ。つまりこれは、消費者としての市民ひとりひとりに、生産力の共通の遺産を分け合うことを認めるのである。［中略］目指すべきは、できるだけ早急に、この配当が市民全員の最低限の必要すべてをカバーできるほど多くすることである」[48]と論じた。コールの見通しでは、稼ぎは最終的にお小遣い程度の重みしか持たなくなるが、そのために必ずしも労働意欲が削がれることはないという。

　稼げるお金が社会配当の額と変わらなくなると、みんなが共通して平均近くの生活水準で暮らす社会の場合、それを稼ごうとするインセンティブは、今日の階級が支配する社会で何倍も稼ごうとするのと同じくらい強くなるだろう。というのも、小さな贅沢や代用可能な必需品をたくさん手に入れたいという欲求は、どんな欲求よりも激しいからだ。［中略］そのような体制下では、稼ぎはますます「お小遣い」的な性格を強めていく。だが、完全に平等な所得につきものであるとされる、努力へのインセンティブの減少はまったく起らない。労働をすれば十分な報酬がもらえるだろう。だが国民所得の大部分はもはや、産業の副産物として

分配されるわけではないのだ[49]。

　政治的にはそれほど活動的ではなかったものの、コールよりも国際的な評判を得ていたもう1人のオックスフォード大学の経済学者ジェイムズ・ミード（1907〜1995年）は、「社会配当」をさらに粘り強く主張した。この構想は、1930年以降のミードの著作において、公正で効率的な経済の中心要素として登場する[50]。そしてそれは、ミードが晩年にとても熱狂的に推進した『Agathotopia（アガソトピア）』プロジェクトの中核をなしてもいる。そこでは、資本と労働の間の協働関係、および公共資産を財源とする社会配当がセットで、失業と貧困の問題の解決策として提示されている[51]。

　戦間期にこうして盛んに議論が行われたという状況に鑑みると、イギリスで政治的な突破口が開くような機が熟していたと思うかもしれない。ところが、それは起こらなかった。本書の第3章で取り上げたように、ベヴァリッジ卿の主導により作られ、1942年に刊行された報告書では、社会保険とその隙間を埋める公的扶助の組み合わせが提案されており、無条件ベーシック・インカムが入り込む余地はなかった。ベヴァリッジと同じく自由党の政治家だったジュリエット・リズ=ウィリアムズ准男爵夫人（1898〜1964年）は、1943年に最後の試みとして「新しい社会契約」を打ち出す。これには普遍的な給付金を個人単位ですべての成人に、「適した雇用」のもとで働けることを条件として支払う案が含まれていた[52]。しかしベヴァリッジの方針が勝利し、ジェイムズ・ミードが1970年代にイギリスの「直接税の構造と改革」委員会の委員長に指名された際に復活させようと試みたにもかかわらず、イギリスでのベーシック・インカムの議論は数十年にわたって消えることになった[53]。

　その間、大陸ヨーロッパでも動きはそれほど見られなかった。ベーシック・インカムの発想に最も近いものは、ウィーンの社会哲学者・改革者ヨーゼフ・ポッパー=リュンコイス（1838〜1921年）による『Die Allgemeine Nährpflicht（普遍的養育の義務）』という著作に見出せる。友人のアルバー

ト・アインシュタインによれば、ポッパー＝リュンコイスは「預言者のような、聖人のような人」で、「極端な個人主義者として、人間が欠乏やいらぬ束縛から自由になることを最高の目的と評価していた」という。ポッパー＝リュンコイスは以下のように述べている。「例外なく万人が（つまり年齢・性別・宗教・信仰や不信仰にかかわらず、政治的見解やどの政党を支持しているか・支持していないかにもかかわらず、身体的・精神的能力にもかかわらず、道徳的・心的な資格にもかかわらず）、権利として、生存のための最低限の手段を、自分の身体的・精神的な完全性を守るために、保障されなくてはならない」。しかし、この「人々を食べさせる普遍的な義務」は、生存に必要なものやサービスを現物給付の形式で提供するものだという。「食糧、基本的な住居やその家具、衣服、医療サービス、暖房、照明、教育、入院、そしてもし不幸があった際には埋葬地が最低限、すべての人に与えられなくてはならない。しかし、それだけではなく、コンサートや観劇といった基本的な最低限の娯楽も与えられなくてはならない」。さらにそれは「すべての健康な男女が組織し参加する普遍的な労働奉仕活動の義務」とセットでなければならないという[54]。

　これと似たようなことがのちに、社会党のフランス国民議会議員だったジャック・デュボアン（1878〜1976年）によって創始された「豊かさのためのフランス国民運動」で提案されたが、こちらの経済学的理論は社会クレジット運動で持ち出されたものに近かった。デュボアンは「機械によって大量の人間が置き換えられてしまうこと」に対抗するために、貯蓄できない通貨による普遍的な「社会所得」を提唱したが、これも冗長な説明で定義された「社会奉仕活動」と引き換えに与えられるとしていた[55]。現在の無条件ベーシック・インカムを求める訴えの先駆者だと解釈されることもあるものの、ここで挙げたような提案はむしろ、数年間の労働への徴用と引き換えに人生の就労期全体にわたって支給される、一律の基本賃金を推奨しているものだと理解したほうがよいだろう。

1960年代初頭の保障所得：
セオボルド対フリードマン
Guaranteed Income in the Early 1960s: Theobald Versus Friedman

　ア　メリカ合衆国では、普遍的な所得と「産業隊」での普遍的な社会奉仕活動がセットになった同様の制度が、社会主義者エドワード・ベラミー（1850〜1898年）による1888年のＳＦ小説『かえりみれば』（『アメリカ古典文庫7』1975年、研究社所収）で生き生きと描写され、推進された。また、ポール・グッドマン（訳注：1911〜1972年）、パーシバル・グッドマン（訳注：1904〜1989年）兄弟による著書『コミュニタス　理想社会への思索と方法』（1968年、彰国社）でも提唱されている。この本では、生存に必要なものを無料での現物給付することと「それぞれの状況に従って好きな時に按配すること」ができる6〜7年の国内経済における奉仕活動がセットになっている[56]。しかし、ベーシック・インカムと最も関係のある20世紀前半の運動は、1930年代前半にルイジアナ州の民主党の上院議員ヒューイ・P・ロング（1893〜1935年）によって「誰もが王様」というスローガンのもとに発表された「富の共有運動」である。ロングはこの構想を1934年のラジオ演説で公表した。富裕層への富の集中を制限して普遍的なベースで所得の再分配を行い、不況を終わらせるのがその狙いで、すべての世帯に一括で「5000ドルほど」の「家産手当」を与え、「年間所得が2000〜2500ドルを下回る世帯がなくなる」ように保証することなどが、構想には盛り込まれていた[57]。1935年2月には、700万人以上のアメリカ人がアメリカ合衆国全土に広がった2万7000の富の共有連盟に加わった、とロングは主張している。政敵に民衆煽動家だと告発されたロングは1935年、大統領選への出馬を宣言した直後に暗殺され、運動は立ち消えになった[58]。それでもアメリカ合衆国では、動乱の1960年代になってからではあるが、公民権運動の絶頂期に、ベーシック・インカムの実質的な議論が再び取り上げられるようにな

る。これには3つの異なる源流が見られる。「ポスト産業主義」、「ネオリベラル（新自由主義）」、そして（アメリカ的な意味での）「リベラル（自由主義）」と呼べるものだ。

　まず1960年代初頭から、ロバート・セオボルド（1929～1999年）が「保障所得」を提唱し始めた。その考えは、機械化が製品の量を豊富にすると同時に労働者を余らせることに起因する[59]。保障所得は「短期的と長期的、両方の理由で必須である。短期的には、ブルーカラーであれ、ホワイトカラーであれ、中間管理職であれ、専門職であれ、人が増え続けても機械に太刀打ちできないからだ。保障所得がなければ絶望的な極度の貧困に陥る人が増えるだろう。長期的には、手に職があるかどうかに基づかない資源の分配が正義に適うものとされるように求めるからである」とセオボルドは論じている[60]。セオボルドの著書『Free Men and Free Markets（自由な人と自由な市場）』（1963年）のタイトルが示しているように、究極的には、この分配の指針となるのは万人の自由への関心。「保障所得は、その人が個人的に重要だと思う事柄を行えるようにする能力をひとりひとりに与える。[中略]保障所得の構想は、ひとりひとりが自分の望むこと、やるべきことを決定する権利と能力を有するという、アメリカ人の基本的な信念に基づいているのだ」[61]。

　セオボルドは、老齢年金、失業補償、公的扶助、フードスタンプ、住宅補助など、「現行のさまざまな施策の寄せ集め」と次第に入れ替わるものとして、成人に1000ドル、子どもに600ドルの年間所得を与える提案をしている。この「基本的な経済安定策」がどのように運営されるのかについては、はっきりと述べられたことはない。セオボルドは確かに、単に世帯の所得と貧困の基準線との間の「隙間を埋める」制度を提案していたと一般には理解されている[62]。だがいくつかの文言からは、万人に対する普遍的な給付が念頭にあったともうかがえるのだ。「必要なものははっきりしている。ひとりひとりのもとで、<u>経済的な基盤</u>の原理が打ち立てられなくてはならない。この原理は社会の構成員全員に公平に適用され、その人個人の能力が

不足していることにはならないし、寛大すぎる政府からいきすぎた所得を受け取ることも含意しない」[63]。

　ほかの活動家や学者と並んで、セオボルドは1964年5月に当時のリンドン・ジョンソン大統領に送られた報告書を執筆した中心メンバーの1人だった。それは万人に十分な所得を保障して「サイバネーション革命」に対処するように政府に勧告しており、次のようなことが書かれている。「そこで我々は、社会が適切な法的・政治的機関を通じて、権利の問題としてすべての個人とすべての世帯に十分な所得を提供するための、無条件の義務を負うことを強く求める。[中略]所得を得る無条件の権利は、失業保険から貧困救済制度まで、アメリカ合衆国の市民や居住者が実際に飢えないように設計された、さまざまな福祉制度の寄せ集めに取って代わるものである」[64]。

　アメリカ合衆国におけるベーシック・インカムの議論の2つ目の主要な源流は、シカゴ学派の経済学者でノーベル賞受賞者のミルトン・フリードマン（1912〜2006年）の著書で、多くの人に読まれた『資本主義と自由』（1962年）（2008年、日経ＢＰ）の最後から2番目の章の数ページにある。フリードマンがベーシック・インカムを提唱したことはないのだが、負の所得税（本書第2章を参照）という、ベーシック・インカムとは違うけれども同じ理由で部分的に擁護できるような構想を普及させたのは確かだ[65]。もし貧困を軽減したいのなら、「機械的に運用できるという点で最も望ましいのは、負の所得税である」とフリードマンは論じる[66]。負の所得税とは、一律の給付つき税額控除に相当する。これについては最もベーシック・インカムに近いバージョンであっても、全員に先払いされるという決定的な特徴が欠けている。それでも、片方の議論をもう片方の議論と関連すると考えてよいほどには、2つの構想には共通点がある。

　フリードマンのこの著書のなかの記述は、それほど詳しくはない。だがその後の論文やインタビューでは、その提案の中身や、その背景となった長期的な視点が説明されている。フリードマンの考えでは、負の所得税は

アメリカの福祉プログラムの大部分に取って代わるべきであるという。

　私たちの国には福祉を理由に正当化されてきた、複雑でわかりにくく、ごちゃごちゃした政府の事業がある。その成果は概して「悪祉」と言えるようなものなのだが。公営住宅、都市部の再開発、老齢保険に失業保険、職業訓練、「貧困との戦い」という間違ったレッテルのもとで行われる多くの雑多なプログラム、農産物価格支持助成金、などなど、列挙すればきりがない。[中略] 負の所得税はこの一連の福祉の施策よりも大いに優れているだろう。それは、一部が貧しい人のところにトリクルダウンで渡るだろうという期待のもとで資金を幅広くばらまくのではなく、公的資金を貧しい人の所得補助に集中させる[67]。

フリードマンはしかし、負の所得税なら何でもよいと思っていたわけではない。「国民がその費用を進んで払ってくれるくらいに低額」で、「受給対象から外れるためにお金を稼ぐ、実体的かつ一貫したインセンティブを与える」ものがよいと考えていた。どのくらいの所得を保障するのか、そしてそれに応じた税率をどのように設定するのかによって、この制度はとても望ましいものから無責任なものまでさまざまな形をとりうるという。「それゆえに、何らかの形の負の所得税制度は、幅広い政治的立場の人々によって支持されうる」[68]。

　さらに、低額の負の所得税でさえも、フリードマンにとっては私的慈善の次善策のままであった。「仮に私たちが、政府による福祉事業が存在せず、貧窮する人に対する支援がすべて私的慈善により行われる想像上の世界に暮らしていたとしよう。そのような状況で負の所得税を導入することは、現行の福祉事業を負の所得税に置き換えるよりもはるかに効果が薄いだろう。[中略] そのような世界では、負の所得税を推進するべきか迷うところである。私的慈善が実際にどれだけ効果的に貧窮する人を助けられているかによるだろう」[69]。

だが現実世界では、現行の倒錯した諸制度が、福祉受給者に対する公的な義務を生み出し、それは遵守されるべきものとされている。

　そのような［全員が労働市場への無制限のアクセスを保証された後に］残った困難を解決する方法として、確かに不完全ではあるものの最良なのは、運に恵まれない同胞たちを助けるための、ほかの人たちによる自発的な行動だ。けれども私たちが抱えている問題はそれよりもはるかに深刻である。［認可、最低賃金などによって］労働市場へのアクセスがそもそも限られているうえに、よく考えられていない福祉の施策によって、何百万人もの人々が最も基本的な必要を満たすのにも政府に頼らなくてはならなくなっている。［中略］私が負の所得税を支持するのは、誰もが食べ物、衣服、住居を他人の支出によって手に入れる「権利」を持っていると考えるからではない。同胞の納税者たちに、苦しんでいる人への援助に参加してもらいたいし、そのようなことに対して特別な義務感を感じてほしいからだ。というのも、政府の政策によって多くの国民同胞が、現在のような屈辱的な立場に置かれているのだから[70]。

　また、重ねて「私の見解では、負の所得税はこれまで提案された方策のなかで唯一、現在の福祉の混乱から抜け出しつつ、福祉事業が窮地に追いやってきた人々に対する私たちの責任を果たせるものだ」とフリードマンは述べている[71]。

　このように、フリードマンの考えでは、保障所得を正当化する根拠はダメージコントロールでしかない。しかし、フリードマンのシカゴ大学の同僚で同じくノーベル賞受賞者であり、もう1人の「ネオリベラリズム」の創始者であるフリードリヒ・ハイエク（1899～1992年）にとってはそうではなく、それを今ここで書いておく価値はあるだろう。『隷属への道』（1944年）（『ハイエク全集』別巻1992年、春秋社所収）から『法と立法と自由』（1979年）（『ハイエク全集』8～10巻、2007～2008年、春秋社所収）まで、

ハイエクは自由な社会の不変の特徴として、最低所得制度をはっきりと支持していた。ハイエクは確かに、「ある人が自分にふさわしいと思う『特定所得の保障』」には反対していた。なぜならそれは、「市場の統制ないし廃止を通してのみ、ある人々だけに供与されうる」からだ。その代わりに「市場システムの外部から、そして市場システムを補完するものとして、社会の全員に供与されうる」、「最低所得の保障」は「真の自由の不可欠の条件」だという。「現在の先進諸国程度の富裕度に達した社会でなら、一般的自由に危険を及ぼすことなく、第一の保障（訳注：ハイエクが支持しているほう）を国民全員に与えることは、十分可能である。もちろん、その際にどんな水準の『最低所得』が提供されるべきかについては、むずかしい問題がある。[中略]とはいえ、健康や労働能力を維持するための最低限の食糧・住居・衣服を、社会の全員に保障するのは可能であるということは、疑いがない」[72]。さらに、より断固として以下のようにも述べている。「すべての人に対するある最低所得の保証、あるいは、誰も、自分自身を扶養することができないときでさえ、それ以下に落ちなくてもよい、ある種の最低水準の保証は、単に、万人共通の危険に対する完全に合法的な保護であるだけでなく、また、個人には、自分の生まれ出た特定の小集団の成員に対して、特別な請求をする権利がもはやない、偉大な社会のなすべき必要な事柄であるように思われる」[73]。ハイエクによれば、いかなる政府にも相対所得を高圧的に決定する道義的権限はないが、「何らかの理由で市場において最低限の額を稼ぐことができない人すべてに対して、一律の最低所得を市場の外部で提供する」ことによって、リスクから保護する限りにおいてはそれが認められる[74]。だがフリードマンとは異なり、ハイエクはこの「一律の最低所得」を保障するための最も適切な制度的計画を、詳しく述べることはなかった[75]。

アメリカのリベラル派のベーシック・インカム：
トービンとガルブレイス
Basic Income in Liberal America: Tobin and Galbraith

ア　メリカ合衆国におけるベーシック・インカムについての議論の3
　　　番目の源流は、ほかの2つよりも強力で、よりはっきりしており、
アメリカの政治的な党派で言うとほかの2つとは対極に近いところにある。
1965年から、イェール大学の経済学者でノーベル賞受賞者のジェイムズ・
トービン（1918〜2002年）は一連の論文を発表し、当初「貸方所得税」と
呼んでいた制度について論じた[76]。この制度は公的扶助や社会保険制度の
全システムとの入れ替えは想定されず、ましてや社会保障を一気になくし
てしまうために利用されるものではない。むしろ、社会保障の基礎的な要
素を再編成し、トービンの2つの論文のタイトルを引用するなら、「黒人
の経済的地位」の改善や「貧しい人の所得を増やす」ための、より効率的
で労働しやすい手段に変えるためのものだった[77]。同僚のジョセフ・ペッ
クマンとピーター・ミエスコフスキーと共同でトービンは1967年、広い意
味では事前払いのベーシック・インカムの変種も扱っている、負の所得税
制度についての最初のテクニカルペーパーと言えるものを刊行した。3人
が提案し分析した制度では、全世帯が家族構成に応じた額の基礎的な給付
を与えられ、一律の税率で税金が課せられる稼ぎやほかの収入を補うこと
ができる。この「貸方所得税」は、「ほかの稼ぎにかかる、給付と相殺され
る税金を源泉徴収されたくないがために給付を放棄した世帯を除く、すべ
ての世帯に基礎的な支給額を満額、自動的に給付する」という形で運営さ
れるのがよいという。そのためこれは、世帯単位の「人頭補助金（デモグ
ラント）」であると考えられる。厳密には個人単位でないものの、普遍的
で義務を課さない[78]。

　同じ時期、もう1人の影響力のあったリベラルな経済学者が、驚くべき

心変わりを経ていた。ハーバード大学の経済学者ジョン・ケネス・ガルブレイス（1908～2006年）は、そのベストセラー『ゆたかな社会』（1958年）（2006年、岩波書店）の初版では、最低所得保障の可能性について、大いに懐疑的な見方を示していた。「ゆたかな社会とは、情深くもあり理性的でもあるのだが、疑いなく、必要な人すべてに品位と快適のために必要な最低限の所得を保障するものだ。［中略］困窮する人に手を差し伸べるという、直接的な救済策を用いることができる。情深くある必要はまったくないが、思いやりのない行為を正当化する高度な哲学的根拠もない。それでも、貧困に対するそのような直接的な救済策は、合理的な希望を超えるものだ」[79]。ガルブレイスが見た、貧困を軽減するための最良の希望は、教育やスラム街の解体といった、「直接的ではないが、おそらくほぼ公平に効果をあげる手段にある」という。

　ところが、1966年に刊行された論文では、ガルブレイスは合理的に望めるとしてまったく異なる見解を示しており、それまで支持していた「きわめて伝統的な」貧困へのアプローチ（「貧しい人が自助できるように助けてあげるべきだ」）を拒絶し、以下のように論じている。

　私たちは迅速で効果的な貧困の解決法を考慮する必要がある。それは全員に最低所得を提供することだ。この提案に対する反論は非常に多いが、そのほとんどは、きわめて説得力がある解決法であっても考えたくないという言い訳にすぎない。最低所得の提供は、インセンティブを打ち砕くと言われている。だが今の福祉制度は、仮にインセンティブを打ち砕こうとしていたらこれ以上うまくできないほど、インセンティブを打ち砕く設計になっている。困窮する人に所得を与えるが、その受給者が仕事に就けば、それが最も稼げない仕事であっても、その所得を取り上げてしまう。このようにして、福祉受給者の限界収益の100%以上を税金として徴収していることになるのだ。最低所得は人々を労働市場の外にとどめてしまう、と批判される。しかし、誰も不十分な収入で働く

ことを望んでいない。[中略] それに、所得の支給と同じくらい効果の面で確かな、貧困に対する解毒剤は存在しない[80]。

『ゆたかな社会』の第2版（1969年）では、この根本的な心変わりが反映されている。先に引用した節は、「それでも、貧困に対するそのような直接的な救済策は、合理的な希望を超えるものだ」の文までは変わっていない。けれども第2版の時点では、以下のような一節が入る余地が生まれている。

　　この10年の間に、幅広い社会政策として、貧しい人々に定期的な所得を提供することがますます現実的だと思われるようになった。所得が貧窮の救済になるという考え方には、ある種の率直な魅力がある。また、ほかのところで論じられているように、収入源としての生産への依存を減らすことによって、経済運営の問題を緩和することもできる。このような基本的な所得を提供することは今後、貧困に対する戦いの最初の、戦略的な一歩となるに違いない[81]。

「ほかのところで論じられている」というのは、「生産と保障との分離」と題された章のことで、以下のような立場を支持するために第2版で完全に書き換えられている。

　　雇用されない人、雇用されても困難のある人、あるいは働くべきではない人にとっては、即効的な解決策は生産と結びつけられない収入源である。近年、これは保障所得や負の所得税などの多様な提案のもとで広く議論されるようになってきている。これらの提案に共通する原則とは、一般的な権利の問題として基本的な所得を支給することであり、その額は世帯の規模に応じるが、ほかの形では必要と結びつけられない。その人が雇用先を見つけられない（あるいは探そうとしない）場合でも、この所得に頼って生存できる[82]。

ガルブレイスは生涯、この立場を固持した。ロンドン・スクール・オブ・エコノミクスで1999年6月に行った「今世紀の未完の事業」についての講義では、このように表明している。「誰もが適度なベーシック・インカムを保障されるべきです。アメリカ合衆国のような裕福な国は全員を貧困にさせないでおくだけのお金があります。この所得を利用して働かなくなる人もいる、と言われもするでしょう。ですがそれは現在の、より限定された福祉と呼ばれているものでも同じです。貧乏人も金持ちと同じように、レジャーに頻繁に行く人がいてもよいと認めようではありませんか」[83]。

　1968年、自らの修正した信念と一致する形でガルブレイスは、アメリカ議会に対して「所得の保障と補助のシステム」を採用するように求めた請願をジェイムズ・トービン、ポール・サミュエルソン、ロバート・J・ランプマンとともに支持した。これには1000人以上の経済学者が署名している[84]。この間、学者たちの仲間にはアメリカの市民社会のほかの層の人たちも加わることになった。そうして、1967年8月に行われた全国福祉権団体（NWRO）の初回の総会では、最初の目標として「十分な所得、すなわち、すべてのアメリカ人が貧困に当てはまらないレベルで、尊厳ある人生を生きられるための十分なお金を保障する制度」を採択した[85]。そして同年に出版されたマーティン・ルーサー・キング・ジュニア（1929〜1968年）最後の著書『黒人の進む道』（1999年、明石書店）には、このように書かれている。「私はいま、最も単純な方法が、最も効果をあげるようになるだろうと確信している――貧困の解決は、いま広く議論されている方法、すなわち保証された収入という方法で、直接それを廃止することである、と。［中略］自分の生活についての決定が自分でできるとき、自分の収入が安定していて確実なものであると信じられるとき、そして自分を改善できる方法を自分がもっているのだと分かるときこそ、個人の尊厳はいや増すであろう」[86]。

短命に終わった絶頂期：
マクガヴァンの「デモグラント」
Short- Lived Climax: McGovern's Demogrant

　　れまで述べてきた議論は、公権力も動き出さなければと思うような雰囲気を作り出した。1968年1月の時点で、リンドン・B・ジョンソン大統領はすでに「所得維持プログラムに関する委員会」を立ち上げており、そこには複数の企業経営者とともに、ロバート・ソローやオットー・エックシュタインといった経済学者も含まれていた。ジョンソンは「私たちはどんな計画でも、すべて検討しなければならない。いかに前例のないものであってもだ」と主張した[87]。1969年11月に公表された最終報告書は、既存の福祉システムに代わるものとして、「めいめいの必要度に合わせてすべての人に支給される、連邦政府による直接の現金移転プログラム」という形をとる「基本所得支援プログラム」を推奨した。これは、いかなる労働も要求しない世帯単位の負の所得税に相当する。「個人の選択と市場のインセンティブに委ねられるのに、ある人が政府機関下で働くべきかどうかを決定する権限を設定するのは望ましくないと考える」と報告書の著者たちは書いている。この計画のもとで、ほかに所得のない成人は年間750ドル支払われ（当時の1人あたりGDPのおよそ15%だ）、子どもへの最大支給額は450ドルとなっていた[88]。

　しかし、この報告書が公表される前に、民主党のヒューバート・ハンフリーに共和党のリチャード・ニクソンが選挙で勝利し、1969年1月に大統領に就任することになった。ニクソンはすぐに家族支援計画の準備を打ち出した。これは貧困家庭をターゲットにした救済プログラム（養児童家族扶助、AFDC）を廃止する代わりに、労働者への財政補助という形での保障所得を統合した、野心的な公的扶助プログラムだった。この計画は世帯ベースの負の所得税に近くなったが、1つの大きな違いがある。それは、

「受給者がその人に適した雇用や職業訓練への参加を拒んだ場合」には、給付額を減らすと法律で定められたことだ[89]。まさに、この計画を国民に発表した1969年8月のニクソン大統領の演説にて、「勤労福祉制度（ワークフェア）」という言葉が作られたのである。「結局のところ、私たちは話し合いでは貧困を脱出できないし、法律によっても貧困を脱出できません。けれどもこの国は働くことで、貧困を脱出できるのです。アメリカに今必要なのは、福祉（ウェルフェア）よりも勤労福祉制度（ワークフェア）なのです」[90]。

　この計画は1970年4月に下院では大多数の賛成で可決されたが、1970年11月に上院の財政委員会で否決された。計画の改訂版は、雇用可能な受給者と雇用不可能な受給者に新たな線引きをしたが、1972年10月に完全に否決された。家族支援計画に反対したのは、幅広い党派の人たちだった。全国福祉権団体のような層は、この計画が及び腰すぎる、つまり給付額が低すぎ、労働の条件が厳しすぎると考えた。その一方、全米商工会議所のような層は、大胆すぎると考えた。保障所得制度が給料の低い仕事へのインセンティブをなくしてしまうことを恐れたのだ[91]。

　しかし1972年から、家族支援計画に関する論争が最高潮に達するのと同時に、いっそう野心的な保障所得計画がさらなる注目を浴びるようになった。民主党の大統領指名候補だったジョージ・マクガヴァン上院議員は、選挙運動のチームにトービンとガルブレイスを入れていたが、自身の政策にベーシック・インカムの提案を含むことを決定した。「最低所得助成金」、「国民所得助成金」ないしは「デモグラント」と名づけられたこの計画は、アメリカ人全員に年間1000ドルを支払うというものだった。「私はすべての男性、女性、子どもが、連邦政府から毎年支払いを受けることを提案する。受給者の豊かさに応じた支払額の変動はない。公的扶助の対象になっている人については、この所得助成金が福祉制度に取って代わるであろう」[92]。

　提案の説明のなかで、施行にあたってはさまざまな方法が考えられ、「今いる経済学の最も優れた才能を持つ人によってしっかりと試験されること

が求められる」ので、「即座に立法措置に入るわけではない」とマクガヴァンは強調した。だが、自分が当選したら、「詳細な計画を用意し、議会に提出するだろう」と約束していた。マクガヴァンが最も詳しく述べたのはジェイムズ・トービンによる構想で、「すべてのアメリカ人に対する同額の給付を求める」ものだ。「給付は個人ベースで行われる。それゆえ、合計でより高額な給付金を受け取るために家族が敢えて離散するインセンティブはない」という。マクガヴァンに1人あたり1000ドルという額を勧めたのはトービンの提案だ（この額は1972年時点では1人あたりGDPの16%であった。トービンの提案は1966年の時点でおよそ18%に相当したが）。マクガヴァン曰く、「1966年の基準でトービン教授は1人あたり750ドルの給付を提案した。現在では、1人あたりおよそ1000ドルの給付が必要だろう。これは4人家族だと4000ドル、ちょうど公的な貧困基準の境界あたりに位置する」。

　これは民主党の予備選挙で目立った争点となった。特に、カリフォルニア州では、マクガヴァンの一番のライバルだったヒューバート・ハンフリーが、富める人にも貧しい人にも莫大な施しをばらまく考え方だとしてこの構想をあざ笑った。1972年7月にマクガヴァンが候補者に指名されると、今度はニクソン政権の高官たちが、攻撃的なコマーシャルも使ってマクガヴァンの構想を批判した[93]。その月に刊行された論文でガルブレイスは、ベーシック・インカムが労働へのインセンティブによい影響を与えるのだということを強調して、助け舟を出した[94]。ところが1972年8月、マクガヴァンは論争的な計画を取り下げ、働くことが不可能な貧しい人に限って所得保障をするという制度に切り替えてしまった。マクガヴァンは自伝で、1000ドル給付の計画に対する攻撃を振り返っている。

　ニクソンの家族支援計画とそこまで違わなかったものの、ニクソンのコマーシャルによれば、怠けて働かない多数派が福祉を受けるのを、働く少数のアメリカ人に無理やり支援させる、という構図になってしまっ

ていた。そのコマーシャルは見かけからしてめちゃくちゃだったが、それが訴えていた不安は払拭しなければならなかった。[中略] 1000ドル計画に対する論争が激しくなるにつれ、私は国内の著名な経済学者たちや税と福祉の専門家に、全体を再検討し、税と福祉の一体となった改革プログラムを作るように依頼した。[中略][私たちは] 1000ドル計画を実施する代わりに、少なくとも最初は、貧困の水準を下回る生活状況の人だけに直接の給付金が支給されるように決定したのだ[95]。

　ベーシック・インカムの計画の見直しが、「支持者の一部を失望させてしまった」とマクガヴァンは認めている[96]。大統領選挙は1972年11月に行われ、家族支援計画が完全に退けられてから数週間しか経っていなかったなかで、ニクソンが地滑り的勝利を収めた。こうして、アメリカ合衆国の政策論争においてベーシック・インカム型の構想が短くも華々しく登場した期間は終わったのだ。
　続く政権では、福祉受給者の労働へのインセンティブを向上させる若干の控え目な改革が行われた。特筆すべきは、勤労所得税額控除の創設だ（本書第2章を参照）[97]。しかし議論は、1968年から1980年にかけてアメリカ合衆国で行われた4つの大規模な実験を基礎にして、よりアカデミックな方向では続いていた。ニクソンの家族支援計画の準備と関連して連邦の行政によって始められたこれらの前例のない実験は、社会科学の研究において非常に画期的な出来事であった。学術的な動機から、かくも大規模な社会実験が行われたことはそれまでなかったのだ。無作為に選ばれた世帯は数年間、負の所得税の給付を受け、対照群とされた世帯は既存の施策のもとで生活し続けた。主な目標は、出生時の体重、学校の成績、離婚率、そして何よりも、労働供給といった、さまざまな指標において保障所得制度の効果を立証することであった。現在の状況のもとでベーシック・インカムを導入するにあたって、これらの実験から何を学べるかという問いには、のちほど（第6章で）立ち帰ることにしよう。なかでも最も議論を呼んだ

効果が、世帯のなかの2人目の稼ぎ手による労働供給が、減り方が相対的に小さいにしても間違いなく減ったこと。また実験のうちの1つでは、離婚率が上がったと言われたことだった[98]。ここではそれを指摘するにとどめておこう。このような結果は、アメリカ合衆国におけるベーシック・インカムに対する政治的注目が、その後何年も下火になる一因となった。転向してしまった人のなかには、ダニエル・パトリック・モイニハンのようなベーシック・インカムの熱烈な支持者もいた。モイニハンはニクソンの家族支援計画にインスピレーションを与えた人でもある。1978年にアメリカの上院で行われた実験結果のヒアリングで、モイニハンはこのように声をあげたという。「我々は保障所得に関して勘違いをしていた！　どうやらそれは災いのようだ。家族の解体を70％も増やし、労働を減らすなど、さまざまな悪影響がある。これが今の科学でわかった結果であり、我々は名誉にかけてその結果を受け入れる義務があるように思われる」[99]。

ユニークな成果：アラスカの配当金
Unique Achievement: Alaska's Dividend

ア　メリカでの議論に影響されて、「保障年間所得」を検討する公的な報告書が、1970年代初頭にカナダでいくつか公表された[100]。それらはいわゆるミンカム負の所得税実験（訳注：Mincome（最低所得minimum incomeの略）〔Manitoba Basic Annual Income Experiment（マニトバ州年間基本所得実験）〕）のきっかけとなった。これは1975〜1978年にカナダの連邦政府が依頼し、ウィニペグ市とマニトバ州の小さな町ドーフィンで実施された。ところが、データの収集は2年後に中断され、結果は公式に発表されなかった。分析にかけられたのは何年も経ってからだ（第6章参照）。実験が完結するよりずっと前に、カナダ政府が関心を失ってしまったのだ。この事実は、1970年代の北アメリカでは、無条件ベーシック・インカムに類似した制度

を開始するための新たな一歩を踏み出す時機が熟していなかったことを裏づけている[101]。だがそれでも、それからわずか数年後に、きわめて厳密な意味でのベーシック・インカムに向けて決定的な一歩を踏み出したのは、北アメリカだった。それは1960年代後期と1970年代初期にアメリカ合衆国で盛り上がった議論とは、ほとんど関係のない形で起こった。その経緯を説明しよう[102]。

　1970年代中期、1974～1982年にアラスカ州の知事を務めた共和党のジェイ・ハモンド（1922～2005年）は、北アメリカで最も大きいプルドー・ベイの油田の所有権を、（アメリカ合衆国の市民全員というよりも）アラスカ州の住民に保証した。しかしハモンドは、石油の採掘によって生み出される莫大な富は、今の世代のアラスカ州民の利益にしかならないのではないかと懸念していた。そこで、この富が未来の世代のためにも確実に維持されるよう、石油産業の収益の一部を投資して基金を立ち上げる構想を打ち出した。そして1976年、州の憲法を改正して、「アラスカ永久基金」が創設された。その持続と発展に現在のアラスカ州民が関心を持ってくれるよう、ハモンドはすべての住民に年間配当を支払うように計画した。金額は全員同じではなく、州に住んでいる年数に応じて変わる。「配当金の構想は、アラスカの天然資源は州ではなく、アラスカの住民たち自身によって所有されると決めている、アラスカ州の憲法に基づくものだ」とハモンドは回顧録で説明している[103]。

　配当金制度の最初の構想は、居住年数によって差別化されているため平等保護の条項に反するとして、連邦最高裁で異議が申し立てられ、異議が認められた。ほかの州から移住したアメリカ人は差別されているというわけだ。ハモンドはこの異議申し立てに対応するために、制度の修正を迫られた。こうして、新規移住者や外国籍を持つ人を含むすべての合法な住民に同額が支払われるという、本物の普遍的なベーシック・インカムとなったのだ。当初は最高裁の決定に落胆したものの、のちにハモンドは、この修正は「この基金のお金に手をつけようとする政治家たちの侵害」から永

久基金を守ろうとする「有権者を強く」した、と振り返っている[104]。制度は1982年から実施された。それ以来、1年以上アラスカに公式に居住している人全員が、平等に年間配当金を受け取る資格を得ている。2015年の受給資格者はおよそ63万7000人だった。この配当金は、アラスカ永久基金の過去5年間の平均収益の一部に対応して額が決められる。当初、基金はアラスカの州内経済にのみに投資していたが、のちに全世界のポートフォリオを持つようになった。そうすることで、配当金の分配が地域経済の景気の乱高下を増幅するのではなく、和らげるものとなる。初期の配当金は1人あたり年間400ドルほどで、2008年には2069ドルという最初のピークに達した。金融危機のせいで2012年には900ドル以下に落ち込んだが、再び上昇し、2015年には2072ドルに達している（これはアラスカ州の1人あたりGDPの3％弱だ）。

　アラスカのこの石油配当金は、決して個人の基礎的な必要を満たすほど十分な額ではない。せいぜいアメリカ合衆国が公的に定める1人世帯の貧困ラインの2割ほどにしかならないし、アラスカ州の1人あたりGDPの4％を超えたこともないからだ。だが、これは明らかに、本物のベーシック・インカムだ。というのも、義務を課さず、全員に対して、個人ベースで現金支給が行われるからだ。共和党政権がこれを導入したのは驚くべきことではないか？　考案した本人によれば、そうでもないという。「アラスカの配当金制度は、もちろん、社会主義的ではまったくない。社会主義とは、少数の裕福な人<u>から</u>お金を取り、万人のために一番よいと政府が思うことにお金を提供する。永久基金の配当金はそれとは正反対のことを行っている。基金は、憲法が定めるところによって<u>全員</u>に帰属しているものからお金を取り、その人の分け前をどのように使うか、ひとりひとりが決定できるようにしている。これ以上資本主義的なものがあろうか？」[105]。

　アラスカの配当金制度がほかの場所で真似られていないのは、驚くべきことではないか？　確かにそうかもしれない。アラスカ永久基金に似た政府系ファンドを持つ国は現在、50以上ある。それでも、さまざまな提案が

なされているにもかかわらず、アラスカの配当金制度は今のところ、唯一の独特な制度にとどまっている。

国を超えたネットワーク：
ヨーロッパから世界へ
Transnational Network: From Europe to the Earth

そ の間、ヨーロッパでは何が起こっていたのだろうか？　あまり大きな動きはなかった。アメリカで1960年代終わりと1970年代初頭に例外的に盛り上がった議論は確かに、ヨーロッパの国々の一部では、若干遅れてささやかな反響を呼んだ。だがその程度はというと、大西洋を超えて浸透したのはフリードマンの負の所得税といった程度で、マクガヴァンのデモグラントやアラスカの配当金ではなかった。そのため、ベーシック・インカムの構想全体がネオリベラルに色づけされ、それが受容の促進を妨げたのだ。

　たとえばフランスにおいて、1973年にフランス戦略庁によって委託して作られた報告書の題材は、負の所得税だった[106]。この報告書は、スタンフォードで博士号を取得し、当時ヴァレリー・ジスカール＝デスタン大統領のアドバイザーだったリオネル・ストレリュ（訳注：1937〜2016年）が、本一冊分のスペースを割いて負の所得税に共感的な分析を行うきっかけにもなった。ちなみにストレリュはのちに、社会党のミシェル・ロカール政権の一員として、フランスで資力調査つきの最低所得制度が導入された際（1988年）の責任者となった人物だ[107]。しかし、この計画もやがて、貧困撲滅のための、狭い市場中心のアプローチに結びつけられてしまった。そのため、経済学者のクサビエ・グレフは、この構想は「現行の社会政策に対する正当な批判に基づいて」おり、「社会政策の能率を高めるだろう」と認めながらも、

ひどい欠陥があると考えていた。「自由主義的な言説の中心に置かれたこの負の所得税は、市場が社会的統合の特別なメカニズムを有しているということを、そしてそれゆえ不平等と統合の欠如を克服するためには、人々が市場にアクセスしさえすれば個人を人為的に救済するのに十分なことを、暗に認めているのだ」[108]。

　同様に、コレージュ・ド・フランスの伝説的な講義にてミシェル・フーコー（1926〜1984年）は、共感的な言い方で初めて負の所得税制度を紹介した。「ある人物がなぜ社会ゲームのレヴェルから転落するのか、などということを気にしてはならない。彼が麻薬中毒者であろうと、意図的な失業者であろうと、そんなことは全くどうでもよい。[中略]唯一重要なのは、その個人が一定のレヴェルから転落したということであり、そのときには、さらなる調査を行うことなしに、したがって官僚的、警察的、糾問主義的ないかなる調査も行う必要なしに、彼に援助金を付与すべきである」[109]。

　しかし究極的には、負の所得税はフーコーにとっては本質的に「新自由主義的」な政策に利する道具であった。今や農村が「労働力の無限の供給源」とはならず、その機能は負の所得税制度によって支援された人々が果たすという。当然、「完全雇用に重点を置き社会保障のようなメカニズムを活用するシステムに比べて、はるかに官僚主義的ならざるもの、懲戒主義的ならざるもの」だ。「結局、人々がそれを望むにせよ望まないにせよ、労働する可能性が残されているということ。とりわけ、人々を労働させても得にならない場合には、人々を労働させないでおく可能性が得られるということ。そのような人々に対してはただ、一定の閾における最低限度の生活の可能性が保証されるのみであるということ。こうして、新自由主義政策が機能できることになるのだ」[110]。負の所得税がこうして資本主義の機能的必要性や新自由主義的な思想と結びついていることは、貧しい人々や失業者の運命に関心を寄せるヨーロッパの多くの人たちと同様に、フーコーにとっても、この構想を信用しない、あるいは積極的に関心を持たない理由としては十分であった。

ヨーロッパ中でベーシック・インカムに対する前例のない規模の関心を次第に誘発したのは、どちらかと言うと、北アメリカの負の所得税の議論とほとんど関係がないものだった。北アメリカの議論の存在そのものが広く認識されていなかったし、ヨーロッパ内部の意見もお互いに認識されていたわけではなかったが、経済成長を通して完全雇用を目指すよりも、目下の社会的課題に対するよりよい対策になるとして、普遍的かつ無条件のベーシック・インカムを求める声が、いくつもの異なる層からあがるようになってきたのだ。

　こうして1973年、のちにイギリスで最も強硬なベーシック・インカムの推進者となる社会学者のビル・ジョーダンが、短い本を出版した。これはイギリスの小さな町で行われた失業者の取り組みのなかで、どのようにベーシック・インカムの構想が生まれてきたかを説明していた[111]。2年後、アムステルダムの社会医学の教授だったヤン・ピーター・カイパー（1922～1986年）が、論文を連続して発表した。そこでは有給の雇用が持つ非人間的な性質に対抗する方法として、雇用と所得を切り離すことが推奨されている。カイパーが呼ぶところに「保障所得」のみが、独立した自律的な発展を可能にしてくれるという[112]。1978年、デンマークでは、物理学者、哲学者、政治家がベーシック・インカム推進の勢力に加わり、『Revolt from the Center（中央からの反乱）』というタイトルで本を出版した。これは「市民賃金」を提唱したもので、デンマークでベストセラーになった[113]。その直後には、スウェーデンの反体制派貴族でカプリ島住民のグンナー・アドラー＝カールソン（訳注：1933～）がいくつかの論文を発表し（1979年と1981年）、完全雇用という目標を批判して、代わりに保障所得の導入を求めた。

　オランダでは、このような意見は政治的に無視できないほどに増幅した（第7章を参照）。1977年、キリスト教民主主義政党の左派から生まれた急進党（Politieke Partij Radicalen）が世界で初めて、国会に議席を持つ政党として選挙の綱領にベーシック・インカム（basisinkomen）を含めた。この構想を推し進める運動は、主に食品業界の労働組合で、オランダの主要

な労働組合連合FNVの一部であったVoedingsbond（食品労組）が関わった
おかげで、かなり急速に成長した。1985年６月、当時野党だったオランダ
労働党（PvdA）は作業委員会を設立し、ベーシック・インカムのみを扱っ
た４巻の雑誌の最初の１巻を刊行した。その数日後、権威あるシンクタン
ク「政府政策学術評議会」（WRR）が、広く議論を巻き起こした報告書「Saf
eguarding Social Security（社会保障の保護）」を発表したとき、運動は最高
潮に達した。報告書では、このシンクタンクがこの数年間関心を持ってい
た構想がはっきりと推奨されていた。それは「部分的ベーシック・インカ
ム」という名称が提案されていた取り組みの導入である。個人単位で、普
遍的で、義務を課さないベーシック・インカムだが、単身世帯の貧困ライン
を下回る額の支給だ（第６章を参照）。WRRの報告書は、社会保障の部分
的な民営化や労働市場の流動化など、ほかの要素も含んでおり、それは強
い反対に遭った。特に反対したのは労働党で、オランダの社会的連帯のモ
デルへの脅威とみなしたのだ[114]。

　この報告書に対する長大な返答のなかで、キリスト教民主アピールの
ルート・ルベルス（訳注：1939〜2018年）首相は、社会組織の後押しもあり、政府はWRR
の提案を「労働と所得のつながりが過度に弱くなる」のを理由に退ける、と
書いている[115]。ルベルスの党の若手で、のちに首相となるヤン・ペーター・
バルケネンデは、この点についてもっとはっきりと述べている。「労働の義
務から独立して、全員に最低所得を保障することは認められない。人は可
能な限り自らの生存の手段と、自らが扶養する人の生存の手段を得るべき
である、という価値ある原則をこれ以上空虚にしてしまってよいというよ
うな、いかなる理由も存在しないからだ」[116]。それでも、WRRの提案が中長
期的には議論に値するものになるかもしれないということまでは、政府は
否定しなかった。「さらなる国の発展、たとえば労働時間の削減、技術の発
達、経済成長や労働参加率によっては、そしてまた、我が国を取り巻く社
会・政治的な考え方によっては、それに対応した新しい政策が今後模索さ
れるだろう」[117]。

当時のヨーロッパで、ベーシック・インカムの議論が政治的な協議事項にここまで接近した例はほかにない。しかしながら、その構想は知られるようになり、それを推進する議論も高まっていった。ベーシック・インカムに関する最初の全国ネットワーク、イギリス・ベーシック・インカム研究グループの1984年の発足がその証拠だ[118]。また、その２年後、国際的なネットワークの創設により、国境を超えた議論が本当に始まったのも、それを裏づける。1986年９月、学者や労働組合員からなる小さなグループ「フーリエ・コレクティヴ」が、ベルギーの大学街ルーヴァン・ラ・ヌーヴで、ヨーロッパ中からベーシック・インカム推進者を集めた会合を開いた[119]。自分たちが１人で推進していたと思っていた考えに、いかに多くの人が関心を持っているかがうれしい驚きとともにわかった参加者たちは、ベーシック・インカム欧州ネットワーク（BIEN）の設立を決定する。その目標は「ベーシック・インカム、すなわち、万人に個人単位で、資力調査や労働の要求なしに無条件に給付される所得を推進したり、それに関心を持っていたりする個人やグループをつなぐ役割を果たし、このテーマについてヨーロッパ中で実りある議論を促進する」ことだ。それ以来、BIENは定期的なニュースレターを発行し、１年おきに総会を開いてきた。ラテンアメリカ、北アメリカ、南アフリカ、アジア、オーストラリアなど、ヨーロッパの外部からの参加者の増加を受けて、BIENは2004年のバルセロナでの総会で世界的なネットワークとなることを決定し、略称はそのままに、ベーシック・インカム世界ネットワーク（Basic Income Earth Network）へと改称された[120]。

　1980年代中頃から、ベーシック・インカムの歴史はもはや、各国で孤立して発展したり、完全に独立していたり、お互いに無関心のまま進行したりすることはなくなった。国際的なネットワークの存在、インターネットの力、思想の普及のおかげで、ベーシック・インカムを推進する新たな市民運動は毎日のように設立され、世界中に反響している。その多くについては、第６章と第７章でベーシック・インカムの経済的・政治的実現可能性

を論じる際に、再び取り上げよう。だがその前に、倫理的な正当性の問題について論じる必要がある。

第 5 章

倫理的に正当化可能か？
フリーライド
（ただ乗り）対
公平な分配

....

Chapter 5 :
Ethically Justifiable?
Free Riding Versus Fair Shares

....

べーシック・インカムに対する反対意見のなかで、突出しているものが1つある。感情的で、原理的で、多くの人にとっては決定的に重要だと思われるものだ。それは、義務を課さない、つまり受給者に就労や就労への意思を求めないという意味の、ベーシック・インカムの無条件性に関係する。ベーシック・インカムが貧困と失業を減らすのに効果的な方策となるとは認められる人でも、倫理的な見地からそれに激しく反対することがありうる。この手の反対意見には主に2つのタイプがある。1つ目の「完全主義的」な反対意見の根底にあるのは、労働はよき人生の一部であるため、労働を少しも求めずに所得を与えるのは、怠惰という悪徳を助長するに等しい、という考え方だ。2つ目の「リベラル」な反対意見の根底にある原理は、美徳ではなく公平さだ。ヤン・エルスターが言うように、無条件ベーシック・インカムは「広く受け入れられている公正という概念に反する。つまり、健康な人が他人の労働によって生活するのは不公平なのだ」[1]。この反対意見をどのように論駁することができるだろう？

ベーシック・インカムとフリーライド

Basic Income and Free Riding

社会の制度を「よき生き方」という特殊な観念ではなく、首尾一貫していて妥当性のある「公正」という観念をもとに形作るべきという、本書と立場を同じくする考え方を採用するなら、この2つ目の反対意見は、1つ目よりもはるかに真剣に検討されなければならない。人々が個人の人生において、労働を善とする考え方を受け入れることは問題ではない。本書の筆者たちだって、場合によってはそのようなものに同意するだろう。さらに、第1章で言及したように、人間が他者からの承認と尊敬を得るのは、その人の振る舞い、特に他人のために行った労働を通してである。こ

のことは異議なく認められる。おまけに、労働を善とする考え方が広まっても、手厚いベーシック・インカムの持続可能性を害することはない。むしろ、無条件ベーシック・インカムへのお返しとして、社会貢献の精神が育つと論じる人もいる[2]。しかし、労働を善とする考え方を採用したからといって、労働や労働意欲を基本的な物質的保障の条件とすることが正当化されるわけではない。倫理的な反対意見の2つ目のタイプで言われているように、公正さには何が必要かという無視できない考えから導き出される場合にのみ、このように条件を課すことは正当化される。そのため、本書では2つ目のタイプの反対意見に焦点を当てて論じる。といっても、そこで述べられることは1つ目のタイプの反対意見にも当てはまるのだが。

　少なくとも部分的には、この反対意見の魅力ゆえに、グラッキュス・バブーフ（訳注：1760〜1797年）以降、すべての市民に支払われる普遍的な所得の構想を推進していた著述家たちの多くが、普遍的な勤労義務も推進していたことは間違いない。例を挙げれば、バブーフによる1796年の急進平等主義的なマニフェストは、「自然は万人にすべてのものを平等に享受する権利を与えた」と断言すると同時に、「自然は人に勤労の義務を与えた」、そして「ある人がさまざまなものの欠乏のもとで疲弊する一方で、別の人が何もせずに豊かさに浸かるときには、圧制が存在する」と断言している[3]。これと同様、エドワード・ベラミーが1888年に出版した社会主義的ユートピア小説『かえりみれば』（『アメリカ古典文庫7』1975年、研究社所収）では、万人に公平に支払われる所得が事実上の社会奉仕とセットになっている。ヨーゼフ・ポッパー＝リュンコイス、ジャック・デュボアン、ポール・グッドマンなど、その他の著述家も幅広く、多かれ少なかれ同じ考え方の厳格なバージョンを推していた[4]。そしてアンドレ・ゴルツ（訳注：1923〜2007年）も、無条件ベーシック・インカム推進に転向するまでは、同じように考えていた。そのときゴルツは、平等な所得が与えられる普遍的な権利を、その人の全生涯のなかで自由に割り当てられた2〜3万時間の社会奉仕という、普遍的な義務とセットになるものと構想していた[5]。その根底にある規範的な直観は、

ここで挙げたすべての著述家に共有されていると言っても差し支えないだろうが、以下のように表現されている。「社会とは明確で首尾一貫した実体であり、そこにめいめいが互恵的な義務で結びついている。すなわち、社会が機能し、必要なものが全員に提供されるために必要なだけの労働をひとりひとりが社会に対して負い、一生涯にわたって生存するのに必要なものを社会がひとりひとりに対して負う」のだ[6]。

　無条件ベーシック・インカムという構想は、この手の反対論に対して自らをどのように擁護できるだろうか？　まずは、この節で出された議論に寄り添って、何の労務もなしにベーシック・インカムをもらうことは、不公平なただ乗りに等しいと、一旦受け入れるとしよう。つまり、それは何らかの互恵的な規範、あるいは、所得は人々の生産的な貢献に応じて分配されるべきだと規定する公正の1つの考え方を、侵害するものであると、とりあえず認めるのだ[7]。しかし、この非難が相対化され、告発者たちがその義憤を落ち着かせるべき理由が3つある。さらに、無条件ベーシック・インカムの導入が、ここで述べられた不公正を少しも助長しないどころか、減らしうると言える3つの理由もある。

　この手の非難を相対化して考えなければならない最初の理由は、ここで作用しているダブル・スタンダードにある。労働ができるのにしようとしない人たちに所得を与えるのを本気で拒否したいのであれば、それは貧しい人のみならず、裕福な人にも適用されるべきだ。この指摘は、バブーフやベラミーのような人にとっては問題とならない。2人の思い描いた制度では、すべての市民に労働の義務が課せられているからだ[8]。しかし今日の社会経済的文脈において、裕福な人が享受できる余暇を貧しい人が享受することを認めたくない人にとっては問題だ。バートランド・ラッセルはこの非対称を批判してこう述べている。「貧乏人にもひまを与えるべきであるという考えには、いつも金持ちはぞっとしていた」[9]。そしてジョン・ケネス・ガルブレイスも同様のことを述べている。「余暇は裕福な人々にとってはとても善いもので、ハーバードの教授にとってもなかなかに善い

ものだが——貧しい人にとってはとても悪いもののようだ。裕福であればあるほど、余暇を享受する権利が多いと思われているのだ。福祉の対象となっている人の余暇は悪とみなされる」[10]。慎ましい額の無条件所得は、貧しい人にも複数の余暇の選択肢を与え、このようなダブル・スタンダードが引き起こす不公平さへの対策となるだろう[11]。

　生産的な領域のなかで何もしない人に向けられる、ただ乗りに対する批判を相対化するべき2つ目の理由は、以下のように、生殖の領域において何もしない人に関する類似した議論を持ち出せばわかる[12]。婚前、婚外、あるいは同性間の性行為を強く非難し、そうすることによって性的満足感を社会の成員を増やそうとする人だけに認めるような道徳観が、衛生や医学の進歩で子どもを生む人が過剰になるにつれ、次第に廃止されてきたのは、おそらく偶然ではない。これと同様に、働かずにして所得を得ることを道徳的な悪とし、社会の生産活動に貢献しようとする人だけに物質的満足感を認めるような道徳観は、技術が進歩して労働者が過剰になった場合、廃止されるべきではなかろうか？[13]　なにしろ、技術の進歩、労働の分配、資本の蓄積の長い歴史の結果として（本書第1章で取り上げた傾向はそのうちの最近のエピソードにすぎない）、全員の食糧・住居・衣服といった基本的な必需品を満たすのに、たとえば人口の90%が必要とされる状況から、10%いれば十分という状況に変わっているからである。本書第2章で指摘したように、今日、週間労働時間を減らしたいと考えている人は、負担を減らしたいのではなく、特権をシェアしたいのである[14]。こうした状況において、過去と同じように、健康な人が他者の労働に頼って生きていることに対して憤慨してよいものなのだろうか？[15]

　ただ乗りに対する批判が相対化されるべき3つ目の理由は、ベーシック・インカム制度が実施されても、これ幸いと何もしなくなったりほとんど働かなくなったりする人は、ごく少数だろうと言えることにある。そのように想定できるのは、ベーシック・インカムが「普遍的」という性質を持つからだ。受給者はほかの収入源とベーシック・インカムを組み合わせること

ができるし、資力調査を伴う制度によって作り出されていた不活動の罠から抜け出せる。さらに、ベーシック・インカム型の制度の導入実験からわかっていることがある。人々が義務から解放されたせいで労働力の供給が減るとしても、それは余暇や怠惰の拡大を意味しない。むしろ、教育、子育て、地域への奉仕など、より広い意味での生産的な活動が急増するのだ。本当に怠惰な穀潰しになるのは微々たる数の人だとすると、ベーシック・インカムと公正の間の不調和は、相互主義をむきになって主張しなければならないほど大きくはない。

　実際のところ、無条件ベーシック・インカムの導入が、ここで言われている公正さを推し進めることにさえなりうると言える理由も３つある。第一に、相互主義に基づくベーシック・インカム反対論を良識的に解釈するなら、そこには必ず、身体的ないしは精神的な障害のせいで働けない人に対しては、一律の所得が与えられなければならないという含意があるはずだ。ところが、そのような障害と「働く気がない」状態は、区別しにくいケースが往々にしてあるだろう。情報が簡単に手に入らなかったり、信用できなかったりする場合、この公正さの基準をできるだけ厳密に実施しようとするなら、その条件はよいことよりも害のほうが大きくなるかもしれないし、さらにはとても費用がかかるかもしれない。病気の人や、間違って「怠け者」判定されてしまった人を不当に罰するのを避けるため、適度な額の無条件所得は最も欠点の小さい策として正当化されるだろう。

　無条件ベーシック・インカムの導入が、相互主義という形で理解されている公正さをより高めてくれると言える第二の理由は、さらに一般的なものだ。ただ乗りを本当に懸念している人たちが、今日の状況下で主に心配すべきは、一部の人が働かずに済んでしまうことではなく、多くのエッセンシャル・ワークに従事する無数の人々が、自分の所得がないという状態で済まされてしまっていることだ（これは本書の第７章で紹介する、フェミニズムの視点からのベーシック・インカムの議論の中心的な論点である）。現在、私たちの生活に欠かせない、生産的な労働の非常に多くが、家庭で行

われているがゆえに無給になっている。ナンシー・フレイザー（1997年）やキャロル・ペイトマン（2004年）によって説得力をもって論じられたように、巨大なただ乗りがどこかに存在するとしたら、それは伝統的な家族構造のなかにあり、無給の労働をしてくれるパートナーに男性たちがただ乗りしているのである。こうした労働に対して直接給与を支払うことを提案している人もいる[16]。しかしそのような「家事賃金」は多くの反対を呼んでいる。「専業主婦」が有給の雇用を選択した際にその家事賃金の支給がなくなるとすると、それは女性の労働市場への参加を罰していることになり、主婦が陥るであろう「家庭の罠」をさらに強力にする結果になる（この点については、第6章で論じる）。さらに、家事労働を有給の仕事にしてしまうと、ジェンダーに基づく家庭内の役割の分離が強化されるし、以後公的資金から支払われる労働を何らかの官僚主義的な方法で監視することが求められる。このような深刻な弊害を考えると、ただ乗りに対処するための一番ましな策は義務を課さないベーシック・インカムであると十分に理解されよう[17]。「所得は労働に応じて分配されなければならない」という原則を最も現実的な形で考えるならば、ベーシック・インカムは排除されない。むしろ、ベーシック・インカムが必要になるのである。その際には、仮にそれ以上増額すれば、現在子どもや高齢者や障害者のケアをまったく無償で行っている人に対して十分な支払いが行き渡らなくなるという不公正を減らすよりも、過剰な支払いによって本当に怠惰な人が出てくるという不公正を増やしてしまうという、限界ぎりぎりの額に調整されるべきだ。

　無条件ベーシック・インカムが、相互主義的な公正さという点で状況を悪くするどころか改善すると言える第三の理由を理解するために、頭に入れておく必要があるのは、負担の公平な分配においては労働の退屈さという要素も考慮に入れるべきだということだ。現在、職に内在する魅力とその報酬は比例している。これは一種のただ乗りであり、給料のよい人たちによる搾取だとも考えられる。というのも、交渉力が強いおかげで、給料のよい人たちは、自分たちがやりたがらない低賃金の仕事に就くしか選択

肢がない人たちの苦渋から利益を得る一方で、自分の仕事を楽しめるからである。ベーシック・インカムは、義務を課さないことで、労働市場のなかの最も弱い人たちの交渉力を高める。そうすると、職の退屈さや内在的な魅力の欠如が、報酬に然るべき形で反映されるようになるだろう。職の退屈さがしっかりと補償されるようになれば、不公正なただ乗りは拡大するどころか、縮小していく。

万人の実質的自由
Real Freedom for All

　これまで述べてきたベーシック・インカム反対論への反論は、議論のためにさしあたり「健康な人が他者の労働に頼って生きるのは不公平だ」という考えを受け入れていた。そしてこのただ乗りに対する非難に基づいて、一定の相互主義的な正義の概念を採用するものであった。このような正義の概念は、「協同的正義」を考えるのであれば説得力がある。つまり、ある協同的事業における、参加者間での利益と負担の公平な配分を特質とする、正義の考え方だ。だが、「分配的正義」を考えた場合には、この正義概念は説得力を失う。つまり、社会の構成員の間で、資源を享受する権利を公平に分配することを特質とする正義の考え方である。協同的正義の何らかの基準に基づいて協同的な剰余が分配されるという、相互に利益をもたらす公平で協同的なとり決めを人々が結べるのは、後者のような分配的正義が成立していてこそだ。そして、無条件ベーシック・インカムの公正さを最も効果的に擁護するためには、協同的正義の考え方ではなく、分配的正義の考え方に訴えなければならないのである[18]。

　形式張った議論ではなかったけれども、本書の最初の2章では、まさにそれを論じてきた。もし自由の実現を、それも一部の人の自由ではなく万

人の自由の実現を目指すなら、必要なのは無条件ベーシック・インカムである、と述べてきたのだ。そのため本書は、自由というものを正義が要求する制約としてではなく、公正な分配の正義をまさに構成するものとみなすような、分配的正義の平等主義的な考え方に訴えている。ここでは、自由というものが「形式的自由」だけでなく、「実質的自由」と解釈される必要がある。つまり、単なる権利を伴うのみならず、人がしたいと思うことを何でも実行できる、本物の力を伴う自由だ。この実質的自由に関して平等主義を採用するといっても、いかなる場合にもそれが平等に担保されることを目指すべきというわけではない。不平等があり、その表面的な犠牲者がいても、それが実は万人の利益のためになるのであれば、不平等は正当とみなされる。この考え方を採用するなら、最小限の実質的自由しか持ち合わせない人たちの実質的自由の最大化を目指さなければならない。これはつまり、最小レベルの実質的自由を最大化すること、もっと簡潔に述べるなら「マキシミンな実質的自由」、さらに一般的な言い方をするなら「万人の実質的自由」を目指すことだ[19]。

　このような分配的正義の考え方を採用すると、万人に対して個人単位で現金給付される、資力調査も就労能力審査もない所得の導入に賛成する根拠が強まるし、さらにはそのような所得を持続可能な範囲で最大の額に設定しようとする根拠も強まる。第2章で触れた穏健な温情主義的理由から、この所得を受給者の人生において短期的な頻度で定期的に分配するというのも理解できるし、子どもの支給額は低くして高齢者の支給額は高くするというのも理にかなっている。それに、似たような理由で、この持続可能な範囲で最高額の所得のすべてを現金で給付するのではなく、現金支給されるベーシック・インカムの額を下げても、その一部を特に教育や医療の無償化や補助、および健康で快適な環境の整備に割り当てるべきだというのも理にかなっている。これらの多様な要素に、どのように分配すればよいのだろうか？　この問いにはきれいにまとまる一般的な答えはないが、簡単な思考実験によって大まかな指針は得られるはずだ。万人に対して無

条件に給付される所得以外の収入を持たず、自分自身の予想される寿命、健康状態、その他のリスクを何も知らないと仮定してみよう。その場合、この所得は生涯のなかでどのように分配されるのが好ましいだろうか？そして特定の支出のためにとっておく額は、いくらがよいと考えられるだろうか？[20]

　ひとまず、これでよしとしよう。だがそうなると、自由というものについて偏った考え方をしているとして反対されないだろうか？　というのも、持続可能な範囲で最高額の無条件ベーシック・インカムは、たくさんの余暇に興じること、および楽しい職に就くことが大事だと考えている人（エンジョイ志向の人と呼ぼう）にとってはとても都合がよいものだが、自分の収入額と、それに付随する消費、権力、威信などのアドバンテージが何よりも大事だと考えている人（ガツガツ志向の人と呼ぼう）にとっては、そこまでよいものではないかもしれない。なぜなら、ベーシック・インカムには財源が必要なので、ベーシック・インカムの額と、課税後の所得額は、トレードオフにならざるを得ない。前者を最大化しても後者が必ず最小化するわけではないが、本来の額より減少するのは確かだ。このトレードオフが避けられないとすると、本書で提示している分配的正義という考え方は、ガツガツ志向の人にとっての重要な実質的自由を犠牲にして、エンジョイ志向の人にとっての重要な実質的自由を優先するような、不誠実なバイアスがかかっているのではないか？

　この問題提起に応えるためには、万人の実質的自由を目指すものとしての分配的正義という考え方を、より細かく定式化する必要がある。なぜなら、エンジョイ志向の人が大事にしている、自分の好きなように使うという実質的自由と、ガツガツ志向の人が大事にしている、自分の望むものを購入するという実質的自由は、相容れないからである。厳密に言えば、分配的正義という考え方が求めているのはマキシミンな実質的自由ではなく（便宜上、この表現を使い続けるけれども）、この自由の土台を形成するための恩恵の最大化なのである。つまり、実質的自由を行使するための物質

的な基盤を与えるという形で、最小限にしか得られない人たちが得るものをできるだけ大きくするのだ。あらゆる面でそうだが、大半の人においてはまず収入の差というのは、素質、技術の進歩、資本の蓄積、社会組織、礼儀作法の規則など、生まれつき得られる恩恵の不平等さを反映している。今日生きている人とは何も関係のないところで生じたもの、および私たちの収入にきわめて不平等に組み込まれた莫大な恵みの取り分を、万人が公平に受け取れるように保証すること、それがベーシック・インカムの役割なのである。持続可能な範囲の最大額が万人に支給されるなら、最も取り分が少ない人も、永続的に実現可能な範囲で最大限多くのものを受け取れることが保証されるのだ。

この根本的な直観は、ベーシック・インカム型の構想を推進していた多くの人たちによって、明確に表明されている。たとえば、エドワード・ベラミーのユートピア小説『かえりみれば』にはこのような一節がある。「当時の生産物の価値のうちであなた方自身が貢献した分が一割あったとしても、残り九割にあたるこの知識としくみを、どういう具合にして手に入れることになったのでしょう？ あなた方はそれを遺産として相続したのではないですか？ そして、あなた方がほうりだしたこれら不運な不具の同胞は、あなた方とともに相続をし、ともにあとを継ぐべき人たちではなかったのですか？」[21]。

また、ベーシック・インカムに賛成した最初の学者陣のうちの1人、オックスフォード大学の経済学者・政治理論家のジョージ・D・H・コールによっても、はっきり述べられている。「現代の生産力は要するに、現在の人々の努力と、生産技術上その時点で到達している進歩と教育に基づく発明および熟練という、社会的継承物とが結合したものである。すべての市民はこの共通の継承物の利益に預かるべきであり、この割当の済んだ後で生産物に残額が生じた場合にのみ、それを生産過程における経常的サーヴィスに対する報酬、ないしそれへの刺激として分配されるべきであるということはいつも正しいことと思われる」[22]。

同じ考え方は、ノーベル賞受賞者のハーバート・A・サイモン（訳注：1916〜2001年）による無条件ベーシック・インカムの正当化の裏づけにもなっている。

　裕福な国の平均所得を第三世界の国のそれと比較すると、単に稼ぐ意思の違いによるものでは絶対にない、とても大きな違いがいくつもあるとわかる。［中略］これらの違いは単に土地の広さとか、石炭や鉄鉱石の埋蔵量の問題ではなく、もっと重要な、主に蓄積された知識（たとえば、テクノロジー、そしてとりわけ組織や統治の能力）という形態をとる、社会資本の違いなのである。ある社会の内部における所得の違いについても、まさに同様のことが言える[23]。

　したがって、私たちが稼ぐものの多くは、私たち自身の努力ではなく、それとは何の関係もない外部的な事柄に帰せられるべきだ。「社会全体の構成員に共同で所有されていると考えられなければならないこれらの外部的な事柄の大きさは、いかほどだろうか？」サイモンは自問自答する。「最も貧しい国と最も裕福な国を比較すると、社会資本がアメリカ合衆国や北西ヨーロッパのような豊かな社会における所得の９割以上を生み出しているとしか、ほとんど考えられない」。それゆえ、一律で70％の税金をかけてそれを無条件ベーシック・インカムとほかの政府の支出すべての財源にすれば、「それは寛大にも、私の大雑把な推測によれば、本来の所得の約３倍を受給者の手元に残すことになる」という[24]。

　本書での原理的なベーシック・インカムの正当化が立脚している、分配的正義という考え方がどれほど説得力を持つかは、私たちが経済の機能をどの程度、恵みの分配装置とするか、共通の相続財産を引き出して利用する（その度合いは人によってまったく違う）ことを可能にするとり決めとするかにかかっている[25]。このイメージの説得力を誘発するほかの方法もある。実生活で私たちが享受する機会は、私たちの天賦の能力や素質と、無数のほかの状況が、複雑に、ほとんど予測し得ない相互作用を起こすこ

とで形成される。たまたま自分に合った小学校の先生に出会うとか、尊敬できる上司に当たるとか、有利な世代に生まれるとか、需要が大きい言語を母語としているとか、ちょうどよいときにちょうどよい就職の情報を得るとかである。このような背景から、正義に適うためには、職やその他の市場のニッチな要素とは、とても不平等な恵みが具現化されたものであること、そして複雑で厄介な要因の組み合わせのせいで、私たちにはとても不平等なアクセス権しか与えられていないことを直視すべきだ。これらの恵みがすべて、寄付や遺贈という形をとるごく一部に限らず、万人への公正な分配に供される[26]。そして、「公正な再分配」ではなく「公正な分配」が正しい用語だということに注意してほしい。というのも、ベーシック・インカムの財源となる税金は、今日の生産者によって作られたものに課されるのではなく、私たちが集団的に享受してきたものを個人的な利益のために利用しているという特権に対して、これらの生産者が支払う料金に近いのである[27]。

　無条件ベーシック・インカムを哲学的に正当化できるもう1つの可能性を検討する前に、今述べてきたことに対する3つの重要な反対意見を取り上げよう。1つ目は、部分的にしろ、稼ぎは本当に天賦の恵みになぞらえて考えられるものなのだろうか？　という意見だ。確かに、職を得たり、職にとどまり続けたりするためには、一般的に自分で何かをしなければならない。ところが、この疑いようもない事実は、根本的には寄付や遺贈においても変わらない。伯母さんの退屈なお茶会に付き合ってあげることが、遺言に名前を入れ忘れられないために必要な条件の1つかもしれない。だが倫理的に考えるなら、お茶会に出るというあなたの投資が、（私たちではなく）あなたがたまたま親戚である人物によって所有されている多大な富を受け取る権利をあなたに与えているわけではない。これと同様に、毎朝職場に通い、職場ではあくせくと働く必要があるという事実によって、その人が給料の全額を受け取るに「ふさわしい」状態になっているわけではない。その給料は、倫理的に考えるなら、たまたまお金持ちの伯母がいる

のと同じくらい論理的必然性のない、さまざまな状況の組み合わせのおかげで稼げているのである。そのため、すべての人にベーシック・インカムを支給するという目標を、成果や業績を等しくすることだと勘違いしてはならない。ベーシック・インカムの目標とはむしろ、不平等を減らすことであり、実質的自由、可能性、機会をより公正に分配することなのである。万人へのベーシック・インカムの給付は、人々が与えられるもの（すなわち、実質的自由の物質的土台となるもの）を平等化する。そしてその結果としてのみ、間接的かつより大まかにではあるが、その与えられたものを使って達成する成果をも平等化することになるのだ。

　2つ目の反論は、限度を超える危険性はないのか？　というものだ。稼ぎにおけるこの生来の恵みの要素のみが税として引かれる形になっていると、どのように断言できるだろうか？　経済主体にこの課税を予測させ、それに従った行動をとってもらえれば保証できる。課税される対象者が予測できるのであれば、持続可能な範囲で最高額のベーシック・インカムの財源を確保するために、あらゆる課税方法（相続税、贈与税、勤労所得税、資本所得税、取引税、消費税、炭素税、付加価値税など）を使ってよいし、どんな税率（一律、累進、逆進、あるいはその組み合わせ）にしてもよい。やむを得ない間違いや不運なギャンブルがない限り、すべての人が少なくともベーシック・インカムに組み込まれた恵みを受け取れるようになる。そして、課税額が予測可能でなければならないというこの制限下で利益を最大化しようと考えるため、多くの人の所得が、自身の生産的な努力として認められる額を、場合によってははるかに超えることになる。特にお金儲けの才能に恵まれている人や、常に流動し続ける経済のなかで公平に流布しているわけではない情報をうまくとらえられるポジションにたまたまいる起業家や、そうすれば生産力が上がると期待されているために留保賃金（訳注：労働者が、その水準以上ならば就職し、それより小さければ職探しを続けるか、労働市場に参入しないことを選択する賃金）よりも高い賃金を与えられている労働者が該当するだろう[28]。このような不公平は正当なものだろう。もちろんそれは、実質的自由が最も少ない人の自由を増す限りにおいて、あるいは

もっと厳密に言うなら、そのような不公平を減らすと最も少ないものしか受け取っていない人に対して持続的に与えられる価値も減ってしまう場合、に限られるが。

　最後の反論としては、購買力に反映される微小な「恵み」に主要な役割を与えることで、市場に不当に重要な役割を与えてしまうのではないか？というものがある。分配で提供される対象が、広く考えられている意味での相続と理解されるなら、自由の公正な分配としての正義という考え方は自然と、この相続財産に対する正当な請求があれば、（第1章で論じたように）少なくとも推定上は現金給付という形で分配されるべきだという要求に結びつくと思われる。しかしこのことが、公正な予算分配の仕方、つまりそれぞれの人に開かれた選択肢の幅を決定するにあたって、市場価格に重要な役割を付与していると気づくのが大事だ。しっかりと機能している市場においては、ある商品の価格はその機会費用に従って決まる。すなわち、誰かがその商品を専有することで他者が負担するコストだ。このコストは、利用可能な技術があると仮定したときの、その商品を生産するのに必要な資源と、すべての潜在的消費者が生産にその資源を必要とする商品を好むと仮定したときの、資源の需要に左右される。言うまでもないが、差別がない限りにおいて、および、自然に形成される価格が、さまざまな市場の失敗（特に明日の世代が今日の商品に値段をつけることはできないという事実）のせいで記録されなかった機会費用をよりしっかりと追跡するために修正される限りにおいてのみ、市場はこの役割を果たせるである。

　現金支給の無条件ベーシック・インカムを正義という概念に基づいて擁護する意見は、市場の完全さに対する盲目的な信用を前提としているわけではない。だが、価格とはその商品にアクセスする機会の公平な分配と釣り合う価値を反映するものだ、という考え方への十分な信頼を前提としている。そのため、正当に規制された市場のようなものによって、大部分が統治されている経済を想定している[29]。当面はこの状態が続くと考えるのが妥当だろう。しかし、万人への無条件ベーシック・インカムの支給が、市

場への依存を強めはしないと指摘しておきたい。正反対なのだ。第1章で強調したように、義務を課さないので、ベーシック・インカムは人間同士の金銭的結びつきを弱め、労働力を脱商品化し、無給だが社会的に役立つ活動を促進し、私たちの生活を強制的な移動や危険なグローバリゼーションから守り、市場の専制から私たちを解放してくれるのである。

ジョン・ロールズ　対　マリブ海岸のサーファー

John Rawls Versus the Malibu Surfers

前の節において引き合いに出した分配的正義という考え方は、一般的に「リベラルな平等主義」と呼ばれる考え方の一類型に当たる。それは、何か特定の「よい生き方」という観念に立脚するのではなく、私たちが生きる多元的な社会に存在するさまざまな「よい生き方」観を平等に尊重することに注力している点で、リベラルである[30]。そして、各々自分が思う「よい生き方」を実現するために自由に使える資源の公平な分配を基本としている点で、平等主義である。しかし、平等な状態にあるとみなされる人々に対して正当化できる場合は、厳密な意味での平等からの逸脱も認められる。個人の責任の余地を残すために必要な場合、そのような逸脱は正当なのだ。結果よりも、機会、潜在能力、可能性、および実質的な自由を公平にすることが正義だからだ。厳密な意味での平等からの逸脱は、効率性の重視によっても正当化されうる。この場合の正義とは、得られるものが最も少ないと見込まれる人たちの見通しを持続的な形で最大化することであり、全員を犠牲にしてまで得られるものの見込みを平等にすることではないからだ。今述べた特徴に当てはまる理論では、リベラルな平等主義の伝統と現代の政治哲学の創始者、ジョン・ロールズが、1971年に『正義論』(2010年、紀伊國屋書店) で打ち出したものが最も影響力を持つ。

ロールズの理論は、無条件ベーシック・インカムの正当化にもなるだろう
か？　「イエス」とも言えるし「ノー」とも言えるし、「たぶん」とも言え
る。

　一見すると、答えは明らかに「イエス」だ。ロールズの理論の核は、体系
的に並べられた３つの原理だ。「自由の原理」は、表現の自由、結社の自由、
投票の権利など、基本的な自由を並べている。「機会均等原理」は、同じ才
能を持つ人々はあらゆる社会的地位に平等にアクセスできるべきだと明記
している。そして最後に、以上２つの原理の制約のもとで、「格差原理」は、
経済的・社会的不平等は最も恵まれない人の最大の利益のためにならなけ
ればならないとしている。より厳密に言うならロールズは、それぞれの社
会的地位に、所得や富、権力や特権など、その地位にある人々が享受する社
会的・経済的な利点を総計した指数を関連づけられると仮定している[31]。
格差原理とは、最も低い地位（つまり指数が最も低い地位）に関連づけら
れたその指数が極力高くなるようにしなければならないという、マキシミ
ンな原理である。さらに、ほかの２つの原理と一緒に、格差原理はロール
ズが自尊の社会的基盤と呼んだものを守るはずだという。

　これは無条件ベーシック・インカムを正当化するための理論としては、
かなり期待できるように聞こえる。格差原理は、すべての人に最低限の消
費を保証することだけを求めているわけではないからだ。所得に加えて、
富にも言及しているし、無条件ベーシック・インカムは人々の一生のなか
で分散して与えられる賦与に等しい。さらに、権力や特権にも言及してい
るが、ベーシック・インカムの無条件という性質は、雇用と家庭、両方の弱
者に力を与えるものだ。そして最後になったが重要な点として、自尊の社
会的基盤を気にかけることは、（失業の罠を克服して）有給の活動に万人が
アクセスできるようにし、なおかつ貧しい人に焦点を当てた際に起こりが
ちな偏見や恥辱感を防ぐような、最低限の所得を保障するという手段と相
性がよいはずだ。効率的に対象者の的を絞るほど、受給者は本当に生計を
立てる能力がないのだと認められ、それに応じて偏見もつきまとう[32]。さ

らに、『正義論』とその前に書かれた論文でロールズは、（当時はかなり斬新だった）「負の所得税」の構想をはっきりと取り上げ、自身の正義の原則が、正義に適う社会制度の分配の部門をいかに作れるかを説明した。当時、「負の所得税」という構想はもっと広い意味で使われる場合もあり、いわゆる「デモグラント（保証所得）」も意味していた。それはつまり、無条件ベーシック・インカムである[33]。したがって、ロールズの主張はベーシック・インカムに前向きな論としてとても強いように思われる。ただ、それを明確にする必要がある[34]。

　とはいえ、ジョン・ロールズ自身は無条件ベーシック・インカムには賛成していなかった。「1日中マリブ海岸でサーフィンをしている人たちは、自活する方法を探さなければならず、公的資金を受け取る権利は与えられないだろう」と書いている[35]。ロールズの格差原理の最も簡明な解釈によると、すでに述べたように、自発的であろうとなかろうと、稼ぎのない人は、最もアドバンテージを享受していない人なのだから、一定の給付を受ける権利が与えられる。どのくらいの額の給付か？　持続可能な範囲の最高額だ。ただ、給付金と税金の両方が高いと、工場や会社を辞めてビーチで過ごす時間を増やす労働者もおそらくいるということは、念頭に置かねばならない。このように（ロールズの感想では）マリブ海岸のサーファーをひどく甘やかすことになる事態を防ぐため、格差原理が定式化される社会的・経済的な利点の指数に、余暇も含める提案をロールズはした。もっと厳密に言うならロールズは、フルタイムで余暇に興じる選択をした人はフルタイムの最低賃金と同じだけの仮想の所得を持っているとみなそうと提案した[36]。結果として、フルタイムのマリブ海岸のサーファーが社会に費用を負担してもらってそのライフスタイルに耽るのは、公正ではなくなる。仮想の所得ではなく実質的な所得を望み、食事や住居を得たいのなら、サーファーたちは働かなくてはならない。

　このような動きに鑑みると、ベーシック・インカムと社会的正義との間の関係が決着するように思われる。つまり、ロールズ主義者が無条件ベー

シック・インカムを正当化することはありえないと。だが本当にそうだろうか？　ロールズの格差原理が無条件ベーシック・インカムを直接正当化してくれると信じている人と、そのような正当化をもたらしてはくれないだろうと信じている人の両方が見落としている、決定的な点が1つある。格差原理が求めているのは、社会的・経済的な利点の一覧を指数化した値を、最も貧しい人ひとりひとりに関してできるだけ恵まれた数値にすることではない。最も低い社会的地位にいる人たちの生涯を通じたこの指数の平均値の最大化を求めているのだ。言い換えるなら、最も恵まれない個人のスコアではなく、最も低い社会的地位の生涯にわたる平均スコアを持続的に最大化する必要があるのだ[37]。

　最も低い地位にいる人々の平均スコアを最大化するというのは、大まかには最も恵まれない人の任意の時点でのスコアを最大化することではないのか？　ロールズがほのめかしているように、社会的地位が所得や富のカテゴリーとして定義されるのなら、そうかもしれない。「たとえば、所得と富が中央値の半分以下の人びとは、全員が最も不遇な階層だと見なしうるだろう」。そのように、最も恵まれない層を「社会的地位とは無関係な、所得および富の相対額の観点」で特徴づけることは「利点を有している」と『正義論』にロールズは書いている。しかし、この一節が必然的に意味しているのは、ロールズは「社会的地位」を所得や富のカテゴリーと概念的に違うものとして考えていたことだ。所得や富は多くの実用的な目的において便利な代用品となるかもしれないにもかかわらず、である[38]。ある人の社会的地位とはそれゆえ、その人が生涯を通じて所属すると想定される、いくぶん大まかに定義された職業的カテゴリーと理解するのが一番よい。ロールズ本人は、未熟練労働者、農家、酪農家などを例として挙げている[39]。

　だが、この意味で同じ社会的地位に属している人たちの間でも、機会と選択の自由が不公平であり、大体の場合、特定不可能な割合でさまざまな出来事が組み合わさるので、実際の人生における所得、富、権力、特権の成果は人によって大きく違うだろう。信用で買い物をし続けられる人もいれ

ば、残業する人もいる。障害を持つ子どもが生まれる人もいれば、お金の
かかる離婚を経た後に家を売って大損する人もいる。どの社会的地位の内
部でも、あらゆる種類の予測不可能な事情によって、一生涯で得られる所
得や富の額には必然的に少なからぬ差が生じる。さらに、平均の値は社会
的地位によって大きく異なるだろう。特に、その社会的地位につくために
必要なスキルの稀少性や、その社会的地位の人たちによって行われる活動
に対する社会の需要に左右される。よりよい社会的地位の多くとは異なり、
最悪の地位は「最も恵まれない」個人でも手に入れられる[40]。これらの個人
には最低レベルの社会的・経済的利点が保証されるのではない。ほかのあ
らゆる実現可能なとりはからいがあっても最悪の社会的地位に属してし
まっている人が得る社会的・経済的利点の生涯平均値よりも、多くを得ら
れるような地位につく機会が保証されるだけだ。

　社会的地位が果たす役割にしっかり注目すると、個人の社会的・経済的
利点の値を平等化する結果の平等という、格差原理の一般的だが間違って
いる解釈は明確に退けられ、社会的地位に紐づけられた生涯の平均的水準
を平等にする機会の平等という解釈が採用される。この原理のもとで最大
化されるべきなのは、実際に最も恵まれない人によって達成される（所得、
富、権力、特権の）成果ではなく、いろいろな社会的地位につく機会を与え
られているおかげで期待できる利点の、生涯平均の値なのだ。最低な地位
を含むどんな社会的地位についていても、個々人が生涯をかけて得られる
結果は、その人の好みや選択によるところが大きいだろう。格差原理をこの
ように解釈するとなると、社会的・経済的利点の指数に余暇を含める意味
は、180度異なるものになる。結果の平等的な解釈では、ロールズが言うよ
うに余暇を仮想の所得とみなすと、余暇がその指数に含まれていなかった
場合にはあったはずの給付を受け取る権利を、サーファーから奪ってしま
う。機会の平等的な解釈では、余暇を指数に含むことは別の役割を果たす。

　もし、指数に所得や富は含まれるが余暇が含まれないとすると、無条件
ベーシック・インカムを使った社会的な調整は、フルタイムでサーフィン

に興じる人には所得を渡さないような、労働力が審査される最低所得制度で社会的な調整を行うよりも、格差原理の基準に照らすと悪い結果になる可能性が高い。反対に、余暇の時間が良識のある形で含まれることによって指数の偏りが修正された場合、格差原理の基準から考えられる最適な選択肢は、その指数が所得と余暇に占める相対的な比重や、社会的地位の正確な定義、そして多くの偶発的な経験的事実に大きく左右されるだろう。だが、確かなことが1つある。ある社会的地位の人たちによって生涯にわたって享受される余暇が、もはや無価値ではないとされれば、無条件ベーシック・インカムなどによってなされる、(仕事を中断したり、パートタイムでボランティア活動を行ったりといった)余暇の選択の幅を増やす社会的な調整は、エドムンド・フェルプスが考えたフルタイムの低賃金労働者の賃金助成制度(第2章で概説した)のような、余暇に対して偏見がある社会的な調整よりも、適切に解釈された格差原理の基準に照らし合わせるとうまくいく可能性が高くなるだろう。ロールズにしたら皮肉だが、自分の理論が無条件ベーシック・インカムを許してしまわないために必要だと考えて行った対策が、実際には無条件ベーシック・インカムとの親和性を持たせてしまっているのである。ロールズの原理によって無条件ベーシック・インカムが正当化されると一概に言えないままであることは確かだが、同様に、否定されるとも一概には言えなくなった。

　さらにベーシック・インカムは、ロールズが正義に適う可能性があると考えていた資本主義の唯一の形態において、かなり妥当と思われる要素をなす。その形態とは、ベーシック・インカムに賛成していたジェイムズ・ミードの表現を借りて「財産所有制民主主義」とロールズが呼んでいたものだ。この体制のもとでは、生産手段の大部分の私有制が、広く行き渡った物質的資本と人的資本の両方と結びついている[41]。これを念頭に置くと、ベーシック・インカムは共有の資本から得られる利潤のみならず、社会の構成員それぞれに対して少しずつ移転される資本の寄贈ということになる。そして、特にそれが生涯学習の発展と結びついたら、(第1章ですでに論じ

たように）広い範囲にわたる人的資源の獲得を促進するという役割も期待できる。ただそうであっても、ベーシック・インカムをロールズの格差原理に基づいてリベラルな平等主義的に正当化できるかどうかは、前節で引き合いに出した理論に比べたら、はるかに不確かであるのは事実だ。そしてロールズ自身は最後まで、無条件ベーシック・インカムよりも雇用の保証と賃金補助のほうに魅力を感じ続けていた[42]。

ロナルド・ドウォーキン　対　海辺の浮浪者
Ronald Dworkin Versus the Beachcombers

ジョン・ロールズの正義論は最も影響力があったが、リベラルな平等主義の陣営に属する理論はそれだけではない。本書の読者のなかでもっと哲学畑寄りの人たちは、この陣営のもう１つの輝かしい理論が、ロールズよりもいわゆる「たかり屋」に厳しかったにもかかわらず、いくつかの妥当性のある実際の条件のもとで無条件ベーシック・インカムを正当化する余地を持つと言えるのかに関心があるかもしれない。そのもう１つの理論、ロナルド・ドウォーキンによる、資源の平等という形の分配的正義の理論は、知的な力作だ。その狙いは、ロールズの理論よりもうまい形で、向上心を重視し（つまり、自分たちの責任だと感じられる選択を重視）、かつ天賦のものを非重視（つまり、自分たちの責任だとは言えない状況を切り離して考える）した形で人々に資源を分配するような、分配的正義の概念を打ち出すことにある[43]。そのためにドウォーキンは、非個体的、ないしは外部的な資源（つまり、物質的な富）と、個人的、ないしは内部的な資源（つまり、能力）を分けて考える。

　<u>個人的資源</u>については、ドウォーキンは以下のような無知のヴェールを仮定したうえでの保険制度を提案している。私たち全員が、社会の構成員

のなかのあらゆる才能やハンディキャップの出現率を知っているが、無知のヴェールのせいで、それらを持っている確率が全員同じだと信じている状態を仮定する。さらにこのヴェールは、リスク忌避も含めた自分自身の選好の認知は妨げないとしよう。すると、遭遇しうるリスクそれぞれについてどの程度保険をかければよいか、明確にわかるようになる。この際、運がよかったら払わなければならない保険料によって、運が悪かったら受け取れる補償がカバーされる必要がある。この双方の比重は、どちらに転ぶかが決まるその状況の起こりやすさで決定されると、念頭に置かれている。これが実行されるなら、このリスク計算の作業によって人それぞれ固有の、保険料と補償の一式が一括で算出できる。そしてこれはそれぞれ、その人が関心を持つ個体的資源が賦与される見込みと対応している。現実世界では、人にはそれぞれ個体的資源が賦与されていて、状況がどう転ぶか、そして無知のヴェールがかかった状態でその人がどのような選択をとるかによって、その人は保険料を支払うか補償を受け取るかのどちらかになる[44]。

　非個人的資源については、ドウォーキンは最初、別個の方策を提案していたようだ。しかし最終的な定式化においては、その保険制度にすべての資源を組み込むことを提案している。自分の家族の環境がわからないという無知のヴェールがかかっている状態では、「相対的に少しのものしか遺せなかったり、遺そうとしなかったりする両親のもとに生まれる」という事態に対しても、保険をかけられると仮定する[45]。

　こうして生じるのは、恐ろしいほど多くの知的鍛錬、そしてさらには絶対に手に入れられない情報（たとえ一部の人には入手可能であっても、本当に明らかになるとは期待できない）を必要とする、すばらしい仕組みだ。ドウォーキンはこの難しさを認識しており、それゆえ無知のヴェールがかかった状態で「大多数の合理的な人々が購入するであろうと問題なく想定できる、さまざまな保険の組み合わせの額」に頼る[46]。その結果として導かれるおおよその見積もりが、いくつもの特定のリスクをカバーするところ

の、税によって賄われる制度になるとドゥオーキンは考える。このリスクには目が見えなくなったり耳が聞こえなくなったりといった「通常のハンディキャップ」のほかにも、最低水準の所得を稼ぐためのスキルの不足なども含まれている[47]。そしてさらに、最も合理的に考える人々が支持するであろう最低所得制度は、その共同体の貧困ライン以上の額の所得を保障するだろうとドゥオーキンは推測する。それは失業手当から職業訓練プログラムまで多様な形態をとって「たかり屋」が生まれるのを多少は防ぐようになっており「受給者は職を探すことで自らの状況を和らげる努力をする、と明記される」必要があるという[48]。ドゥオーキンが考えるロールズの理解とは反対に、ドゥオーキン自身の理論では、「怠惰」を選択する人たちが「熱心に働く中流階級」の犠牲の上にそれをやりおおせることはできないという。ロールズの分配的正義の考え方は「海辺で浮浪生活を送ることを好む」ような人たちに対して不当に優しすぎる、と主張したのだ[49]。

　ところが、正義の要求から政策の提案へと転じる際に、この海辺の浮浪者に対する厳しい姿勢は、2つの実際的な理由によって和らげられなければならなかった。第一に、ドゥオーキンは最初から、保険制度が非自発的に失業した人だけをターゲットにした所得移転システムを正当化してくれるとしても、「負の所得税のような、より幅広い所得移転の形態のほうが、困難はありながらも、結局のところ、より効率的で公正だと判明するだろう。そして分配を［ドゥオーキンの正義の考え方である］資源の平等に近づけるために、いかなる方法が選択されるとしても、支援の一部は間違いなく職を探すのではなく避けている人のところへ渡ってしまう」と認めている。これは歓迎されることではない。「これは悔やまれるべきことだ。なぜなら、セットで資源の平等をもたらす2つの原理のうちの1つ［向上心重視］を侵害するからだ。だが、それよりもはるかに多くの働けるなら働こうと思っている人たちへの支援を拒んでしまうよりも、そのような不公正に目をつぶることで理想にできるだけ近づこう」とドゥオーキンは述べている[50]。第二に、もっと後の著作でドゥオーキンは、例の保険制度がカバーす

るべきリスクに子どもの貧困を加えるよう提案している。というのも、「子どもが自分にどれだけの保険をかけるのか、そしてどうすれば貧窮した無職の両親のもとに生まれずに済むのか？」、それはわかりようがないからだ[51]。子どもを貧困から遠ざける方法が、子どもから両親を奪うか、（その両親が「職を探すのではなく避けている」かどうかにかかわらず）両親を貧困から遠ざけるしかない以上、保険制度のこの実用的な拡大は、ドウォーキンの考える正義が求める理想からのさらなる逸脱を許してしまう。

　さらに基本的なことになるが、ドウォーキンが言う仮定的な保険制度の意味するところを詳細に検討すると、海辺の浮浪者を食べさせることは、正義からの逸脱として実用面で仕方がないが倫理的には嘆くべきだ、という位置づけにとどまらなくなる。正義それ自体が含意しうることだ、と考えられるのだ。というのも、人はそのために与えられた選択肢がどれだけ少なくても構わないから、最低限の購買力を得ることだけを気にかけるものだ、と言える理由はないからだ。ドウォーキンの無知のヴェールのもとでは（人々の資産は見えなくなるが欲望は見えなくならない）、お金のことだけを気にしている「ガツガツ志向」の人は、自分のスキルがたまたま乏しかった場合はどんな仕事でも受け入れざるを得ないという選択をするだろう。そうすれば、実はとても儲かるスキルを持っていたと判明したとき、課税される額を最も少なくできる。だが自分の生活の質を気にしている「エンジョイ志向」の人は、家族の義務や乏しいスキルなどの事情で与えられる仕事の選択肢をすべて拒否しても、最低限の所得がもらえる制度を好むだろう。そこでは、これならやってもよいな、とその人が思うような高給の仕事に就ける環境になった場合、その人は高い税金を払うことになる。

　これに鑑みると、「働いている人から取った税金で生き、働かないことを選択する人に報酬を与えること」は「不公平なので本質的に間違いだ」とか、「アリからキリギリスへの強制的な所得移転は本質的に不公平だ」とドウォーキンのように宣言することはできなくなる[52]。無知のヴェールのもとでは最もささやかな額の無条件ベーシック・インカムでさえも異口同音

に承認されることはないけれども（「ガツガツ志向」の人に好まれないだろうから）、前述したような「エンジョイ志向」の人はそのような制度を好むのももっともだと思われる。それは「ガツガツ志向」の人の労働にただ乗りしようというのではなく、「エンジョイ志向」の人にとっては無条件ベーシック・インカムが、保険統計的に公正な、仮想的保険制度の1つだからである。最善（だが実現不可能）な厳密に個人単位の保険制度の枠組みにおける向上心重視の側面は、（自分の能力で可能な仕事が自分のやりたくない仕事だった場合に）有給の仕事をしないという選択が許される制度を支持する「エンジョイ志向」の人が、（喜んでやりたいと思う儲かる仕事があった場合に）より高い税金という形でその選択の機会費用を負担しなければならないことを確かに想定している。だがこれは、自分にできるがやりたくない仕事を受け入れるくらいなら働かずにいることを選ぶ人たちのために、正義を理由に所得移転を行う可能性とは矛盾しない。次善の、より現実的な制度は、「平均的な人」ないしは「最も合理的な判断をする人たち」の選択に合うようになっている。もちろん、それはエンジョイ志向の人に好まれる制度にすりよるものではないが、ドウォーキンが当然視しすぎているきらいがあるような、ガツガツ志向の人たちにすりよるものでもない。ガツガツ志向に好まれる制度を出発点にすることは、エンジョイ志向に好まれる制度を出発点にすることと同じくらい好ましくないのだ。結局、実用的な考慮を棚に上げても、海辺の浮浪者を慎ましく食わせることを、たかり屋へのけしからぬ譲歩と考える必要はない。むしろおそらくは、何らかの偶発的だが妥当性のある実際の条件のもとでは、それは責任重視という、正義の平等主義的な考え方によって裏書きされる基本的な構造となるのである。しかし、ロールズと同じようにドウォーキンの言い分でも、このことで控え目な無条件ベーシック・インカムを正当化できると言えるかは、きわめて不明確のままだ。

リベラルな平等主義者が反対する理由
Why Liberal- Egalitarians Disagree

リ ベラルな平等主義の陣営はロールズとドウォーキンに限らない。
そしてそのほかのメンバーによって提案されたアプローチからは、
ベーシック・インカムに関してまた違った結論が導かれる。たとえば、ア
マルティア・センは、ロールズやドウォーキンとは異なり、「正義に適う
社会とは何か」という問いを立ててそれに答えることを、原理的に拒否し
た。そのため、ベーシック・インカムが正義に適う社会的調整の1つにな
りうるかどうかという問いにも、センは答えられていない。だが、ベー
シック・インカムの導入が社会をより正義に適うものに近づけるかどうか
については、意見を持っているし、それを表明しようとしている。センが
提案している正義に適うかどうかの指標は、生存のための基本的な能力が
あるかどうか、すなわち十分な食糧、住居、衣服、健康、教育へのアクセス
があるかどうかだ。所定の環境でベーシック・インカムの導入が、これら
の能力の一部を持続可能な方法でより多くの人々に対して提供するなら、
センの正義の考え方からすると賛成ということになる。だが、選択可能な
範囲で、雇用保証のようなほかの政策のほうが、公平に与えられるベー
シック・インカムよりも好ましいという環境もありうる[53]。

センと同様、ブライアン・バリーも、明確にリベラルな平等主義だが多元
的で、ある意味では曖昧な正義の考え方を提示している。そのため、バリー
はベーシック・インカムを原理的に正当化できていない。バリーが最初に
はっきりと自説を打ち出した議論では、ベーシック・インカムに敵意を抱
いてさえいたし、ベーシック・インカムを何らかの包括的原理から直接正
当化するという可能性に対しては批判的であり続けた[54]。しかし時が経つ
につれ、無条件ベーシック・インカムはより正義に適う社会のために必須
の要素である、という考えを強くしていった[55]。

本書の視点でバリーやセンの考えと比較したときのロールズとドゥォーキンの分配的正義という考え方の利点は、基本的な倫理的直観が共通していると明確にわかることだ。加えて、何らかの妥当な実際の状況を想定した場合のみにしろ、無条件ベーシック・インカムの正当化の根拠となりうるはっきりした原理のまとまりを提供してくれることにある。ロールズの格差原理を機会の平等の線で解釈し、社会的・経済的利点に余暇も含めて、その「生産力偏重」のバイアスを修正すれば、それは機会均等原理とともに、本書で打ち出している「万人の実質的自由」という考えの代わりの解釈だと考えることが可能だ。ドゥォーキンの資源の平等についても、仮定的な保険制度から生じるはずだと考えられている結果の「ガツガツ志向びいき」のバイアスが修正されれば、同様だ。だが、2人の理論から得られるベーシック・インカムに関する結論が、それでも私たちのものと異なっているのはどういうわけなのだろうか？　それは要するに、2人の理論の背景にある社会や、そこにはびこる不平等のイメージが、筆者たちの様式化と異なるからである。

　ドゥォーキンの考えで重要なのは、理性の及ばないところで決まる運のせいで人々には不平等に資源（個体的資源と非個体的資源の両方）が与えられるという点だ。これは正義に適う状態ではない。与えられた個体的資源の不公平に対してできることは少ないが、与えられた非個体的資源の分配は、不正義を正すために再編することができる。ドゥォーキンの理論は、それをどのように行えるかを詳しく述べているのだ。この根底にある社会というもののイメージは、新古典派経済学の一般均衡のモデルに慣れ親しんだ人ならば十分に理にかなっていると思えるものだ。そこでは、経済主体の持つ選択肢の集合は、その人の個人的および非個人的資源がどれだけ与えられているかによってすべてはっきりしており、それをもとに自分たちの運命が完全に予測可能になっている。どのような形であれ、この様式的なイメージは、特に分配的正義に関心を持つ経済学者には広く受け入れられている[56]。だが、これは乱雑な現実世界にはあまり当てはまらない。

現実世界では、資源の賦与と解釈するのが妥当な要因のほかにも、無数の要因が人々の人生の機会に、そしてとりわけ、職やその他の報酬が支払われる生産的活動に従事できるかどうかに、影響を与えるのだ。本書の筆者たちが分配的正義を実現するためにとろうとしているアプローチは、賦与される資源の分配を公平な形に再編する方法を想像するのではない。私たちに与えられるものを左右するすべての要因をひとまとめにし、一番少ない恩恵でも可能な限り手厚くなる保証を提案するものだ。

　ロールズの分配的正義の考え方は、筆者たちと同様、資源の賦与に関してのこうした概念化を避けている。社会的地位という観念に主要な役割が与えられるような社会像に依拠しているからだ。このイメージは、労働者が就労期間全部とその後（稼ぎに比例した老齢年金に頼ること）にとどまり続けようとする、明確で安定した職業がたくさんある社会、そして他方で非就労者も、生涯安定した世帯をともにする配偶者の地位によって決まる独自の社会的地位を有している社会に、最もぴったり当てはまる。それを今日の経済や社会に適用するためには、想像力をたくましくしなければならない。人々は、ここで定義されたような社会的地位を、上がったり下がったりしているからだ。だが不可能ではない。格差原理を考えれば、最低の社会的地位で一生を過ごす人たちの、社会的・経済的利点の指数に注目すればよいことになる（地位はその指数によって分けられる）。ところが、パートタイムの仕事、キャリアの中断、長期の失業が加わったり、さまざまな度合いで存在するいろいろな種類の自発性の話が出てきたりすると、状況はさらに混乱する。誰もが何らかの仕事に就きたいと思うかもしれないが、どんな仕事でもよいというわけではないからだ。そうすると、難しい問題に真っ向から突き当たる。社会的地位の比較の相対的基準となる指数を、ある体制の内部や異なる体制の間でどのように割り出すのか、そして特に、互いに逆相関になりがちな、所得と余暇という、指数を構成する2つの要素の比重をどのように設定するのか、という問題だ[57]。筆者たちが提案する代替案は、社会的地位の分類・命名の必要性も、それらを比較可能に

する偏りのない指数の必要性も回避できる。その代わりに、全員が受け取る恵みに着目し、一番少ない恵みを最大化することを提唱する。

　最低レベルの恵みを最大化する（あるいはもっと正確に言うなら、その価値は他者にとっての機会費用と理解され、それ自体は市場価格から概算される）のは、その恵みを現状最も少なく持っている人の力を2つの方面において最大化する方法である。消費する力を最大化するのもそうだが、その人たちが就労しようと思える職業の幅を広げることで、生きたい人生を選択するための力も最大化する。このアプローチにも独自の限界がある。特に、直接的にも間接的にも課税不可能なあらゆる恵みを、分配的正義の範囲から除外しているのは事実だからだ。そのような恵みのなかには、間違いなく人の人生にとって最も重要なものもある。たとえば、愛する人から得られる愛のように。このようなものはある地位にアクセスするのに役立つが、才能とは異なり、その地位に付随する所得に課税するという形での、間接的な課税は不可能だ。しかしそれも、よいことかもしれない。最大限持続可能な形で、市場力を最も少なくしか持っていない人たちの市場力を高め、それによって（教育やその他のサービスへのアクセス可能性と組み合わさって）、その人たちが上司やパートナーや官僚への従属に抗う力が高まる——そのような構想ができれば十分だろう。

　この特徴により、筆者たちが手を加えたリベラルな平等主義的なアプローチは、フィリップ・ペティットの言い方に従えば、共和主義的アプローチと呼ばれることもあるものの近縁種となる。それはつまり、政治的領域に限らず、恣意的な介入の支配をなくしたり、恣意的な介入から守ったりすることに重点を置いた、分配的正義の考え方である[58]。そのようなアプローチが無条件ベーシック・インカムを正当化できる、と言いたいわけではない[59]。だが筆者たちは、最も自由のない人たちが「ノー」<u>とも</u>「イエス」<u>とも</u>言えるだけの自由を手に入れられるようにすることを、より明確にしている理論のほうを好むのである。

リバタリアニズムと土地の共同所有
Libertarianism and Common Owner ship of the Earth

無条件ベーシック・インカムを正当化してくれる説得力のある理論は、リベラルな平等主義（ないしは共和主義）の伝統の外にも存在するだろうか？　特に、議論の力点が自由にあることを考えると、ベーシック・インカムに賛成する直観的な意見は、リバタリアンの枠組みにも適用できないだろうか？　リバタリアニズムの核にあるのは、社会を構成するすべての成人が、自分自身および合法的に取得した物を好きなように処理する絶対的な権利を有している、という考え方だ。そのため、人が自発的な取引の結果として手にした所得に課税するのは、人の労働の成果を奪うという受け入れられない行為に等しい。こうして見ると、この考え方では無条件ベーシック・インカムの財源確保を正当化できる見込みは薄い。しかし、すべての物理的な物は究極的には、いずれかの時点では誰にも所有されていなかった天然資源から得られる。そのため、すべてのリバタリアンの理論には、この天然資源がどのように正当に配分されるか、明記されていなければならない。

　「右派リバタリアン」は「先着順」の原理を援用する。それは、私的な専有がなかった場合よりも貧しくなる人がいてはいけないという、いわゆる「ロック的但し書き」と組み合わせられることもある[60]。他方で、「左派リバタリアン」にとっては、土地の価値、そしてもっと一般的に言えば天然資源の価値は、その将来性の私的な専有と利用から生まれる価値を含めて、関係する共同体のすべてのメンバー、おそらくは人類全体に等しく共有される義務がある。すべての人に等しい価値の一区画の土地を与えれば正義が達成されるとイメージできよう。だが、これを行おうとする際の官僚的な複雑さと経済の非効率を考えると、現行の人口構成や技術の状態のもとでは、これと同じ原理の具体的な説明を別の方法でするほうが、はるかに魅

力的だ。

　その別の方法とは、土地やその他の天然資源をその最も競争力のある価値で課税し、その税からの収益を、関係する共同体のすべてのメンバーに、個人の状況や生産への過去や現在の貢献を顧慮せず、公平に分配することだ[61]。「左派リバタリアン」の立場からは、このような無条件ベーシック・インカムの財源確保は、労働者やその他の経済主体から、その人たちが合法的に所有しているものを無理やり奪うことにはならない。それに、貧乏な人への給付金のために裕福な人の持っている一部を差し出すような、慈善や連帯も必要としない。むしろ、天然資源から利益を得ている人から料金を取り、それをその資源の共同所有者に移転しているのだ。

　このアプローチが運用されるために、明確にすべき点がいくつかある。第一に、この考え方では「未改良の土地」の価値のみが考慮され、その土地を構成しているものやそこに建っているものは考慮されない。その区画に付与された経済地代を意味するこの価値はもちろん、主に場所によって決まる。言い換えるなら、周辺の土地が「改良」されているか否かだ。マンハッタンの区画の価格をネブラスカ州の区画よりも高くしている根拠はこれで、たとえばその土壌の化学物質の構成ではないのである。そうなると、以下のような疑問が浮上する。もし自分の区画に、その周辺への投資を引きつけるようなものを建てて、それが続いて自分の区画の価値も押し上げたらどうなるだろうか？　これは自分の「未改良の土地」の価値が増加した部分だから、全員に分け与えなくてはならないのだろうか？

　第二に、分配されるべき価値には単に土地の価値だけではなく、その下に埋まっているものや海底に埋まっているものの価値も含まれる。だが、再生不可能な天然資源は絶対に枯渇する。平等に分配されるべき価値を持つその蓄えが、世代が下るごとに少なくなっていくのは仕方がないのだろうか？　あるいは、再生不可能ないしはゆっくりとしか再生しない天然資源の枯渇に寄与する埋め合わせのために、どの世代も資本の蓄積を増やすべきなのだろうか？　それなら、予期される人口増加の埋め合わせもする

べきなのか？

　第三に、平等に分配されるべき稀少性の高い資源は、その土地の上空にあるものも含む。たとえば、電磁スペクトラムとか、大気そのものなどだ。望ましくない気候変動がないとしても、大気が二酸化炭素をこれ以上吸収してくれないという境界値を、我々は定めることはできるのだろうか？仮にそうだとすると、税金（や二酸化炭素排出権）を、排出量がこの境界値を超えないように設定して、その収益を人類に平等に分配するべきなのだろうか？

　無条件ベーシック・インカムが「左派リバタリアン」の土壌においてどのくらい正当化されるかは、これらの（とても手の込んだ）質問にどう答えるか、そして（かなり不確かな）経験的な予測によるところがある。これは第6章で検討しよう。一部の「左派リバタリアン」は、たとえば所有者が死んで放置されているものを含めるなどして、正当に課税できる対象を広げようとしている。これは、市場の取引と同じくらいリバタリアン的には禁止しえない生存者間の贈与の権利を維持する一方で、相続の権利を廃止している[62]。遺贈と生前贈与の扱いの違いがとても大きくなるほど、前者から後者へ移行するきっかけになるので、これがどれほど追加で税金を生み出せるのか、疑わしく思う人もいるかもしれない。さらに基本的な点だが、このような動きは、公平な分配に何が求められるかについて筆者たちがよく考えて行った判断を、リバタリアンのほうではとらえられていないことを表している[63]。

　このことは、リバタリアンを自称するマット・ツヴォリンスキによる、ベーシック・インカムに賛成する雄弁な訴えのなかに、はっきりと見てとれる。「ベーシック・インカムは人々に選択肢を与える。労働市場から出る選択肢、より競争力のある市場へ移動する選択肢、トレーニングに投資する選択肢、起業するリスクをとる選択肢などだ。そのような選択肢が存在することで、他者の意思への従属から逃れられるようになる。極度の自暴自棄の状態でなければ受け入れないような提案に対して『ノー』と言える

ようになるのだ。自分たちの計画、目標、欲求に合わせて自分たちの人生を決定できるようになり、自由になれる」[64]。この手の訴えは十分に説得力のあるものだと思う。ただ、ここで用いられている自由の実体的な観念は、本書の第1章と第2章の議論のなかで筆者たちが漠然と訴え、第4章ではさらに厳密に説明したようなものである。だからこのアプローチは、それがリベラルな平等主義の一種であるとはっきりしている場合には、リバタリアンではなく「リアル・リバタリアン」と呼ばれるものだろう。1つの明確な哲学的アプローチという意味でのリバタリアニズムは、そもそも制度化される前の個人の権原というシステムに依拠しており、正義に適う制度はそれを尊重し守らなければならないとしている。他方で、ほかのリベラルな平等主義のアプローチと同様、筆者たちのアプローチは、そのような制度化される前のシステムの制約のもとで運用されない。制度化前の自然に対する平等な権利を大幅に延長したものに似ているかもしれないが、そうではない。すべてのものは制度化より前のいかなる制約を受けずに分配に供されると考えるが、その制度のもとで行われる機会の分配が、自由で平等な人々すべてにとって公平で正義に適うと考えられるように、制度を設計しなければならないのだ。

マルクス主義と、共産主義へ至る資本主義的な道
Marxism and the Capitalist Road to Communism

リバタリアンのアプローチと対極にあるように見えるマルクス主義だが、その思想は無条件ベーシック・インカムに対して、明確で説得力のある正当化の根拠を与えてくれるか、あるいは少なくともほのめかしてくれるだろうか？ マルクス自身が特に前向きではなかったというのは事実だ。シャルル・フーリエなどの「空想的社会主義」とは対照的に、

マルクス独自の「科学的」アプローチは倫理的な望ましさではなく、歴史的必然の問題だったからだ。ところが、マルクスの著作の論調や政治的運動の前提のなかには、この姿勢とほとんど整合性がないものもある。反対にそれらは、資本主義から社会主義へ、生産手段の私有から共同所有へという闘いを正当化するために一部の「マルクス主義者」が行った、規範的な視点を作り上げる試みに根拠を与えてもいる。このような試みにおいては、搾取と疎外という２つの概念がとても重要な役割を果たしている。そしてこれはどちらも、社会主義の議論と同じくらい、無条件ベーシック・インカムの議論にも関係のある概念なのだ。

　搾取とは、別の言い方をすれば付加価値の引き抜きだが、本質的には経済における純生産量の一部を非労働者が専有することだ。いかなる時点でも、総生産量の一部は、種からコンピューターまで、生産過程で消耗する生産の物理的手段を更新するのに使われる。残ったものが純生産量で、その一部は労働者の賃金で購入される。その残りは、投資に使われるにしろ消費されるにしろ、地主や奴隷所有者や資本家のような非労働者に専有される。労働者が貯蓄も行い、資本家が労働もしていた場合、さらに複雑な図式になる。だが、搾取という概念の核は変わらない。純生産量の一部が労働以外の力で専有されるなら、そしてその場合のみ、搾取が存在するのだ[65]。そして、搾取がそれ自体で倫理的に非難されるべきだと考えている人にとっては、社会主義は正しいものとなる。労働者階級による生産手段の共同での専有は必然的に、労働者が純生産量のすべてを専有することになり、そうなれば搾取が廃止されるからだ。

　ベーシック・インカム制度を正当化するためには、この考え方は一見すると最も見込みが薄いだろう。無条件ベーシック・インカムはまさに、働かないことを選択した人たちが労働者を搾取するための方法に見えるからだ。そのため、資本家の搾取と戦っている人たちがベーシック・インカムに強く反対しても驚かない。プロレタリアートの犠牲の上に怠けて暮らすという、幸運にも資本家階級に限られている可能性を、ベーシック・インカ

ムが万人に広げてしまうとその人たちは考えているのだ。ところが、筆者たちの考えでは、労働者への搾取を気にかけると、ベーシック・インカムが災厄ではなく、ありがたいものだと思えてくる[66]。この異なる視点からすると、資本家の搾取で問題なのは、資本家という少数の階級が寄生していることではなく、プロレタリアという多数の階級が、自らの労働力を活用するために自らを売るしか選択肢を持たない状態なのだ。それゆえ、重要なのは、すべての労働者（特に、そのなかでも最も立場が弱い人たち）に無条件ベーシック・インカムによって交渉力が与えられることであり、自営業や協同組合方式から、スキルを再開発したり単に息抜きしたりするために仕事を休んだりといったことまで、幅広い魅力的な選択肢が与えられることなのである。すべての人に労働を強制するのではなく、働かないという選択を可能にすることは、資本家の搾取を廃止するわけではないが、その程度を減らし、その最も不快な強制的要素を小さくするためには最適な方法だ。ただしそうなると、マルクス主義的な意味での搾取それ自体が不正義とみなされるわけではない、と認めなければならない。その根底にある倫理的直観は、実質的自由ないしは機会の公平な分配に重点を置いた、リベラルな平等主義のほうにより近くなる。

　おそらくはマルクス本人の考え方（ゴータ綱領批判にて最もはっきりと表明された）により近い、もう1つのアプローチがある。これは搾取の廃止と絡めて、社会主義が資本主義よりも倫理的に勝っていると指摘するものではない[67]。むしろ、潤沢さを達成するための道具として、社会主義が資本主義よりも勝っていると考えるものであり、社会主義そのものは、それ自体に目的がない活動の成果として理解される疎外を、廃止するための条件と位置づけられている。資本主義の生産体制は、中央による計画がなく、実際の需要が慢性的に供給とマッチしておらず、利益を挙げようという動機からイノベーションの伝播が阻害されるので、生産力の発展を妨げると主張される。社会主義はこれらの障壁を取り除き、人類の生産力の成長を解き放つので、人類の経済はすぐに潤沢な状態に到達できる、そうマルク

スは信じていた。この状態を言い換えるなら、「能力に応じて働き、必要に応じて受け取る」という、共産主義の理想となる原則に合致する形で社会が動くようになるのだ。万人の必要を満たすために求められる労働は、万人が自らの能力に応じて自発的に行おうとし、そこに誘導するためのいかなる支払いも必要なくなるくらいにまで減らされ、楽しいものとなるだろう。

　しかし、完全に潤沢な状態が達成されるまで、共産主義の特性である分配の原理を部分的にも始めてはいけないという理由はない。さらに、社会主義よりも資本主義のほうが生産力の発展には有利だと判明した場合（歴史的経験に照らし合わせるとそれがわかるし、マルクスがあまり注意を払わなかったいくつもの根深い理由からもわかるのだが）、この共産主義への緩やかな移行は資本主義経済のもとで起こりうる。この観点からすると、無条件ベーシック・インカムの構想は、大きな意味を持つ。潤沢な状態にはまだ達していないけれども、ベーシック・インカムを用いれば無条件に万人の基本的必要をカバーでき、一部のケースではそこにさらなる給付を追加して、障害者のような特別な必要もカバーできるという意味では、私たちの社会は豊かな状態にはあると考えてよいだろう[68]。

　だが、この財源を労働の強制なしに得るには、生産者が労働したり職業訓練を受けたりする十分な物質的インセンティブがなければならない。つまり、市場で得られる報酬に対する税率が、100％を大きく下回るようにしなければならないのだ。ところが、生産力が上がると、必要になる仕事はますます減っていく。なかでも減っていくのは、大きな純利益で補填しなければ十分な働き手を得られないような不快な仕事だ。結果として、貢献度に応じて分配される社会的生産物の割合は次第に減っていき、必要度に応じて分配される分け前はそれに応じて増えていく。前者が後者に追加されるお小遣い程度の額になっていくのだ。これが限界に達すると、社会的生産物のすべてが必要度に応じて分配され、その必要を満たすために十分な生産をする際に、疎外された労働の出る幕はもはやなくなる。人類によ

る生産はここでもまだ必須だ。ロボットがすべての仕事を行うことはできない。だがこの生産に関わる労働は、遊びと区別がつかなくなる。というのも、それ自体でとても満足できるものなので、物質的な報酬がなくても労働力を十分得られるのだ[69]。

　この「市場共産主義」的な無条件ベーシック・インカムの正当化を、すでに論じたマキシミンな実質的自由ないしはマキシミンな恵みという意味での「リベラルな平等主義」的な正当化と比べてみることは有益だ。そのために、無条件ベーシック・インカム以外の公的支出がなく、線形所得税以外の課税がない、資本主義の社会を想像してみよう（第2章で示したグラフと同じ社会だ）。さらに、税率が上がれば社会の課税可能な所得にマイナスの影響を及ぼすと仮定しよう。税率が0％から100％に上がっていくにつれ、無条件ベーシック・インカムとして提供できる持続可能な額は、始めは上がっていき（これは、課税可能な所得の減り方よりも税率の上がり方のほうが大きい「通常レンジ」だ）、次いで下がっていく（課税可能な所得の減り方のほうが税率の上がり方よりも大きい「抑制レンジ」だ）。P195の図5.1はこれを表したものだ。またさらに、前述した意味において経済は豊かであると仮定しよう。つまり、持続可能な額の無条件ベーシック・インカムが、ここで検討した市場共産主義的アプローチで基本的な必要とされるものを満たすのに必要な水準を超えるとする。通常レンジと抑制レンジの境界で、リアル・リバタリアン的アプローチにおいて推奨される税率（点1）に対応する形で、無条件ベーシック・インカムの持続可能な水準がピークに達する（点GMax）。それに対して、疎外を最小化することを目指す市場共産主義的アプローチでは、税率を上げることが推奨され（点2）、それによって無条件ベーシック・インカムの額も、基本的な必要をカバーするのに十分なだけの水準にまで抑制される（点G＊）。

　市場共産主義路線では、課税可能な所得の平均Yと、無条件ベーシック・インカムによって保障される最低所得額Gの両方が、リアル・リバタリアン路線よりも低くなる。他方で、平均所得と最低所得の比率によって測定

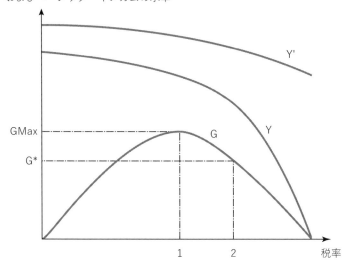

平均所得、課税可能な所得の平均、
およびベーシック・インカムの水準

図5.1 「リアル・リバタリアン」と「市場共産主義」、それぞれの視点から見た最適なベー

シック・インカムの水準

Y：1人あたりの課税可能な所得
Y'：1人あたりの総所得
税率 t：通常レンジが0％から（1）、抑制レンジが（1）から100％。
リアル・リバタリアンの最適な税率（1）：ベーシック・インカムの持続可能な最大水準
GMaxに対応する。
市場共産主義の最適な税率（2）：最高税率が、ベーシック・インカムが基本的必要を満た
す水準G*と一致する

される所得の不平等も必然的に低くなる。生産への貢献度に応じた分配と、
必要度に応じた分配の差も同様に低くなる。そして純利益（つまり、1人
あたりの所得とベーシック・インカムの差額）も低くなる。といっても、こ
のように断定するには、いくつか注意しなければならないことがある。経
済が開かれている場合、税率が高くなると、多くの人が疎外された労働を
海外で行って、たくさん稼ぐようになる。経済が閉ざされていても、税率
が高くなると、多くの人が非公式な領域で疎外された活動に従事したり、

所得の一部を非課税の臨時収入で稼いだりするようになる[70]。その場合、総所得のかなりの部分が課税から逃れ、それは税率が上がるとともに大きくなる。そのため、図5.1では、1人あたりの総所得Y'は1人あたりの課税可能な所得Yを上回るし、課税額が高くなるのに応じたY'の下がり方はYよりも緩やかになる。しかし、これらの複雑な要素を棚に上げて、より簡潔に表したグラフ（Y'がYと一致する）でも、公平性と疎外に対する影響をフルにとらえられると仮定しよう。

リアル・リバタリアンの選択肢と比較して、市場共産主義の選択肢はどのように正当化できるだろうか？　2つの大きな可能性がある。1つ目は、平等を根拠にしている。市場共産主義的な路線は、平均所得に対する最低所得の割合で測定できる平等性をより高める。図5.1では、これはベーシック・インカムGと1人あたりの所得Yの比率だ。この平等主義的な選好は、全員の所得が低くなったとしても、より多くの平等そのものの達成が重要なのだという、内在的な規範に基づくものだろう。だがそれはまた、より現実的な考慮にも基づいているかもしれない。たとえば、より高額のベーシック・インカムの経済的持続性を担保するために必要な不平等は、政治システムが経済的不平等と無関係ではない状態では、政治的な安定を危うくする可能性がある。あるいは、絶対的な水準に関係なく、所得の不平等そのものが、最も恵まれない人の健康など、所得額ではとらえきれない実質的自由の側面に対して、悪影響を及ぼすと予想される[71]。

2つ目の正当化の方法は、「脱成長」的な正当化と呼べる。それは、市場共産主義の路線が、生産的な貢献を促すのに必要な給与水準の平均に近づき、図5.1では1人あたりの所得とベーシック・インカムの差額だけを見ればわかるように、疎外の減少につながるという事実を根拠にするものだ。この正当化が説得力を持つためには、疎外された活動の量を最小化することが、その活動から逃避するための実質的自由を最大化することよりも重要なのだという前提が必要だ。リアル・リバタリアンの路線では後者のほうが重要度が高いのだが。この想定は、よい生き方に必須なのは労働では

なく余暇（忙しくあることや消費ではなく、がむしゃらな競争から抜け出してシンプルな生き方を選ぶこと）であり、全員の必要の充足と両立する限り疎外された活動は最大限阻止されるべきだ、という完全主義的ないしは非リベラルな立場から得られる。また、現実的に考えてもこのような想定に至るかもしれない。今日、（疎外された）生産量を高めることはその長期的な持続性を犠牲にするとか、環境への影響が所得額でとらえきれない形で実質的自由にも悪影響を及ぼす、などと結論づけられた場合である。

　内在的な規範を根拠にするものと、完全主義的な考え方を根拠にするもの、どちらの正当化も、よい生き方という概念の多様性を尊重することに尽力しているリベラルな社会においては、持続するのは難しい。しかし、現実的な考え方に基づく正当化については、リアル・リバタリアンのアプローチと根本的に違うわけではなく、後者を洗練して素朴な議論でなくするきっかけと解釈することもできる。さらに、相対的ないしは絶対的に持続可能な最高額に設定されていなかったとしても、ベーシック・インカムは資本主義社会のなかの共産主義的な領域を存続させ、発展させるはずだし、そうなるべきなのである。それには、貢献に応じてではなく必要に応じて自分たちの生産物を分配することを自発的に選択した、（イスラエルの集団主義的協同組合の原初形態のような）小規模な共同体だけではなく、何千人規模の協力者による集団的な生産物を、それが有用だと思う世界中の人々に無料で提供する、大規模な共同事業（ウィキペディアのモデルがそうだ）も含まれる。そのため、豊かな社会においては、ベーシック・インカムは物理的な生産量のシステマチックな減少に寄与すると言える。それは人間の労働を「脱商品化する」ためであり、市場と国家の両方に収斂し得ない「自律的な」領域を増やすためだ。ただ、その効果そのものを目的として努力する必要はない。これらの効果は、万人の実質的自由の追求で得られる副産物にすぎないこともあるのだ。

ベーシック・インカムと幸福

Basic Income and Happiness

妥当性のある正義の考え方を根拠に、無条件ベーシック・インカムを正当化できる可能性をここまで広く論じてきたが、それを締めくくるにあたって、そんな厄介なことをする必要が本当にあったのか、と疑問に思われるかもしれない。ただ単純に、ベーシック・インカムは私たちの社会をより幸福にする、あるいは、可能ななかで最も幸福な社会にしてくれる、と論じるだけではだめなのだろうか？

　幸福を、人々の選好が満たされる度合いだと解釈した場合、そのように焦点を当てることは、大半の20世紀の経済学者たちが規範的な断定のなかで当然視した何らかの功利主義的な考え方を受け入れるのに等しい[72]。このアプローチの利点を評価するには、厚生経済学を創始した本の、まさに最後の章よりもふさわしい出発点はない。「実質的所得の国民的最低水準」と題された章で、A・C・ピグーは最低所得制度の導入を以下のように正当化している。「貧者へ移転される限界的1ポンドの移転から生ずる直接の利益が、それに伴う分配分の減少によって生ずる間接の弊害をちょうど相殺するような水準まで最低賃金を引き上げることによって経済的厚生を最もよく促進するということである」[73]。

　この根底にある推察は、所得の額が上昇するとともに、限界効用が減少していくということだ。つまり、その人の所得が高いほど、その人の所得が1単位上昇もしくは下落することによって左右される選択の満足度は少なくなる。結果として、福祉（あるいは幸福、有用性、選択の満足度）の総計が最大化されるので、高い所得に課税し、自分では所得が少ない（ないしはゼロの）人たちにその収益を移転することが正当化される。言い換えるなら、最大限幸福な社会には何らかの形の最低所得が求められるのだ。

　しかし、だからといって、その最低所得制度が無条件ベーシック・インカ

ムという形をとるべきだというわけではない。第1章で論じた問題に立ち戻るなら、第一に、同居による規模の経済が、1人暮らしの人よりもパートナーと住んでいる人の生活水準を高める。このことが、世帯の状況とは関係ない額の、厳密に個人単位の最低所得が反対される理由となっている。第二に、一般的功利主義の議論は普遍性を必然としていない。ピグー自身も述べているが、普遍的な所得移転によって、労働力供給への影響が「非常に強力に作用して、分配分が甚だしく害されるであろう」。[74]その結果として展開された功利主義的な最適課税の理論は、最も所得が低い層に対して資力調査を課すことや、少なくとも法外な限界税率をかけること（あるいは給付金を回収できるくらいに税率を上げること）を正当化するものであった。このような逆インセンティブは、ごく一部の生産性の低い人々にしか関与しない。他方で、最低所得を上げるために政府が集めることのできる歳入は膨大になる[75]。

　第三に、一般的功利主義の議論には、最低所得の給付を受け取るために義務を課されないことは含意されていない。確かに、可能ならば働かないことを選択した人は、このように義務から自由であるおかげで選択の満足度を高めると予想される。しかし、そのような人々が自分たち自身の長期的な関心を見落としているかもしれない可能性を棚に上げても、そのまま働き続けるであろう人々の幸福への影響を考えることはもちろん重要だ。まず、一定の水準の最低所得を供与するためには、働く意思のある人だけが給付を受け取れる場合よりも、多くの税金を労働者に課す必要がある。そして、（すでに引用したヤン・エルスターの見解のように）もし本当に「広く受け入れられている正義の観念」が「健康な人が他者の労働に頼って生きるのは不公平だ」というものだった場合、労働者の一部に一定の憤慨が発生することも計算に入れるべきだ。ただ、これら2つのことを考えても、大したことはないという結論になるかもしれない。労働の意思を調査するための経済的コストはその利益を上回るかもしれないし、義務を課さないベーシック・インカムは、共通の相続財産の分配と表現されるなら、す

べての人に公正だと認められるかもしれない。だが、これは当然視できる
わけではない。そのため、最低所得の支給の強い根拠となりうる一般的功
利主義の議論はあるけれども、個人単位の、普遍的な、義務を課さないベー
シック・インカムを最も期待できる方式として選んでいると解釈すること
はとてもできない。

　ベーシック・インカムが幸福に貢献するから正当なのだ、と論じようと
するもう1つの一般的な方法は、厚生経済学を利用する方法とはかなり異
なっている。それは、経済成長にベーシック・インカムが貢献する、と訴え
るものだ。所得の限界効用は、その人の所得が上がっていくとともに小さ
くなっていくかもしれないが、それが前向きなものである以上、所得の増
加は、幸福が究極の基準だと考える人にとってはよいことだとみなされる
はずだ。ベーシック・インカムの提案の長い歴史のなかにも、1920年のデ
ニス・ミルナーによる『Higher Production by a Bonus on National Output
(国家の生産力に対する特別手当による生産力の向上)』から、2014年の
ジェフ・クロッカーによる『The Economic Necessity of Basic Income
(ベーシック・インカムの経済的必要性)』まで、ベーシック・インカムが成
長によい影響をもたらすだろうという推定に基づいた訴えは必ず含まれて
いる。しかし、そのような訴えで使用されている論拠のほとんどは、ケイ
ンズ主義からきている。多くは暗黙のうちにそうなっているが、明確に打
ち出している場合もある[76]。結局、ほかの数ある再分配の方法のなかで、
ベーシック・インカムのみを選び出すことには失敗している。確かにベー
シック・インカムは、それが失業を減らすために最も効果的である場合、下
降する有効需要を押し上げて成長を促すので、景気対策として機能するだ
ろう。だが、条件つきの最低所得や、さらには社会的な所得移転全般にも、
同じことが言える。この点で、ベーシック・インカムの優位性を論証する
のは難しいと思われる。それどころか、すでに述べたが、ベーシック・イン
カムは人々を義務から解放してくれる。そのため、世代間の公平やその他
の理由で、豊かな社会において定常状態や「脱成長」を唱える人に魅力的

に映るのだ[77]。それでも、第1章で説明したように、この義務からの解放という性質は普遍性と合体すると、人的資本の発展を加速し、それによって生産性も上げる。だが義務からの解放はまた、上がった生産性を生産や消費の拡大よりも、余暇を増やしたり労働の質を高めたりすることに転化する。そのため、経済成長の最大化という形で幸福を最大化させたいと考えている人にとっては必然的に、条件つきの制度のほうがより魅力的に思えるはずだ。

　幸福度を高めるのに資するという理由でベーシック・インカムを擁護したい人にとって好都合なのは、今述べたことは重要ではないということだ。ある社会の内部では所得と個人の幸福度には強い相関関係があるし、別々の社会を比べても緩やかな相関関係がある一方で、1974年にリチャード・イースターリンが次のような事実を指摘している。豊かな社会において実質所得は著しく増大したが、それが選択の満足度を大きく高めたわけではないのだ[78]。3つのメカニズムが作用しているのを見れば、これを説明できる。第一に、所得の増大で得られる満足度の一部は、いわゆる地位財の所有や消費によるものだ。地位財とはつまり、その持ち主とそれにアクセスできない人を分けることが、部分的にしろ全体的にしろ幸福度に寄与するという商品である。第二に、一部の商品の取得や使用については、ひとたびその商品が多くの人に取得されて使用されるようになると、特に過剰さのせいで、誰もその商品を取得していない場合よりも使用者たちの幸福度が下がってしまうという点で、逆効果になる。第三に、最も一般的な事柄として、人の選好というものはきっぱり決まってはおらず、適応的なものだ。特に、本来の選好が満たされた際には、その人の望みはさらに高くなる。結局、成長が私たちの社会をより幸福にするというのは幻想であるし、ベーシック・インカムが成長に最適ではないという事実があるからといって、社会の幸福度を高めようとしている人たちにベーシック・インカムに反対する論拠を与えるようなことにはならないのだ。

　いずれにせよ、この章を締めくくるにあたってベーシック・インカムの

推進者に助言しておきたいのは、ベーシック・インカムが幸福度に影響するという疑わしい説にはあまり注目しないことだ。そのような影響に対する信用は、かなりの憶測に基づかざるを得ないからだ。そしてもっと基本的なこととして、幸福度を高めることは私たちの社会の目的として筋が通らない。この確信を具体化する1つの方法としては、イースターリンのパラドックス（訳注：ある地点を越えると、所得の増加とともに幸福度は増加せず、頭打ちになる）を一般化したようなものを考えてみることだ。『社会分業論』(1957年、理想社)でデュルケームは、義務感に駆られた自殺を除けば、自殺率と「文明」のレベルに有意の相関関係があると指摘した。この「文明」とは、実質所得の水準だけでなく、たとえば、すべての市民に平等に権利が行き渡っているかというようなことも含む。「真の自殺、悲しむべき自殺は、文明民族においては風土病的状態にある。この自殺は、文明と同様に地理的にさえも分布している」とデュルケームは書いている[79]。社会が文明化されるほど、惨めに感じ、自ら命を絶とうとする人の割合が大きくなる。この自殺率を社会の一般的な不幸度を示すよい指標だと仮定し、デュルケームのパラドックスが経験的に立証されたとしよう。それなら、私たちは社会をより「文明化」する努力、特に、より正義に適った形にする努力を放棄するべきなのだろうか？　デュルケームはそうは思わなかった。代わりに「実利的比較から断乎として訣別」することを選び、オーギュスト・コントの、「文明の種々の諸時代における人間の幸福の増加をめぐっての曖昧な形而上学的論争を無用空虚なるものとして、われわれから遠ざける」という提案を支持した[80]。

　本書の筆者たちも、それに大いに同意する。イースターリンのパラドックスに絡めて適応的な選好というものを参照したように、選好が満たされるという意味での幸福の総量を増やすことは、長期的な目的としてはふさわしくない。選好は変わるからだ。特に、向上心のレベルは、その前に達成されたものに大いに左右される。だからといって、私たちの社会をよりよくしようとすること、そして何よりももっと正義に適うものにしようとすることに、意味がないわけではない。反対にこの章で行ってきたように、

一貫した、妥当性のある正義の考え方を明確にすることは必須なのだ。そして、本書全体を通して行っているように、私たちの社会をより正義に適ったものにするための構想を検討することは、同じくらい重要だ。そのような構想がなければ、私たち自身も、未来の世代も、希望を持つことができない。だが、希望が存在するためには、提案されている構想が望ましいだけでなく、実現可能でなければならない。続く章では、無条件ベーシック・インカムの経済的・政治的な実現可能性の問題を検討していく。

BASIC
INCOME

A RADICAL PROPOSAL
FOR A FREE SOCIETY AND A SANE ECONOMY

第 6 章

経済的に持続可能か？
財源、実験、移行の方法

....

Chapter 6 :

Economically Sustainable? Funding,
Experiments, and Transitions

....

ベーシック・インカムの財源を持続的に確保することはできるのか？よく表明されるのは、ひとたび手厚い、義務を課さない所得が保障されると、多くの人は労働を減らしたり、まったく働かなくなったりするのではないかという懸念だ。もちろん、有給の仕事を減らしたり中断したり、報酬は少ないがもっと満足できる雇用を選んだり、給料よりも労働の質の向上という形の報酬を雇用者ととり決めたりすることを可能にするのが、ベーシック・インカムの目的の一部だ。ベーシック・インカムの支持者はこのようなことをすべて歓迎するはずだ。それがベーシック・インカムの財源を枯渇させるとなれば話は別だが。ベーシック・インカムに批判的な経済学者の多くが指摘しているように、このリスクは、万人に保障される最低所得が持つ、義務を課さないという性格から生じるというよりも、何と言っても、財源を確保するのに必要な税制が原因で生じる。この税制がとりうる最も簡単な形態は個人所得税であり、本質的には労働所得に課される税になりがちだ。そして、手厚いベーシック・インカムに求められるその税の形態こそが、ベーシック・インカムの持続可能性に疑問を向けられる要因になっているのである。この章では、この課題の核心を解明し、それがどれほど深刻なのかを割り出した実験やシミュレーションのモデルからわかることを検討し、それを和らげる方法としてほかの財源を議論し、最後に、ベーシック・インカム構想を推し進めるための３つの慎重な方法の利点を検討する。

労働所得
Labor Income

ベーシック・インカムの持続可能性に対する懸念には、２つの主な源がある。そのうちの小さいほうは、インフレーションのリスクだ。

それには簡単に対処できる。最もよく提案されているように、ある特定の住民グループに購買力を再分配することによってベーシック・インカムの財源を作ったとしたら、外国からの移転や貨幣の発行によって財源を確保する場合とは違い、経済全体にインフレ圧力はかからない。といっても、地域的なインフレ圧力は起こりうる。ベーシック・インカムの額の設定、代わりに何を廃止するか、そして財源を正確にどのように確保するかの選択によって程度に大きな違いが出てくるが、比較的稼ぎの多い人から少ない人（特に非正規労働者）へ、および少ない社会的移転しか受給していない人へ、一定の再分配が行われる。そのため、ある商品が少なくとも短期的には供給の融通がきかないのに、ベーシック・インカムの導入で純利益を得た人によって供給よりも多く買われている（そして供給量を調整した後も買われ続ける）場合、一定の値上げが予想され、それによってベーシック・インカムの実質的な価値の一定の低下も予想される。これは、特にベーシック・インカムが広い地理的範囲で導入されたときに当てはまる。それに付随した、貧しい地域に有利な再分配の効果は、住宅や地域のほかの商品の価格を押し上げ、それによって再分配の利益が補われずに減少する可能性がある。心に留めておくべきではあるが、これはベーシック・インカム制度の持続可能性を危険にさらすものではない。

　しかし手厚いベーシック・インカムの持続可能性に対する2つ目の主要な懸念点に対しては、以上のようなことは言えない。それは、財源の確保と結びついて、経済活動のインセンティブに悪影響を及ぼすかもしれないものだからだ。この悪影響は、どのような財源確保の形態をとるかによって異なるので、この後、すべての選択肢を検討したいと思う。だが、所得税のシステムと福祉の状態の両方が進んだ国では、現状最もわかりやすい財源確保の方法は、個人所得税だ。これは細かく作り上げられた構想のほとんどで採用されている[1]。また、第2章で論じたように、負の所得税と形式的互換性を持つ唯一の方法でもある。所得税のシステムと福祉状態の両方が進んだ国では、大部分をこの課税方法に頼ることなしに、有意義な額の

ベーシック・インカムの財源を当面の間確保し続けるというのは考えにく
い。資本からの所得にはさまざまな特権が与えられているので、個人の所
得に課税するのは労働所得に課税することとますます等しくなる。そして、
無条件ベーシック・インカムの財源として労働所得に課税するのは、それ
を社会保険の負担金を課することとはかなり異なる。後者は本質的に、直
接賃金の一部を老齢年金やその他の社会保険という形の間接賃金に変える
が、対する前者が意味しているのは、正規の仕事や、より高賃金の仕事への
移行によってもたらされる純収益の明らかな減少である。義務を課されず
に所得が得られるという快適さに加えて、このような物質的インセンティ
ブの減少が、手厚いベーシック・インカムの持続可能性に疑いを持たれる
要因なのだ。

　持続可能性に対する懐疑を最もシンプルな形で表明した言説はしかし、
非常にミスリーディングだ。構想されているベーシック・インカムの額に、
受給対象となる人の数を掛けて、その額を捻出するためにどのくらいの税
金を課税可能な個人所得に課す必要があるかを計算し、対応する税率を既
存の税負担に加えるという議論だ。社会保障制度や税制が進んでいる国に
当てはめると、これは筋が通らない。というのも、ベーシック・インカムの
多くはもう1つの方法でも「自己資金」を調達できるからだ。第1章で述
べたように、ベーシック・インカムはそれよりも低額の社会的給付（公的
扶助や社会保険）、およびそれよりも高額の社会的給付の下層の部分にとっ
て代わる。また、低所得者層の全世帯にわたって設定されている税額控除
にもとって代わるし、もしかすると、児童手当や企業年金など、ほかのいく
つかの税支出の代わりにもなるだろう。ベーシック・インカムの水準や、
既存の給付金や税額控除の規模や構造によって、ベーシック・インカムの
「自己資金」がどちらかの方法で調達されるか、その割合は大きく変わって
くる。たとえば、1人あたりGDPの10％に設定されたベーシック・インカ
ムならば、その純費用は総費用のなかの少ない割合なので、その大部分を
この方法で調達できる場合が多い[2]。ベーシック・インカムの水準がもっ

と高くなると、純費用も高くなるのは明らかだが、それでも総費用よりはかなり小さい。問題は純費用なのだ。

　もっと正確に言うなら、その純費用がどのようにして、限界税率の新しい体系に係わるのかが重要なのだ。労働へのインセンティブが低くなることから生じる、ベーシック・インカムの持続可能性に対する核心的な脅威は、資力調査を伴う制度から普遍的な最低所得制度へのいかなる移行にも内在している特徴だ。これは最大限シンプルな想定のもとではP210の図6.1のように表現できるし、以下のようにまとめられる。このような移行は、納税者の３つのグループに対してそれぞれ異なる影響を及ぼす。総所得が最低所得の額を下回っている人については、限界実効税率（ないしは給付金が税金によって回収される率）が、標準的な資力調査つきの制度に固有の100％から、はるかに低い水準へ劇的に低下することになる（本書の例では、一律の25％）。そして貧困の罠の除去と呼べるような、前向きな効果が、その人たちのインセンティブに与えられる（第１章を参照）。総所得が最低所得の額と、ベーシック・インカム制度の損益分岐点を超えたいずれかの点の間に位置する人については、純所得が増加するし、限界税率も増加する（本書の例では９〜25％）。さらに、それよりも高い所得がある人もまた、限界税率が高くなるが（本書の例では前のグループと同じ）、純所得は減ることになる。懸念されるのは、所得の階層の最下層の人たちの労働へのインセンティブが改善されるという歓迎すべきことの裏では、経済へもっと重要な貢献をしている、より生産力の高い大多数の労働者のインセンティブが深刻なほど低下するという犠牲が起こることだ。中間の層は、高くなった純所得を享受する効果（いわゆる「所得効果」）と、労働時間あたりの収入が少なくなる効果（いわゆる「代替効果」）の合わせ技により、労働時間を減らそうとするだろう。

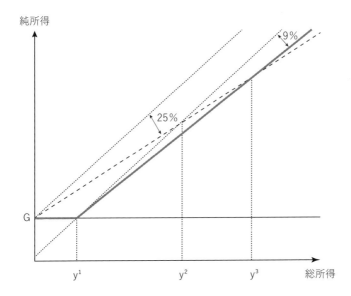

図6.1　資力調査つきの最低所得制度とベーシック・インカムにおける純所得の比較

２本の点線は、ベーシック・インカムがあるとき（上）／ないとき（下）の総所得。
破線は、ベーシック・インカムがあるときの純所得。
実線は、資力調査つきの最低所得があるときの純所得。
y1は資力調査つき制度の損益分岐点。
y2はベーシック・インカム制度の損益分岐点。
y3はベーシック・インカムに移行した際に純利益が生じる人と純損失が生じる人の境目。

前提：
・ベーシック・インカム、ないしは資力調査つきの最低所得制度以外に公的支出は存在しない
・人口の30％が総所得０、70％がy1より高い総所得を得ている

個人単位のベーシック・インカム制度の概要：
・平均所得の25％のベーシック・インカムが給付される
・すべての所得に対して一定の25％の線形所得税が課される。損益分岐点は平均所得額（y2）である

　言うまでもないことだが、ベーシック・インカムの普遍的性格が税収や所得の構造に及ぼす効果は、実際の世界では本書で行ったシンプルな図示

よりも複雑な形をとる。特に、世帯単位の資力調査つきの制度から、単身者向けの資力調査つきの制度と同じ水準の、個人単位のベーシック・インカムに移行した際には、違いは大きくなる。それに、ほかの公的支出の財源も確保し続ける必要があるため、税率はもっと高くなるだろう。たとえばアメリカ合衆国では、社会保障ではない公的支出がGDPの約13%、教育と医療への公的支出が約12%、その他の社会的支出が10%（そのうち6％が年金に充てられる）である。フランスでは、社会保障ではない公的支出が17%、教育と医療が12%、その他の社会的支出が22%（そのうち12%が年金）となっている³。規模の程の感覚をつかむため、仮にGDP比25%のベーシック・インカムがある場合、社会的支出のうち現金支払い分の半分が不要になるとしよう。すると、アメリカ合衆国ではGDP比55%の税率、フランスでは65%が必要になる。さらに、GDPの一部は個人所得という形をとらないため、個人所得税の課税対象にはならない。たとえばユーロ圏では、各世帯に支払われる所得という形をとるGDPは、全体の3分の2を少し上回るほどだ⁴。すべての公的支出がこれらの所得全体に対して課される一定税率の税金で賄われるとすると、必要になる税率は55%や65%などではなく、さまざまな税額控除で課税対象が減ることを考慮に入れなくても、80%や90%になる⁵。

　ベーシック・インカムが導入されたからと言って、社会の所得のうち、個人の家計に渡る部分が減るわけではないので、これらの数値は、社会の所得のなかで国家が自らの目的のために使う部分と解釈してはならない。むしろ逆に、個人の家計に渡る部分が増えることも大いにあるだろう。しかし、普遍的で、個人単位で、手厚いという要素が一度にそろった最低所得制度への移行に伴う限界税率の指標として、これらの数値は参考にはなる。これは無視できない課題だ。それに応えるには、物質的インセンティブの重要性を絶対視せず、労働市場への最大多数の参加よりも効果的な人的資源の配置のほうが重要だと強調する方法が考えられる（第1章ではそれを行った）。これは長期的な視点としては重要だ。だが、手厚いベーシック・

インカムの持続可能性に対する信頼を高め、広めるには、さらにやるべきことがある。そのようなベーシック・インカムが導入された際に何が起こるか、情報に基づいたさまざまな予測を立てるためには、特定の水準のベーシック・インカムが与えられたらどうするかと人々にただ尋ねるよりも、さらに進んだことができなければならない[6]。その実験を行い、シミュレーションモデルを組み立てることは可能だ。

ベーシック・インカムの実験
Basic Income Experiments

実験は、組織的に行われる必要がない場合もある。その1つの例は、ベルギーの国営宝くじが当選者の一部に対して行った取り組みだ。高額の当選金を一度だけ支払うのではなく、1998～2007年には1000ユーロ（当時のベルギーの1人あたりGDPのおよそ40％）を、それ以降は2000ユーロを、生涯にわたり毎月支払う「生涯当選金制度」というものだ[7]。もう1つの例は、ベルリンの起業家ミヒャエル・ボーマイヤーによって2014年に創設されたクラウドファンディングの取り組み「マイン・グルントアインコメン（私のベーシック・インカム）」だ。これは志願した人に対して、1年間の経済活動の監視を認めることを条件に、1000ユーロ（当時のドイツの1人あたりGDPのおよそ40％）を支給する。その人たちは労働時間やスキルを身につける時間を減らすのか、増やすのか、あるいはほかの活動に従事するようになるのかなどを観察される[8]。

　ここで挙げたどちらのケースも、現金支給で、個人単位で、資力も労働への意思も調査されないという、本物のベーシック・インカムが、実社会の人たちによって実験されている。だが、ベーシック・インカムを社会全体に導入した際に何が起こるかについては、どちらの実験からもほとんど推論

できない。１つ目の理由は、これらの実験でベーシック・インカムを支給された人は、人口のなかのごく少数だったばかりか、（高頻度の）宝くじ参加者や（かなりモチベーションの高い）ベーシック・インカムの支持者という、とても偏った層だったからだ。２つ目の理由は、宝くじの当選金として、ないしは実験の一環としてベーシック・インカムを受け取ったという一握りの人たちの振る舞いは、仮に共同体の全員が同じように受け取っていた場合に同じ人たちがとるであろう行動とは、当然違うはずだからだ。

　この２つの制約は、それぞれまったく異なる状況のもとで行われた以下の２つの試験的研究では克服されており、それらの研究はベーシック・インカムの議論でもたびたび引き合いに出される。１つ目の研究は、2008年と2009年に行われたもので、ナミビアのオトジベロ村に少なくとも１年間居住していた60歳以下の大人約1000人が、月々100ナミビアドル（およそ８米ドル、当時のナミビアの１人あたりGDPのおよそ２％）の無条件ベーシック・インカムを受け取り、他方で60歳より上の人たちは、500ナミビアドルあまりの公的年金を受け取り続けるというものだ。資金の大部分はドイツ合同福音主義宣教会から提供された[9]。このプロジェクトでは該当する年齢層のすべての住民が給付を受けたので、個人の自主的選択というバイアスはなく、地域全体の規模で運営されるベーシック・インカム制度の観察が可能だった。

　さらに慎重に設計されたもう１つの実験は、ユニセフの資金提供のもと、2011年６月から2012年11月まで、インドのマディヤ・プラデーシュ州で行われた。これは要約すると、ランダムに選ばれた８つの村の大人ひとりひとりに対して、月々200ルピー（４米ドルより少し多いくらい。当時のマディヤ・プラデーシュ州の１人あたりGDPの6.5％、インドの１人あたりGDPの４％）の無条件ベーシック・インカムの受給資格が与えられるというものだ。この額は１年後に300ルピーに増額された。子どもには大人の半額を受給する資格が与えられる。ランダムに選ばれた同じような12の村が対照群とされ、そこではベーシック・インカムが導入されなかった。

この方法のおかげで、さまざまな効果がベーシック・インカム制度による ものだとより確信を持って言えるようになった。さらに、ナミビアのケー スと同様、該当する年齢層のすべての住民が実験の対象となった。そのた め、個人的な事情によるサンプルの偏りは最小化され、地域全体という規 模でベーシック・インカム制度が導入された際の影響を観察することが可 能になったのだ[10]。

　先ほど述べた2つの制約がこれらの実験では克服された一方で、豊かな 国におけるベーシック・インカム構想との関連を考えた場合、さらに深刻 なもう1つの制約が登場した。ナミビアやインドの水準からしても控え目 な額であったことと、年金受給年齢より若い人に対する社会保険や公的扶 助が実質的に存在しないという両地域の背景によって、この2つの試験的 実施は、発展した社会保障制度を持つ国々でベーシック・インカムの導入 がどのような意味を持つか、ということとは大きく違う結果になったのだ。 もちろん、大きな違いがあったからといって、実験で村人の生活が大きく 改善されなかったり、依存の罠を作り出さずに極度の貧困を緩和するとい う制度の効果について、興味深い見識が得られなかったわけではない。だ が、北部の先進国のベーシック・インカム支持者が自説を支えるために利 用したいと思っていたであろう結果はすべて、この違いによって切り崩さ れてしまった。

　そのうえ、これまで述べてきたさまざまな実験にはさらなる2つの欠点 があったので、現実に導入される制度のモデルとしての妥当性は、著しく 低下していた。第一に、「生涯当選金制度」は例外だが、これらの実験には 期間の制限がある。ベーシック・インカムの効果は、1年しかもらえない のか、生涯ずっともらえるのか、その見込みによってかなり違うはずだ。 もらう人の性格や活動にもよるが、短い期間しかないという自覚があると、 制度が一生涯続く場合よりも、その人の現行の活動への愛着が増したり （慎重にお金を使おうと考える）、逆に減ったり（せっかくの機会を利用し ようと考える）するかもしれない。第二に、ここで挙げた4つのケースす

べてに言えることだが、これらの制度を支える資金は外部から来ている。完全なベーシック・インカム制度が導入される場合には必要な、課税がもたらす影響を、まったく考慮することができない。たとえば、ナミビアとインドの実験で観察できた新しい経済活動は、地域経済に購買力を付与すれば生じると予測できるものがほとんどだった[11]。そして宝くじやクラウドファンディングの場合、労働によって保たれる分の受給者の純所得は、仮に全員に1000ユーロを給付する場合には必要になるであろう追加の課税で減らされはしない。どのベーシック・インカムの実験にも内在しているこの2つの大きな制約のせいで、生涯にわたり給付され、それを享受する共同体の内部の財源から賄われるベーシック・インカムが、どのくらいの経済的な持続可能性を持つかについては、確かな結論を引き出すのが不可能になっている[12]。

負の所得税の実験
Negative-Income-Tax Experiments

もっと古く、はるかに多くのお金がかけられた1970年代の北アメリカでの実験から、より意味のある知見が得られはしないだろうか？第4章で言及したように、そのような実験のほとんどはアメリカ合衆国で行われた。ニュージャージー州とペンシルベニア州（1968～1972年）、アイオワ州とノースカロライナ州（1970～1972年）、インディアナ州の都市ゲーリー（1971～1974年、黒人のシングルマザーを対象）、シアトルとデンバー（1970～1980年、最大規模）の実験だ[13]。

いずれも、ランダムに選ばれたさまざまな所得層の世帯に、さまざまな水準の所得保障およびさまざまな回収率のもとで、負の所得税制度の給付（第2章を参照）が与えられ、既存の制度が適用されたままの、同様の特徴

を持つ対照群と比較された。ほかのところからの所得を持たない世帯に給付される額は、大部分が当時の公的な貧困ラインの50%から150%の範囲内に設定された。たとえば、ニュージャージー州の実験で採用された100%では、2人の大人からなる世帯に保障される最低所得は1人あたり年間1000ドルだった（1968年の1人あたりGDPの約21%）。この実験の開始時点では大人1人の世帯は含まれていなかったが、世帯を離れた配偶者には、その世帯に与えられていた所得保障の自分の取り分の受給資格が、引き続き与えられた。給付金の回収率（1ドル稼ぐごとに給付金の減額という形で相殺される割合）は30〜70%の範囲であった[14]。給付金の支払いは、2年間（アイオワ州とノースカロライナ州）から最大9年間（シアトルとデンバーの一部の受給者）という区切りが設けられていた。すべての実験で対象となったのは、その時点で公的扶助を受ける資格がない、健康な男性を筆頭者とする世帯だ。ニュージャージー州の実験の初期を除き、片親の世帯も対象に含んでいた。

　もう1つの負の所得税の実験は、実施されてから何十年も経って再発見されたのちに、特に人気が出た。「ミンカム」（訳注：第4章参照）と呼ばれたこの実験は、1975〜1978年に、カナダのマニトバ州のドーフィンという町で実施された。カナダの貧困ラインの60%の水準で、回収率50%の、世帯単位の負の所得税制度がここでは導入された。実験が計画された1972年の段階では、単身の成人に保障される年間の所得額は1255カナダドル（当時のカナダのGDPの25%近く）に設定された。この額はその後、物価の上昇に対応するように調整された。北アメリカで行われたほかの実験とは異なり、このカナダの実験では「理論的飽和」のサンプルサイズが用いられた。つまり、所得条件を満たしているこの町のすべての世帯がプログラムの対象となったのだ。そして、近隣の地方自治体からランダムに抽出された低所得の世帯が対照群とされた。1つの地域自治体が丸ごと実験に組み入れられたことにより、たとえば、労働時間の短縮に対する敵意が低くなったり、分散したサンプルよりも飽和したサンプルのほうが共同での余暇活動の機会が多く

なったりするなどの現象について、何が「個人レベルのメカニズム」によるもので、何がそれと対立する「コミュニティ効果」によるものなのか、区別するための試みも可能だった。そのため、ドーフィンの実験は、ベーシック・インカムを現実に導入した際の影響を見積もるための妥当性を、明確に持っていると言える[15]。

　しかし、誇張してはいけない。ドーフィンの実験と現在のベーシック・インカムの構想との間の関連性は、ほかの負の所得税の実験とほとんど同じ制約によって、完全とは言えなくなっている。そもそも、北アメリカで行われたすべての実験で試行されたのは、ベーシック・インカムではない。確かに、受給にあたっては義務を課されない。だが、ドーフィンの例では単身世帯への給付額が夫婦それぞれに支給される額よりもわずかに多かったにしても（前者は1255カナダドル、後者は1172カナダドル）、負の所得税は厳密には個人単位ではない。そして何よりも、負の所得税は普遍的ではない。たとえばドーフィンでは、参加に所得条件があったため、実質的にプログラムの対象となったのは住民のたった20%ほどだったし、給付金は先払いではなかった。本書の第1章と第2章で説明した通り、負の所得税による課税と所得移転が完了した状態は、所得分布の下層を対象にした、世帯単位の普遍的な性格を持つ制度と同じだと言えなくもない。しかし先払いか否かは、決して些細な違いではない。それに、これらの実験で予測されると期待できるのはせいぜい、実験がなかった場合に適用されるはずの制度と、世帯単位の負の所得税制度の違いだ。これは世帯のタイプ、場所、さらに場合によっては同じ1つの実験のなかでも、比較を行う時点によって、大きく異なる[16]。そのような実験の結果を利用して、ある特定の国の今日の状況において、まったく同じ制度を導入すべきだと主張したいのなら、まずはその背景にある社会保障制度が、1970年代のアメリカの7つの州とカナダの1つの州に普及していたものと十分に類似しているかどうかを、確かめる必要がある。この制度的な背景は、実質的に公的な支給が存在しない今日のナミビアやインドとはかけ離れている。そればかりか、多くの

ヨーロッパの国に存在する比較的手厚い条件つき最低所得制度とも、さらにはカナダやアメリカ合衆国の今日の状況とも、大きく違うのだ。

　だがここでは、導入が検討されている制度と背景の状況が、ある実験のものと十分に類似していると仮定する。それでも、この実験からは、ベーシック・インカムの試験プロジェクトのところで述べた２つの問題と、筆者たちにとってはさらに重要だと思われる３つ目の問題によって、制度の持続可能性について非常に限られたことしか学べない。第一に、期間の制限がある。北アメリカの実験のほとんどで、給付の期間は３年に区切られていた。これはもちろん対象者も知っていたので、仮にこの制度がずっと続くと予想された場合に多かれ少なかれ労働力の供給を減らそうとするのかどうかは、はっきりわからない[17]。さらに、新しい制度は社会規範にも影響を与えるかもしれないが、それは長期的なものだ。第二に、実験への参加は強制できない。その結果、与えられた選択肢を有効に活用する意図で実験に参加したいと思う世帯が多く含まれる可能性は高くなる[18]。特に、この制度が現実に導入された場合には、その実質コストのためにお金を出さなければならない所得層に属するような、参加すると損をする世帯は、実験にはまったく含まれない。この２つの理由から、有給の労働力の供給に与える影響がその大小を問わず実験により確認されたとしても、制度に反対する人からすれば、これは制度の持続可能性を過剰に見積もりすぎていると常に主張できてしまう。生涯にわたる所得保障が与えたときの影響や、実質的な負担者に降りかかる増税の影響を実験は無視しているからだ。そのような主張は正しいだろう。これらの２つの制約のせいで、ある特定のバージョンの本物のベーシック・インカムの実験を完璧に計画しても、その制度が現実に導入された際の持続可能性を立証するのには十分なものになり得ないのだ。

　ベーシック・インカムの支持者にとってさらに重大なのは、３つ目の制約だ。完璧に計画された実験であっても、ベーシック・インカムと条件つき最低所得制度の比較において核心となるような労働市場への影響は、と

らえられないのだ。第1章で説明したように、ベーシック・インカムの普遍的な性質は、現在は採算が取れない仕事も受け入れられる可能性を開くし、義務を課さないという性質は、別の仕事を拒否できる可能性を開く。そして拒否された仕事は、引き受けてくれる人を得たいのならば給料を上げたり、環境をよくしたりする必要に迫られる。しかし、そのような効果は、ベーシック・インカム制度の妥当性と持続可能性を示すために決定的に重要であるのに、実験では絶対に現れない。期間が限られているというのもあるが、何よりも、実験は数百万人規模の労働市場のなかの数百人や数千人の個人にしか影響を与えないからだ。負の所得税やベーシック・インカムの制度は、既存の給付と比較した場合、所得の貧しさを緩和するという意味ではかなり大きな直接的効果がある額に設定される場合が多い（事実、社会保障制度が発達していない地域での実験はどれもそうだった）。この貧困の緩和が間接的にもたらす歓迎すべき結果を記録することは有益だろう。ドーフィンの実験でもそうだったし、オトジベロやマディヤ・プラデーシュの実験ではなおさらだ。だが、ベーシック・インカムが持つ普遍的で義務を課さないという性質特有の経済への影響は、関係する労働市場に比してサンプルサイズが小さいため、実験では現れてこない。

　この章でさらに述べるように、フィンランド、オランダ、カナダ、その他の地域でも、さらなる実験が計画されている。実験の妥当性について、ここで述べたような強い留保を心に留めておくことは、無用な熱狂を抑えるために大切だ。また、北アメリカの実験の後に起こったような有害な揺り戻しを防ぐためには、いっそう大切だ[19]。「ベーシック・インカムの導入」と呼べる状態はたった1つではなく、給付額、何を代わりに廃止するか、どこから資金を賄うかによって、その性質はとても多様となる。さらに、豊かな国で実際に試された施策は、どれもベーシック・インカムと呼べるものではない。そしてその施策が生み出した効果は、それ自体の内容と同じくらい、それが導入された環境固有の特徴に左右される。結局、実験で得られたエビデンスは「たられば」の主張を強めたり反駁したりするのに役立

つとはいえども、先に指摘したような３つの内在的な制約（期間の制限、実質的な負担者の除外、労働市場に対する規模の小ささ）があるせいで、ベーシック・インカムの持続（不）可能性に関する主張全体を実証できないのである。決して実体化できない可能性にすぎないとしても、メディアの関心を呼んでいるおかげで、あらゆる「ベーシック・インカムの実験」は、構想についての意識を高め、賛否両論を巻き起こすという点ではすばらしい。しかし、そのような実験とベーシック・インカムの持続可能性や妥当性との関連が不適切に形作られてしまうと、実際にそのような改革を行った際、その実質的効果はひどいものだったという結果になりかねない。

計量経済モデル
Econometric Models

ベーシック・インカム制度を実際の社会に導入した場合の持続可能性について知るという点で、実験にはあまり見込みがないとなると、ほかに何を参照すればよいのだろうか？　社会科学のどの問題でもそうだが、さまざまな相関関係から因果のつながりを推論しなくてはならない。これが、計量経済モデルで行われていることである。そこでは、ベーシック・インカムを導入した場合に何が起こるかを、経験則に裏打ちされた以上の確証をもって予測できると主張されることが多い。ここで「経験則による裏打ち」と呼んだものとして典型的なのは、性別、子どもの数と年齢、パートナーの収入など、さまざまなカテゴリーの人々によって行われる労働量と限界純所得を観察した大量のデータだ。所得と余暇の両方の減少率に応じて増加する効用関数は、労働市場のなかでの決定を通して人々が最大化を目指すものとして、１単位とみなされた個人または世帯に帰属する。そのような効用関数は所得効果（所得の合計が高くなるほど、労働する傾

向は弱まる）と代替効果（限界利益が高くなるほど、労働する傾向は強まる）の両方をとらえられる。この関数のパラメーターは、データに最大限合致するように選択される。そのデータからわかる相関関係は、何らかの十分に妥当性のある合理的意思決定モデルに照らし合わせて解釈されることにより、因果関係を推測することも可能になる。

　ベーシック・インカム導入が労働市場に与える影響を予測するための、因果関係における鍵となる概念は、労働力供給の税弾力性だ。すなわち、あるカテゴリーの人々のある仕事から得られる所得にかかる限界税率が1％上昇した場合に見込まれる、その人たちが働きたいと思う労働時間の減少割合である。この限界税率（広い意味では給付金の回収率を含む）が特定のベーシック・インカムの構想（個人所得税による財源確保も含む）にどのように影響されるかは、初期状態、調査対象となる改革の内容、およびいくぶん細分化されたカテゴリーのなかで改革の対象となっている労働力人口が実際にどのように分布しているかを特定することによって、割り出すことができる。こうして推定されたさまざまなカテゴリーの税弾力性を、所得額およびその所得にかかる限界税率の変化に当てはめれば、労働力供給への影響を予測できるのだ。この章の前の部分で様式化したモデルの比較を使って詳述したさまざまな理由により、一般的には、ベーシック・インカムを受け取ることで純所得の合計額が増えたが、同時にベーシック・インカムの財源確保のために限界利益が減った労働者は、かなり大幅に労働時間を短縮すると予測される。このような一般的なモデルは現在、多くの国々について作成されている[20]。あらゆる例において、労働市場への参加と平均労働時間が大体は著しく減るという予測が得られる[21]。

　このような発見に対し、ベーシック・インカムの支持者はどのように応えるべきだろうか？　これらのモデルが方法論的に正しく、適切で信頼できるデータに基づいていると仮定すると、期間が決まっていることと実質的な負担者の反応が含まれていないという問題がない点で、実験よりも有利である。ところが、別の2つの重大な制約からは逃れられていない。第

一に、どのような予測が行われるにしろ、それを裏打ちする経験則は、労働市場での人々の振る舞いに影響するような文化的・制度的状況のなかの、特定の時間と場所において見出された相関関係で成り立っている。そのため、将来の改革で何が起こりうるかを計量経済モデルを引き合いに出して結論づけるのは、新しい制度とその代わりに廃止される制度が、モデルと現実で十分に似通っていることを確かめるだけでは十分とは言えない。それに加えて、形式ばらないジェンダー規範、保育所や有給休暇の利用しやすさ、年金の制度、労働市場の法制や非公式な社会的規範のなかでパートタイムがどれだけ有利に扱われるかなど、多くの関連する要因が時代や場所によってかなり異なるということを念頭に置かなければならない。そのため、提案されている改革の税弾力性を推定するにあたっては、かなり用心しなくてはならないのだ。今ここで作られたモデルだからといって、たまたま利用できるデータ群が今ここでなされている提案に関係するわけではない。

　第二に、これらのモデルは一般に、雇用の量を決めるのは労働力の供給量だと想定している。人が働かなかったり、今よりも働く量を増やさなかったりするのは、今の所得や働く量を増すことによって増加する所得を考えると、それがその人たちにとって最善の選択だからであり、自分の適性に合う仕事が見つからないからではないという。この想定は、ベーシック・インカムが雇用に及ぼすと予測されるマイナスの効果は、その義務を課さないという性質（つまり、働いている人や働く気のある人に限定されないこと）によるものではないと示唆している。このようなモデルは、働く意思があるかどうかという条件があるときとないときで、効果がどのように違うかをとらえているとは言えない。むしろ、そのような条件が存在しないか、まったく意味がないという想定になってしまっている。このモデルがとらえようとしているのは、ベーシック・インカムの普遍的という性質（およびそれゆえに所得が最も低い層の限界実効税率が下がること）が引き起こす課税方式の変化の影響と、調査の対象となっている制度が厳

密に個人単位であるという特徴を持つ場合の効果である。また、供給サイドだけに焦点を当てていることからは、需要サイドにおける調整をまったく考慮に入れていないとわかる。第1章で論じたように、ベーシック・インカムは、自営業を含む一部の低給で不安定な仕事に労働者が就きやすくするので、その手の仕事の創出が促進される。また、別の種類の低給の仕事を拒否しやすくするので、その仕事に就きたいと労働者に思わせるために、賃金が押し上げられる[22]。ベーシック・インカム導入によるこのような経済的効果は、議論にあたって決定的に重要な要素だ。実験でもそうだったが、異なる理由で、これらの要素は計量経済モデルでは大部分、もしくはすべてが無視されている。これこそが、計量経済学のブラックボックスから飛び出してきたどんな予測も、信頼できる予言のように扱ってはならない大事な2つ目の理由だ。

　それでも、計量経済モデルから得られる予測は単に退けられるものでもない。ここで述べたようないくつかの理由で、特定の国の特定の時代に所得税を財源とする何らかのベーシック・インカム制度を導入した場合、それが持続可能か不可能かということに関しては、これらのモデルが大きな確証を与えてくれるわけではない。それに、さまざまなカテゴリーにおける現在の労働力の供給量が著しく減るという予測が出がちであるという事実は、筆者たちの立場からすれば、驚くべきことでも心配すべきことでもない。ベーシック・インカムが自由な社会と健全な経済の実現に貢献するなら、それは起こって当然なのだ。急激な減少であっても持続可能性に合うかどうかは、これらのモデルではとらえきれない人的資本への長期的な影響（第1章を参照）によるだろう。しかし労働力の供給の減少というのは、どのカテゴリーの労働者が、どの程度、どのように影響されるかという点で、いくつかの形態をとり、そのすべてが平等に意図された効果に資するわけではない。根底にある最も問題含みな仮定が正直に、わかりやすく表明され説明されれば、注意深く解釈された計量経済学的なシミュレーションモデルは、さまざまなシナリオがさまざまなカテゴリーの労働力供

給に対してどのような影響を及ぼすかについて、有益な情報をもたらして
くれるだろう。ある特定のベーシック・インカムの構想の持続（不）可能
性を立証するのには不十分だが、微調整の助けにはなる。

　ここまで、実験と計量経済モデルから何がわかり、何がわからないのか
を概観してきた。そうすると、自らの提案する構想の持続可能性を気にか
けるベーシック・インカムの提唱者はどうすればよいのか？　2つの答え
がある。1つ目は、個人所得税に代わる、もしくはそれを補完する、別の財
源の検討だ。そのなかには、一部のベーシック・インカムの提唱者が最も
適切だと考えているものや、場合によっては唯一の適切な財源だと考えて
いるものもある。2つ目は、無条件ベーシック・インカムへと最終的に向
かうための、もっと穏健な段階を検討することだ。

資本
Capital

筆者たちは、ベーシック・インカムやその他の公的支出の財源を確保
する方法として多様な選択肢を受け入れる立場をとるので（第5章
を参照）、ここから行っていく概観はいくぶん無節操にならざるを得ない。
また、所得税とは別の財源のなかでも、ベーシック・インカムの提唱者が
これまで提案してきたり、既存の制度に用いられたりしているものに特別
に光を当てたいので、いくぶん不公平な書き方になるかもしれない。ここ
では、それぞれの選択肢に注目する特別な理由と、もしあれば、主な欠点
について述べていきたい。

　1つ目の選択肢は、ベーシック・インカムの支持者ならほとんど異を唱
えないであろう方法だ。個人所得に対する課税は、労働所得に対する課税
に収束してしまいがちだということはすでに見た。事実、前の節で検討し

たさまざまな実験的、計量経済学的な考察の大部分は、所得への課税が労働による稼ぎへの課税に等しい、と前提している。そのため当然、資本により多く課税し、労働への課税を少なくしたらどうか、という提案が出てくる。この提案は具体的に、4つの形がある。第一の最もわかりやすい方法では、資本所得と労働所得への課税の非対称性を減らす。キャピタル・ゲイン（つまり、ある人の所有する資産の価値の増加分）を課税される所得に含め、資本所得と労働所得の合計に累進的な税率を適用するか、さまざまな抜け穴や不必要な控除を廃止するかのいずれかだ。第二の方法では、急勾配の累進的個人富裕税という形で資本から直接税金を取り、その割合を増やす。当然、ストックに課税するのは、フローに課税するのとは違う。持続可能な税収を得るには、税率を低いままにとどめておかねばならない[23]。第三の方法では、法人に課税する。企業の利益が、個人の受給者の所得や富を高める段階において十分に課税されないのであれば、会社の手を離れる前に課税されるべきである。

　最後に、相続税、あるいはもっと広げるなら、すべての遺贈と生存者間の贈与に課税するという第四の方法がある。この種の税は、ベーシック・インカムを共有の相続財産の分配とみなしている人にとっては、特に魅力的だ。筆者たちの相続財産の解釈はとても広く、相続したもののみならず、労働や資本による所得として受け取るものの一部も含んでいる（第5章を参照）。しかし狭い意味での相続財産は、ベーシック・インカムよりも普遍的な基本的一括賦与（第2章を参照）のために充当されるべき財源として、ときおり提案されてきた（たとえば、ブルース・アッカーマンとアン・アルストットの案や、アンソニー・アトキンソンの案だ）[24]。寄付や遺贈を行う人からすれば、その富を自分勝手に消費するよりも寛大に譲るほうが高い税金を取られるというのは、異常だと思うかもしれない。だが相続人の間の分配的正義を目指す立場からすれば、生産的な努力を対価として差し出すことで受け取れるお金にかかる税よりも、何の対価もなしに受け取れるお金にかかる税のほうがはるかに低い税率である（税金がかからない場合

もある）という状態のほうが、断然おかしいのである。

　ここまで述べてきた、資本から財源を賄う割合を高くする4つの方法は、労働所得だけにかかる財政的プレッシャーを軽減するのに役立つ。現在見られる、課税面での労働所得と資本の非対称は、リスクの高い投資や起業家精神を促進するために必要だとして、ほとんどの場合において正当化されている。しかし、直接の政治的圧力を別にすれば、この現象は何よりも、課税可能な資本と資本所得が国境を越えて移動しやすいという事実で説明がつく。多国籍企業が自社の利益を国境を越えて移転したように見せかけるというのもこの一形態だ。全世界的、ないしは広域的な税制を整備すれば、このような要素を抑制したり、減らしたりできるだろう。各国の税務当局が協力して、最低税率の設定に合意したり、財務情報を交換したりすることでもそれが可能だ[25]。

　ベーシック・インカムの歴史のなかには、給付を必要とする人から税金を取らずに、資本からベーシック・インカムの財源を取ることで、この手の問題を防ぐもっとラディカルな提案が存在した。国家がすべての生産手段を所有すれば、生産物の総量のうちどれだけの割合を賃金、投資、そして望むのなら無条件ベーシック・インカムを含むほかの支出に配分するかを、単純に決定できる。言い換えるなら、社会主義体制下では、経済的な黒字の一部を一律の社会配当金として、誰にも課税することなく分配できるのである。これは中央政府による計画経済が存在する社会主義のもとで可能だが、生産手段の集団的所有が企業間の競争と自由な労働市場と組み合わさった、市場社会主義という体制下でも可能だ。オスカル・ランゲ（訳注：1904〜1965年）、ジェイムズ・ユンカー（訳注：生年不詳、存命）、ジョン・ローマー（訳注：1945〜）によって提案された市場社会主義モデルには、どれも社会配当金が含まれている[26]。中央集権的に労働者を配置するのではなく、自由な労働市場がある場合、賃金と社会配当金の相対的な水準は、資本主義のもとで課税が提起する問題と類似したインセンティブの問題を提起するが、十分な利潤によって満たされてしまう民間資本が存在しないため、労働者にはより自由な選択の余地が

226

生まれる。

　この選択肢は、生産手段の大部分がいまだに公的所有されているいくつかの国においては、完全に排除されはしない[27]。だがほかの場所では、生産手段の全面的な国有化は現実的とは言えない。それでも、このような方向への移行は、「アガソトピア」というモデルの中心的な構成要素として、ジェイムズ・ミードが提案していた[28]。ミードの考える「さかさまの国有化」のもとでは、企業の経営は民間に任されるが、その株式の半分は国が所有する。国が所有するこの株式の配当金は、いかなる課税もなく、市民ひとりひとりに割り当てられるベーシック・インカムの財源となる。そのためには、利子を支払う必要のある国の公債を、無条件ベーシック・インカムとして分配するための収益をもたらす公的基金に変える必要があるのは明らかだ。大規模な資本の差し押さえを行えばそこに一足飛びに行けるが、「そのような措置は、きわめて革命的な政治情勢のもとでないと問題外だろう」とミードは指摘している[29]。代わりに、今の世代にかなりの重税を課して黒字を作り出し、その利潤を未来の世代のベーシック・インカムに充てるという方法がある。だが、たとえ政治的に可能でも、この道が必然的に伴う世代間の不公平を正当化するのは難しいだろう[30]。

自然
Nature

　生産力を持つあらゆる資産の公有化ないしは共有化に頼るのではなく、もっと穏当な方法として、ある特定の種類の資産に限った公有化に頼ることもできる。それは、天然資源だ。これには3種類のバージョンがあるが、それぞれ何らかのベーシック・インカム制度と関係がある。第一に、国家はその国土を始めとする一部の再生可能な天然資源を所有し、

それを貸し出し、その地代をベーシック・インカムの財源に充てられる。これは要するに、若者に対する基本的一括賦与と老人に対する基礎年金の財源としてトマス・ペインが提案したことだ。それはまた、トマス・スペンスとジョゼフ・シャルリエが提案したベーシック・インカムの財源でもあったが、どちらのケースでもすべての不動産に拡張されていた（第4章を参照）。未開墾の土地の賃貸価格からベーシック・インカムの財源がどのくらい確保できるのかを見積もろうとすると、概念的にも経験的にも厄介な問題が出てくる。そのうちのいくつかには、左派リバタリアンの立場からのベーシック・インカムの正当化に関連して、第5章ですでに触れた。ある見積もりでは、アメリカ合衆国のバーモント州の土地が生み出すのは、低くて2008年の州のGDPの4％、高くて8％だったという[31]。現代のテクノロジーからすると、私的に専有されている希少な永久的資源は土地の表面だけではない。電波の周波数もそうだ。前述と同じソースの見積もりによると、周波数から得られる経済的地代はGDPの1.5%だという。だがそのような見積もりは当然、地域の状況や技術的な変化の影響ですぐに変わってしまう[32]。

　人間によって排出される二酸化炭素を、環境への大きなダメージなしに大気が吸収してくれる能力には限界があると認識すれば、まったく同じ論理が大気にも適用可能になる。それを認識したからといって、大気が再生不可能な資源になるわけではないが、稀少な再生可能資源となり、それを人間の排気の掃き溜めとして利用するにあたっては、おそらく価格に反映するのが一番理にかなっているような機会費用が生まれる。私たちの大気が地球共通の資源であることに鑑みると、その分配にあたって原則的に採用されるべき最も賢明な規模は当然、地球規模である。だが実用的な見積もりは国レベルでも意味をなすだろう。そしてそれは土地の平等な所有という思想から生まれるのと同じ論理に従って行われる。アメリカ合衆国では、炭素税の税収から拠出できるとされるベーシック・インカムの水準は、1人あたりのGDPの0.7%から2%まで、見積もりによってさまざまだ[33]。

いずれの場合でも、専有者による地代の支払いは税のような形態をとる（「ジョージ主義」(訳注：第4章ヘン リー・ジョージを参照) 的な土地に対する単一の税金や炭素税など）が、それはむしろ実際には、集団的に所有されている資産の使用権と引き換えに支払われる利用料なのである。

公的に所有されている自然の資産からベーシック・インカムの財源を賄う第二の方法は、再生不可能な天然資源を売ったときの利益を当てにすることだ。このモデルは、国内で生産された石油の価格上昇を財源としたイランの普遍的補助金という例がある。2010年1月、イランの国会はいわゆる「重点的補助金法案」を僅差で可決した。この法律は、相対的にとても安かったイラン国内の石油価格を徐々に国際的な水準に合わせ、イランの家庭や企業による石油の消費に対して潜在的に補助金が支払われているという、経済的に不合理な状態を廃止するものだった。こうして生み出された収益の約4分の1は、価格の上昇の打撃を直接受ける生産者を補助するものとされた。そして、残りの大部分で、7000万人のイラン国民に毎月の現金補助を与え、全体的な物価の上昇が生活水準へ与える影響を埋め合わせるために使用されることになっていた。この現金給付は20ドルから始まり、次第に1人あたり月60ドルに上がっていく予定だった（1人あたりのGDPの約13%）。経済制裁がイラン経済に与えた打撃など、さまざまな理由から、補助金の実際の額は急に下がってしまい、この制度の持つ十分な普遍的性格は長くは続かなかったが[34]。

ベーシック・インカムの財源確保の方法としてこれと近いと考えられるほかの制度は、どれもさらに短命だった。2006年1月、カナダのアルバータ州の330万人の住民に、一回限りで非課税の「公共ボーナス」400カナダドル（当時の価値でおよそ350米ドル）が給付された。当時の州首相ラルフ・クライン(訳注：1942 ～2013年)は、続く年にも州の石油の収入によってまた給付金があるかもしれないと述べていたが、一度も実現しなかった[35]。2011年2月、アラブの春が始まった時期にクウェートの国会は、国の石油の収入を財源にして、110万人のクウェート生まれの市民ひとりひとり（240万人の外国

人は対象ではない）に1000ディナール（およそ3500ドル、当時のクウェートの1人あたりGDPの7％）の1回限りの現金給付を行うと決定した。これは公式には、独立50周年とイラクの占領から解放された20周年を記念するという名目だった[36]。そして2010年から2012年にかけてはモンゴル政府がすべての市民に対し、国の鉱山産業から徴収した鉱山使用料を財源に、対象を定めない現金給付を行った[37]。再生不可能な資源の話なので、この方法で資金を確保するベーシック・インカムは、持続可能になり得ないことは明らかだ。

そこで、再生不可能な天然資源の売り上げを使って公的ファンドを作るという、第三の方法が出てくる[38]。この方法は、世界で唯一持続している本物のベーシック・インカム、アラスカ永久基金という例がある（第4章で詳しく説明している）。これは、アラスカの石油の採掘と売り上げによって蓄積された基金で、世界中に投資されている。永久基金の過去5年の運用実績に合わせてスライドするため、そこから提供される資金は緩やかだがかなり変動しており、21世紀が始まって以降は、平均で年間約1200ドル、アラスカの1人あたりのGDPにして約2％となっている。同じようにして、ほかにも多くの公的ファンドが作られ、発展してきた。最も目立つのはノルウェーのものだが、いずれも全住民に定期的に配当金を分配するという選択はしていない[39]。しかし、この配当金のモデルは、石油埋蔵量が多いほかの国におけるベーシック・インカムの構想に影響を与えている。たとえば、同様のシステムをイラクに作ろうという案は、2003年にアメリカ議会の何人かの議員に支持された。また、コロンビア大学の経済学者シャヴィエル・サラ・イ・マルティン（訳注:1962~）も執筆に関わったIMFの報告書では、ナイジェリアにおける同様の計画が紹介され、擁護されている[40]。

天然資源の価値の平等な分配を受ける権利があるという思想のこの第三のバージョンによって、筆者たちは、独特な道筋とそれに伴う制約を経ながらも、配当としてベーシック・インカムを生み出す公有の財産という発想に戻ってくることになる。この場合、天然資源が公有物だと仮定すると、

ひとたび基金ができればベーシック・インカムのために課税が必要ないばかりか、その基金の拡大にも課税や徴収は必要ない。ただ、天然資源に限定してしまうのは厳しい制約であり、そのような公的ファンドの設立は、たまたま価値ある天然資源があるところに位置し、その所有権の主張がうまくいった少数の国家や国家に準ずる共同体の特権にとどまらざるを得ないのである。

貨幣
Money

こまで運がよくない世界の国々には、課税なしにベーシック・インカムの資金を確保する方法があるのだろうか？　1つには、ギャンブラーの不合理な行動を利用するという方法がある。1996年以来、ノースカロライナ州のネイティブ・アメリカンの部族、東部チェロキー族は、公的に登録された成人の構成員ひとりひとりに対し、収入、家庭の状況、居住地にかかわらず、特別保留地で経営されているカジノの利益を公平に分配している。受給者の数は公にされていないが、部族はおよそ7500人いるという。そして配当金の金額は、1990年代には年平均4000ドルだったのが、2015年には1万ドルに近づいていると言われている（ノースカロライナ州の1人あたりのGDPの25%近くだ）[41]。これよりわずかに不確かな例はマカオに見られる。ここは元はポルトガル領であった、カジノ業に依存している中国の半自治の行政区で、およそ60万人の住民がいる。2011年から毎年、政府の「富の参加制度」によって永住者ひとりひとりに対して3000〜9000パタカの間（400〜1200ドル、マカオのとても高い1人あたりのGDPの1%をわずかに上回るくらい）で変動する金額が分配されている（永住者でない住民にはそれより少ない額が給付される）。毎年の給付は次

の年のことには関知しない特別措置法によるものなので、アラスカ永久基金よりはアルバータやクウェートの１回限りの給付により近い[42]。言うまでもないが、このような制度はほかのところに敷衍できない。それぞれアメリカや中国のギャンブラーという外部の人たちが意図せず寄付してくれたお金を使って、チェロキーやマカオ市民のベーシック・インカムを賄っているに等しいからだ。

　天然資源のほかに、課税なしでベーシック・インカムの資金を確保する主要な方法があるとするなら、それはお金を刷ることしかないだろう。初期の頃から、ベーシック・インカムの提唱者の何人かは、新しい通貨の発行による財源確保を訴えていた。たとえば、1930年代には、イギリスで起こったダグラス少佐の「社会クレジット」運動と、フランスで起こったジャック・デュボアンの「分配主義」運動（いずれも第４章で取り上げた）が共有していた信念がある。それは、技術の進歩によって引き起こされる過剰生産の危機を防ぐ一番の方法は、民間の金融システムの働きに頼るのではなく、人々に購買力を直接分配することである、というものであった。

　このような案は通常、極度に単純化された経済学に基づいているとか、実施された際に起こるインフレ圧力の有害な影響を見過ごしているとかで、退けられてきた。ところが、とても少額のベーシック・インカム、もしくは一時的なベーシック・インカムの資金を貨幣の発行によって賄うことには、２つの正当な論理的根拠がある[43]。１つ目は、ジョセフ・フーバー（訳注：1948〜）によって最も体系的に表現されているが、これは民間の銀行の犠牲のもとに、各国の中央銀行が貨幣発行の独占的地位を取り戻すと想定している。そして、すべての住民に貨幣を引き出す権利を与えるのだ。引き出せる貨幣の額が実体経済の年間成長と合致するなら、インフレは起こらない。それが年間成長を超えるなら、インフレが起こるが、穏やかで加速度的ではないインフレは、おそらく循環的な景気変動と構造変化のよい「潤滑油」となるだろう。予測できる実質成長率はどうしても不確かだし、適切だと考えられるインフレ率はいくぶん曖昧にならざるを得ない。それでもこの議論

は、景気を動かすのに必要で、実質成長率を大きく超えない程度の賢明な貨幣発行による資金確保に、余地を与えている[44]。

　2つ目の論理的根拠は、これよりもずっと穏当な金融システムの改革を求めている。2008年に起こった金融恐慌と、著しい低金利か場合によってはマイナス金利であったにもかかわらずヨーロッパでその後長引いた停滞の結果、この政策は新たに注目されることになった。「人々のための量的緩和」、すなわちユーロ圏のすべての住民に対する一括の直接給付が、主流の経済学者たちによって提案されたのだ。これは消費者の需要を喚起して経済を刺激するための方法として、金利の操作や民間の銀行の働きという通常のテクニックよりも速く効果的に作用する[45]。だが、経済にはずみをつける道具としては、この平等主義的な「ヘリコプター・マネー」は限られた期間しか使えない。購買力の注入が、1回限りか短い連続した給付によって完了したら、中止されるべきものだ[46]。

　貨幣の発行に頼る代わりに、貨幣の循環に課税することでベーシック・インカムの資金を確保するという方法も考えられる。国際的な金融取引にかかる「トービン税」はその最も穏健な例で、ベーシック・インカムの財源としてもたびたび提案されてきた[47]。ジェイムズ・トービンに考案された段階では、その主な狙いは収益を生み出すことではなく、望ましくない投機的な取引による金融市場の乱高下を減らすことだった。きわめて低い税率であっても、課税対象の急激な萎縮を招くだろう。そのため、トービン税によって回収されるのは、ささやかな額にとどめられなくてはならない。さらに、いくつかの明らかな理由から、これは国際的なレベルで導入されなければならない[48]。

　しかし、「スーパートービン税」も考えられる。自分の当座預金から自分の貯蓄預金に移すというような場合も含めて、あらゆる電信送金に極小の税金をかけるのだ。2016年にスイスで行われたベーシック・インカムの国民投票（第7章を参照）に先立つ議論では、この方法で資金を確保するという構想が、少なくともほかの方法よりは長期にわたって、真剣に検討さ

れていた[49]。そのような税は前々から繰り返し、ベーシック・インカムと結びつけたものも含めて、ばらばらに提案されてきた[50]。当然、その導入のためには、電子支払いではない支払い方法の大部分の影響力を減らさなくてはならない。たとえば、紙幣や小切手の発行をやめたり、国内取引にせよ対外取引にせよ、紙幣や小切手での取引に法的保護を与えなかったりするという方法がある。だが、そこまで苦労が要らないという利点があるだろう。安全で便利で洗練された支払いシステムを使えるという特権を得る代わりに、わずかな料金があらゆる取引から自動的に引かれるだけなのだから。さらなる技術の進歩によって実行可能で当てにできるようになる、この普遍的な送金税、そして当然ほかの新たな課税の形態は、ベーシック・インカムやほかの公的支出の財源にするにしろ、税が果たすべきほかの機能を担うにしろ、偏見なく検討されなければならない。

消費
Consumption

さて、可能な限り広い意味での所得に対する課税、これが主な財源にならざるを得ないようだ[51]。けれども、この課税はその所得が稼がれたタイミングと場所ではなく、その所得が使われるタイミングと場所での実施もできる。所得税と消費税の主な客観的な違いははっきりしている。後者の場合、その人の所得で貯蓄に回された分は課税から逃れるが、前者ではそうはならない。だがこれには、主観的な相違もある。所得税は自然と、私たちが生産したものを奪われているように感じるが、消費税は他者が生産したものの価格がつり上がっているように感じるのだ。消費税を実施する主な方法は２つある。

　１つ目は、支出税だ。これは、ある人の所得の合計から所定の期間に貯

蓄された分を差し引き、その差額に課税するというものだ。この種の税制は投資や成長を促進するという点で正当化されているが、さらに、少なくとも累進課税になっている場合は、贅沢な消費を抑えられるという点でも正当化される[52]。ジェイムズ・ミードがその『Agathotopia（アガソトピア）』のなかで、社会配当金の財源の一部として提案したのはこの種の税制だ[53]。それを実施するためには、消費と貯蓄が十分にはっきりと分離されている必要がある。耐久消費財や住んでいる家、ときおり借りるアパートはどちらに入るのか？　現物で行われる贈与、あるいは現金の贈与はどうなるのか？　どこで正確な線引きがなされるかは、それが課税対象の所得から外れる具体的な理由によって決まる。しかしひとたび区別がされれば、原則的にはどんな税率構成を適用してもよい。たくさん稼いでいる人が所得のなかの高い割合を貯蓄に回したとしても、税率の構成が十分に累進的なら、その人の所得の合計のうち、支出税が占める割合は依然として高くなるかもしれない。

　2つ目の方法として、消費に対する課税は売上税という形をとることもある。ヨーロッパの付加価値税がその一形式だ。どのような形の売上税でも、売り手によって決められた価格に、所定の割合の税を上乗せして、最終的な消費者が支払う（原理的には100%を超えることも可能だ。所得税や支出税はそれが不可能だが）。通常の売上税だと、売り手がこの税の全額を政府に納める。付加価値税だと、売り手は売り上げで徴収した税から、業務に必要なものやサービスを購入したときに支払った税金を差し引く。付加価値にのみ課税されるからだ。所得税や支出税と異なり、売上税（付加価値税にしろそうでないにしろ）は、輸出されるものには適用されない一方で、国内で作られたものと同じように海外で作られたものにも適用される。税率が一律の場合の支出税と同じく、売上税はたくさん稼いでいる人ほど課税額の割合は低くなる傾向になるだろう。所得のなかの高い割合を貯蓄に回すからだ。ものの購入は数多く、かつ、ばらけているので、税が逆進的構造を持ってしまうのを防ぐのは、支出税よりも売上税のときのほ

うが難しくなる。基本的な製品と贅沢品に別々の税率をかけるのも一手ではある。しかし、国境を越えた移動が容易なので、宝石や芸術作品や贅沢な休暇などの多くの高級品の購入において、このような税率の違いへの対策がすぐにできてしまう。

売上税を財源とするばかりか、その売上税の主目的とは無関係であるけれども自然の組み合わせとして、(とても控え目な額の)ベーシック・インカムを導入しようという考えが、アメリカ合衆国の予期せぬ陣営から現れてきている。2008年の共和党の大統領候補の指名選挙でマイク・ハッカビーは、消費に対して(定率の)「公正な税」を課すことを訴える一方、全住民に対する無条件の所得移転を提唱した。「プリベート」(訳注:prebate:事前の払い戻し)と呼ばれたハッカビーの案は、課税によって貧しい人々がさらに困窮するのを防ぐ狙いがあった。所得移転の額は貧困基準値に消費税率を乗じた水準で固定され、所得が貧困基準を下回る層の個人所得税を控除しているのと同じような状態になる。たとえば、貧困基準値が1人あたり月1000ドルで、消費税が20%だと、月200ドルのベーシック・インカム(当時の1人あたりGDPのおよそ5%)があれば、この状態が保証される[54]。

ヨーロッパのベーシック・インカムの議論では、付加価値税を主な財源とする提案は1990年代以降に目立っている[55]。仮にベーシック・インカムをヨーロッパ連合やユーロ圏全体の規模で導入しようというのであれば、付加価値税を使うことにはいくつかの独特な理由がある。だが何人かの著名なベーシック・インカム支持者は、一国の規模で行う場合でも、付加価値税の使用を強く勧めている。たとえば、ベルギーの情報通信技術会社の経営者ローラン・デュシャトレが1990年代終わりに設立した政党は(第7章を参照)、賃金にかかる社会保障の保険料を廃止し、個人所得税は高所得者のみにかける一方、付加価値税の税率を20%から50%に引き上げ、約500ユーロ(当時のベルギーの1人あたりGDPの23%)のベーシック・インカムの財源にすることを提案した[56]。同様に、ドイツのドラッグストアチェーン大手のCEOでドイツで最も目立つベーシック・インカム支持者のゲッ

ツ・ヴェルナー（第7章を参照）は2005年から、付加価値税を財源とする
1000ユーロ（当時のドイツの1人あたりGDPの約35%）のベーシック・イ
ンカムを提案している[57]。ヴェルナーの影響があり、2016年にスイスで行
われたベーシック・インカム導入の是非を問う国民投票（第7章を参照）
でも、発起人たちが提案していた主要な財源は付加価値税だった[58]。大半
の提案では、税の構造をより累進的にするため、贅沢品には高率の付加価
値税をかけるべきだとされている。

　この方法によって累進的になろうがなるまいが、所得税（ないしは支出
税）のほうがより再分配的になるからという理由で、付加価値税は代替案
にならないと簡単に退けてしまってはいけない。OECDの国の多くでは、
1970年代以降、所得税の最高税率は下がる傾向にあり、裕福な納税者は税
の控除、免除、減税措置、税の割引、抜け穴、資本所得に対する分離課税、節
税、そして真の課税忌避を享受している。このため、累進性という意味で
の所得税の優位が、ますます疑わしくなっている[59]。通常の労働所得とは
異なる、いかなる種類の所得によるものであっても、その消費の大部分を
画一的に捕捉するので、状況によっては付加価値税はもはや逆進的ではな
く、先進国、発展途上国の両方で、ベーシック・インカムのよりしっかりし
た財源だと立証されるかもしれない[60]。

　ベーシック・インカムの財源として付加価値税を好む人たちは、所得に
課税するよりも消費に課税するほうが労働のコストを抑え、労働へのイン
センティブを維持できると主張することがある。だがこれは概ね、短期的
な幻想に基づく意見だ。消費税を上げると、物価も上がる傾向にあるので、
実質賃金は減る。労働者の所得への課税額が大きくなった際には、相対的
な稀少性と交渉力が労働コストを押し上げる。消費への課税が大きくなっ
た結果としては、なぜ作用しないのだろうか？　税引き後の賃金の低下に
よって限界実質賃金が下がる場合は労働力の供給に影響が出るのに、物価
上昇によって限界実質賃金が下がる場合は影響が出ないというのはなぜな
のか？　つまり、労働コストと労働へのインセンティブに対する影響に関

して、付加価値税を財源とする場合と所得税を財源とする場合で構造的な違いがあるとするなら、稼ぎの時点で所得税が捕捉するよりも事実上広範囲の所得を付加価値税は消費の時点で捕捉できる、という点のみであるはずだ[61]。付加価値税やその他の形の売上税をベーシック・インカムの財源として退ける根本的理由はないが、とりたてて受け入れる根本的理由もない。けれども付加価値税には、所得税の実施がより困難だったり、うまく機能していなかったりする場合には、実用的な利点がある。

最後に、特定の方向の消費（そしてその結果として生産）を奨励または抑止するために税金を調整するという方策が、ベーシック・インカム実現のためにも重要だという点について述べておこう。１つの根拠は健康に関わるものだ。特に、パターナリスティックな理由もしくは共同で出資されている健康保険制度の負担を減らすという理由で、アルコールやタバコにほかの商品よりも高い税金がかけられている場合である。もう１つの主要な根拠は、環境の外部性を内部化し、未来の世代の利益を守るということだ。たとえば、化石燃料の使用には、すでに述べたように気候変動のリスクを高めるという理由に加え、地域を汚染するという理由でも課税可能だ。あるいは、化石燃料を使用していてもいなくても、自家用車の使用に課税することができる。騒音、渋滞、危険性、あるいは公共スペースを混雑させるという理由でだ。あるいは、未来の世代のための保存を促進するために、あらゆる種類の再生不可能なエネルギーに課税することもできるだろう。このさまざまな種類の環境税は、生まれる収益とは関係なしに意味のあるものだが、ベーシック・インカムの適切な財源として提案されることもある[62]。

この税金をベーシック・インカムのために使わなくてはならないという根本的な理由はない。けれども、２つを結びつける都合のよい理由は多数存在する。このような環境税は導入時には、直接関わりのある製品、およびその製品を使って提供されるものやサービスの価格を押し上げる。意図されたインセンティブを保ったまま、この物価上昇が生活水準に与える影

響を埋め合わせたいなら、この税収をベーシック・インカムの資金に使うというのは、小規模な消費者にはお釣りがきて大規模な消費者には足りないので、最良の選択肢となる。この論はすでに取り上げたイランの政策につながるものだが、イランの場合は国内で採掘された石油という集団的に所有されている資産の価格が上昇したから埋め合わせが必要だったのに対して、ここでは負の外部性を削減するための税金を導入する必要がある。どちらの場合でも、財源としてはやがて使えなくなるが、理由はそれぞれ違う。イランの場合は国の再生不可能な天然資源が枯渇するからで、環境税の場合はネガティブな外部性を減らすための消費形態の変更が成功するからだ。

　すべて所得税から賄われた場合、手厚いベーシック・インカムには高い税率が要求されるのではないかと心配している人たちが、ここまで駆け足で見てきた財源の代替案を受けて、何を心に留めるべきだろうか？　まず、別の選択肢はたくさんあり、かなり特殊な状況下（場合によっては、労働に対する限界課税の引き上げがほとんど行われないか、まったく行われない可能性もある）であっても、その多くが役に立つことだ。それに加えて、これらの代替案はいずれも万能薬になるものではないし、手厚いベーシック・インカムが経済的に持続可能であると確約してくれるものでもないこと。さらに、とにかく短期的には、所得税なしで事足りると考えられる根拠を与えてくれはしないことだ。そのため、別の切り口が非常に重要になる。慎重に前進できるためのさまざまな方法を検討し、それぞれの利点を議論するのだ。この章の残りの節ではそうした課題を論じたい。

カテゴリー別のベーシック・インカム
Categorical Basic Income

1 つ目の可能性は、人口のなかの特定のカテゴリーに限定されたベーシック・インカムから始めることだ。この手の限定で最もわかりやすい区切りは、年齢だ。事実、若年層や高齢者を対象にしたベーシック・インカムがすでに存在する場所はある。

　第一に、多くの国では普遍的な児童手当制度が実施されている。これはつまり、両親の一方（通常は母親）に給付される、未成年のためのベーシック・インカムだ。永住者であればほかに条件はないこともあるし、学校への出席という一定の条件があることもある。何人目の子どもかで給付額に差があったり、貧困層や片親世帯には上積みされたりもする。ヨーロッパの国の多くに、このような普遍的な児童手当のシステムがある。2012年、モンゴル国が発展途上国で初めてその仲間に加わった[63]。普遍的な児童手当の制度は、雇用者の社会保険料を財源とする社会保険制度から派生したものも多い。雇用者が、家族のいない労働者を含むすべての労働者に大家族分の賃金を支払わなくても、すべての労働者の家族のために十分な収入を確保する方法だったのだ。この制度には、普遍性という利点がある。これについては、無条件ベーシック・インカムの持つこうした特徴を包括的に論じた際に説明した。まとめると、高い捕捉率、偏見の不在、貧困の罠の不在である。さらに、資力調査つきの児童手当に比べると、次世代を育てる役割を担う人とそうでない人の間により幅広い連帯感を形成できるという利点がある。また、子どもがいる世帯の稼ぎが低いほうの人（大部分は母親）が、家庭の罠にかかるのを防ぐという利点もある。資力調査つきの児童手当システムでは、働きに出ようと決めた母親は（世帯収入が全体として課税されている場合）高い限界税率に直面しうるばかりか、児童手当が減額されたりなくなったりするので、ほかのどの層よりも働く気がなく

なるような限界実効税率に突き当たるだろう。それでも、社会保険料ではなく全体への課税を財源とするようになると（賃金労働者の子どもだけではなくすべての子どもが対象となっている以上は理にかなっている措置である）、普遍的な児童手当に対して資力調査を設けようという近視眼的な提案にさらされることも多くなった。それが通ってしまった場合もあれば、阻止されたり、後になって元に戻された場合もある[64]。

　児童とは対極の年齢層については、トマス・ペインがすでに、普遍的な基礎年金制度を提唱していた（第4章を参照）。ヒューイ・ロングの「富の共有運動」とおよそ同じ時期の1930年代、カリフォルニアの医者、フランシス・エヴェレット・タウンゼント（訳注：1867〜1960年）が、60歳より上のアメリカ人を対象にした、売上税を財源とする基礎年金の導入を提案した。タウンゼントの運動は「高齢者には余暇を、若者には労働を」というスローガンのもと、1000万人の支持者を集めたが、資力調査つきの高齢者向けの扶助プログラムを創出した1935年のルーズベルト政権による社会保障法の成立以後、急速に衰退した[65]。1938年、ニュージーランドが、受益者負担も資力調査もない高齢者向けの年金制度を導入した最初の国となった。「ニュージーランド老齢年金」というこの制度は、1985年に資力調査がつけられたが、1998年に普遍的制度に戻された。1940年代と50年代、そのような基礎年金制度はデンマーク、フィンランド、スウェーデン、オランダでも導入されたが、今日まで残っているのはオランダのものだけだ（2015年時点で1人あたりGDPの30%という高水準である）。デンマークでは、所得の上位1%には受給資格が与えられなくなった。ニュージーランドとオランダでは、基礎年金の受給資格が与えられるかどうかは居住期間によるが、65歳以上になってから国内に居住していなくても受け取れる[66]。発展途上国もいくつか、普遍的な基礎年金を導入している。たとえば、ナミビアでは1992年から、60歳以上の永住者全員を対象とした年金が存在する（2014年時点で1人あたりGDPの約12%の額が給付されている）し、ボリビアは2008年に公平で無条件の「尊厳のための年金（Renta Dignidad）」を導入した（2014年

時点で１人あたりGDPの約15％）。資力調査つきの制度と比べて、普遍的な基礎年金は第１章で述べたような、普遍性の包括的な利点を有している。高い捕捉率、偏見の不在、貧困の罠が少ないことだ（この場合の貧困の罠は、就労を阻害するというよりも、貯蓄や年金受給権の蓄積を阻害するという形で現れる）。それでも、児童手当のケースと同じく、資力調査つきの制度に戻そうとする試みが成功してしまったこともある[67]。

　普遍的な児童手当と普遍的な基礎年金は、筆者たちの立場からすれば、どちらも最大限歓迎すべきものだ。社会保険のシステムの外部でこれらの制度を展開するというのは、十分な額の社会保険料を収めた一部の人という枠組みを超えた、基本的な社会的保護と、それに結びついた自由をもたらす方法だ。さらに、普遍的な児童手当は（子どもがいてその面倒を見るということ以外に）使途が定められておらず、基礎年金は過去のキャリアとは独立して給付されるという、この２つの特徴によって、必要なときに労働時間の削減がしやすくなり、有給の雇用のシェアリングが促進される。このように、普遍的な児童手当と基礎年金の効果は、無条件ベーシック・インカムが目指しているものと相似する。それゆえいずれも、多くの場合において、前進するための有望な糸口をもたらしてくれる。

　だが、ほかの方法でベーシック・インカムを人口の特定の部分集合に導入することは、期待できる方法とは言えない。たとえば、ベーシック・インカムの受給資格を子どもと高齢者から徐々に広げていき、まずは青年に拡大しようと考える人がいるかもしれない[68]。まず行われる解釈としては、ベーシック・インカムを（年齢別ではなく）特定の集団ごとに拡大していくというものがある。そうすると、労働市場において生涯にわたり利用できる交渉力も含めて、集団ごとに露骨な不公平が生じてしまうのは明らかだ。次の解釈としては、ベーシック・インカムが特定の年齢層にいつでも付与されるようにするが（たとえば、18〜21歳の人といったように）、22歳に達した瞬間からその人たちは受給資格を失う、というものがある。これは要するに、ブルース・アッカーマンとアン・アルストットが提案した、年

間2万ドルを4回に分けて払うという内容の、ステークホルダー・グラント制度だ[69]。また、一部の国でフルタイムの学生として登録している人を対象に給付されている普遍的学生給付金をすべての若者に広げて、高等教育を受ける層に偏って存在している恵まれた環境の若者を有利にする倒錯的な再分配を防ごう、という提案にも似ている[70]。そのような制度は、特定の集団ごとに運営される制度ほど構造的に不公平にはならないだろう。だが、高等教育は生涯学習という形をとるよりも青年期の早い時期に集中するべきだという、時代遅れの考え方を強化する可能性がある。そしてさらに、若い成人に、その後の人生で失われるつかの間の交渉力を与えることが本当に賢明なのか、疑うべき確固たる理由がいくつも存在する。

　年齢というカテゴリーではなく、職業のカテゴリーごとのベーシック・インカムから始めることを提案した人もいた。農業従事者にベーシック・インカムを与えるという構想は、ヨーロッパ連合の農業政策の大部分を長きにわたり形成してきた補助金の不合理性を克服したいと考える人たちの間で、特に人気があった[71]。そして2005年から2012年の間、芸術家を対象にした本物のベーシック・インカムと言える制度が、オランダで実施されていた[72]。そのような職業カテゴリーごとの制度には、明らかな問題がある。そのカテゴリーに所属していることで財政状況が決定的に異なってくるとなれば、そのような基準を用いると、誰が農業従事者や芸術家として認められるのかという激しい論争を引き起こすはずだ。関連する活動をどのようにはっきりと定義するのか、どのくらいの時間その活動に従事していればよいのかなど、いろいろ検討するべきことがある。そしてそれが、徐々に拡大していくよりも揺り戻しの方向に行ってしまう可能性のほうが高い。さらに魅力に欠けるのは、当該国の市民権を持っている永住者に限ってしまうことだろう。多くの国においてこれは制度のコストをそれほど安くしないどころか、少数の人のみが享受する基本的な生活保障の資金を賄うために、すべての労働者の純賃金を減らすことになるだろうから。

　結局、生産年齢人口を考えると、固定されたカテゴリーに限定しないほ

うが、より期待できる。それに最も近い制度として正当化される例は、ブラジルの「ボルサ・ファミリア」制度で、それにはある特徴が見られる（第3章を参照）。この特徴は一見、制度の実施にあたり欠陥となるように思えるが、これのおかげで、ほかの資力調査つきの制度よりもベーシック・インカムに近い制度になっている。手頃なコストで現行の資力調査を強制するのは不可能だということに鑑みて、ある世帯が一度所得条件を満たしているとみなされたゆえに制度に登録されると、その後6年間は行政がわざわざ収入状況を監視することはないという慣例になっているようだ。そのため、次の審査までの期間、受給者は追加の稼ぎを無制限に給付金に上乗せできる。ブラジル人全員が対象の本物のベーシック・インカムを導入するには、経済の形式をさらに整え、それに応じてブラジル政府が公正かつ効率的に所得に課税できる能力を高める必要がある。それまでの間、貧しい人に対するこの6年間の一時的なベーシック・インカムは、広い意味ではカテゴリーごとのベーシック・インカムだと考えることができる。もっと手厚くしたり（2015年の給付金の最大額はおよそ13ドル、ブラジルの1人あたりGDPの2％だ）、信頼できる資力調査が問題なく行えるようになったりすれば、制度は長続きしないだろうが[73]。

世帯ごとのベーシック・インカムと税の上乗せ
Household Basic Income and Tax Surcharge

　れでは、所得税の限界税率が急激に増えてしまうという影響に対する恐怖を引き起こさずに、生産年齢人口全体を対象とした手厚いベーシック・インカムへと慎重に移行するにはどうしたらよいのだろうか？　少なくとも短期的には、ほかの方法はあまり役に立たないか、似たような問題を引き起こすという状況だ。ここで述べた恐怖というのは、

ベーシック・インカムが持つ義務を課さないという性質や、先払いされるという意味での普遍性に由来するのではなく、厳密に個人単位であり、同時にほかの収入源からの所得を上乗せできるという意味での普遍性に由来する、ということに注目してもらいたい。そのため、この恐怖は個人単位の手厚い負の所得税制度にも個人単位のベーシック・インカムと同じように影響するものであり、3つの戦略によって対処できる。妥協して、個人単位をあきらめること、（ここで指摘した意味での）普遍性をあきらめること、手厚さをあきらめること、の3つである。

　1つ目の方法は、現存の資力調査つきの給付金制度からスタートする際に最適だと考えられる。そのような制度が持ってしまう「罠」の影響を認識した結果、いくつかの国では改革が行われ、稼ぎが増えても給付金が減らずに、給付金と稼ぎを組み合わせられるようになった。たとえば、2009年に行われたフランスの最低所得制度の改革だ。1988年に作られたRMI（社会参入最低所得手当）がRSA（積極的連帯所得手当）に変わったが、後者では限界実効税率が100%から38%に下げられた[74]。だが、税制と所得移転の制度に一貫性を持たせるために、稼ぎの額が同じだった場合、通常の納税者とRSAの受給者の純所得に違いが出てはならないとされた。そのことによって、フランスの最低所得制度がよりシンプルでわかりやすい、全世帯を対象とした負の所得税の方向へと向かうよう、次第に推奨されるようになった。これはフランスの社会党政権が委託した2つの報告書でも薦められている。1つはフランス戦略庁によるもので、もう1つは社会党の国会議員、クリストフ・シリュグ（訳注：1966年〜）によるものだ[75]。

　同様に、2010年11月には、イギリスの保守党政権が、2013年に開始して2017年に全面適用予定の、「ユニバーサル・クレジット」という、ある種の世帯単位の負の所得税制度の段階的導入を宣言した。これは保守党の大臣イアン・ダンカン＝スミス（訳注：1954〜）によって設立されたシンクタンク、社会正義センターが推奨したものだ。その目的はいくつかの税額控除と（イギリスの最低所得制度である失業手当を含む）所得移転を、低所得者が労働

市場へ参入する財政的インセンティブを高めるための、新しい制度に統合することだった[76]。

　税制と一体になって整備された場合、その新しい制度は、働いている人か就労の意思がある人に限定された、世帯単位の負の所得税制度になる。しかし、労働に対する金銭的なインセンティブがあれば、この条件（監視が押しつけがましく、お金がかかり、効率が悪いことも多い、就労の意思があるかどうかという条件）は間違いなく緩和されるだろう。すべての世帯に対する先払いの給付にはまだならないだろうが、課税と移転後の分配の構造は、世帯単位のベーシック・インカムの場合と同じになる。対応する単位を個人ではなく世帯にすることで、規模の経済を考慮できるようになる。単身世帯よりも夫婦に給付される普遍的所得の１人あたりの額が低くなり、個人単位のベーシック・インカムよりもかなり低いコストで一定の貧困の緩和を達成できる。そして、既存の最低所得制度は傾向として世帯単位である場合が多いことを考えると、受給者をもっと下の層に落とさないように新しい制度を導入するには、穏やかな税率の増加が必要だ。といっても、対応する単位に世帯を採用するのは明らかに、本物のベーシック・インカムの個人的性質に結びついた簡便さや、ほかの重要な特徴を犠牲にするのだが（第１章を参照）。

　そのため、２つ目の方法を検討してみる価値はある。ベーシック・インカムや給付つき税額控除（負の所得税の場合）の個人単位という性質には固執する一方で、この個人的な給付に対する回収率がとても高くなることは認めるのだ。つまり、逆進的な税の仕組みを採用するのである。ジェイムズ・ミードの『Agathotopia（アガソトピア）』で提案された方法がその一例だ。全体の所得が低い層に対し、「税の上乗せ」を行うのである[77]。この根底にある考え方は、逆説的だが、豊かな人や、少なくとも貧困の度合いが低い人よりも、貧しい人に高い税金をかけたほうがよい、というものである。より正確に言うなら、最低所得の水準を持続可能な形でできるだけ高くしたいのなら、稼ぎの分布が最も低い層に最も税金がかかるという、逆進的

な税の構造にならなければならない。その根拠はとても単純だ[78]。持続可能な方法で多額の税金を徴収したいなら、分布の密度が高い（すべての納税者の所得の一部がその層に含まれる）限界利益がほとんどないような所得層に、高い税率で課税するのが一番よいからだ。働く量を少し増やしたり減らしたりすることで多くの人が得をしたり損をしたりする度合いが、この層に適用される税率で決まるわけではない。この論拠は、もっと高い層では累進的な課税方法にしてはいけない、という意味ではない。つまり、ある高い層の税率がそれよりも低い層の税率より高いことはありうる。し

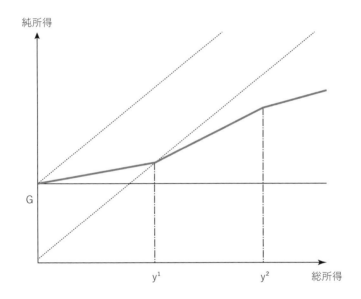

図6.2　ベーシック・インカムと高い回収率がセットになった際の純所得

この税の上乗せの例では、総所得の損益分岐点のy1まで、追加の所得はすべて75％回収される。

この高い税率は、すべての納税者の所得のなかの多くの割合に適用されるので、一定の予算目標のもとで、y1からy2の範囲の総所得の限界税率をはるかに低く保てる。

y2よりも総所得が高くなると、累進性が再び現れる。

かし、最も所得の低い層に高い実効税率をかけるべきだという強い確信の動機にはなる（図6.2を参照）。

　税率が一定の場合の構造に比べると、この逆進的な構造は、自動的な課税を、そもそも難しくするという弱点がある。個人単位の課税を仮定すると、世帯の内部で労働をシェアしようという気も失われる。というのも、所得が低い層がその上の層よりも多く課税されるとなると、1人の人に労働を集中させるほうが経済的だからだ。それにとりわけ、低所得者の多くの人をあからさまに厳しい税の取り立てにさらすことになる。確かに、厳しい資力調査のある制度が暗に意味する限界税率100%に比べたら、たとえば75%という高さでも、やる気を損ねにくいだろう。それに、給付つき税額控除ではなく先払いのベーシック・インカムという形態で運用される場合は、経済基盤が確かになるため、失業の罠をなくすのにさらに資するはずだ（第1章と第2章を参照）。それでも、明確に非常に逆進的な所得税がずっと続くというのは、この2つ目の方法の深刻なハンデである。

部分的なベーシック・インカム
Partial Basic Income

3つ目は筆者たちが好む方法である。個人単位のベーシック・インカムの簡明さを保ち、魅力的ではない逆進課税を避けるが、さしあたり、いわゆる部分的なベーシック・インカムで妥協するのだ。つまり、1人で暮らしている場合、生存のためには十分だと言えない額を給付するのである。そのような提案は1970年代後半、イギリスの租税に関するミードの委員会で真剣に検討された。それに、オランダ政府の求めで1985年に出された報告書においても、社会的保護の将来の最善シナリオの中心的要素とされていた（第4章を参照）。条件つきの最低所得制度がすでにある

状況で部分的ベーシック・インカムが導入される場合には、1人あたりの受給額を夫婦の受給額の半分に設定し、大人1人世帯の受給者全員が不利益を被らないように、必要なときには上乗せできる条件つきの公的扶助を維持することも可能だ[79]。本物の部分的ベーシック・インカムはすべての成人に対して個人単位で前払いで給付されるという形態だろうが、厳密に個人単位の給付つき税額控除も、その方向に一歩踏み出していることにはなる[80]。

今すぐに実施されるとしたら、そのような部分的ベーシック・インカムは「フル」バージョンと比べて2つの主な利点がある。第一に、すでに述べたようなジレンマを防ぐか、かなり和らげることができる。低所得者に高い回収率を設定して深刻な貧困の罠を招くことと、幅広い層にかかる限界税率が急激に上がって労働市場にほとんど予測不可能な影響を与えることのジレンマだ。第二に、所得の分配における突然の混乱を避けられる。厳密に個人的な性質を考えると、「フル」のベーシック・インカムを導入してその財源を確保すれば、不可避的に、同居している大人の世帯を豊かにする代わりに、大人1人の世帯の財政状況を悪化させてしまう。これらの2つの利点は、1つの欠点とセットだ。一部の貧困世帯の状況を著しく悪化させないためには、条件つきの公的扶助という形で、部分的ベーシック・インカムを実質的に補完する制度を維持する必要がある。

言うまでもないが、部分的ベーシック・インカムは、実質的な違いが見られるくらいには高く設定されることが重要である。その導入は「白紙状態」で行われるわけではない。ベーシック・インカムに上乗せする給付金を求める人たちについては、依然としてさまざまな条件が満たされ、審査されなければならないだろう。だが、そのために必要なことははるかに少なくなるはずだ。1つには、この部分的ベーシック・インカムが、それよりも低いすべての給付金や減税にとって代わるからだし、もう1つには、失業の罠が軽減される（そして大人が複数いる世帯では、なくなりさえする可能性がある）からだ。まだ上乗せが必要な人たちの多くは単身者になりうる

ので、大人数の世帯に住んでいる人よりは概してソーシャルワーカーの注意や案内が必要になるだろう。重要なのは、部分的ベーシック・インカムの水準を、福祉制度を大幅に簡略化できるくらいに高くすることだけではない。もっと重要なのは、第1章で認められたような、人を自由にする効果を十分にもたらせる水準であることだ。特定の職業を受け入れたり拒否したりできる実質的自由を大幅に増やすためには、無条件ベーシック・インカムの水準は必ずしも一生まともな暮らしができる額でなくともよい。都市部に暮らす単身者となればなおさらだ。そのような額に全然届かなくても、給料が低かったり不安定だったりする仕事を受け入れたり、労働時間を減らしたり、スキル開発や教育を受けたり、よりよい仕事を探すのに時間を使ったりすることは可能になる。そしてこれらは、多くの人の場合、貯蓄や共有、ローン、非公式な連帯によって、さらに促進される。

それを考えると、ベーシック・インカムの支持者は、どのくらいの水準ならば完全に十分なベーシック・インカムと言えるのかという問題で時間をむだにしてはいけない。いかに綿密に定義されていたとしても、「フル」バージョンのベーシック・インカムに一足飛びに行こうとするのは、絶対に無責任だ。見込まれる結果について幅広い合意が得られるような次の一手と、地平線の彼方の富が流通するユートピア、あるいは究極的なゴールとして最も意味を持つベーシック・インカムの水準との間には、差がある。この究極的なゴールを定量的に明確化するよりも、部分的ベーシック・インカムを導入する際、何を廃止し何を残すかという問題のほうが短期的にもっと重要だ。その財源確保の方法や、改革のパッケージに含まれているほかの措置にもよるが、低い水準のベーシック・インカムは、最も貧しい人の状況を顕著に改善できる。高い水準を一度に導入した場合では、その状況は悪化することもありうるのだ。

税や移転のシステムや政治的な機会によって、国ごとにバリエーションがあるだろうが（第7章を参照）、この3つ目の部分的ベーシック・インカムという選択肢は多くの文脈において、前進するための最も期待できる方

法だと筆者たちは確信している。学界でベーシック・インカムを提唱した最初期の人たちの助言を繰り返そう。Ｇ・Ｄ・Ｈ・コールはこのように述べている。「もしも個人的労働に対して支払われる報酬とは別に、共有財産に対する分け前として全市民に対し権利として支払われる『社会的配当』政策を採用することに決定したならば、もちろん当初はこれを小規模に開始し、それにより各種の形式の生産的サーヴィスから生ずる所得の全構成を突然変革することを避ける必要がある。しかしこの組織は一度採用されたならば、引き続きこれを拡大していくことができる」[81]。

そしてジェイムズ・ミードはこのように述べている。「社会配当金は、所得税にかかる既存の税額控除の廃止、その他の社会的給付の削減、どこかの段階でその他の所得の一部分からの特別徴収という形で補完されるある程度穏やかな税率の引き上げを財源として、とても控え目な規模で開始しうる。この行程が緩やかなペースで進めば、途中でそれほど大きな負担をかけずに、最終的にはアガソトピアの状態に到達できると期待できる」[82]。

多くの場所では、この部分的ベーシック・インカムすら、次のステップとしては実現可能ではないだろう。そこへ向かう立派な前進としては、ほかの多くの動きも歓迎される。たとえば、何もなかった国で条件つきの最低所得制度を導入すること。児童手当や基礎年金を普遍的性格にすること。給付つき税額控除の対象の拡大。非自発的な失業者に限定されている給付を補うような、就労者向けの給付の展開。キャリアの中断や労働時間の削減に対する給付という形での、自発的失業者に対する補助金の導入。このような動きが挙げられる。これらの機能が充実するほど、ベーシック・インカムの導入は未知の世界に飛び込むことではなくなっていく。

この慎重な段階的アプローチは、ベーシック・インカム導入の結果が不確かであることに由来する懐疑論を和らげるのに十分だろうか？[83]　ヤン・エルスターは、ベーシック・インカム構想に対する力強い批評のなかで、「社会科学の状況は、大きな制度的変更がもたらす世界規模の純粋に長期的な平衡効果を予測できる段階からは、とても大きく離れている。また、

逐次的な計画や試行錯誤を通したばらばらの社会科学的分析［中略］では、局地的、部分的、短期的、あるいは過渡的な効果しか推定できない」と指摘している[84]。

　この考え方に、筆者たちも賛同する。その前半部分は実験を論じた際に何度もパラフレーズしたことだ。しかし、エルスターが認めているように「以下のような反論もありうる。小さな規模での構想の実施、すなわち低水準の保障所得によって失われるものはほとんどないだろう。それが予測した通りの結果になるとわかれば、保障所得の額を、（もしあるならば）逆効果が現れ始めるところまで増やしていけばよい。［中略］言い換えるなら、何も失われず、何かが得られる可能性があるなら、どうしてやってみないのか？　ということだ」とも言える[85]。

　要するに、これこそが、筆者たちが提案していることなのだ。手厚い無条件ベーシック・インカムを一気に始めた際の効果が実験では測れないのなら、控え目な額から始めようではないか。何といっても、社会的保護のほかの2つのモデルではこの方法が行われたのだ。現在、ヨーロッパの一部の国々や北アメリカでも存在する公的扶助制度は、16世紀初頭にフランドル地方の都市で最初に導入されたものよりは手厚いし、今日の退職者を対象にした社会保険の給付（アメリカで言うと「社会保障」）は、ビスマルクの先駆的な昔の年金制度に比べると贅沢なものだ（第3章を参照）。ビスマルクは、労働者から無作為にサンプルを抽出し、社会保険料を払う対価として国からの年金が約束された結果、その人たちが対照群よりもまじめに働かなくなるか、あるいは貯蓄をしなくなるかを確かめたりはしなかった。その代わりに、産業労働者に賃金の2％を基金に支払うように求め、30年以上それを払い続けたら、賃金の19％にしかならないかもしれない年金を受け取る資格を与えたのだ[86]。無作為抽出法の実験ではなく、地方自治体全体（公的扶助の場合）、ないしは国全体（社会保険の場合）を対象にして、実際の世界で最初は控え目な水準のものを試験的に導入することで、さらに進んだ水準へと移行するための確信が得られた。

こう指摘すれば、エルスターの遠慮がちな姿勢はなくなっただろうか？
そうはならなかった。「現下の状況に対しての、あるいは未来の可能性とし
ての提案があふれていて、どれも同じくらいの説得力がある」ことを考え
ると、そのような実世界での実験は「基礎となる考え方が有効だと広く認
められるならば、有益だし、確かに必要だ。だがもしその目的が、単に自然
淘汰の社会的アナロジーについてのデータをもたらすことであるならば、
無意味だ。社会は、私たちが抱える問題に対する万能薬を提供しようと熱
狂している人たち、ひとりひとりのお気に入りのアイデアを引き受けては
いられない」[87]とエルスターは言う。つまり、筆者たちが提案する方法で進
むことへの反対は、経済的な性格のものではないのだ。むしろ、その提案
に対して政治的な支持が得られる可能性が疑わしいことに由来する。「主
張されている効果は、かなりの不確かさに包まれている。効果は、然るべ
き抽象的な意味では『ありうるだろう』が、人を政治的なアクションに動
かすような意味では生まれないだろう」[88]。

　このことが、次の章のテーマにつながるのだ。

BASIC INCOME

A RADICAL PROPOSAL
FOR A FREE SOCIETY AND A SANE ECONOMY

第7章

政治的に実現可能か？
市民社会、政党、裏口

....

Chapter 7 :

Politically Achievable? Civil Society,
Parties, and the Back Door

....

たとえば、1人あたりのGDPの25%というような、実質的なベーシック・インカムの財源を賄うことは可能なのだろうか？　前の章を読めば、それは可能だという確信を持てるだろう。あるいは少なくとも、その後に額が上がっていくための道を開きつつ状況を実質的に変えることができるような部分的なベーシック・インカムを、責任ある形で実施できると考えられるだろう。だが、経済的に持続可能であることは、政治的に実行可能であることと同義ではない。確かに、多くの国では、ベーシック・インカムの制定とは、一般的な資力調査つきの最低所得制度とか、現物支給の普遍的制度（教育や医療）とか、年齢で区切られた制度（児童手当や老齢年金）など、単にそれまで実現されてきた制度の延長に当たるだろう。そしてそれらの制度のほとんどには、強固な政治的基盤がある[1]。それでも、無条件ベーシック・インカムという手段で国民に基本的安定を提供しようとした国は、これまで存在しない。

　経済的な持続可能性とは異なり、政治的な実現可能性は既定の変数として扱われてはならない。それは世論により形作られるものであり、まさにその手助けをするのが筆者たちの仕事だ[2]。政治的な実現可能性は、いわゆる階級闘争と間違いなく関係しているし、中間層の有権者の私利私欲に帰せられると言う人もいる。しかし、トマ・ピケティが書いているように、「格差の歴史は、経済的、社会的、政治的なアクターたちが、何が公正で何がそうでないと判断するか、さらにそれぞれのアクターたちの相対的な力関係とそこから生じる集合的な選択によって形成される」[3]。政治的な実現可能性の輪郭は、私たちの私利私欲に劣らず、価値観によっても形成される。権力関係に劣らず、道徳的な魅力や反感によっても形成される。私たちの欲を最大限満たす方法の計算に劣らず、何が正しいかの議論によっても形成される。本書の筆者たちがそう考えていないとしたら、わざわざこのように書きはしなかっただろう。それゆえに、政治的な実現可能性は倫理的な正当化の可能性と密接に結びついているのである。事実、ベーシック・インカムの構想がもたらすという効果の不確かさを棚に上げると、その構

想が「社会運動に根づく可能性を完全に欠いている」とヤン・エルスターが考えるのは、まさにそれが倫理的に拒絶されるからである。エルスターはこう続けている。「さらに、ベーシック・インカムの構想は広く受け入れられている正義概念に反する。健康な人々が他者の労働に頼って生きるのは不公平だ、と考えられているのである。私の意見が正しければ、労働者の大半は、この構想を怠惰な人が勤勉な人を搾取する方法だと考えるだろう」[4]。

　第1章、そして第5章ではさらに集中的に、無条件ベーシック・インカムが自由かつ正義に適う社会のための鍵になると論じることで、この主張に反駁してきた。だが、このような意見が政治的実現可能性に与える影響はとても大きいので、再び立ち戻って論じる必要があるだろう。その前に、大衆によるベーシック・インカムへの賛成論・反対論の過去と現在の状況について広く概観し、その根底にある理由について振り返り、さまざまな社会的・政治的潮流のなかに存在する、賛成意見を生み出すための材料を検討したい。

世論
Public Opinion

　ベーシック・インカムに対する賛成論と反対論の、現在の度合いを測定する1つの方法は、世論調査の結果を参照することだ。このような調査には、福祉制度への態度において賞罰と自己責任という考え方が果たす役割を究明するものもある。一貫して、就労への意思が条件に課せられた最低所得保障制度や失業保険制度のほうが、条件を課さない制度よりも人気があると確認されるのだ[5]。だが、ベーシック・インカムそのものへの態度も、いくつかの国ではそれなりに大規模に調査されている[6]。ど

の調査結果も、質問の具体的な文言や構成に影響されるため、例によって注意深く扱わなければならない。これは特に、無条件ベーシック・インカムに関する調査に当てはまる。回答者の多くが聞いたことのない考え方なので、関連する別の構想と勘違いしている可能性があるからだ。さらに回答者は、ベーシック・インカムを、その調査が行われている時点で実施されていたり、回答者が理解していたりする制度と比較することを求められるが、その制度というのは当然、国によって大きく異なる。

　いくつもの調査が北欧諸国で行われた。全体として社会保障がほかのどの国よりも広く行き渡っており、ベーシック・インカムという発想がいくらか普及している場所だ。そのため、1994年にデンマークで行われた世論調査では、回答者の40%が、ベーシック・インカムを「よいと思う」と答えた。同様に、2002年にフィンランドで行われたギャラップ社の調査では、63%が「一定額のベーシック・インカムをすべての永住者に対して自動的に給付することを保証するシステム」を「よいと思う」と回答した。同年、スウェーデンの代表サンプルの回答者に同じ質問がされたが、その46%が支持を表明した。ノルウェーでは2003年に行われた調査において、代表サンプルの３分の２がベーシック・インカムに好意的な回答をした[7]。

　北アメリカとフランスで最近行われた調査は、対照的な結果になった。2011年８月に行われた「政府による福祉」に関する調査では、投票権を持つはずのアメリカの1000人の代表サンプルに、以下のような質問がされた。「働くことを選択するか否かにかかわらず、最低限の暮らしを享受できるだけのお金を全員に給付するという構想があります。連邦政府がこのベーシック・インカムの給付金をすべてのアメリカ人ひとりひとりに給付することに、賛成ですか、反対ですか？」優に82%がこれに反対し、わずか11%が賛成した。政党別では、民主党支持者と思われる層の19%に対し、共和党支持者と思われる層では３%が賛成している。2013年、同様の調査がカナダ人の代表サンプルで行われ、より曖昧な、「現行の経済的補助プログラムにとって代わる、カナダ人に年間所得が保障されるという政策」に賛成

か反対かという質問がされた。ここでは46%が少なくとも「どちらかといえば賛成」と答えたことがわかった[8]。

　ベーシック・インカムへの賛成意見は、2015年にフランスで行われた調査ではもっと優勢だった。ここでは代表サンプルが「既存の給付金の大部分にとって代わる、すべての市民に保障されるベーシック・インカムの導入に賛成ですか？」という質問をされた。回答者の60%が賛成（うち16%が完全に賛成）で、40%が反対（うち19%がまったく反対）であった。緑の党と極左勢力の支持者では、8割近くが賛成、極右の国民戦線の支持者では51%が賛成だった。だが、もし「働くことを選択するか否かにかかわらず」と「既存の給付金の大部分にとって代わる」というフレーズを入れ替えた場合、アメリカとフランスの世論の差にそこまで大きな違いは現れなかっただろうと推測してよいだろう[9]。

　両方のフレーズが、ベーシック・インカムに関するこれまでで一番大規模な世論調査に用いられた。2016年4月に、ベルリンに拠点を置くダリア・リサーチによって行われたものだ。28の国（21の言語）から抽出した1万人のヨーロッパ人の代表サンプルが、「働いているかどうかにかかわらず、ほかの収入源とも無関係に、すべての個人に対して政府から無条件に支払われる所得」という構想について問われた。説明には、このベーシック・インカムが「ほかの社会保障の給付」にとって代わり、「あらゆる基本的な必要をカバーできるだけの水準」であるとも書かれていた。回答者の3分の2近く（64%）が、「もしベーシック・インカム導入をめぐる国民投票が今日行われたら」賛成票を投じるだろうと回答した。反対したのはたった24%で、12%が「投票しない」とした[10]。この調査や、前に述べた調査は、特定の国の特定のタイミングにおける無条件ベーシック・インカムの政治的見込みを測定するためには無視できない。だがそれらは、おそらく構想について理解しているがよく考えたことはない一般市民の意見の断片をとらえたものにすぎない。

　この法則に関して、1つの大きな例外がある。その調査は、スイス国民

から代表サンプルを抽出し、2016年6月に行われた無条件ベーシック・インカムをめぐる国民投票の2週間後に実施された。投票にかけられた文言はベーシック・インカムの額を特定していなかったが、国民的な議論では、主唱者たちによって提示されていた成人1人あたり2500スイスフラン（米ドルでも同じくらいだ）というとても高い額がずっと扱われていた。国民投票の総合的な結果は、賛成23.1％、反対76.9％だった。国民投票後に実施された調査では、71歳以上という最も高い年齢層で、賛成が最も少なかった（わずか10％）とわかった。これは投票率が最も高かった層でもある。しかし最も低い年齢層（30歳まで）の賛成票も、平均よりもわずかに低かった（22％）。所得水準間で大きな違いはなく、性別では若干の違いがあり（女性では24％、男性では21.5％が賛成）、都市部の住民と農村部の住民の間ではより大きな差があった（32％対19％）。職業カテゴリー別でも差があり、最も好意的だったのは自営業者だった（36％）。賛成・反対に投票した理由を尋ねると、賛成票を投じた理由で最も多かったのは、よい構想だと思うので議論を促進したかったから、というものだった。反対票を投じた理由で最も多かったのは、そのようなベーシック・インカムは財源が確保できないと思うから、というものだった[11]。

　国民投票に先立つ国民的な議論のおかげで、制度について特によく知っている一般市民の意見を調査する機会ができた。だがこのような可能性はほんの限られた場所にしかなく、頻繁に出てくるものではないし、さらには国民投票の主唱者たちに選ばれた特定のバージョンの構想に限られる。そのため、ベーシック・インカム構想が一般市民にどれだけ受け入れられるかを測るためには、市民社会のなかのさまざまな集団や、主要な政治的派閥において見られる、あらゆる明確な議論に目を向けるほうが概して有益なのだ。

労働組合
Labor Unions

労働組合、すなわち公的に認められた産業領域の有給労働者の組織は、数え切れない先進的な闘いの最前線にいて、大事な功績で主要な役割を果たしてきた。ベーシック・インカムへつながる闘いにおいても、労働組合は主要な役割を果たしうるだろうか、あるいは果たそうとするだろうか？　最初期のベーシック・インカムに似た構想に対する大半の労働組合の反応を見てみると、その可能性は低い。1943年、イギリスでジュリエット・リズ＝ウィリアムズが普遍的給付（就労への意思を義務づける）を提案したとき、即座に「家族を養えるだけの給料の議論を台無しにするような制度は、労働組合の支持を得られないだろう」と指摘された。そしてその制度が1951年に「利潤と所得への課税に関する委員会」で検討されたとき、イギリス労働組合会議（TUC）は「需要と関係なく」支払われるベーシック・インカムという考え方を批判する覚書を出し、社会的給付を受け取る労働者の権利をしっかりと打ち立てるような社会保険の原則に積極的に肩入れしていくと再確認した[12]。

　それから約20年後、アメリカ労働総同盟・産業別組合会議（AFL-CIO）は、リチャード・ニクソン大統領が1969年に発表した、負の所得税制度にいくらか似ている家族支援計画（FAP）（第4章を参照）に対して、独自の意見を主張することを迫られた。組合員の一部は、より統合的なセーフティネットへの可能性のある一歩だとして家族支援計画に好意的だった。ところがAFL-CIOは、政府の補助金によって低賃金を補完するよりも、最低賃金を上げるほうを優先するべきと考えていた。「労働組合は最低所得保障という考え方にそそのかされることはなかった」とダニエル・パトリック・モイニハンはのちに振り返っている。「それでも、公開の場や、AFL-CIOがとても強い力を有していたはずの議会の委員会室という場では、FAPに反

対したわけではなかったのだが」[13]。カナダでは、最低所得保障に労働組合が反応したのはもっと後だが、さらに明確な、懐疑的な意見であった[14]。

　1980年代初頭にヨーロッパで国民的な議論が巻き起こってからしばらくの間の状況は、大きく異なっていた。このときはオランダを皮切りに、本物のベーシック・インカムの構想に焦点が当てられた。オランダの議論は最初から、オランダ労働組合連盟（FNV）の食品労組（Voedingsbond）という、国内の主要な労働組合連盟の1セクターが先頭に立っていた。この組合は1984年から1992年までグレーチェ・ルッピという女性が委員長を務めており、組合員に占める女性、低賃金労働者、パートタイム労働者の割合が非常に高かった。オランダの失業率が2桁台になると、組合のリーダーたちは労働時間の大幅な短縮とセットの実質的なベーシック・インカムを提唱した。また、労働を善とする倫理観や賃金労働が文化的な中心であるということに疑問を投げかけ、ベーシック・インカムを導入すれば「無給の仕事に従事する、所得も社会的地位もない人」に社会的承認が与えられると主張した[15]。ところが、のちには「組合員が日常生活のなかで経験するより具体的な利害」とはかなり離れたところにある「ベーシック・インカムのような抽象的で長期的な目標のために組合員を動員するのは難しいと判明した」と認めた[16]。結果的に、食品労組のベーシック・インカムへの熱狂は勢いを失って1990年代初頭には衰退し、所属するFNVの上層部からの支持も得られなかった[17]。

　これとは大きく異なる文脈で、南アフリカ労働組合会議（COSATU）が、経済成長、雇用創出、貧困との戦いを同時に促進する方法として、ベーシック・インカムの導入を公然と、持続的に支持していた。公式な産業で働いている労働者が国内にいる家族に送金を行うという形での非公式な連帯は、労働組合員の多くにとって重い負担であった。ベーシック・インカムという形の公式な連帯のメカニズムを導入すれば、透明性が高く、効率がよく、恣意性の少ない再分配のメカニズムをもたらすことになる。このような理由やその他いろいろな理由から、COSATUは南アフリカでベーシック・イ

ンカムの導入を公式に支持していた。南アフリカ教会協議会と南アフリカ
NGO連合（SANGOCO）とともに、COSATUは2001年にベーシック・イン
カム・グラント連合を結成し、月100ランド（約18米ドル、当時の南アフリ
カの1人あたりGDPの8％）の無条件ベーシック・インカムの導入を精力
的に訴えた。2002年2月の予算演説で大蔵大臣のトレヴァー・マヌエルは、
その構想について、財源を確保できない「経済的ポピュリズム」だとして
退けた。2006年には社会発展担当大臣のゾラ・スクエイヤに支持されたも
のの、タボ・ムベキ大統領の政府はベーシック・インカムには反対し、より
的を絞った社会的保護システムを構築していくことを確認した。そして
COSATUも関心を失ってしまった[18]。

　1980年代のオランダの食品労組と20年後のCOSATUの例は、労働組合が
ベーシック・インカムを公式に支持したただ2つの例ではないが、ほかに
それほどたくさん例があるわけでもない。組合のなかには、会議を組織し
たり出版物を刊行したりして、この構想について考えを深めようとしてい
る団体もある[19]。著名な組合のリーダーの一部は、個人的な主張の範囲で
ベーシック・インカムを支持している[20]。だが最も浸透しているのは、ベー
シック・インカムを近い将来とは関係ないものとみなし、顧みないという
態度である。そしてはっきりと議論の俎上に乗るという稀なケースでも、
強く拒絶される傾向にある[21]。

　一見すると、労働組合によるこのような冷たい反応は驚くべきものに思
える。労働運動が、労働者の交渉力を高めるような措置に反対するとは、
どういうわけなのだろうか？　無条件ベーシック・インカムは、雇用され
たり雇用から脱出したりという労働者の選択の幅を増やすだけではなく、
そのことによって、昇給や労働条件の改善の交渉をひとりひとりが行える
ようにする。また、労働の中断で給料の支払いがない間も、労働者は安心
してベーシック・インカムを受け取り続けられるので、ストライキの資金
となり、団体行動の貴重な資源となる。そして、ストライキを行う人は、雇
用者による長期間の抵抗にも立ち向かえるようになる[22]。ベーシック・イ

ンカムはさらに、少なくともある種の職業の労働力供給を減らすので、労働市場における集団的なアクターとしての労働組合の交渉力も強くするだろう。

では、なぜ労働組合はベーシック・インカムに乗り気でなかったり、さらには率直に嫌悪感を示したりする傾向にあるのか？　それには、いろいろな背景に不揃いに存在し、その中身もばらばらな、いくつかの理由がある[23]。1つ目の理由は、ベーシック・インカムそれ自体と、既存の所得移転システムをすべて廃止するというその最も極端なバージョンが、ときどき混同されていることである。ほかの所得移転システムの廃止に対しては、労働組合は以下の3つの理由から激しく抵抗している。一部の貧困世帯がどん底に落ちる可能性があること、社会保険と公的扶助システムはベーシック・インカムでは満たせない特別な機能を持っていること、そして、社会保障制度の業務に従事する多数の労働者が解雇されることだ。しかし、第1章と第6章ですでに説明したように、慎重なベーシック・インカムの構想は、長期的にも、社会保険と公的扶助による上乗せと完全に両立できる無条件な土台作りと考えられなければならない。そのようなベーシック・インカムの導入は、これらの上乗せを使える低所得世帯がその地位に固定されて損をしないように、またすべての人に選択肢が開けるという意味で得をするように調整可能だし、そうしなければならない。ベーシック・インカムは社会保険と公的扶助の代わりではなく、両者がその特別な機能をよりしっかりと満たせる手助けをする。結果的に、社会保障部門において多くの人が解雇されるという恐れも（望みも）ない。確かに、ベーシック・インカムの導入には、税と所得移転のシステムを大幅に簡略化し、条件つきの給付金への依存を減らすことで、官僚機構の仕事を減らすという狙いがある。だが、この簡明なシステムでも、段階的導入がされるとなると十分複雑になるので、移行期には人材の能力が必要だろうし、そのカットはとてもゆっくり行われるだろうと自信を持って言えるのだ。

労働組合が後ろ向きな2つ目の理由は、ベーシック・インカムの導入に

よってすべての世帯が労働とは独立して所得の一部を受け取ることになるため、全体的な賃金水準が下がる恐れがあるからだ。これはおそらく、アメリカの労働運動が、1970年代にニクソン政権が打ち出した家族支援計画の支持に消極的だった大きな理由だろう。「組織的な労働組合は、就労阻害要因が取り除かれることによって促進される低賃金労働の増加のあらゆる可能性を恐れている」とデズモンド・キングが書いている通りだ[24]。CFDT（フランス民主労働総同盟、フランスの主要な労働組合）の全国事務局長のミシェル・ジャルマンが表明していた懸念にもそれははっきり表れている。ベーシック・インカムは、公金を使って不安定で低賃金の仕事をさせる会社を補助するに等しい、というものだ[25]。そしてこれは、ジョン・メイナード・ケインズが考えていた、イギリスの労働組合が普遍的な児童手当に反対する理由にも似ている。「私の考えでは、労働組合の運動が敵対的なのは、そのような手当が私が望む形になること、つまり賃上げの代わりになることを恐れているからだ。家族の重い負担を支えなければならない人が、利益一般にかかる税金とは別に扶助を受け取れるようにしたほうが、その人の雇用者に不相応な額の賃上げをさせようとするよりも、ずっとよいと思うのだが」[26]。

この恐怖はあまりに深刻だ。だが、2つの決定的な点を見落としている。第一に、第1章で説明したように、無条件ベーシック・インカムが労働市場に与えるであろう影響は両義的だ。まさにそれが肝心なのである。その普遍的性質ゆえに、ベーシック・インカムは低賃金の職業の一部のカテゴリーの存続を可能にする。すなわち、現在のところは給料が低すぎたり不規則だったりして成立しない、とても興味深く魅力的な仕事や、しっかり技能のトレーニングを行ってくれる仕事だ。同時に、義務を課さないため、ベーシック・インカムによって人々は退屈で技能もあまり身につかない仕事を受け入れようとしなかったり、続けようとしなかったりするようになる。十分な数の労働者を呼び込むためには、これらの仕事は賃金を上げる必要があるだろう。それゆえ、報酬全体の水準に与える影響は必然的に不明確

だが、既存の仕事のなかでも最も給料の低い層の平均賃金に対しては、プラスの効果をもたらすと言ってよいだろう。第二に、ベーシック・インカムは最低賃金制度と完全に両立可能だ[27]。そのような制度は、脱税の防止を含むさまざまな目的のためになる。ベーシック・インカムの導入前から最低賃金制度を正当化する理由になっていた要素は、ベーシック・インカムの導入後も生き続ける。それに、第1章で説明したように、ベーシック・インカムの導入が目論んでいるようなタイプの低賃金の雇用の促進を妨げもしない。確かに、最低賃金の水準が合法的に下方修正されてしまうという意見はある。ベーシック・インカムがあれば、フルタイムの労働者における同額の可処分所得は、もっと低い純賃金の最低額でも保障できるからだ。しかし、起こりうる例として、ベーシック・インカムが少なくとも部分的に、低所得者層に高い税率を課すことによって賄われるとしたなら（第6章を参照）、課税前の最低賃金は、ベーシック・インカムを含めたフルタイム労働者の純所得の合計を維持するくらいの水準に保たれる必要がある。そのため、課税前の最低賃金の額を下げる理由、ましてや最低賃金制度を全廃してしまう理由など存在しないのだ。

　労働組合が抵抗する3つ目の理由は、前のものと関連するが異なる。それは労働者の可処分所得を決定するという労働組合の役割に関係するものだ。ある面では、これは受け止め方の問題にすぎない。当然、ある世帯の所得全体に占めるベーシック・インカムの割合が高くなるほど、賃金の占める割合は低くなるように見える。世帯のすべての構成員に先払いされるベーシック・インカムがあると、その世帯の大黒柱（とその人が所属している組織）による家計への貢献は、その世帯や社会全体にとって中心的ではないように見えてしまう。ただし、このように受け止められるのは、本物のベーシック・インカムに限った話で、負の所得税型の給付には当てはまらないと指摘しておこう。というのも、その負の所得税制度が個人ではなく世帯単位の場合は特に（唯一のケースではないが）、世帯の大黒柱の純賃金が上昇するという形で、ベーシック・インカムと同等の税額控除が生

じるからだ。その世帯の純所得は（そしてその理屈は）「同等の」ベーシック・インカム制度の場合とまったく同じになるが、負の所得制度の場合、労働（つまり部分的には労働組合の支配下にあるもの）の対価から来ている所得が、より大きな割合を占めているように見えるのだ。これはもちろん幻想である。けれども、とても力のある幻想だし、それを幻想だと暴露することが自分たちの利益になると組合の幹部は思わないだろう。

　これと密接に関係があるが、完全に受け止め方の問題とは言い切れないのが、4つ目の理由だ。世帯の所得における賃金体系は、手続きの方法は国ごとに大きく異なるものの、雇用者と労働者の間で交渉される。労働組合の交渉力の源泉は労働力で、それをもう提供してやらないぞと雇用者を脅せば効果がある。その交渉力も、労働者の一団がその部門にどれだけの損害を与えられるかによって大きく違うが。社会保険料はその大部分がこの賃金体系から出ており、組合によって共同管理されている場合も多い。反対に、ベーシック・インカムは（先払いにしろ、税額控除の形をとるにしろ）、組合が直接関与しないプロセスを通じて、政府から国民に与えられる。そのため労働組合からしたら、組合員の利益がしっかりと考慮されているかの確証が少なくなるのだ。しかしこれもまた、大部分において幻想である。労働所得が課税対象であり、社会保険の給付金の財源には一般的な税金から（しばしばかなりの額の）補助金が出ているので、労働者が直接的・間接的に仕事から得ているという所得も、民主的な決定に大きく依存することになるからだ。

　労働組合がベーシック・インカムに対して一般的に熱意を示さない5つ目の理由は、労働組合自体の力に関連している。無条件ベーシック・インカムは資本家に対する労働者の力を強くする一方で、自らが所属する組合に対する労働者の力も強める。ストライキが長引いた場合、中断せずに労働者に給付されるベーシック・インカムは、潜在的なストライキの原資に加えられるが、それは労働組合だけでなく、どんな形の組合員の集合も使用可能だ。そのため、組合が舵をとって団体行動を行うことがより困難に

なる。団体行動を行える力がこのように分散すると、労働者のなかでも弱い層が、正当な要求を通せるようになる場合がある。反対に、労働者の比較的恵まれた層に悪用されるかもしれない。どんな場合でも、ベーシック・インカム導入に伴う帰結は、労働組合の幹部には歓迎されそうにない[28]。

　最後に、労働組合が熱意を示さないおそらく最も一般的で根本的な理由とは、単にベーシック・インカムの導入は中心となる組合員の最大の利益にならないと信じられているからだ。中心となる組合員は、大部分がフルタイムの男性労働者で、安定した労働契約を結び、給料もよい場合が多い。つまり労働者全体からすれば、代表とは程遠いのだが。短期的な財政という意味では、これらの労働者の多くはベーシック・インカムで得をするとは言い難いし、なかでも最もよい給料をもらっている人たちは、税金による調整が求められ、経済状況が悪化する可能性がある。特に、ベーシック・インカムが厳密に個人単位で、その額が実質的に意味のある水準で、資本所得を増やす方法がほとんどない状況では、それが顕著だ。反対に、ベーシック・インカムによってすぐに得する立場の労働者は、組合を組織していない傾向がある。たとえばアメリカ合衆国では、フルタイム労働者の2014年の組合組織率はパートタイム労働者の倍以上であり、組合を組織していない労働者の収入の中央値は労働組合員の80%にも満たなかった[29]。

　ケインズは、「労働者階級は、自分たちの状態をよくするための自覚的な努力を賃上げのための努力に集中させすぎているし、さらには、私が思うに、状態をよくする別の方法に対して懐疑的にさえなっている。これは大変不運なことだ」と考えていた[30]。労働組合がベーシック・インカムに関心を示さないのは、これまで述べてきたどの要因からにせよ、ケインズに同意できる十分な根拠がある。だが、労働組合はこの不運を乗り越えられると信じられる理由も十分にあるのだ。

　労働組合は、次に挙げる4つの道筋で前進すれば、ベーシック・インカムにより共感的になると期待できる。第一に組合は、民主的な政府による再分配のやり方が十分に公平で、効率的で、信頼できる方法で利益を集めて、

分配できるのだ、と十分に信じられるようにならなければならない。その
ためには、現状では特に、国境を越えて移動する金融資本や人的資本によっ
て生み出される付加価値の部分に、より公平な課税を行うよう、各国の政
府同士の協力が求められる。第二に、組合は自分たちを、現在働いていたり、
将来的に働いたりする人々全体の代表者だと考えなくてはならない。労働
者全体とは、増加しているプレカリアート（訳註：不安定な立場の労働者、非正規雇用や失業者など）なども含む。
中心的な組合員ではあるが数が減りつつある、フルタイムで無期雇用で、
男性のインサイダーにとどまらないのだ[31]。そのためには組合員の幅を広
げる必要があるだろうが、会員が他人の状況に十分共感できるようになる
必要もあるだろう。それがゆくゆくは、自分自身や自分の子どもたちの状
況になるかもしれないのだから。第三に、製品のすべてを労働者が作って
おり、その一部が資本家によって盗まれていると考えるのをやめることも
役立つだろう。代わりに、第5章で論じたように、今日の製品のほとんど
を作った業績の本来の名義人は、今日の労働者でも今日の資本家でもない
と認識するのだ。最後に、組合は安定したフルタイム、終身雇用、有給の雇
用と、それに伴う賃金に重点を置く姿勢を和らげるとよい。そして、何が
生きがいをもたらしてくれるのかということに関して、その「労働中心主
義」的な考え方の幅を広げたほうがよい[32]。

　労働組合の幹部がここで概説したような多層的な不信感を払拭すること
ができないのではないかと疑っている人は、アンディ・スターンの最近の
著書、『Raising the Floor（土台の嵩上げ）』を読むと元気づけられるかもし
れない。スターンは2010年まで、サービス従業員国際労働組合の委員長を
務めていた。200万人近い組合員がいる、アメリカ合衆国で最大級の労働
組合だ。スターンは読者に「普遍的なベーシック・インカムを導きの星と
し、土台を嵩上げし、職、労働、アメリカン・ドリームの将来を形作るため
の国民的な議論に参加する」ことを呼びかけている[33]。「産業経済からデジ
タル化の上に成り立つ経済」への移行にあたり、来たるべき数年間や数十
年間に起こると予想される技術的な変化の影響を熟考した結果スターンは、

自らのキャリアを通して訴えてきたこと、具体例にすべての人に満足のいくフルタイムの仕事を与えるという大義は失われてしまったという結論に至った。アメリカン・ドリームをあきらめるのではなく、それに新たな解釈を与える必要があると考えたのだ。「新しいアメリカン・ドリームでは、私たちは人間として基本的に必要な食糧、住居、安全の心配をする必要なしに、自分が一番大切だと思う価値観に従って、自分や愛する人たちが送りたいと思う人生を選び、作り出す自由がある」という[34]。この夢を実現するため、スターンは「18歳から64歳のすべての大人に対して月額1000ドルの無条件かつ普遍的なベーシック・インカムを設ける」ことを提案している[35]。

　そのようなメッセージが今日の労働組合の組合員や幹部に真剣に検討される可能性はそもそもあるのだろうか？　その可能性を示す出来事が２つある。2012年１月、ドイツの労働組合員たちが「ベーシック・インカムに関する労働組合会議」を設立した。それは、ベーシック・インカムは労働者の権利を強める手段だという考えのもとの、「労働組合員の間でのベーシック・インカムに関する議論を支援するプラットフォーム」である。この団体はそれ以来、ドイツ全土でベーシック・インカムについてのワークショップを組織している[36]。2016年７月11日には、イギリス最大の労働組合ユナイトが、ブライトンで開かれた第４回目の政策会議で、「十分な所得の土台を提供するには、資力調査に依存し恣意的な認可がたびたび行われるような、現行の官僚主義的でコストがかかる社会保障制度では明らかに能力不足だ」と指摘し、「ベーシック・インカム、すなわち無条件で停止されることのない万人に支払われる所得は、本物の社会保障を提供する可能性を持っており、同時に経済を加速させ職を作り出す」という確信を表明した動議を採択した。そして組合員たちに「普遍的ベーシック・インカムのための活発な運動」を呼びかける案内を送った[37]。

雇用者
Employers

雇用者側はどうだろうか？　経済力がより少ない人たちに経済力を与えるという理由で何らかの制度が推進されている場合、自らの経済力のおかげでほかの人を依存させて優位に立っている人から、その制度が情熱的に支持されることは期待しづらい。たとえば、ストライキを行う労働者がベーシック・インカムのおかげで組合のプール資金に手をつける必要すらなくなるだろうという指摘は、資本家たちがベーシック・インカムに興味を失う十分すぎる動機になるだろう。そのため、無条件ベーシック・インカムを支持する雇用者の組織を見つけるのは、それを支持する労働組合を見つけるよりも難しいとしても、驚きはしない。

しかし、労働組合の例と同じく、ささやかな例外はある。2010年以来、カトリックの企業経営者の団体であるドイツ・カトリック企業家連合は、「カトリックの社会的な思想から出た確たる根拠」に基づいて、ドイツにおける負の所得税の導入を強く求めている。フランスの2012年の大統領選の際には、フランスの若い企業経営者の組織である青年経営者センターが、主に環境税を財源として、すべての住民に支払われる、400ユーロのベーシック・インカム（当時の1人あたりGDPの約12%）を提唱する白書を刊行した[38]。しかし通常は、雇用者の組織はベーシック・インカムを無視している。そして無視できない場合、たとえばスイスの大衆運動がキャンペーンを行っていたときなどは、断固として反対していた。実際、スイスの企業連合体であるエコノミー・スイスほど、力強い反対の声を早々と結集させた組織はなかったほどだ[39]。

ところが、ベーシック・インカムの最も著名で影響力のある推進者には、成功した起業家も含まれている。たとえば、ローラン・デュシャトレ。マイクロチップ製造業やサッカーチーム経営で活躍しているベルギーのビジ

ネスマンで、1990年代初頭にベーシック・インカムという発想に惹かれた人物だ[40]。1997年、デュシャトレはヴィヴァン（訳注：フランス語で「生きている」の意）という政党を結成した。その中心となる提議は、付加価値税を大きく増税して資金を賄い、500ユーロ（当時の1人あたりGDPの約23%）の、個人単位で無条件のベーシック・インカムを導入することだ。1999年のベルギーの連邦議会選挙では、デュシャトレが費用をつぎ込んだ選挙運動のおかげで、ヴィヴァンは2%近くの得票率を得た。2003年の選挙では得票率を少し減らした。どちらの選挙でも、連邦議会に議席を得られるほどの投票は得られなかった。2007年、ヴィヴァンはフラームス自由民主に吸収された。この政党からデュシャトレも元老院議員を1期務めたことがある。自身の政党が失敗に終わっても、デュシャトレは「自由所得」を声高に提唱し続けた。デュシャトレの考えでは、これは税システムの簡略化、および非効率で干渉的な福祉分野の官僚機構を削減することとセットでなくてはならない[41]。

　さらに目立つもう1つの例は、ドイツの起業家ゲッツ・ヴェルナーだ。ドイツの主要なドラッグストアチェーンDMの創立者で、2万6000人を超える従業員を抱える。2005年、ドイツの社会保障の「ハルツIV」の改革で、給付金を受け取っている人に対して、職探しをしろという圧力が強まった。そのときヴェルナーは、最初は1200ユーロ（当時のドイツの1人あたりGDPの半分を超える）という額の無条件ベーシック・インカムを提唱し始めた。その財源は消費税から賄われ、あらゆる形の所得税や既存の所得移転の多くを削減することとセットだった。ベーシック・インカム導入の熱烈な求めが経営者という予想外の陣営から出てきたこともあり、ヴェルナーはテレビのトークショーなどいろいろなメディアに引っ張りだことなった。ヴェルナーはその後、本を何冊か出版し、自身の提案を磨き上げて（部分的にはトーンダウンして）、その背後にある論理を説明した。ルドルフ・シュタイナーの人智学的な教義に忠実だったという出自を持つヴェルナーは、ベーシック・インカムとはよりよい経済の鍵となる要素だと考えていた。そのような経済では、労働者はより自由に働けるからだ[42]。そ

のアプローチはベーシック・インカムを「文化的原動力」と考えるもので、スイスのベーシック・インカムを求める市民運動にも影響を与えた。

　ローラン・デュシャトレとゲッツ・ヴェルナーだけが、ベーシック・インカムを公の場で推奨した経営者というわけではない[43]。だがこの2人は自説をとても根気強く主張して大きな影響力を持ち、経営者という自分たちのカテゴリーのなかでは異端者のままであった。ベーシック・インカムへの賛意をカミングアウトした数少ない主要な労働運動の指導者と同じである。雇用者の側から有意義な幅広い支援が得られるとしたら、それはベーシック・インカムが、より強固な基本的安定とセットで、より柔軟な労働市場をもたらす政策であると明らかになったときだろう。そして、支援はまず、小規模な企業や自営業者が中心になった組織から現れるだろう。その例として2016年6月、フランドル地方のUNIZO（自営業の起業家組織）のトップ、カレル・ファン・エートフェルトは、ベーシック・インカムの構想は起業を促進し、フリーランス労働者のさらなる保護につながりうるので、より進んだ検討が必要だと宣言した[44]。

　労働運動やビジネスの世界をここまで見てきたが、ここからはベーシック・インカムへの態度が本来もっと好意的だと期待できる社会の2つの層に目を向ける。それはプレカリアートと女性だ。

プレカリアート
The Precariat

求職中の人、短期やパートタイムの契約しかない人、勤労福祉制度の対象の人、自営業のなかでも立場の弱い人、そしてさらに広くとらえるなら、どのような理由からであれ物質的な安定と前向きな身元証明ができるよい仕事から排除されている人──このような人たちは一般に、

「プレカリアート」というカテゴリーでまとめられる[45]。そのなかには、ベーシック・インカムの導入によって短期的には最も得をする人たちも含まれている。しかしだからといって必ずしも、プレカリアートを代表する組織が、無条件ベーシック・インカムのような包括的で実現が遠いものを提唱するとは限らない。たとえば、1990年代にベーシック・インカムに関する議論がアイルランドで浮上した際に、アイルランド全国失業者組合は批判した。ベーシック・インカムを求める運動は、失業と貧困という目下の問題から注意をそらすものだと考えられたのだ。そして目下の問題にはより効果的な対策があるという。つまり、的を絞った制度のほうが安上がりで、それゆえに、より現実的だというのだ[46]。

　それでも、伝統的な労働運動の外部で発展した、現在一般にプレカリアートと呼ばれている人々を代表する団体のいくつかは、ベーシック・インカム型の構想の実現に向けて積極的に闘っている。初期の例は1960年代後半のアメリカで、主に黒人女性の失業者で構成される福祉受給者の運動、全国福祉権団体（NWRO）が、負の所得税形式での最低所得をすべてのアメリカ人に保障するよう連邦政府に求めたことだ。既存の公的扶助にとって代わることを目指していたNWROの計画は「世帯のなかの成人が労働市場に参加していようがいまいが、世帯の基本的な必要をカバーできるように設計されている。［中略］個人的な振る舞いは受給の条件とされず、ケースワーカーの承認も必要ない」という制度だった[47]。

　より小さな規模では、1970年代初頭に、イギリス南部の小さな町の失業者のグループが、「働いていない人が組合を結成するという考え方は矛盾しているように聞こえ、失業者手当の受給の列に並んでいる人たちには似つかわしくない」にもかかわらず、「要求者組合」の結成を決めた。この組合は無条件ベーシック・インカムを求めて運動を始めたが、公式の労働運動からの反対に直面した。要求者側の考えでは、公式の労働運動が望んでいたのは、単に仕事がある人の給料を上げること（そのため、仕事がない人からすると、職を得ることがより難しくなる）、およびその給料にかかる税

金を少なくすること（そのため、失業者に対する所得移転が圧迫される）であった。既存の社会保障の拡大とはまったく違い、要求者たちはその廃止を求めた。「働いている人も働いていない人も、官僚機構の重荷の足元で這いずり回る必要のなくなるような、何らかの形の保障された所得、真の生存所得」を提唱したのだ[48]。

　ほかのいくつかの国でも、期間、意見の反映される度合い、影響はさまざまだったが、プレカリアートと結びついた組織がその中心的な要求にベーシック・インカムのような制度を盛り込んだ[49]。そのような運動のなかで最も目立つ意見表明は、フランスで起こった。1982年に結成された「失業者組合」とその後継団体で1986年結成の「失業者と不安定労働者の国民運動」は、その機関紙『Partage（分配）』の多くのページをベーシック・インカムに割いた。「不安定労働者」を自認する人たちの地方組織や、ときにはリバタリアン的な地方組織に後押しされ、この純粋な関心はのちに強力な推進運動へと変わった[50]。これが、社会学者ピエール・ブルデューが「社会的奇跡」と呼んだ出来事への道を整備した。これは、1997〜1998年の冬に起こった巨人なフランスの失業者の運動で、フランスのいくつかの都市で行われたデモや占拠の主なスローガンは、「仕事は権利であり、所得は権利として受け取れるものである！」であった[51]。1994年に結成されたプレカリアートに基盤を持つ連盟AC!（Agir Contre le Chomage：失業に対する抵抗）の力のおかげで、ベーシック・インカムは政治的な議題にまではならなかったものの、初めてフランスにおける国民的な議論となった[52]。

　当然ながら、これらの不安定な労働者たちの組合に、従来の労働組合よりもベーシック・インカムに対する明らかに前向きな態度を見出すのはたやすい。だが同時に、これらの組織自体がとても不安定で、小さいことも多く、短命に終わる傾向にあるとも認めなければならない。そのメンバーは、フルタイムの労働者よりも闘争に使える時間は多いだろう。けれども強い社会運動を形成するための資金や人材が不足しがちだ。ほとんどの場合において運動を採算に乗せるのは難しいし、影響力のあるリーダーとし

てのスキルを持っている人のほとんどは、プレカリアートでいる期間が短い。さらに、一緒の職場で働くことでプロレタリアートが持つような、集中的で定期的なメンバー間の関わりが、プレカリアートにはない。それに、経済的な共同作業や業務が頼っているようなインサイダーの労働力と同じような資産を、プレカリアートは有していない。そしておそらく最も深刻な問題として、プレカリアートは失業者や不安定な仕事の人という周囲から偏見を持たれる地位にいるため、前向きな共感を生み出すことが困難だ。そのため、プレカリアートの組織が、伝統的な労働組合とわずかにでも比較しうるほどの力を得られることは、この先もないのではないかという疑いがある。ましてや、無条件ベーシック・インカムの導入を確かなものにできるほど強い力は得られないのではないかと言われても仕方がない[53]。

女性
Women

女性は、主流の労働運動よりもベーシック・インカムへの支持が期待できるもう１つの、そしてはるかに大きなカテゴリーを形成している。事実上想像しうるどんなベーシック・インカム導入の改革でも、女性は男性より、所得の点でも人生の選択の点でもはるかに大きな利益を得るだろう。その理由は単純だ。現在、労働市場に参加する女性の割合は少なく、男性の時給よりも女性の時給のほうが低いので、厳密に個人単位のベーシック・インカムは女性にとってより大きな財政的利益となるし、ベーシック・インカムの財源が直接税にしろ、間接税にしろ、ほかの要素は平等のままだからだ。そのため、ベーシック・インカムは稼ぎと社会保険の給付金の分配が、男性に偏って行われている状態を減らすのに貢献する[54]。女性の「自分の所得」を保証することは、ヴァージニア・ウルフ

（訳注：1882〜1941年）が称賛した意味での女性の自由を加速させることになる。「知的自由はつねに物質的なものに支えられています。詩はつねに知的自由に支えられています。そして女性はこれまでつねに貧乏でした——ここ二百年どころではなく、有史以来の長きにわたって。女性に与えられてきた知的自由は、アテネの奴隷の息子にも劣ります。だとすれば、女性には詩を書くチャンスが露ほどもないということになります。だからこそ、わたしはお金と自分ひとりの部屋が欠かせないと強調してきました」[55]。

　しっかりとした自分の所得があることで女性がより大きな自由を手に入れると、詩の創作が可能になるだけではない。第6章で論じた負の所得税の実験の1つでは、貧困世帯のひとりひとりが給付金を受け取れるようになると、離婚率が増えたように見えた。追跡調査では、以下のように推測されている。「結婚の解消の後の困難な過渡期に収入が手に入るという確実性が、経済的に依存度の高い配偶者（ほとんどのケースでは妻）の結婚への依存度を軽減する。おそらく、独立性が高まれば、満足のいかない、さらには暴力的な結婚から逃れることが可能になる人もいる」[56]。そして自分の所得は、満足のいかないパートナーから離れることを促進するだけではない。満足のいかない労働生活をやめることも促すのだ。キャロル・ペイトマンが述べているように「ベーシック・インカムは女性に対して幅広い選択肢を可能にするだろうし、その所得で生きていこうと思うなら、過酷な関係や仕事から脱却することも可能にする」のだ[57]。第1章で説明したように、ベーシック・インカムはパートタイムの仕事に就いたり、仕事を中断したりするのを容易にする。そのため、特に給料の低い女性が、ダブルワークや耐えられない生活リズムをやめられるようになる。これは、負の所得税の実験においては、世帯のなかの二次的な稼ぎ手（主に結婚している女性）による労働力供給が穏やかに減少したという結果にも現れている。第6章で強調したように、これはベーシック・インカム構想の導入ではなく、50年前に特定の制度的・文化的状況のなかで行われた実験の結果なので、不用意に一般化するべきではない。けれども、その基本的な点は十分

に強固だ。自由に関する限り、ベーシック・インカムは状況を変えられるし、与えられた新しい機会をさらに役立てられる人にとってはもっと大きな変化となる。こうした人々のなかで、女性は圧倒的に多数にのぼるのだ。

このような理由すべてから、フェミニストの団体の一部がベーシック・インカムをその中心的な目標としているのには驚かない。初期の例の1つは、1975年にロンドン在住の労働者階級の女性の組合の主導のもと、要求者組合連合会が出版した『Women and Social Security（女性と社会保障）』と題するパンフレットだ。このパンフレットはその後数年間、改定されて再版されたが、どの版にも無条件ベーシック・インカム制度を提唱する節があった。パンフレットによると、無条件ベーシック・インカム制度があれば「どの女性も独立した個人として扱われ、誰かに依存する存在としては扱われなくなる。そうして、補完的な給付金制度のもとでは必ず起こっている、屈辱的な形で個人の人間関係を調査されるという事態がなくなるのだ」。補完的な給付金制度とは、当時イギリスで実施されていた資力調査つきの最低所得制度である。さらにパンフレットには「ベーシック・インカムは社会のなかの女性の立場を根本的に変えるだろう」と書かれている[58]。

このような明確な集団的な声明があり、フェミニストの著述家による擁護もないわけではないが、ベーシック・インカムを導入すべきだというコンセンサスが幅広くフェミニズム運動に存在するとは言えない[59]。その最も根本的な理由は、女性という集団がベーシック・インカムによって生まれる新しい選択肢を男性よりも多く利用するだろうという、まさにその事実が引き金となって、一部のフェミニストの間に控え目な態度が生まれたことにある。フェミニストの立場からすれば、問題はもちろん、ベーシック・インカムによって自由が大きくなったときに起こる離婚率の上昇ではない（この予測は今日でも保障所得制度への反対論として利用されている。父親がいない家庭で育つのは子どもにとってよくないという理由だ[60]）。フェミニストからすると、問題はむしろ、女性の労働市場への参加に影響

が出てくることにある。あからさまな差別や抑圧的な性別役割の期待が存在することや、夫婦では女性のほうが若い場合が多いという、変え難い事実など、幅広い理由により、ほとんどの夫婦においては、男性よりも女性の時給のほうが低い。ある時点で夫婦が有給労働の合計時間を減らし、子育てやその他の家庭の事柄の時間を増やしたほうがよいと考えたとき、大部分の場合、女性が働くのを辞めたり労働時間を減らしたりするほうが、男性よりもコストがかからない。そしてそれが起こるたびに、男女の差は広がっていく。ほかの要素とも結びついているし、その程度は状況によって大きく異なるが、この事実によって、負の所得税制度の実験だけでなく、相対的にベーシック・インカムに似ている既存の制度の実施にも見られる男女間の非対称は説明できる[61]。このような非対称があるから、フェミニストの立場からベーシック・インカムを受け入れるのが困難になっている。労働の世界へのしっかりとした継続的な参加が長期的な物質的安定にとって重要であるという事実を軽く見積もってしまった結果、ベーシック・インカムによって与えられた新しい選択肢を、短期的な重要性のみに着目して利用してしまう女性もいるのではないか。そのような疑いがあるのだ。

　そのような問題は、フェミニズム運動におけるベーシック・インカムの強固な支持の妨げになり続けるのだろうか？　2つの条件が満たされれば、そうではないと思われる。1つ目は、最重要の目標を、ナンシー・フレイザーによって「総稼ぎ手モデル」と批判されたものにはしないということだ[62]。伝統的な男性の役割を規定してきたようなフルタイムの終身雇用は、成功した人生の唯一のモデルではないし、女性の解放とは、この男性のモデルを全員に押しつけることではない。女性たちにより多くの選択肢を、自分が送りたいと思う人生を送れるより大きな実質的自由を与えることなのだ。アン・ミラーが述べたように、そのためには「ケア志向」に対して「キャリア志向」が好まれる既存のバイアスを強化するのではなく、減じていかなければならない[63]。ベーシック・インカムの給付によってこのバイアスが減らされれば、現状で最もありうる話として、労働時間を減らすと

いう拡大された選択肢を利用する割合は、男性よりも女性のほうが高くなるだろう。フェミニストの狙いが、女性に自由の使い方を教えることではなく、女性の自由を拡大することにあるのなら、そのような事実があるからといって、普遍的ベーシック・インカムをフェミニズム運動が熱心に受け入れない理由は何もないはずだ。あるいは少なくとも、今から述べる2つ目の条件が満たされれば、そのような理由はなくなるはずだ。

この2つ目の条件は、以下のような困難に対処できる、満足のいく方法を見つけることだ。労働時間を減らす可能性の拡大を活用する割合が男女で平等ではないということは、間接的には女性の実質的自由を減じる可能性もある。それが起こってしまうのは、2つのメカニズムによる。1つはロールモデルの欠如だ。何らかの地位についている女性を十分に見ていないと、正式には男性と同じくらい開かれている選択肢を、女性が実質的に除外してしまうかもしれない。もう1つのメカニズムは、統計から生じる差別だ。雇用者のなかには、以前にも増して、女性は男性よりもフルタイムで働きたがらず、すぐ仕事を辞めると思ってしまう人もいるだろう。そのため、雇用者は女性よりも男性に仕事や責任を割り振ろうとするだろう。

ベーシック・インカムによって追加で非対称が引き起こされ、その効果が無視できないほど大きいなら、それを中和するために付随的な方策も利用されうる。まずは、個人所得税の形態が非常に重要だ。世帯全体を合わせた所得に課税されるのに比べ、厳密に個人単位の累進課税は、世帯のメンバー間で仕事を分け合うという物質的インセンティブを作り出す[64]。さらに、父親と母親の間での、いっそうの公平な仕事と子育ての分担を促進する特別な施策を導入するとよい。たとえば、2人の親のうち短い育児休暇をとったほうの親が、その月数に応じて追加で育児給付金を配分されるというのはどうか。あるいは、父親の育児休暇分の給付金を母親の育児休暇分より高額にしてもよい[65]。最後に、雇用と家族の責任の組み合わせを促進するために、フレックスタイム制やテレワークの導入から、便利な場所にある手頃な価格の保育施設の設置や学校の授業時間の適正化まで、あ

らゆる種類の方策がとられる必要がある。

　常に心に留めておかねばならない目指すべきポイントは、ここで述べたような2つの効果を修正すること（それが深刻なものなら）であり、女性と男性が平均的に同じ選択をするようにするということではない。というのも、自由を減らした結果として女性の労働市場への参加が減少する改革と、自由を増やした結果として女性の労働市場への参加が減少する改革は、決定的に違うからである。普遍的な児童手当から、資力調査つきの児童手当に後退するというのは、前者のカテゴリーに入る。第6章で説明したように、それは結局、母親の稼ぎへの税率を高くするのと同じで、結果として多くの人が家庭の罠に陥る。反対に、もしベーシック・インカムの導入の結果として女性が有給の仕事を減らす選択をしたなら、それは自由が拡大し、結果として交渉力も拡大したからであるし、それをどのように使うか、女性たちが自分で選択した結果でもある。この違いの重要性の認識は、フェミニズムの観点からベーシック・インカムを擁護するためには必要不可欠だ[66]。

社会主義者
Socialists

　ベーシック・インカム構想の政治的な見通しを評価するに当たっては、まさに今行ってきたように、市民社会の一部の主要な構成要素に広まっている態度と、その背景にある論理の検討が有益だ。それと同じくらい、さまざまな政治的な派閥のなかでどのような立場がとられているかを見てみることも有益である。ここからの数節では、それを行いたいと思う。本書で検討するのはヨーロッパの政治的地平に偏っているが、同時にそれはいくつかの傾向を見出すにあたっては十分に多様性があり、十分に安定

しており、ベーシック・インカム構想を十分に意識しているのである[67]。

　社会主義ないしは社会民主主義の主流派の政党は労働運動と密接に連携していることが多いので、一般的には同じような態度をとるだろうと想定できる。それでも、言及する価値があるような興味深い特殊な事例がいくつか存在する。そのうちのいくつかは裏づけに乏しい小話程度のものでしかないのだが。たとえば、無条件一括賦与の最初期の提案者の1人であるトマス・スキッドモア（1790〜1832年）は、ニューヨーク勤労者党の党首だった。本書の第4章では、ほかの先駆的な思想家も登場した。ヤーコプ・カッツ（1804〜1886年）はマルクスやエンゲルスとともに、ブリュッセルに本拠地を置く民主協会のメンバーで、フランドルの労働者党の最初の形態と言える団体を創立した。第4章で述べたように、全国レベルのベーシック・インカムの提案が作られたのは、カッツ周辺のグループにおいてだ。そして社会的奉仕の義務とセットの終身のベーシック・インカムを提唱したエドワード・ベラミー（1850〜1898年）は、アメリカで短期間存在した人民党（1891〜1908年）の初期に、活発に関わっていた。

　より実体的な例は、『Higher Production by a Bonus on National Output（国民生産に対する特別手当による生産力の向上）』（1920年）の著者であり、国家特別手当連盟の指導者だったデニス・ミルナーが、自身の無条件の国家特別手当の構想をイギリス労働党に認めてもらおうとした取り組みだ。それは1920年の党大会で投票にかけられ、3分の2という多数で否決された。だがそれから長く経たないうちに、労働党のトップと近かった（そしてのちに首相になるハロルド・ウィルソンの指導教官だった）オックスフォード大学の教授、ジョージ・D・H・コールが、何冊かの著書でその構想を擁護した。その間、同じくオックスフォード大学にいたジェイムズ・ミードが、『Outline of an Economic Policy for a Labour Government（労働党政権の経済政策概要）』（1935年）のなかで、所得の平等を「まずは社会福祉の進展で、そののちには社会配当金の分配で」進めるべきだと促した[68]。そのベーシック・インカムの構想は、戦後の労働党政権によってベヴァリッ

ジ報告で推奨された政策が受容され実行されたことによって、主流ではなくなってしまったが[69]。

　ベーシック・インカムの構想は1994年、労働党党首のジョン・スミスの主導で、ベヴァリッジ報告から半世紀後のイギリスの福祉の改革を検討するために「社会正義のための委員会」が設立された際に、短い間、再浮上した。委員会は「労働を善とする倫理観が強い社会では、『ただで何かをあげる』という、無条件に給付金を万人に与えるように意図的に設計された制度に対しては、多くの人が反対するだろう」と言う。しかし、「稼ぎによって安定した所得が得られない人の割合が増えていっていると判明した場合、労働市場の外部における何らかの保障された所得という考え方は、ますます魅力的になりうる」[70]。さらに20年後の2016年、労働党の圧力団体コンパスが、「Universal Basic Income: An Idea Whose Time has Come?（普遍的ベーシック・インカム：今こそ求められるアイデアか？）」というタイトルのパンフレットを出版した。そこには、具体的な部分的ベーシック・インカムの提案も含まれていた[71]。その報告書に対するコメントで、労働党の影の財務大臣ジョン・マクダネルが、ベーシック・インカムは「労働党が今後数年間にわたって詳しく検討するつもりの構想だ」と宣言した。このことは労働党党首のジェレミー・コービンにも、取り上げる価値があると確信させたようだ。そして2016年9月、労働党の国会議員たちは公の場で初めてベーシック・インカムについての議論を行った[72]。

　ほかに、主要な社会民主主義政党としてベーシック・インカムを真剣に検討したのは、オランダの労働党、Partij van de Arbeit（PvdA）だ。この党は第二次世界大戦後、何度も国政与党となり、何度か首相も出している。第4章で述べたように、1980年代初頭に起こった、ベーシック・インカムに関する公の場での議論の引き金を引いたのは、オランダ労働組合連盟（FNV）食品労組という食品業界の労働組合だった。これは多分に漏れず、当時野党だったオランダ労働党にも影響を与えた。1983年2月の全国党大会で、ベーシック・インカム構想は投票にかけられ、党執行部の薦めによ

り６割という反対多数で否決された。だが少数派はあきらめず、1985年、党内で検討委員会を作り、1986年２月の選挙前の党大会に向けて、全編がベーシック・インカムを扱い、しっかりと書かれた４巻の雑誌を刊行した。この雑誌はベーシック・インカムの論点の詳しい検討や、著名な党員による賛同の言葉が掲載されていた。たとえば、経済学者のヤン・ティンバーゲンや欧州委員会のシッコ・マンスホルト元委員長などだ。党の執行部は依然として断固反対で、ベーシック・インカム構想は全国党大会で再び６割の反対票で否決された[73]。だが、それから20年後の2016年、PvdAの61%の党員が、来たる2017年の総選挙の党の公約にベーシック・インカムの実験を含めるように求める動議に賛成票を投じ、ベーシック・インカム構想はこの党のなかで慎重な復活を果たすことになった[74]。

　ほかの国では、社会民主主義政党がベーシック・インカムを検討することはほとんどなかった[75]。そして、何らかのはっきりした立場の表明を迫られた党は、ときおり深刻な分裂状態に陥った。2016年の国民投票を目前に控えたスイス社会党がその例だ[76]。もっと多いのは、単に拒否感を示すケースだ[77]。だからといって、一部の著名な党員がベーシック・インカムに対する共感を表明していないわけではない。たとえばイタリアでは、イタリア共産党（Partito Comunista Italiano）の書記長を務め、1991年に同党を明確に社会民主主義的な党（左翼民主党（Partito Democratico della Sinistra）、のちの民主党（Partito Democratico））に改組したアキレ・オケットが、ベーシック・インカム構想に多大な理解を示した。ジェイムズ・ミードとの対談において、オケットは社会配当金と労働による報酬の公平性が両立すると主張したのだ。ますますオートメーション化が進む経済では「所得と個人の労働の厳格なつながりを維持しようとすることは［中略］時代と逆行する教条主義の証明にほかならない」と述べている[78]。フランスでは、首相として1988年に資力調査つきの最低所得制度ＲＭＩ（revenu minimum d'insertion、社会参入最低所得手当、第６章参照）を導入したミシェル・ロカールが、のちにアドバイザーのロジェ・ゴディーノによって提案された負の

所得税制度を経るベーシック・インカムへの移行に支持を表明した。事実
ロカールは、ベルリンで2000年に開かれたベーシック・インカム欧州ネッ
トワーク第8回大会の基調講演者でもある。スペインでは、ホセ・ルイス・
サパテロの社会労働党政権で公共行政大臣を務めたジョルディ・セビー
リャが、2001年にベーシック・インカムを含んだ税制改革を提案した。
ヨーロッパから遠く離れたブラジルでは、1991年から2015年までサンパウ
ロ選出の上院議員を務め、ルイス・イナシオ・ルーラ・ダ・シルヴァと共同
で労働者党（Partido dos Trabalhadores）を創立したエドゥアルド・マタラー
ゾ・スプリシーが、1990年代中頃から無条件ベーシック・インカムの実現
に向けて運動をしている。スプリシーは国会の両院の賛成をなんとか勝ち
取り、すべてのブラジル人を対象とする市民基礎所得（renda basica de cida
dania）の段階的導入を求める法案へのルーラ大統領の承認を、2004年1月
に実現した[79]。

　社会民主主義政党の左派に比べて、正統派の共産主義政党はさらに乗り
気ではなかった[80]。だがいくつかの、小さな極左政党の一時的な連合は、
ベーシック・インカムを今日の資本主義の根本的な代案の一部とみなして
いた。たとえばフィンランドでは、1990年に退潮した共産党から分裂し、
ラディカルな環境保護論者やその他の小さな左派勢力が加わってできた左
派連合（Vasemmistoliitto）が、始めから綱領に部分的ベーシック・インカム
を含んでいた。この連合は1995年から2014年の間に3回、連立政権に参加
した。与党でいる間はベーシック・インカムを推進しなかったけれども[81]。
アイルランドでは、1992年に労働者党から分裂してできた民主左翼党とい
う小さな党が、1999年により大きな労働党と合併するまで、ベーシック・
インカムの支持を公に何度も表明していた。カナダのケベック州では、
2002年に社会主義者、共産主義者、環境保護論者によって設立された革新
勢力同盟（Union des Forces Progressistes）が、2006年にケベック連帯（Québ
ec Solidaire）という党に変わるまで、選挙公約に「普遍的市民所得」を盛り
込んでいた[82]。

スペインでは、急進左翼政党ポデモスが、2011年5月からの緊縮財政に対抗する形で展開した「怒れる者」（indignados）運動を母体に、2014年1月に結成された。2014年5月の欧州議会選挙の公約にはベーシック・インカムの要求を盛り込んでおり、この選挙でスペインの10%の議席を獲得したが、ベーシック・インカムの要求はのちに公約から削除してしまった。また、2015年のギリシアのシリザ（訳注：急進左派連合）政権で財務大臣を務め、汎ヨーロッパ主義的な政治運動Diem（訳注：Democracy in Europe Movement, 欧州民主主義運動）を立ち上げたヤニス・バルファキスは、2016年3月以降、インタビューで立て続けにベーシック・インカムへの支持をはっきりと表明している。「ベーシック・インカムというアプローチは絶対に必要です。社会民主主義の伝統にはありませんが。[中略]今、この新しい社会を整えられるベーシック・インカムを導入するか、重大な社会的衝突を目の当たりにするか、その選択のときなのです」[83]。

　しかしながら、伝統的な社会民主主義の左派政党がベーシック・インカムを支持した最も重要な事例は、ドイツの左翼党（Die Linke）と言える。この政党は特に旧東ドイツの地域で、議会に多くの代表を送り込んでいる。2003年6月、当時の副党首だったカティヤ・キッピングの主導で、東ドイツの共産主義政党の後継の民主社会党（PDS）は、月1000ユーロの無条件ベーシック・インカムを提唱し始めた。これはゲアハルト・シュレーダー政権の求めで準備されていたドイツの社会保障制度の「ハルツ改革」の対案として出されたものだ。2007年、PDSは社会民主党元党首のオスカー・ラフォンテーヌ率いる社会民主党左派と合併して、左翼党になった。それ以降も、党内でかなりの論争になっているものの、ベーシック・インカムの提言は消えずにいる。2012年にカティヤ・キッピングが党の共同代表に選出されたことで、再び勢いを得ることになった[84]。

　ここまで概観してきたことに鑑みて、少なくともベーシック・インカム構想は社会主義政党の中心的な理論ではないと言える。これは驚くべきことではない。ヴェルナー・ゾンバルト（訳注：1863〜1941年）の古典『Socialism and the Social Movement in the 19th Century（19世紀の社会主義および社会運

動)』(1896年)の最初の章では、こう指摘されている。

　すべての社会主義者の倫理において中心を占めているのは、労働の賛美であると言っても過言ではない。[中略] 未来の世界は労働の世界であり、最も受け入れられる原理とは「働かざる者食うべからず」となるだろう。これにはすべての社会主義者が同意している。それには驚かない。最も嫌な仕事の呪縛（および肉体労働の呪縛、それもとりわけ最も卑しい種類の肉体労働の呪縛を、社会主義者たちは第一に考えるが）がかかっているような社会の最下層の人たちが、理想の国家を夢見るとき、そこではまったく労働が存在せず、遊んでいるだけで暮らしていけるとはとても考えられない。人間に必要なものを製造しようとするなら、労働がなくてはならないのだ。社会主義の思想家たちは、公平な分配によって労働の長さを短くしたいと考えているのみである[85]。

この解釈は社会主義のリーダーたちの無数の意見表明によって十二分に裏づけられている。たとえばローザ・ルクセンブルクが暗殺される少し前の1918年に述べた、「労働可能なすべての人に普遍的な労働の義務」を課すべしという力強い主張がある。ルクセンブルクの言葉を借りると、「大衆全体にとって何らかの役に立つ労働を行う人のみが、その労働が手仕事であれ頭脳労働であれ、その人の必要を満たすための手段を社会から受け取る資格を得られる。裕福な搾取者が現在送っているような余暇の人生は、終わりを迎える。小さな子どもや高齢者、病人を除いて、労働可能な人にあまねく労働を求めるのは、社会主義経済では当然のことである」のだ[86]。

　それから何十年も後、まったく異なる状況においてだが、1967年のアルーシャ宣言において、タンザニアの初代大統領で社会主義者のジュリウス・ニエレレも似たような表明をしている。「真の社会主義国家とは、すべての人々が労働者であり、資本主義も封建主義も存在しない国である。2つの階級、すなわち生活のために働く下層階級と他人の労働に頼って生き

る上層階級という区分は存在しない」[87]。

このような社会主義の本質の「労働主義的」な解釈に対して、本当の社会主義は、労働主義とは反対に、社会の剰余を労働者のみに分配したり、直接的にせよ間接的にせよ労働に基づいて分配したりするのではなく、社会のすべてのメンバーに分配することを目指さなければならない、と論じることが可能かもしれない。ところが、社会主義の伝統のなかでベーシック・インカムの強い見込みが存在するとするなら、それは社会民主主義路線でもマルクス主義路線でもない（第5章で行ったような拡大解釈を行わない限り）。それはむしろシャルル・フーリエ（第4章で論じた）のような、自由がより重要な役割を果たす「空想的社会主義」に見られるものだ。たとえば、ドイツの初期の共産主義者で、1848年のヨーロッパでの革命が失敗した後にニューヨークに移ったヴィルヘルム・ヴァイトリングが出版した『Guarantees of Harmony and Freedom（調和と自由の保証）』では、最初のページに以下のようなモットーが華々しく書かれている。「我々は空を飛ぶ鳥のように自由になって、喜ばしい紐帯と甘美な調和のなかで人生を送りたい」[88]。ゾンバルトが定義した社会主義の理想の中核（「まったく労働が存在せず、遊んでいるだけで暮らしていけるとはとても考えられない」）とは反対に、この空想的社会主義の伝統の名誉回復の宣言においては、労働からの解放、および労働と遊びの段階的な融合が強調されている。そのような回復の例は、ヘルベルト・マルクーゼの有名な1967年の「ユートピアの終焉」の講義の終わりにも見られる。

今日、左翼前衛芸術派の知識人の間でフーリエの著作が再び話題になっているのは決して偶然のことではない。［中略］マルクス、エンゲルス自身が認めているように、自由な社会と不自由な社会との間の質的差異を最初に明確ならしめた第一人者は、フーリエであった。労働が遊びになることの可能であるような社会、つまり社会的に必要な労働さえ人間の進歩的で純粋な要求とに調和されて組織されうるような社会につい

て語ることを、まだマルクスでさえある程度遠慮がちであったのであるが、そんなことにいささかもたじろぐことのなかったのもフーリエであった[89]。

自由主義者
Liberals

自由主義の政党ではどうだろうか？　ここで言う自由主義とは、「リベラル（自由主義）」と「社会主義」の対比が、ちょうど市場重視と政府介入の対比と同じになるような、ヨーロッパの伝統的な意味である。その多くがベーシック・インカムを支持しているとは言い難いが、支持者は確実にいたし、現在もいる。特に、欧州議会で欧州自由民主同盟の会派（訳注：2019年にフランスのエマニュエル・マクロン率いる共和国前進と合流し、欧州刷新に改組）に属するいくつかの政党は、直接のベーシック・インカムないしはそれに近い制度を支持してきた。

　オランダでは、自由主義の自由民主国民党（Volkspartij voor Vrijheid en Democratie）の左派が脱退した後、1966年に結党された民主66（Democraten 66、略称D66）という政党が、それから10年間にわたり国会で重要性を持つだけの議席数を保ち続け、いくつかの政権にも参加した。この党は何度かベーシック・インカムへの支持を表明している。1994年12月、D66の経済大臣、ハンス・ヴェヤースが、オランダは「ベーシック・インカムに似た制度へと改革の舵を切らざるを得ない」と公に表明し、労働党と自由主義政党の連立政権を困惑させた[90]。この事件の後、D66は無条件ベーシック・インカムに賛成する詳細な報告書を発表した。1990年代後半に党の公約からは外したけれども。だが2014年11月の党大会では、ベーシック・インカムのコストが実際どれだけかかるかを測定するための、実験への着手を支持する動議を採択した。同様に、オーストリアでは、イェルク・ハイ

ダー党首のもとでオーストリア自由党（Freiheitspartei Österreich）がナ
ショナリスティックな反移民の方向へ向かったのに反発した党員らによっ
て、1993年に自由フォーラム（Liberales Forum）が結成された。1996年以降、
ハイデ・シュミット党首のもと、この小さな政党は負の所得税の導入を公
然と支持した。2014年、この党はNEOS（Das Neue Österreich、新しいオー
ストリア）に吸収されたが、その政策にはまだ負の所得税が残っている。

　イギリスでは、1988年に古き自由党の後継と労働党の反主流派の社会民
主主義者が合同して、自由民主党が生まれた。ベーシック・インカムの熱
烈な支持者だったパディ・アシュダウン党首（1989〜1999年在任）のもと
で、自由民主党は「市民所得」を1989年と1994年の選挙公約に大々的に掲
げたが、のちに公約から外した。アイルランドでは、エイモン・デ・ヴァレ
ラによって1926年に結成された中道右派政党で、同国の歴史のほとんどの
期間、主要な政権与党であり続けてきたフィアナ・フォイル—共和党（Fian
na Fáil）が、2011年に選挙で惨敗した後、ベーシック・インカムに関心を持
ち始めた。2015年7月、党の社会福祉政策のスポークスマンは、現行の社
会的給付の代わりに、資産にかかわらず全員を対象とする週230ユーロの
ベーシック・インカムの導入を党として提案するつもりであると発表した
（当時のアイルランドの1人あたりGDPの30％を超える額だ）[91]。

　1906年に農民連盟として結成され、欧州議会では自由主義のグループの
一角を担うフィンランド中央党（Suomen Keskusta）は、ヨーロッパのベー
シック・インカムの議論において最近いくらか目立つようになっている。
1980年代後半から、一部の党員がベーシック・インカムを支持し始めてお
り、特に党の青年組織がそれを推進していた。2015年4月の選挙の後、中
央党は最も大きな政党になり、かつてIT企業の経営者として成功した党首
のユハ・シピラが首相になった。いくつかの小さな党と連立を組んだ新政
権は、即座にベーシック・インカムの実験に着手する意向を表明した（第
6章を参照）。その究極的な目的は、「財政の安定を確保する形で、制度を
より参加型にし、労働インセンティブを高め、官僚的要素を減らし、現行の

複雑な給付システムを簡略化する」ことである[92]。

　ヨーロッパ以外では、日本に１つの例がある。有名なテレビタレントから政治的指導者に転じ、2011年に大阪市長に当選した橋下徹のもと、地域政党の大阪維新の会は、その2012年12月の総選挙の公約の草案に、超リベラルなバージョンのベーシック・インカムを盛り込んでいた。日本の社会保険と公的扶助制度の大部分をとりやめ、現金で約600ドル（当時の日本の１人あたりGDPの25％）を給付するというものだ。しかし、2012年に橋下が国政政党の日本維新の会を立ち上げた際には、そのベーシック・インカムに対する立場は曖昧になった。続いて作られた選挙公約では、新たに労働の要求を強調した負の所得税が挙げられている[93]。

　ここまで述べてきた政党のほかに、何らかの形のベーシック・インカムを提唱する自由主義のシンクタンクが数多くある。たとえばフランスでは、哲学者ガスパール・ケーニッヒが代表を務める「自由世代」（Génération Libre）が、フランスのための詳細な提案を発表するなどして、リベラル陣営やその他の陣営の注目をベーシック・インカムに集めるという重要な役割を果たしている[94]。他方で、ルイ＝マリー・バシェロが代表を務める「自由な選択肢」（Alternative Libérale）は、それぞれの運営主体にとって好ましい水準を選択できて互いに競えるような、国家より小さな規模のベーシック・インカムを提唱している[95]。イギリスでは、アダム・スミス研究所が研究報告を発表したが、そこでは個人単位の負の所得税制度を実施して「主要な資力調査つきの給付金の代わりにする」ことが提唱されている[96]。

　これらの例のいずれについても、その提案の詳細を見てみることが重要だ。それも、ベーシック・インカムの金額や、義務からどの程度自由なのかだけではなく、何の代わりにされるつもりなのか、財源はどこから賄うつもりなのかという点も見るべきだ。これらの詳細によって、どの案に近くなるのかが変わってくる。1972年のマクガヴァンの選挙公約に手厚い「デモグラント」を盛り込んだジョン・ケネス・ガルブレイスやジェイムズ・トービンらのようなアメリカ的な「リベラル」な民主党員の案に近いのか、

もしくは、ミルトン・フリードマンによって1962年に大衆に普及した負の所得税に近いのか、さらにはチャールズ・マレーが提案したベーシック・インカムの案に近くなるかだ。マレーは、2006年の著書『In Our Hands（私たちの選択）』で、アメリカ合衆国の連邦政府による福祉プログラムをすべて廃止し（貧困家族一時扶助やフードスタンプのみならず、社会保障、メディケア、メディケイド（訳注：65歳未満の低所得者と身体障害者を対象とする医療保障）、勤労所得税額控除も含む広い意味で）、そうして浮いたお金を単に２種類の方法で分配する案を唱えている。21歳以上のすべての人を対象にした年間7000ドル（2006年の１人あたりGDPの約15%）の無条件ベーシック・インカムと、普遍的な健康保険制度に紐づけされた追加の3000ドルだ[97]。10年後、スイスの国民投票の１週間前、マレーは自身の提案にはっきりとした但し書きをつけてアップデートした。「普遍的ベーシック・インカムがよい結果をもたらすという私の主張は、それがほかのすべての所得移転や、それを監督する官僚制の代替になる場合のみにおいてである」[98]。もちろん、ほかのすべての現金移転給付の代わりになるマレー案（アップデート版）の毎月833ドルの現金給付と、第１章で筆者たちが薦めたような、何らかの調整された給付金も含む所得の分配全体のなかにはめ込まれた、同水準のベーシック・インカムでは、とても大きな違いがあり、その違いは政治的な実現可能性にとどまらない。

　ベーシック・インカムへの支持を表明したビジネスのリーダーと同様、（ヨーロッパ的な意味での）自由主義政党や組織の多くは、シンプルで、非官僚主義的で、罠から解放され、市場と相性のよい働きをするという点で、ベーシック・インカムに魅力を感じている。それは手厚い所得移転をより効率的、かつ持続可能な形で実行するのに役立つのだ。だが、ベーシック・インカムに大いに惹かれている（負の所得税にはもっと惹かれている）、超リベラルやネオリベラルの人もいる。ベーシック・インカムを導入することで、もっと手厚いシステムを徐々に削減しやすくすることを望んでいるし、そしてさらにはベーシック・インカム自体を徐々に削減するのも簡単

になるかもしれないからだ。とはいえ、真のリベラル（裕福な人だけでなく、万人の実質的自由を考えている人）にとっては、無条件ベーシック・インカムを強く支持する数多くの動機を、自分たちの伝統のなかに難なく見出せる。筆者たちの立場のような、リベラルな平等主義に基づく社会正義概念のとらえ方が、その１つだ。だが第４章で示したように、ジョン・スチュワート・ミルやフリードリヒ・ハイエクも、別の出発点を与えてくれる。

環境保護論者
Greens

970年代に始まって以降ずっと、環境保護運動は無条件ベーシック・インカムに対する共感をはっきりと示してきた[99]。1970年代後半に新しくできたイギリス・エコロジー党が、ヨーロッパの政治団体のなかで初めて、その綱領にベーシック・インカムを明確に組み入れた。それから半世紀ほど経った今、イングランド・ウェールズ緑の党となったこの政党は、その綱領に依然としてベーシック・インカムを含んでいる。「障害者への給付と住宅手当を除いて、既存の給付金の大部分を廃止する。個人の所得税控除を廃止する。そして、合法的にイギリスに居住するすべての女性、男性、子どもに、保障された、資力調査を伴わない所得を、基本的な必要をカバーできるだけの水準で支払う。これがベーシック・インカムである」[100]。2016年、庶民院で緑の党の唯一の議席を持つキャロライン・ルーカスは、イギリス政府に対して「さまざまなベーシック・インカムのモデルによってもたらされる可能性に関するさらなる研究に資金を出して委託する」ことを求める動議を提出した[101]。2014年のスコットランド独立を問う住民投票の直前には、スコットランド緑の党もベーシック・インカムを、仮にスコットランドが独立した場合の福祉システムの主要な要素と位置づ

けていた。「市民所得がほとんどすべての給付金や国民年金を取り払い、子ども、大人、年金受給者問わず、万人に対するシンプルで定期的な給付に変わる。この所得はすべての人が基本的な必要を満たすのに十分な額でなければならない」[102]。

アメリカ合衆国では、緑の党が一貫してベーシック・インカムを選挙公約に入れている。たとえば、2004年6月のミルウォーキーでの党大会で採択された経済政策は、はっきりと「普遍的ベーシック・インカム」の導入を求めている。そこでは丸1段落がベーシック・インカムへの言及に使われており、2014年の党の綱領でも変わっていない。「私たちは普遍的ベーシック・インカムを求める（保障所得、負の所得税、市民所得、市民配当金と呼ばれることもある）。これは政府の官僚機構と人々の生活への介入を最小限にするため、健康、雇用、結婚の状態に関係なく、すべての大人に配られる。それは、失業状態にある人が誰でも基本的な食糧と住居を得るのに十分な額でなければならない。生活コストが高い場所では、州政府や地方自治体がその地域の税収からさらに補完する」[103]。

2007年、エリザベス・メイ率いるカナダ緑の党が同様の立場を表明し、バンクーバーでの党大会で公式に「すべてのカナダ人のための保障された年間所得」を求めた。2011年、メイはカナダ庶民院で初めて緑の党の議席を獲得し、それ以降も保障された年間所得への支持表明を繰り返している[104]。2015年のカナダ緑の党の選挙公約には、以下のような記述があった。「カナダ緑の党は、重要な政策の構想を再検討すべきときが来ていると確信する。それは負の所得税、ないしは万人に対する保障された生存所得の導入である。[中略]ニーズの調査に関係なく、すべてのカナダ人に定期的に支払いをする、というのが本質的な計画だ。給付額は地域ごとに貧困ラインを上回る水準に設定されるが、追加で所得を生み出すことを促進するために、生存に必要な分だけに設定される。監視や追跡調査は必要としない」[105]。

アメリカ合衆国、カナダ、イギリスの例では、多数票方式の選挙なので、

緑の党は有意義な数の政治的代表を送り込むのが難しく、政策決定に直接の影響を与えることも難しい[106]。大陸ヨーロッパでは、比例代表制が普及しているので、緑の党の多くは自分たちの地方議会、国会、欧州議会に代議士を送り込んでいるし、そのうちのいくつかの党は国の政府や地方政府の連立政権に参加している[107]。

オランダで明確に環境保護主義の路線だった最初の党は急進党（Politieke Partij Radikalen、PPR）で、これは1968年にカトリック党の左派が分裂して結成された。1970年代後期、食品業界の労働組合であるFNV食品労組が無条件ベーシック・インカムの導入を活発に主張したとき、この党はそれに加勢した。それによって、この党は国会に議席を持つ党で初めて、はっきりとベーシック・インカムに賛成した党となった。1989年、PPRはかつての共産党を含むほかの3つの小政党と合併し、フルンリンクス（GroenLinks、グリーンレフト）というオランダの主要な環境保護政党になった。それ以来、フルンリンクスにおいては定期的に、ベーシック・インカムを環境保護政党のアイデンティティの中心的要素と考えるグループと、労働が中心だというコンセンサスから離れたくないグループとの間の衝突が見られた。1996年、フルンリンクスは公式に月600グルデン（当時の1人あたりGDPの12.5%）という控え目な負の所得税（voetinkomen、基底所得）の導入を支持したが、それに続く公約からは次第にベーシック・インカムへの言及がなくなっていった。ところが2012年、若い頃にPPRを代表して何冊かのベーシック・インカム賛成のパンフレットを出版したことのある経済学者のブラム・ファン・オイークが党首に選出された[108]。そして2015年2月、フルンリンクスの全国大会で、オランダにおけるベーシック・インカム実験の立ち上げを求める動議が採択された。

ドイツでは、1980年代中頃から、環境保護論者の界隈でベーシック・インカムに対する一定の関心は存在した[109]。そうして、ドイツの緑の党と結びついているハインリヒ・ベル財団が、2000年にベーシック・インカム欧州ネットワークの第8回大会を主催し、2004年にはネッツヴェルク・グル

ントアインコメン（Netzwerk Grundeinkommenベーシック・インカム・ネットワーク）の設立会議を主催した。だがベーシック・インカムに関するドイツでの議論が本当に勢いづいたのは2005年頃、勤労福祉制度に重点を置いた社会保障の「ハルツIV」改革が連邦政府の社会民主党・緑の党連立政権によって行われたことに対する、激しい反発の渦中においてだ。そのため、緑の党の内部ではベーシック・インカムに対して深刻な対立が起こった。2007年11月にニュルンベルクで行われた党大会では、ハルツIVから距離をとったものの、無条件ベーシック・インカムを党の綱領の一部にするという提案は代議員の59%の反対で否決された[110]。この結果を受けても、著名な党員にはたくさんの支持者がいた。しかし、党の執行部にとってこの考えは急進的すぎたのだ[111]。

　その他のヨーロッパの国々でも、ベーシック・インカムに関して党員で意見が割れ、執行部はとても慎重であるという状況はそこまで変わらなかった。ベルギーでは、フランス語地域のエコロ（Ecolo）とオランダ語地域のアガレフ（Agalev）という両方の緑の党が、1985年の綱領に中期的な目標としてベーシック・インカムを入れたが、それは短期的な政策提案として具体化されはしなかった[112]。フランスの緑の党レ・ヴェール（Les Verts緑の党。2010年より公式の名前はヨーロッパ・エコロジー＝緑の党）は、ベーシック・インカムについて1990年代後期から議論を始めた。1999年、この党は真の「市民所得」に向けた一歩として、パートタイム労働者と「自律的」活動に従事している人に的を絞った「保障社会所得」の案を採択した。2013年、党の支部の70%が、フランスでのベーシック・インカムの導入を支持するという動議に賛成した[113]。アイルランドでは、緑の党が、2002年の政府によるベーシック・インカムについての提案報告の公表につながった取り組みや、その提案報告の続報の評価に積極的に関与したが、2007〜2011年に同党が与党だったときには何もしなかった。しかし2013年、党首のエイモン・ライアンは、ベーシック・インカム制度への移行を党として支持すると繰り返した。フィンランドでは、緑の同盟（Vihreä Liit

<u>to</u>）が1990年代中頃から、オスモ・ソイニンヴァーラ（2000～2002年、フィンランドの保険・社会大臣を務め、2001～2005年、党首を務めた）の強い要望により、ベーシック・インカムを支持していた。そして2015年の総選挙の公約では、すべての大人に対する月額560ユーロ（1人あたりGDPの16%）のベーシック・インカムを正式に掲げた[114]。スイスでは、緑の党が、国会に議席を持つ政党のなかで唯一、2016年の国民投票（この後すぐに詳説）で「賛成」を呼びかけた。国民投票後の調査では、賛成票が多数派だったのは緑の党の支持者だけであった（56%が賛成票を投じたと回答した）。ところが国民投票の後に行われた国会での投票では、その代議士は賛成と反対が半分ずつくらいであった[115]。

　党内での合意ができないことがよくあるのに加え、政権に参加する緑の党は大きな連立のなかの小さな連立相手であるということを考えれば、政権にいるアドバンテージをベーシック・インカムへ向かう重要な一歩を踏み出すために活用できた党がどこにもない理由が見えてくるだろう。こうした留保はあるが、1970年代に緑の党が政治の場に現れてからずっと、ベーシック・インカムへの共感と支持が最も色濃く、最も一貫した形で出てくるのは、まさにその緑の党からなのである[116]。それはなぜだろうか？少なくとも3つの、論理的に独立した理由を挙げることができる。

　第一に、環境的な制約によって、社会は物質的な生活水準の向上に対する期待を抑えなくてはならない、というのが緑の党の主義の中核的要素である。この立場を受け入れて公言するのは、有形財の所有と消費を相対的に重要とはみなさず、喜ばしい仕事や余暇を楽しむことに大きな重要性を置いている人にとっては、難しいことではない。そのため、そのような好みを持った人たちが緑の党に多く存在しても驚かない。無条件ベーシック・インカムはまさにより自由な時間を得たり、儲けは少ないがもっと意味のある仕事を行ったりするためのコストを下げるため、その導入を緑の党の党員が好む傾向にあってもおかしくはない。言い換えるなら、ベーシック・インカムは、消費を減らさなければならないことをそれほど悪い

と感じない人にとっては、よい制度だ。そして緑の党に惹かれるのはそのような人なのだ。

　第二の理由は、緑の党の主義のもう1つの中核的な要素に関係する。それは、自然やその資源は、人類共通の相続財産であるという考え方だ。この考え方を受け入れると、その人は無条件ベーシック・インカムの最も古くからある正当化を進んで受け入れることになる。すなわち、土地の共同所有だ。このような背景から、土地を所有し、そこから得られる原料を消費したり大気を汚したりする人は、それに比例して、無条件の配当金を万人に、のちの世代まで払うための財源を出すことになるのだ。そのようなベーシック・インカムがどれほど手厚くなるかは議論の余地がある（第6章を参照）。だがひとたび受け入れられれば、この立場からは、左翼の伝統的な労働中心の考え方とは反対に、国民の生産の大部分は現在の生産者が受け取る資格のあるものではなく、制約をつけずに、万人に公平に返されるものなのだと考えやすくなる。

　第三に、環境保護運動はとどまるところを知らない成長の追求に反対するだけでなく、大量失業という災厄に対処することを目指している。所得を生産的貢献から切り離す限り、無条件ベーシック・インカムは成長を体系的に抑制していると考えられる。一部の雇用を自発的な失業に変え、現存する仕事をより多くの人で分け合えばよい。そうすれば、生産の拡大に常に必要とされる生産性の向上がなくても、非自発的失業への対処が可能になる。週間勤務時間を短くし、休日を長くし、有給休暇を増やすという形にせよ、定年を早めるという形にせよ、労働時間の削減は同じ目標を追求するもう1つの方法である。そして緑の党は、ベーシック・インカムとセットである場合もない場合もあるが、こうした点も提案することが多い。だが少なくとも、より自由意志を尊重し、国家統制を減らし、労働を重視しないという環境保護運動の要素にとっては、ベーシック・インカムのほうがより魅力的なのだ[117]。

　ベーシック・インカムが「グリーンな」ライフスタイルを促進する道具、

共有の資本の配当金、それに成長を抑えるという環境的な目標と失業者を減らすという社会的な目標に折り合いをつける方法だと妥当性をもって言えるのなら、なぜもっと活発な満場一致の支持にならないのだろう？　その1つ目の理由は明らかに、よりよい環境を第一に気にかけた場合、限られた公的資源を無条件にばらまくよりも、自然保護やエネルギー節約の技術に投資するなどの、役に立つ使い方がほかにたくさんあるからだ。特に、環境保護色が強い「ダークグリーン」の人たちからすれば、エネルギー税や炭素税や土地税の収益を、そのようなことに使途を限定せずに使ってしまうのは恥ずべきことだろう。

　2つ目の理由は、未来の世代の行く末を第一に案じた場合、天然資源の使用を減らし、それに応じて不可避的に人間の労働を増やすような生産方法を提唱することになるからだ。この立場からすると、所得を何の労働もやる気のない人にまで配分するのは、よいアイデアとはとても言えない。自然の過剰な搾取に対処するための2つの方法を比べてみれば、その緊張関係が簡単にわかる。1つ目の方法は、生産力の向上で可能になるよりも少なく生産し、少なく消費することで、天然資源と人的資源、どちらの利用も削減するというものだ。2つ目の方法は、同じもの（あるいは生産性の向上によって生産高が拡大した何か）を生産と消費をするにあたり、天然資源の利用の削減を人間の労働を増やして補うというものだ。この2つのうち1つ目のみに、ベーシック・インカム（あるいはそれよりも硬直した形の労働のシェア）が好まれる可能性がある。環境の持続可能性だけを気にかけているのでは、ベーシック・インカムを選ぶ正当化ができないのだ。追加で必要なのは、「ポスト物質主義的価値観」、すなわち「自発的清貧主義」の本質的な価値、そして物質よりも精神に重きを置く思想への傾倒、もしくは「経済の進歩とは人々の消費の可能性を最大化することではなく、人々を自由にすることである」という確信である。世代を超えるという点では一緒なのだが。緑の党が社会主義政党よりも平均的にベーシック・インカムに対してはるかに好意的なのはおそらく、成長の物理的な限界を認

識したことでこれらの２つの価値指向が強化され、そして逆に、すでに述べたように、この価値指向によって成長の限界の認識が促進されるからだろう。結果として、万人にフルタイムの雇用を与えることが有意義な社会的目標であるという労働主義的な考えに対して、緑の党はより率直に異議を申し立てられるし、それゆえに、無条件ベーシック・インカムをより率直に支持できるのである[118]。

キリスト教徒
Christians

ヨーロッパでは、社会主義者、自由主義者、環境保護論者とならんで、多くの国でまだ大きな勢力である（ある程度世俗化されている）キリスト教民主主義政党も忘れてはならない。事実、これらのキリスト教民主主義政党は欧州議会の主要会派である欧州人民党の中核をなしている。キリスト教政党のなかでのベーシック・インカムの提唱や議論は、社会主義政党と同じくらい少ないが、全くないわけではない。アンゲラ・メルケルが所属するキリスト教民主同盟（CDU）の党員で、ドイツ東部のチューリンゲン州の州首相を務めた（2003〜2009年）ディーター・アルトハウスを例に挙げよう。アルトハウスは2006年、連帯市民給付（solidarisches bürgergeld）という名前の、14歳以上の全住民を対象とした月600ユーロ（当時のドイツのGDPの約25％）のベーシック・インカムを提案した。一律50％の所得税で賄われ、負の所得税形式で運用される。

　もう１つの例は、フランスの中道右派のニコラ・サルコジ政権で住宅担当大臣（2007〜2009年）を務めたクリスティーヌ・ブタンだ。ブタンは2001年に社会共和主義フォーラム（Forum des Républicains Sociaux）として結成され、2009年からキリスト教民主党（Parti Chrétien-Démocrate）と

いう名になった党の創立者で、党首だ。2003年にジャン＝ピエール・ラファラン首相から、「社会的紐帯の脆弱性」に関する報告書を作成するように依頼されたブタンは、厳密に個人単位で無条件の「普遍的配当金」を強く求める報告書を発表し、フランスの世論を驚かせた。それ以来ブタンはその導入を主張している[119]。

　はっきりとキリスト教を打ち出している政党以上に、国民の生活に積極的に関与しているキリスト教組織のいくつかが、ベーシック・インカムを求めてロビイングをし続けている。顕著な例は、アイルランドの宗教者会議正義委員会だ。ショーン・ヒーリー神父とシスター・ブリジッド・レイノルズが率いるこの組織は、1980年代初頭から無条件ベーシック・インカムを強力に推進していた。信仰に基づく市民社会の組織が政策決定プロセスに積極的に関与したり、政治的な議題に影響を与えたりできるような政治システムの利点を利用して、この組織はたくさんの上質な報告書を発表し、ベーシック・インカム導入のためのシナリオを描いた。こうして、2002年9月、アイルランド政府は、正義委員会の影響を部分的に受けたベーシック・インカムに関する提案報告を公表した[120]。2009年、ヒーリーとレイノルズはアイルランド宗教者会議から脱退して、「アイルランド社会正義」という独立したシンクタンクを立ち上げた。それは「俗人であろうと聖職者であろうと、正義に適う社会を作ることを支持する人には誰にでも開かれている」組織だったが、キリスト教の信仰を元とする思想とベーシック・インカムへの支持は色濃く残っていた[121]。同様に、オーストリアでは、カトリック教会と結びついた継続教育（訳注：中等教育後の、大学を除く教育）の機関、カトリック社会アカデミーが1985年に、ベーシック・インカムに関するドイツ語で書かれた初めての専門書を出版し、それ以来、オーストリアにおける議論で主導的な役割を果たしている[122]。

　教会と結びついた組織がはっきりとベーシック・インカムへの支持を表明する例は、カトリックに限らない。フィンランドのルター派の大司教（1982〜1998年在任）、ジョン・ヴィークストレムは、1998年にロンドンで

行ったスピーチに、ベーシック・インカムを力強く求める箇所を敢えて盛り込んだ[123]。そして、ナミビアでベーシック・インカム導入のための運動の先頭に立っているのは、ルター派の監督、ゼファニア・カメータだ。2人のルター派の宣教師、クラウディア・ハールマンとディルク・ハールマンとともにカメータは、ナミビアのある村で行われた、有名な導入実験に影響を与えた（第6章を参照）。これはルター派の多いドイツをはじめ、ほかの場所でもベーシック・インカムが注目されるきっかけとなり、ルター派世界連盟の支援を得ることができた[124]。ナミビアの隣国、南アフリカでは、南アフリカ教会評議会が2002年に設立されたベーシック・インカム実現連合のなかの最も活発な構成員となり、2006年には聖公会の主教でノーベル平和賞受賞者のデズモンド・ツツも断固とした支持を表明するに至った[125]。もっと時代をさかのぼれば、バプテスト派の牧師マーティン・ルーサー・キング・ジュニアによる保障所得を求める訴えも、キリスト教の信仰に基づいていたことは間違いない[126]。

　キリスト教の伝統におけるベーシック・インカム支持の要素は、決して明白なものではない。確かに、聖書のルカによる福音書とマタイによる福音書には、イエスが民衆にこのように告げる有名な一節がある。「烏のことを考えてみなさい。種も蒔かず、刈り入れもせず、納屋も倉も持たない。だが、神は烏を養ってくださる。あなたがたは、烏よりもどれほど価値があることか。[中略]野原の花がどのように育つかを考えてみなさい。働きもせず紡ぎもしない。しかし、言っておく。栄華を極めたソロモンでさえ、この端の1つほどにも着飾ってはいなかった。今日は野にあって、明日は炉に投げ込まれる草でさえ、神はこのように装ってくださる。まして、あなたがたにはなおさらのことである。信仰の薄い者たちよ」[127]。

　だがこの箇所は、これに劣らず有名でベーシック・インカムの批判者に頻繁に持ち出される別の2つの引用と並べると、うまく合わなくなる[128]。1つはもっと古く、短い。アダムとイブをエデンの園から追放するときに神が言ったとされる言葉、「お前は顔に汗を流してパンを得る」（創世記3

章19節）である。もう1つは、よりはっきりしており、テサロニケの信徒へ宛てた聖パウロの書簡の1つのなかにある以下の箇所だ。

　　兄弟たち、わたしたちは、わたしたちの主イエス・キリストの名によって命じます。怠惰な生活をして、わたしたちから受けた教えに従わないでいるすべての兄弟を避けなさい。あなたがた自身、わたしたちにどのように倣えばよいか、よく知っています。わたしたちは、そちらにいたとき、怠惰な生活をしませんでした。また、だれからもパンをただでもらって食べたりはしませんでした。むしろ、だれにも負担をかけまいと、夜昼大変苦労して、働き続けたのです。援助を受ける権利がわたしたちになかったからではなく、あなたがたがわたしたちに倣うように、身をもって模範を示すためでした。実際、あなたがたのもとにいたとき、わたしたちは、「働きたくない者は、食べてはならない」と命じていました。
　　（新共同訳聖書、テサロニケの信徒への手紙二、3章6〜10節）

　ビーベスが資力調査つきの最低所得制度の実施を訴えてからずっと、公権力による所得の保障は義務を課さないものであってはならず、働く意思のある者に限るべきだという要求を正当化するのに、聖書のこの箇所は引用されてきた。しかし、注意深く読解すると、この文章は働かない人の生存の権利を否定しているわけではない。反対に、権利がないわけではないと言っているのだ。当地を訪問したパウロたちが示した模範に倣って、その権利を悪用しないようにと求めてはいるが[129]。
　この解釈を採用するにせよ、しないにせよ、自らの宗教の伝統のなかに無条件ベーシック・インカムへの支持をつなぎとめようとしているキリスト教徒たちは、貧しい人々に特別な配慮をするべきだという、何度も繰り返されてきた強い主張を、自説の根拠としてアピールすることができる。本書ではすでに第3章で、フアン・ルイス・ビーベスによる公的扶助を求める先駆的な訴えという着想の源の1つとして、聖アンブロジウスの『De

Nabuthae Historia（ナボテの物語について）』の有名な一節に言及した。「あなたが溜め込んでいるのは飢えている人のパンであり、あなたが蓄えているのは裸の人の衣服であり、あなたが地面に埋めているお金は貧しい人の解放と自由のためのお金なのである」というものだ[130]。4世紀に書かれたこの文章は1150年頃に最初の教会法の法典である『Decretum Gratiani（グラティアヌス教令集）』に組み込まれていた[131]。それはトマス・アクィナス（1225～1274年）の『神学大全』（1960～2012年、創文社）のなかにある、貧しい人がそれ以外に自分の生存の手段を確保できないときには、慈善の心がない裕福な人から盗んでもよいとする印象的な箇所でも、好意的に引用されている[132]。しかし、公的扶助を何世紀も実施するなかで、こうした貧しい人への配慮が汚名を着せ、品位を傷つけ、惨めな思いをさせ、結局は逆効果になるような方法で行われているのかもしれないという懸念が生まれた。キリスト教の慈善の義務は貧しい人への援助を求めているが、ビーベス以降、それを担当するのは民間の機関が一番よいと、ますます多くの人が確信するようになった。とはいえそれは、神の子としての共同体のすべてのメンバーの公平な尊厳に敬意を払い、さらには尊厳を回復させるような方法で行われなければならない。そのため、当局が人々のプライバシーを侵害したり、屈辱的な仕事を強制したり、自身の救いのない状況を立証させたりといった条件を課すことはよろしくない。無条件ベーシック・インカムのほうがより道理にかなっているし、聖パウロがやったように、「だれにも負担をかけまいと、夜昼大変苦労して、働き続けた」人たちの振る舞いをロールモデルとして推奨することと、決して矛盾しないのだ。

組織なき結束
Organizing Without Organization

こ　こまで、ベーシック・インカムへの支持（および反対）に関して、
過去、現在、そして将来的な可能性を概観してきた。しかしそれを
見ると、手厚いベーシック・インカムの実施が世界中のどこででも今すぐ
に実現しそうとは必ずしも言えない。確かに、ベーシック・インカムを提
唱している組織は、政党を含めて多数存在する。それも大きな熱意がある
ところが多く、きわめて根気強いこともある。だがそのような組織の多く
は、「お手軽な支持」とでも呼ぶべき例である。つまり、自分たちが支持す
るものを自分たちの手で実現できる可能性がほとんどないため、支持する
にあたってもそれほどコストがかからないということだ[133]。たとえば緑の
党の場合、ベーシック・インカムへの支持がどれだけ重点的で明瞭かは、
政権参加の可能性と反比例しているようで、選挙制度がどうなっているか
に依るところが大きい。もう1つの実例として、ジョージ・マクガヴァン
も挙げられるだろう。大統領候補に指名され、権力を取った後の見通しを
真剣に検討しなければならなくなった頃、マクガヴァンは野心的な1000ド
ル給付計画を撤回した。そしてのちにはこう振り返っている。「若干の支
持者は、あの頃を振り返って、1000ドル給付計画を変えるべきではなかっ
たと言う。確かにその通りだ。計画は複雑だったが、基本的にまっとうな
アイデアだった。けれども、政治的には散々な評価を受け、選挙運動の最
中にそれを説明するのは気が狂いそうなほど困難だった。私たちがいくら
努力しても、計画に対する誤解は鎮められなかった。結局、人々を貧困か
ら救い出し、ひどい福祉状態からこの国を救い出すという、同じ目的を達
成するための別の計画を打ち出したのだ」[134]。

　しかし、政治的な実現可能性は政党や労働組合のような既存の組織のみ
によって決まるのだろうかと、疑問に思う人もいるかもしれない。イン

ターネット時代の今日、おそらくそうではないだろう。ベーシック・インカムを推進する活動家たちは「組織なき結束の力」を役立てて、伝統的な政治の領域の外部で新たな形態の協力をすることで、メディアの注目を集めている[135]。この10年間、ベーシック・インカム実現の可能性が少しでも高まったとすれば、それはおそらく、激しい分断に陥るのが関の山である政党の選挙公約に関する議論よりも、支持者のネットワークの発展のおかげであろう。ベーシック・インカム欧州ネットワーク（BIEN）がこの可能性の例だ。これは1986年に結成され、2004年にはベーシック・インカム世界ネットワークとなり、世界中に広がった。インターネットのおかげで、既存の組織の後方支援や資金提供に頼らなくても、大陸レベル、さらには全世界的なレベルで、このようなネットワークの運営が可能になったのだ。

BIENそのものは、関連する行事や出版物の情報を国境を越えて共有し広める、熱心な学者たちの広域のネットワークとなった。だがその支部である国ごとのネットワークのなかには、その国での国民的議論のきっかけとなったり、議論を促進したりしたところもある。1つの興味深い例はドイツだ。1980年代には、特に初期の環境保護運動に近い人たちの間で、ベーシック・インカムという発想に対するささやかな関心がみられた。ところが、ベルリンの壁崩壊とそれに続くドイツ再統一（1990年10月）がドイツの社会保障に厄介な難題をつきつけたため、ベーシック・インカムや関連するアイデアは何年もの間実質的に姿を消してしまった[136]。それが華々しく復活したのは、ゲアハルト・シュレーダー首相率いる社会民主党と緑の党の連立政権によって2005年に最終決定された、いわゆる「アジェンダ2010」ないしは「ハルツIV」として知られる、ドイツの社会保障の抜本的な改革に対する反応においてだった。給付金を働く意思のある人に限るという条件がかなり厳格化されたこの改革の準備と実施の段階では、現状にこだわる組織の抵抗を呼んだだけでなく、無条件ベーシック・インカムに対する関心やそれを求める運動が、前例のない規模で巻き起こった。たとえば2003年11月にはドイツの地下鉄の駅にベーシック・インカム賛成のポス

ターを掲示するという運動が、「完全雇用の代わりに自由を」というスローガンのもとで行われた。2004年7月には、ベーシック・インカム・ネットワーク（Netzwerk Grundeinkommen）が創立された。ベーシック・インカムに関する議論は、やがてテレビの討論番組や一般のメディアにも現れ始め、派手なドラッグストアチェーンの経営者ゲッツ・ヴェルナーと、左翼党の若き党首カティヤ・キッピングがスターとなった。その前の何世紀にもわたって出版されたよりも多くの、ベーシック・インカムに関する本が、この数年間で出版された[137]。

　さらに目立つのは、スイスの例だ。2008年、バーゼルに拠点を置くドイツ人映画監督エンノ・シュミットとスイスの実業家ダニエル・ヘーニが、『Grundeinkommen: ein Kulturimpuls（ベーシック・インカム：文化の推進力）』という映画を制作した。これはベーシック・インカムのシンプルで魅力的な姿を描いた「フィルム・エッセイ」で、ゲッツ・ヴェルナーの影響を大いに受けている[138]。この映画は、インターネットを通じてスイスのドイツ語圏（スイスの人口の7割以上を占める）に広まり、2012年4月に発表された公式の国民発議の基礎が整備された。その内容は以下の通りだ。

　　1．スイス連邦は無条件ベーシック・インカムを導入する
　　2．このベーシック・インカムは、全住民が尊厳ある人生を送り、公的な生活に参加することを可能にしなければならない
　　3．このベーシック・インカムの財源や額は、法律によって決定される[139]

　提案そのものには正確な額が明記されていないが、国民発議のウェブサイトや、その後に発議者たちによって刊行された出版物では、大人1人あたり月2500スイスフラン（当時のスイスの1人あたりGDPの約39%）、子ども1人あたり月625スイスフランと記されていた[140]。これが18カ月以内に10万を超える有効な署名を集めれば、スイスの連邦政府はこの国民発議

の文書をそのまま、もしくは発議者と協議のうえ決まった対案を、3年以内に全国規模の国民投票にかける義務が発生する。

2013年10月4日、発議者たちは12万6406の有効な署名を連邦事務総局に提出した。2014年8月27日、署名の有効性が確認されて発議の内容が検討された後、連邦評議会（スイス政府の最高機関）は対案を出さずに発議を否決した。その見解は「無条件ベーシック・インカムは経済、社会保障システム、およびスイス社会の一体性にとってよくない影響を及ぼすだろう。特に、そのような所得の財源を確保することは、財政負担の著しい増加を必然的に伴うだろう」というものだった。続いてその提案は、スイスの連邦議会の両院に提出された。2015年5月29日、国民議会（スイス連邦議会の下院）の社会問題委員会は、19対1（棄権5）で、無条件ベーシック・インカムを求めるこの提案は否決されるべきだと勧告した。2015年9月23日の本会議での徹底的な議論の後、国民議会は予備的な本会議採決に進み、146対14（棄権12）でこの否定的な勧告を承認した。そして2015年12月18日、ベーシック・インカムに関する国民発議は国民議会で最終的な採決にかけられた。反対157票、賛成19票、棄権16票という結果だった。同日、全州議会（スイスの上院、各州の代表で構成される）は発議を40対1、棄権3で否決した。いずれのケースも、中道、右派、極右の議員は反対票を投じたのに対し、賛成と棄権はみんな、党内で激しく揉めた社会主義政党や環境保護政党の議員だった。結果として、賛成者の割合は連邦参会会で0％、全州議会で2％、国民議会の最終投票で10％であった[141]。国民投票の数週間前、スイス国民全員は通例に習って、発議者たちによる提案の論点と連邦評議会の議論（この場合は否決の推奨）が載ったパンフレットを受け取った。2016年6月5日の国民投票の投票率は46％で、そのうち76.9％が反対、23.1％が賛成に投票した。2012年4月に議論が始まってから2016年6月の最終投票とそれ以後に至るこの流れは、ベーシック・インカムに関する国民的議論と、ベーシック・インカムというアイデアに対する公衆の意識を、世界中のどこよりも、そして歴史上のどの時点よりも活発にする

きっかけとなった。

　スイスの国民発議と同じ頃、市民によるもう１つの発議が、ヨーロッパ連合の規模で行われた。これは2007年にリスボン条約によって作られ、2012年４月から施行された仕組みを利用したものだ。発議として認められるためには、ＥＵ加盟国７カ国に居住する７人のＥＵ市民によって欧州市民イニシアチブの手続きが開始される必要があり、その提案は欧州委員会が法案を提案する権限を持つ領域のものでなければならない。そして受け入れられるためには、欧州議会選挙の投票権を持つＥＵ市民の署名を100万以上、12カ月以内に集めなければならず、かつ少なくとも７カ国において、正式に有効であるとされた署名の最低基準数を超えなければならない。これに成功したイニシアチブは、欧州委員会から正式な回答をもらう資格と、欧州議会において公聴会を催す資格が与えられる。2013年１月、欧州委員会は、社会政策に関してのＥＵの権限が狭い範囲に限られているがゆえに以下のような弱い表現にならざるを得なかったこの発議の手続きに、ゴーサインを出した。それは「加盟国それぞれの社会保障システムを改善する手段としての普遍的ベーシック・インカムについて吟味するため、加盟国間の連携を促すよう欧州委員会に求める」というものだ。2014年１月までに集まった署名は、求められた100万には遠く及ばなかった[142]。それでも、その影響は無視できなかった。大半の国で、この発議はそれまでリーチすることのなかった層にまで議論を広げ、ベーシック・インカムに関する議論など考えられもしなかったようないくつかの場所で、初めてそれが議論されるという機会を作り出した。さらに、これはいくつかの国内ネットワークと、１つの新しい欧州規模のネットワーク（2015年２月に国際NPOとして公式に発足した無条件ベーシック・インカム・ヨーロッパ、UBIヨーロッパ）が結成されるきっかけになった。これは30年前に設立されたBIENの再起動ではなく、ＥＵそのものが分配に関する問題に大いに関わる権力の中心となっているという認識の結果であり、学者をつなぐだけでなく、活動家たちを動員するときが来たという信念の現れなのだ[143]。

いろいろな意味で、このような動きは全体としてかなり印象深く、確かに前例のないものである。全国規模のベーシック・インカムを最初に提唱したジョゼフ・シャルリエが、1848年から提唱し続けていた「社会問題の唯一の合理的な解決策」はなぜほとんど注目されないのかと思いながら晩年を過ごしたのは、アソシアシオン通り54番地であった（ブリュッセル中心部にある通りで、憲法に定められた結社の自由を記念してこの名がついている）。偶然にも、2015年2月に、ヨーロッパ中からシャルリエの構想の改訂版を支持する活動家が集まった国際NGO、UBIヨーロッパが結成されたのは、同じ通りにある公証人役場であった。間違いなく、ベーシック・インカムの構想は、シャルリエの時代よりもいくらか前進している。だが、実現にはまだ遠いのではなかろうか？　なにしろ、欧州市民イニシアチブは必要な署名の数よりもかなり少なくて失敗したし、もし集められていたとしても、法制化という点ではまったく結果を残せなかっただろう。スイスでは、とても手厚いベーシック・インカムの構想が確かに必要な数の署名を集め、もし投票で認められれば、憲法で定められた権利になるはずだった。けれどもそれは3対1という大差で否決された。これよりももっと期待のできる見通しが、どこかほかの場所に見出だせるだろうか？

参加型所得と裏口
Participation Income and the Back Door

究極的には、何らかの形のベーシック・インカムが実施され、持続するためには、世論の支持が必要だ。それに、所得と生産的な貢献をここまで露骨に切り離すような構想で有権者の大部分が離れてしまうのではないかと心配する政治的指導者たちからも、十分に幅広い支持を得る必要があるだろう。この難しさの本質は、経済学者ロバート・フランクに

よって鮮やかに表現されている。フランクは、コロラド州の農村で、ベーシック・インカムで生活する10の家庭を想像してほしいと述べる。

　その人たちの朝は、コーヒーを飲んで政治や芸術についてじっくり話し合うような余裕があるものだろう。音楽のスキルを磨くこともできる。小説を読み、詩を書き、全裸でバレーボールに興じることもできる。納税者の税金でこのような生活を送るために仕事を放棄する人たちが、少なくとも一部には存在するのではないかと想像するのは、果たして考えすぎだと言えるだろうか？　そのようなグループがひとたび出てくれば、ジャーナリストに発見されて報じられ、視聴者の耳目を大いに引くのも時間の問題ではないか？　そしてこの浮かれ騒ぐ村人たちの映像が夜のニュースで放送されたら、有権者の多くは怒りはしないだろうか？　もちろん怒るだろう。だが仕方のないことではないか？　静脈瘤を患っているインディアナポリスの歯科医は毎朝６時に起きて、渋滞のなか雪が積もる高速道路を運転し、無断で予約をキャンセルしたときにお金を取ると怒る口臭の酷い患者を、１日中治療しに行くのだ。健康な人たちが自分の払った税金に頼って暮らしているのを見たら、その歯科医のような人が憤慨しないわけがあろうか？　要するに、都市部の世帯を貧困から脱出させるほど多額の所得の授与が、長期にわたる継続した政治的支持を勝ち取れるなどと考えるのは、幻想である[144]。

　これに対する１つの反応は、第５章で表明したような、倫理的な議論の力を信用することだ。この議論は、実施されるベーシック・インカムの額は予測可能な課税によって維持可能であるという前提に立っている（そうでなければ議論が成り立たない）。それなら、静脈瘤持ちの歯科医も無条件ベーシック・インカムを給付されるし、田舎で全裸バレーボールに興じる暮らしを選ぶことだってできると当然言える。だがこれが正当化されて成り立つのは、物的・人的資本への投資におけるサンクコストが今後重荷

になって急に行き詰まってしまわない場合、そしてすべての経済主体が新しい税制や所得移転制度に順応した後にもその制度が破綻してしまわない場合、のみである。

2つ目の反応は、第6章で論じたように、部分的なベーシック・インカムを提唱することだ。それも、最初の一歩としてではなく、最終形態としてだ。フランク自身、これを雇用保証との組み合わせで提案していた。「この懸念への最も直接的な対応は、都市部の世帯が貧困から抜け出すには全然足りないほど少額の現金の補助金と、公共の領域で役に立つタスクを行う気のある人に最低賃金以下の賃金を支払う、公開の求人を組み合わせることだろう」[145]。

3つ目の反応は、ベーシック・インカムをすばやく政治的な議論の俎上に載せるという点では、最も効果的なものだ。それはアンソニー・アトキンソンによって最初に提案され、のちに以下のように説明された「参加型所得」である。「あらゆる政党に支持者がいるのに、市民所得が導入に近づいていないのはなぜなのだろうと思わざるを得ない。この問題を考えてみると、政治的支持を確保するには、市民所得の支持者には妥協が必要かもしれないという結論に至った。妥協は資力調査がないという原則、ないしは独立しているという原則についてではなく、無条件の給付についてだ」[146]。

ベーシック・インカムと同様、参加型所得は一律の個人給付金で、ほかの所得を自由に上乗せできる。しかしベーシック・インカムとは異なり、社会貢献が求められる。アトキンソンの最近の説明では、この条件は生産年齢にある人々にとっては「フルタイムまたはパートタイムの賃金雇用に就くか自営業を営むこと、教育、研修、活発な職探し、乳幼児の自宅ケアや弱った高齢者の介護、あるいは認められた協会における定期的なボランティア活動などがある。病気や障害のために参加できない人のための規定もある。[中略]21世紀の労働市場の特徴を反映して、参加の定義はたとえば週35時間にわたる活動のポートフォリオを持つ人も認めるようなものとなり、そしてこの期間の一部だけについても受給資格をもらえたりもす

る」[147]。これに照らし合わせると、参加の条件を加える要点は、受給者の数を減らしてコストを削減することではないとはっきりわかる。「実際には、排除される人は比較的少ない」[148]。

　反対に、参加型所得制度にかかるコストは、同水準の生粋のベーシック・インカム制度にかかるコストよりもかなり高くなることが予想される。なぜなら、参加型所得には取り締まりが求められ、それによって争議も生まれるだろうからだ。参加という条件を最初に提案したときのアトキンソンの狙いは、ベーシック・インカムを安くすることではなかった。むしろ、サッチャー以後の環境における政治的な受容を確保するためだったのだ。「サッチャー政権期の遺産の1つは、依存への懸念であり、これはイギリスに限った話ではない」[149]。そのため、アトキンソンは、「そのような制度は、市民所得が資力調査つきの扶助という袋小路よりも前に進むよいルートを示してくれると、政府を納得させられる可能性のある、唯一の現実的な方法である」と確信している[150]。これはどこか言いすぎかもしれないが、アトキンソンにも一理あることは否定できない[151]。

　しかし、デ・ウィスペレーレとスティルトンが強調し、アトキンソン自身も認めているが、参加型所得の実施は行政上の難題を山ほど作り出す[152]。その条件をまじめに適用するなら、参加型所得の導入には、十分な量の社会的に役立つ活動が実行されているかどうかをチェックする仕組みを整備しなくてはならないだろう。35時間の活動のポートフォリオという条件を自営業や家庭またはボランティア組織における活動が満たしているかどうかをチェックするためには、人々の生活に干渉しなければならないことを考えると、このような仕組みはすぐに厄介なものになってしまう。また、「ボランティア」の仕事を損なうという深刻なリスクも起こるだろう。ボランティアに頼っている団体が、その「ボランティア」が定期的に参加しているかどうかチェックするという、感じの悪い取り締まり業務をしなければならなくなる。それに加えて、たとえば、社会的に役に立つとみなされる本物の芸術的活動に当たるものと、わがまま、あるいはせいぜいまっ

たくの個人的な関心に当たるものを区別する難しさは、全体的な難しさの
1つの具体例である。というのも、民間あるいは公共の雇用者がその活動
にお金を払おうとするかどうかを唯一の基準から外してしまったら、社会
的に役立つこととそれ以外について、みんなが合意する区別を確立するの
は困難だからだ[153]。

　このような困難の結果、参加型所得の実施はすぐに、コストがかかる干
渉的なチェックと恣意性の、厄介なジレンマに直面すると予想される。そ
うすると、この制度の解放的な影響を犠牲にして、通常の手段、すなわち雇
用されている人か雇用されたいと思っている人かという対象の限定を、復
活させろという圧力が出てくるだろう。だがこの制度は、義務を課さない
ベーシック・インカムへとさらに踏み出すきっかけにもなりうる。たとえ
ば、ジェイムズ・トービンが提案したように、一定の時間を役に立つ活動に
使っているという受給者の申告で十分と考えてよい[154]。あるいは、若い成
人に関する固有の政治的懸念があるのなら、参加の条件を特定の年齢層に
限ることもできる。成人の学生に与えられる奨学金は、明らかに教育とい
う営みが条件になっている。若い成人のためのベーシック・インカムは、
現在は学生専用の財政支援を普遍的なものにすることに等しい。広い意味
で教育のためになる特定の活動に従事するという条件は、異常ではないだ
ろう[155]。代替案として、数週間とか数カ月にわたってある種の地域奉仕活
動に従事する義務を導入できる。それは同時に、しっかりと計画を立てれ
ば、有益な副産物も生み出してくれる。たとえば、異なる社会層が交流し
て社会的な一体性が強まったり、自分たちの環境に必要なことを気にかけ
るという意識が高まったりするのだ。

　そうしてしばらくしてから、これらの方法のいずれかに沿って参加の条
件を弱めるか、さらには参加の条件を完全に取り除くことで、厳しい条件
を維持する場合と比較して、すべての当事者にとって重要な利益になると
アピールできる。つまり、受給者の負担が減り、条件が満たされているか
をチェックする行政の負担も減る。そして納税者のコストも減る。厳格に

行っても緩く行っても、参加という条件が自由を制限することは明らかだ。だが、それに反対する決定的な論拠にはならない。潔癖になっても、決してうまくはいかないのだ[156]。さらに、参加という公式の条件が設定されようとされまいと、第1章で論じたように、ベーシック・インカムの導入はコミュニティへの貢献を尊重する社会の言論と結びつかなければならないというのが、筆者たちの考えだ。万人に提供されるしっかりとした基盤は、そこにあぐらをかいて好き勝手に過ごすためにあるのではない。その上に立ち、私たち自身や他者にとって、意味のあることを行うためにあるのだ。

何はともあれ、どこかで大きな革命が勝利した結果、手厚いベーシック・インカムが導入されることになるなどとはまったく思えない。裏口から入る可能性のほうが高いのだ[157]。控え目な額から始まるのは確かだろうし、おそらく何らかの参加の条件がつくだろう。また、その現実化は負の所得税という形式で起こるかもしれない。前払いされるベーシック・インカムが持つ、政治的な実現可能性に悪影響を与えてしまうような、強力だが錯覚に基づく2つの印象を減らすためだ。第1章と第2章で説明したように、1つは国によって市民に課される税の負担が大幅に増えてしまうという印象で、もう1つは、裕福な人のために税金がむだに使われているという印象だ[158]。他方で、ひとたび導入されてしまえば、まさにベーシック・インカム制度の普遍性という性質が、その政治的な順応性に寄与するかもしれない[159]。正面の入り口を狙うにしても、裏口を狙うにしても、ベーシック・インカムを制定するためにはビジョンが必要だ。単なる夢ではなく、その公平さと持続性の両方を正当に吟味した、魅力的な社会のモデルが必要なのである。このモデルは私たちの自由民主主義の公共空間において、はっきりと表明され、議論されなければならない。より公平な社会への真摯な希望は、十分に効果的な対話型民主主義の運用によって権力関係が調整されたときにのみ、許されるものだ。だが必要なのは、自由で公平な人に受け入れられる持続可能な社会モデルのビジョンだけではない。

ビジョンを見る人に加え、行動する人が必要なのだ。人々の尻を叩く人、

「怒れる人」、現行の制度に憤りを感じている人、あるいは貧困者の対象を狭め、より厳しくチェックし、もともと最小限しかなかった実質的自由をさらに減らすような改革や計画に憤りを感じている人だ。そのような計画は今までも、これからも、数多く存在するし、そのうちのいくつかはすでに実現してしまったか、実現する予定になっている[160]。そのような計画を糾弾し、抵抗し、押し返すためには、活動家が欠かせない。自分の利益のみに動かされるのではなく、正義の意識に駆り立てられるとき、そしてただ守りに入るのではなく、望ましい未来についての確かな構想に、単なる現状維持や理想化した過去への回帰ではない筋の通った提案に、現実的なユートピアに導かれるとき、その闘いはより効果的になるだろう。活動家の抗議や奮闘は、この手の説得力のあるビジョンが存在することで激しくなるが、このビジョンは活動家がいなかったら現実にはなり得ないのである。

　そのビジョンはまた、もう１つのカテゴリーに入る人もいなければ、現実になり得ない。思想家、都合よく立ち回る人、小さな問題を解決していく人、そしてどちらの方向へ向かえばよいかを知るための十分な視野を持っている人である。これらの人々は活動家の効果的なエネルギーを引き出せるものが何かを知るための、社会の現実に対する感受性を十分持っているし、現行のシステムのひび割れを見つけ出せる目も持っている。すなわち、好機の手がかりとなるようなさまざまな危機や変化への願望が、多くの人に広がるような逆境（しかし短期的な応急措置しかできることがないほど悪くはない）を見抜ける人である。よい思想家とは、行政上の管理のしやすさを敏感に認識しているし、さらには政治的な好感度にも目ざとく気づく。政治的な行為者が思い切ってやりたいと思うこと、および実行して誇らしく思うであろうことを正確に感じ取れる。敵対する勢力同士の戦略的同盟という発想にもひるまない[161]。思想家は常に有益な妥協、表面的な退行をさらなる前進の踏み切り板へと転換する方法を探っている。それに、望ましい方向へさらに進むことでしか解決できない新たな問題が生じるがゆえに、実現可能だが長続きはしないさまざまなステップを見つけ

出そうと心がけている。

　とらえるべき機会は、それぞれの国の税制と所得移転の制度が直面する固有の問題、その国の政治ゲームの気まぐれ、そしてそこの国民の意見の傾向によって、大きく左右される。そのため、裏口から入る戦略として何が最もよいのかという問いには、一般的な答えはないし、すべての国の文脈で有効だと言える答えもない。しかし、第6章で概説した経済的理由により、既存の公的扶助制度の一部を条件つきの補完として残した、厳密に個人単位だが部分的なベーシック・インカムの慎重な導入が必要になるケースが多いのではないかと予想される。そしてこの章で説明した政治的理由により、体裁を整えるという目的のみに使われるとしても、何らかの参加条件が必要にならざるを得ないだろうとも予想されるのだ。

おわりに
Epilogue
....

本書では、個人ベースで支払われ、資力調査や就労意思調査がない、定期的な現金支給の所得を、自由で公平で持続可能な社会の制度的枠組みの中心的な要素と位置づけ、その導入に賛成する議論を展開してきた。そして、なぜベーシック・インカムが、基本的一括賦与、負の所得税、週労働時間の義務的な削減といったほかの関連する構想よりも好まれるべきなのか、その理由を指摘してきた。それに、公的扶助と社会保険という、社会的保護のほかの2つのモデルの歴史を概観し、それを背景にして、ベーシック・インカムのアイデアが最近にわかに人気を博すずっと前からゆっくりと現れていたことを、時代をさかのぼって確認した。

働かないことを選んだ人が所得を受け取る権利に疑問を投げかける、倫理的な反論も考慮した。そしてリベラルな平等主義的な正義概念が、この反論に対する筋の通った答えを与えてくれることを説明した。ほかの正義概念では別の立場になってしまうことも説明した。それに、競合する別の哲学的アプローチが、別の正当化の方法で同じ立場に行き着く可能性を考察した。実質的なベーシック・インカムの財源は確保でき、経済的に持続可能なのかどうかという問いを検討した。そして所得税によって賄われ、公的扶助と社会保険の上乗せで補完される部分的なベーシック・インカムが、社会保障が発達している状況では一番よい方法だということと、その理由を指摘した。組織化された市民社会と政治的党派に見られるベーシック・インカムへの態度も概観した。そして何がベーシック・インカムへ向かう原動力となり、何がベーシック・インカムから離れる原動力となるのかを示した。さらに無関心と敵意を乗り越える方法を提案した。

本書が主張してきたことはユートピア的なのだろうか？　確かにそうだ。まず、有意義な規模でこれまでに存在したことがなく、現在も存在せず、それが不可能だと疑う十分な根拠を人々が持ってきたという点で。また、よ

りよい世界のビジョンであるという意味でも、ユートピア的だ。私たちの社会の制度的枠組みの歴史を見渡すと、私たちが今日当たり前だと思っている要素の多くは、少し前にはこの二重の意味で、ユートピア的だった。奴隷制廃止、個人所得への課税、普遍的な参政権、普遍的な無償の教育、ヨーロッパ連合の存在などは、ユートピア的だったのだ。ベーシック・インカムのユートピアには、ほかのユートピアよりも大きな特徴が1つある。それは、ベーシック・インカムを導入すれば、そのほかの多くのユートピア的変化も促進されるだろうということだ。たくさんのアイデアの実現を助けるだろう。個人的なものも集団的なものも、地域的なものも地球規模のものも。市場に押しつけられた競争力へのプレッシャーのもとでどんどん粉砕されてしまった、多くのアイデアを。

ユートピア的思想の力を疑う人は、その支持者から、そして敵対者からでさえも、今日では勝利したと言明されている「ネオリベラリズム」の主要な知的創始者の1人の言葉に耳を傾けてみるとよいだろう。1949年、そのような勝利が近づいていると予測する人が出てくるよりかなり前、フリードリヒ・ハイエクはこのように書いている。「社会主義者の成功から真の自由主義者が学ぶべき最大の教訓は、夢想家（ユートピアン）になることを恐れぬ勇気をもつことだ。それによって、自由主義者は知識人から支持され、世論に影響を与え、ついこのあいだまで実現不可能だと考えられていたことを可能にすることができる」。社会主義者からハイエクが学んだ教訓を、今の私たちはハイエクから学ばなければならない。「自由社会の建設を、再度、知的な冒険かつ勇気ある行為にしなければならない。われわれが今、必要としているのは自由主義のユートピア」なのだ[1]。ハイエク先生、あなたは正しい。だが私たちが今日必要な自由な社会のユートピアは、あなたが考えていたものとは大いに違う。私たちを市場の独裁から解放し、それによって地球を救う助けになるような、万人の実質的自由のユートピアでなければならないのだ。

この真に自由な社会のユートピアを作ることは、当然ながら、無条件ベー

シック・インカムの制度を作ることに収束してはいけない。普遍的な基本的医療補助や教育、生涯学習、インターネットの質の高い情報への普遍的なアクセス、健全な環境、スマートな都市計画なども、同じくらい重要だ。これらすべては、私たちが自分でできることを増やすために不可欠だが、私たちひとりひとりが、意味のある民主的な社会参加などを通して、遠くの人とも近くの人とも協力してできることを拡大するうえで、もっと重要なのである。というのも、私たち個人ができることはほんの少ししかないのは変わらないからだ。しかしそれには、無条件ベーシック・インカムによって個人に与えられる安定した土台が鍵となる。

　では、このユートピアに到達するためにはどうすればよいのか？　おそらく、正面の門から変化を入れるよりも、裏口から入れるためにさまざまな模索をしたほうがよい。マキャヴェッリ的な思考が、2つの異なる意味で重要な役割を果たせるとよいだろう。まず、マキャヴェッリが『ディスコルシ「ローマ史」論』（2011年、筑摩書房）で行ったように、政治制度の設計が自分たちの提案の政治的実現可能性にどのように影響するかを考える必要がある。また、「マキャヴェリズム」の人たちが行っていると言われているように、政治的な機会をどのように最大限活用できるかを考える必要がある。世界を揺るがすスケールの1つのめざましい出来事を望むよりも、長期的な前進を生み出す短期的な安心のために賢く利用される、数多くの機会を当てにするべきだ。普遍的な参政権や奴隷制廃止のための戦いのなかであったように、失望や後退もあるだろう。ユートピア的なビジョンは1日にして成らないが、私たちを導き、努力を通して強くしてくれる。そしていつの日か、私たち全員が立っていられる堅固な土台が足下にできるまでに、なぜこんなに時間がかかったのだろうと不思議に思うだろう。そのときには、かつて一握りの異常者の妄想だと考えられていたことが、覆すことのできない自明な成果になっているのである。

『ベーシック・インカム』
注釈ダウンロードのご案内

下記URLにアクセスして、
メールアドレスを入力いただけますと、
本書の注釈がダウンロードできる
リンクを送付いたします。

https://cm-group.jp/LP/40748/

〈参考文献〉

....

［注記］

ベーシック・インカムに関する文献は非常に膨大であり、
以下の参考文献リストは、
このテーマに関する網羅的な書誌のようなものを
提供するものではない。
英語で読める入門書としては、
Fitzpatrick (1999c), Blais (2002), Raventos (2007),
Sheahen (2012), and Torry (2013, 2015) がある。
Widerquist ら(2013)は、
現代研究の包括的なアンソロジーを提供している。
Cunliffe and Erreygers eds. (2004) は、
このアイデアの先駆者たちによる寄稿を集めたものである。
Basic Income Studies (http://www.degruyter.com/view/j/bis) は、
ベーシックインカムに特化した学際的なジャーナルである。
有用なウェブサイト (英語) は以下の通り。

Basic Income Earth Network (BIEN):
http://www.basicincome.org

Unconditional Basic Income Europe (UBI-E):
http://basicincome-europe.org
United States Basic Income

Guarantee Network (USBIG):
http://www.usbig.net

Citizen's Income Trust (UK):
http://citizensincome.org/

Abe, Aya K. 2014. "Is There a Future for a Universal Cash Benefit in Japan? The Case of Kodomo Teate (Child Benefit)." In Yannick Vanderborght and Toru Yamamori, eds., *Basic Income in Japan: Prospects of a Radical Idea in a Transforming Welfare State,* 49–67. New York: Palgrave Macmillan.

Abrahamson, Peter, and Cecilie Wehner. 2003. "Pension Reforms in Denmark." November, Department of Sociology, University of Copenhagen. http://www.lse.ac.uk/europeanInstitute/research/hellenicObservatory/pdf/pensions_conference/AbrahamsonWehner-Pensions.pdf.

Ackerman, Bruce. 1980. *Social Justice in the Liberal State.* New Haven: Yale University Press.

Ackerman, Bruce, and Anne Alstott. 1999. *The Stakeholder Society.* New Haven: Yale University Press.

——. 2006. "Why Stakeholding?" In Erik Olin Wright, ed., *Redesigning Distribution,* 43–65. New York: Verso.

Ad Hoc Committee on the Triple Revolution. 1964. "The Triple Revolution." *International Socialist Review* 24(3): 85–89. https://www.marxists.org/history/etol/newspape/isr/vol25/no03/adhoc.html.

Adler-Karlsson, Gunnar. 1979. "The Unimportance of Full Employment." *IFDA Dossier* 2: 216–226.

——. 1981. "Probleme des Wirtschaftswachstums und der Wirtschaftsgesinnung. Utopie eines besseren Lebens." *Mitteilungsdienst der Verbraucher-Zentrale NRW* 23: 40–63.

Adret. 1977. *Travailler deux heures par jour.* Paris: Le Seuil.

Akee, Randall, William E. Copeland, Gordon Keeler, Adrian Angold, and E. Jane Costello. 2010. "Parents' Incomes and Children's Outcomes: A Quasi-Experiment Using Transfer Payments from Casino Profits." *American Economic Journal: Applied Economics* 2(1): 86–115. Akee, Randall, Emilia Simeonova, William E. Copeland, Adrian Angold, and E. Jane Costello. 2013. "Young Adult Obesity and Household Income: Effects of Unconditional Cash Transfers." *American Economic Journal: Applied Economics* 5(2): 1–28.

Akerlof, George A. 1982. "Labor Contracts as Partial Gift Exchange." In George A. Akerlof, ed., *An Economic Theorist's Book of Tales,* 145–174. Cambridge: Cambridge University Press, 1984.

Akerlof, George A., and Janet L. Yellen. 1986. "Introduction." In George A. Akerlof and Janet L. Yellen, eds., *Efficiency Wage Models of the Labor Market,* 1–22. Cambridge: Cambridge University Press.

Alaluf, Mateo. 2014. *L'allocation universelle. Nouveau label de précarité.* Mons: Couleur Livres.

Albeda, Wim. 1984. *De Crisis van de Werkloosheid en de Verzorgingsstaat. Analyse en Perspec-tief.* Kampen NL: Kok.

Alesina, Alberto, Arnaud Devleeschauwer, William Easterly, Sergio Kurlat, and Romain Wacziarg. 2003. "Fractionalization." *Journal of Economic Growth* 8: 155–194.

Allen, Mike. 1997. "What Does Basic Income Offer the Long-Term Unemployed?" Dublin: Irish National Organisation of the Unemployed.

Alperovitz, Gar. 1994. "Distributing Our Technological Inheritance." *Technology Review* 97: 31–36.

Alstott, Anne. 2001. "Good for Women." In Philippe Van Parijs et al., *What's Wrong with a Free Lunch?* 75–79. Boston: Beacon Press.

Althaus, Dieter, and Hermann Binkert, eds. 2010. *Solidarisches Bürgergeld: Freiheit nach- haltig und ganzheitlich sichern.* Norderstedt: Books on Demand GmbH.

Ambrose. 1927. *S. Ambrosii De Nabuthae: A commentary,* trans. Martin McGuire. Washington DC: Catholic University of America.

Amenta, Edwin, Kathleen Dunleavy, and Mary Bernstein. 1994. "Stolen Thunder? Huey Long's 'Share Our Wealth,' Political Mediation, and the Second New Deal." *American Sociological Review* 59(5): 678–702.

Anderson, Jan-Otto, and Olli Kangas. 2005. "Popular Support for Basic Income in Sweden and Finland." In Guy Standing, ed., *Promoting Income Security as a Right: Europe and North America,* 289–301. London: Anthem Press.

Andrews, Kate. 2015. "Reform Tax Credits with a Negative Income Tax, Says New Report." Press release, October 26, Adam Smith Institute, London. http://www.adamsmith.org/news/press-release-reform-tax-credits-with-a-negative-income-tax-says-new-report.

Anonymous. 1848/1963. "Project van eene Nieuwe Maetschappelijke Grondwet." In Hubert Wouters, ed., *Documenten betreffende de geschiedenis der arbeidersbeweging,* 963–966. Leuven and Paris: Nauwelaerts.

Arcarons, Jordi, Alex Boso, José Antonio Noguera, and Daniel Raventós. 2005. *Viabilitat i impacte d'una Renda Bàsica de Ciutadania per a Catalunya.* Barcelona: Fundació Bofill.

Arcarons, Jordi, Antoni Domènech, Daniel Raventós, and Lluís Torrens. 2014. "Un modelo de financiación de la Renta Básica para el conjunto del Reino de España: si, se puede y es racional." *Sin Permiso,* December 7. http://www.sinpermiso.info/sites/default/files/textos/rbuesp.pdf.

Arneson, Richard J. 1989. "Equality and Equal Opportunity for Welfare." *Philosophical Studies* 56(1): 77–93.

——. 1991. "A Defense of Equal Opportunity for Welfare." *Philosophical Studies* 62(2): 187–195.

Arnsperger, Christian. 2011. *L' homme économique et le sens de la vie.* Paris: Textuel.

Arnsperger, Christian, and Warren A. Johnson. 2011. "The Guaranteed Income as an Equal-Opportunity Tool in the Transition toward

Sustainability." In Axel Gosseries and Yannick Vanderborght, eds., *Arguing about Justice: Essays for Philippe Van Parijs*, 61–70. Louvain-la-Neuve: Presses universitaires de Louvain.

Arrizabalaga, Jon. 1999. "Poor Relief in Counter-Reformation Castile: An Overview." In Ole Peter Grell, Andrew Cunningham, and Jon Arrizabalaga, eds., *Health Care and Poor Relief in Counter-Reformation Europe*, 151–176. London: Routledge.

Ashby, Peter. 1984. *Social Security after Beveridge—What Next?* London: National Council for Voluntary Organizations.

Atkinson, Anthony B. 1984. "The Cost of Social Dividend and Tax Credit Schemes." Working Paper 63, ESRC Programme on Taxation, Incentives and the Distribution of Income, London.

——. 1993a. "On Targeting Social Security: Theory and Western Experience with Family Benefits." STICERD Working Paper WSP / 99, London School of Economics, London.

——. . 1993b. "Participation Income." *Citizen's Income Bulletin* 16: 7–11.

——. 1993c. "Beveridge, the National Minimum, and Its Future in a European Context." STICERD Working Paper WSP / 85, London School of Economics, London.

——. 1993d. "Comment." In Anthony Atkinson, ed., *Alternatives to Capitalism: The Economics of Partnership*. London: Macmillan and New York: St Martin's Press.

——. 1995. *Public Economics in Action: The Basic Income / Flat Tax Proposal*. Oxford: Oxford University Press.

——. 1996a. *Incomes and the Welfare State*. Oxford: Oxford University Press.

アンソニー・B・アトキンソン『福祉国家論—所得分配と現代福祉国家論の課題』 丸谷冷史訳 晃洋書房 2018年

——. 1996b. "The Case for a Participation Income." *Political Quarterly* 67: 67–70.

——. 1996c. "James Meade's Vision: Full Employment and Social Justice." *National Institute Economic Review*, July, 90–96.

——. 1996d. "The Distribution of Income: Evidence, Theories and Policy." *De Economist* 144(1): 1–21.

——. 1998. *Poverty in Europe*. Oxford: Blackwell.

——. 2015. *Inequality: What Can Be Done?* Cambridge, MA: Harvard University Press.

アンソニー・B・アトキンソン『21世紀の不平等』 山形浩生・森本正史訳 東洋経済新報社 2015年

Atkinson, Anthony B., and Joseph E. Stiglitz. 1980. "Production in the Firm." In Atkinson and Stiglitz, *Lectures in Public Economics*. New York: McGraw-Hill.

Australian Government Commission of Inquiry into Poverty. 1975. "Poverty in Australia: First Main Report." Canberra: Australian Government Publishing Service.

Babeuf, Gracchus. 1796. *Analyse de la doctrine de Babeuf, tribun du peuple, proscrit par le Directoire exéctuif pour avoir dit la vérité*.

Bachelot, Louis-Marie. 2011. "Contre l'Etat nounou, pour l'allocation universelle." Nouvelles de France, May 13. http://www.ndf.fr/la-une/13-05-2011/louis-marie-bachelot-contre-letat-nounou-pour-lallocation-universelle/.

Baker, John. 2008. "All Things Considered, Should Feminists Embrace Basic Income?" *Basic Income Studies* 3(3): 1–8.

Baldwin, Peter. 1990. *The Politics of Social Solidarity: Class Bases of the European Welfare State*. Cambridge: Cambridge University Press.

Balkenende, Jan Peter. 1985. " 'Waarborgen voor zekerheid' en de verzorgingsmaatschappij." *Christen Democratische Verkenningen* 10: 473–484.

Banting, Keith, and Will Kymlicka, eds. 2006. *Multiculturalism and the Welfare State: Recognition and Redistribution in Contemporary Democracies*. Oxford: Oxford University Press.

——. 2016. *The Strains of Commitment: The Political Sources of Solidarity*. Oxford: Oxford University Press.

Bardhan, Pranab. 2016. "Could a Basic Income Help Poor Countries?" Project Syndicate, June 22. www.project-syndicate.org/commentary/developing-country-basic-income-by-pranab-bardhan-2016-06.

Bargain, Olivier, Mathias Dolls, Clemens Fuest, Dirk Neumann, Andreas Peichl, Nico Pestel, and Sebastian Siegloch. 2012. "Fiscal Union in Europe? Redistributive and Stabilizing Effects of an EU Tax-Benefit System." Discussion paper series, IZA DP No. 6585, May, Forschungsinstitut zur Zukunft der Arbeit / Institute for the Study of Labor, Bonn. http://ftp.iza.org/dp6585.pdf.

Barnes, Peter. 2014. *With Liberty and Dividends for All: How to Save Our Middle Class When Jobs Don't Pay Enough*. San Francisco: Berrett-Koehler.

Barrez, Dirk. 1999. "Tien frank per dag voor iedereen." *De Morgen* (Brussels), December 22

Barry, Brian. 1992. "Equality Yes, Basic Income No." In Philippe Van Parijs, ed., *Arguing for Basic Income: Ethical Foundations for a Radical Reform*, 128–140. London: Verso.

——. 1994. "Justice, Freedom, and Basic Income." In Horst Siebert, ed., *The Ethical Foundations of the Market Economy*, 61–89. Tübingen: J. C. B. Mohr and Ann Arbor: University of Michigan Press.

——. . 1996a. "Real Freedom and Basic Income." *Journal of Political Philosophy* 4(3): 242–276.

——. 1996b. "Surfers' Saviour." *Citizen's Income Bulletin* 22: 1–4.

——. 1997. "The Attractions of Basic Income." In Jane Franklin, ed., *Equality*, 157–171. London: Institute for Public Policy Research.

——. 2000. "Universal Basic Income and the Work Ethic." *Boston Review* 25(5): 14–15.

——. 2005. *Why Social Justice Matters*. New York: Wiley.

Bauer, Michael W., and Philippe Schmitter. 2001. "Dividend, Birth-Grant or Stipendium?" *Journal of European Social Policy* 11(4): 348–352.

Bauer, Péter Tamás. 1981. *Equality, the Third World and Economic Delusion*. London: Methuen.

Bauwens, Michel, and Rogier De Langhe. 2015. "Basisinkomen is geen vangnet maar een springplank." *De Morgen* (Brussels), June 2.

Bay, Ann-Helén, and Axel W. Pedersen. 2006. "The Limits of Social Solidarity: Basic Income, Immigration and the Legitimacy of the Universal Welfare State." *Acta Sociologica* 49(4): 419–436.

Bell, Edward. 1993. "The Rise of the Lougheed Conservatives and the Demise of Social Credit in Alberta: A Reconsideration." *Canadian Journal of Political Science* 26(3): 455–475.

Bellamy, Edward. 1888/1983. *Looking Backward, 2000–1887*. Harmondsworth: Penguin. Belorgey, Jean-Michel, ed. 2000. *Minima sociaux, revenus d'activité, précarité*. Paris: La Doc-umentation française.

ベラミー『アメリカ古典文庫7　エドワード・ベラミー』中里明訳　研究社　1975年

Bentham, Jeremy. 1796/2001. "Essays on the Subject of the Poor Laws, Essay I and II." In *Writings on the Poor Laws*, ed. Michael Quinn, vol. 1, 3–65. Oxford: Oxford University Press.

Bergé, Pierre. 1991. *Liberté, j' écris ton nom*. Paris: Bernard Grasset.

Bergmann, Barbara R. 2008. "Basic Income Grants or the Welfare State: Which Better Promotes Gender Equality?" *Basic Income Studies* 3(3): 1–7.

Bernard, Michel, and Michel Chartrand. 1999. *Manifeste pour un revenu de citoyenneté*. Montréal: Editions du renouveau québécois.

Berzins, Baiba. 1969. "Douglas Credit and the A.L.P." *Labour History* 17: 148–160.

Bhargava, Saurabh, and Dayanand Manoli. 2015. "Psychological Frictions and the Incomplete Take-Up of Social Benefits: Evidence from an IRS Field Experiment." *American Economic Review* 105(11): 3489–3529.

Bidadanure, Juliana. 2014. "Treating Young People as Equals: Intergenerational Justice in Theory and Practice." PhD diss., University of York.

Birnbaum, Simon. 2012. *Basic Income Reconsidered: Social Justice, Liberalism, and the Demands of Equality*. New York: Palgrave Macmillan.

Blais, François. 1999. "Loisir, travail et réciprocité. Une justification 'rawlsienne' de l'allocation universelle est-elle possible?" *Loisir et société* 22(2): 337–353.

——. 2002. *Ending Poverty: A Basic Income for All Canadians*. Toronto: Lorimer.

Blaschke, Ronald, Adeline Otto, and Norbert Schepers, eds. 2010. *Grundeinkommen: Geschicht, Modelle, Debatten*. Berlin: Karl Dietz Verlag.

——. 2012. *Grundeinkommen. Von der Idee zu einer europäischen politischen Bewegung*. Hamburg: VSA Verlag.

Blaschke, Ronald, Ina Praetorius, and Antje Schrupp, eds. 2016. *Das Bedingungslose Grundeinkommen. Feministische und postpatriarchale Perspektiven*. Sulzbach: Ulrike Helmer Verlag.

Block, Fred, and Margaret Somers. 2003. "In the Shadow of Speenhamland: Social Policy and the Old Poor Law." *Politics & Society* 31(2): 283–323.

Boadway, Robin, Katherine Cuff, and Kourtney Koebel. 2016. "Designing a Basic Income Guarantee for Canada." September, Department of Economics, Queen's University.

Bond, Larry. 1997. "The Odds against Basic Income." Dublin: Irish National Organisation of the Unemployed.

Bonnett, Alastair, and Keith Armstrong, eds. 2014. *Thomas Spence: The Poor Man's Revolutionary*. London: Breviary Stuff.

Borjas, George J. 1999. "Immigration and Welfare Magnets." *Journal of Labor Economics* 17(4): 607–637.

Bouchet, Muriel. 2015. "Allocation universelle à la Luxembourgeoise: un cadeau empoisonné?" IDEA Foundation blog. http://www.fondation-idea.lu/2015/08/06/allocation-universelle-a-la-luxembourgeoise-un-cadeau-empoisonne/.

Bourdieu, Pierre. 1998. "Le mouvement des chômeurs, un miracle social." In Pierre Bourdieu, *Contre-Feux 2*, 102–104. Paris: Liber.

Boutin, Christine. 2003. *Pour sortir de l'isolement, Un nouveau projet de société*. Paris: Services du Premier Ministre.

Bovenberg, Lans, and Rick van der Ploeg. 1995. "Het basisinkomen is een utopie," *Economisch- Statistische Berichten* 3995: 100–104.

Bowles, Samuel. 1985. "The Production Process in a Competitive Economy: Walrasian, Neo-Hobbesian and Marxian Models." *American Economic Review* 75(1): 16–36.

Boyce, James K., and Matthew E. Riddle. 2007. "Cap and Dividend: How to Curb Global Warming While Protecting the Incomes of American Families." Working Paper 150, November, Political Economy Research Institute, University of Massachusetts Amherst. http://citeseerx.ist.psu.edu/viewdoc/download?doi=10.1.1.587.3768&rep=rep1&type=pdf.

——. 2010. "CLEAR Economics: State Level Impacts of the Carbon Limits and Energy for America's Renewal Act on Family Incomes and Jobs." March, Political Economy Research Institute, University of Massachussets Amherst. http://www.peri.umass.edu/fileadmin/pdf/other_publication_types/green_economics/CLEAR_Economics.pdf.

Boyer, George R. 1990. *An Economic History of the English Poor Law, 1750-1850*. Cambridge: Cambridge University Press.

Bradshaw, Jonathan. 2012. "The Case for Family Benefits." *Children and Youth Services Review* 34(3): 590–596.

Brady, David, and Amie Bostic. 2015. "Paradoxes of Social Policy: Welfare Transfers, Relative Poverty, and Redistribution Preferences." *American Sociological Review* 80(2): 268–298.

Bregman, Rutger. 2016. *Utopia for Realists. The Case for a Universal Basic Income, Open Borders and a 15-Hour Workweek*. Amsterdam: De Correspondent.

Bresson, Yoland. 1984. *L'Après-salariat. Une nouvelle approche de l'économie*. Paris: Economica.

——. 1994. *Le Partage du temps et des revenus*. Paris: Economica.

——. 1999. "Il faut libérer le travail du carcan de l'emploi." *Le Monde* (Paris), 16 mars.

——. 2000. *Le revenu d'existence ou la métamorphose de l' être social*. Paris: L'esprit frappeur.

Brinkley, Alan. 1981. "Huey Long, the Share Our Wealth Movement, and the Limits of Depression Dissidence." *Louisiana History* 22(2): 117–134.

Brittan, Samuel. 1973. *Capitalism and the Permissive Society*. London: Macmillan.

——. 1983. "Work Sharing: A Flawed, Dangerous Nostrum." *Financial Times*, October 6.

——. 1988. "The Never-Ending Quest. Postscript to the 1987-8 Edition." In Samuel Brittan, *A Restatement of Economic Liberalism*, 210–315. London: Macmillan.

——. 2001. "In Praise of Free Lunches." *Times Literary Supplement*, August 24.

Brown, Chris. 1992. "Marxism and the Transnational Migration of People." In Brian Barry and Robert E. Goodin, eds., *Free Movement: Ethical Issues in the Transnational Migration of People and of Money*, 127–144. University Park: Pennsylvania State University Press.

Brynjolfsson, Erik, and Andrew McAfee. 2014. *The Second Machine Age: Work, Progress, and Prosperity in a Time of Brilliant Technologies*. New York: W. W. Norton

エリック・ブリニョルフソン、アンドリュー・マカフィー『ザ・セカンド・マシン・エイジ』 村井章子訳 日経BP社2015年

Büchele, Hervig, and Lieselotte Wohlgenannt. 1985. *Grundeinkommen ohne Arbeit. Auf dem Weg zu einer kommunikativen Gesellschaft*. Vienna: Europaverlag. Reprinted Vienna: ÖGB Verlag, 2016.

Bureau of Labor Statistics. 2015. "Women in the Labor Force: A Databook." December, BLS Report 1059.

——. 2016. "Union Members—2015." Economic News Release, January 28. http://www.bls.gov/news.release/union2.nr0.htm.

Burke, Edmund. 1795. *Thoughts and Details on Scarcity Originally Presented to the Right Honourable William Pitt*, 250–280. First published in 1800. http://oll.libertyfund.org/title/659/20399.

Burns, Eveline M. 1965. "Social Security in Evolution: Towards What?" *Social Service Review* 39(2): 129–140.

Burtless, Gary. 1986. "The Work Response to a Guaranteed Income: A Survey of Experimental Evidence." In Alicia H. Munnell, ed., *Lessons from the Income Maintenance Experiments*, 22–52. Boston: Federal Reserve Bank of Boston.

——. 1990. "The Economist's Lament: Public Assistance in America." *Journal of Economic Perspectives* 4(1): 57–78

Busilacchi, Gianluca. 2009. "Dagli rifiuti puó nascere un fiore: un reddito di base per salvare il pianeta." In BIN Italia, ed., *Reddito per tutti. Un'utopia concreta per l'era globale*, 167–176. Roma: Manifestolibri.

Caillé, Alain, ed. 1987. *Du revenu social: au-delà de l'aide, la citoyenneté?* Special issue of *Bulletin du MAUSS* (Paris) 23.

——. 1994. *Temps choisi et revenu de citoyenneté. Au-delà du salariat universel*. Caen: Démosthène.

——, ed. 1996. *Vers un revenu minimum inconditionnel?* *Revue du MAUSS* 7, Paris: La Découverte.

Cain, Glen G., and Douglas A. Wissoker. 1990a. "A Reanalysis of Marital Stability in the Seattle-Denver Income-Maintenance Experiment." *American Journal of Sociology* 95(5): 1235–1269.

——. 1990b. "Response to Hannan and Tuma." *American Journal of Sociology* 95(5): 1299–1314.

Callender, Rosheen. 1985. "The Economics of Basic Income: Response to Dr. Roberts' Paper." Paper presented at the Conference *Irish Future Societies*, Dublin, January 22.

——. 1986. "Basic Income in Ireland: The Debate to Date." In Anne G. Miller, ed., *Proceedings of the First International Conference on Basic Income*, 288–295. London: BIRG and Antwerp: BIEN.

Calnitsky, David. 2016. " 'More Normal than Welfare': The Mincome Experiment, Stigma, and Community Experience." *Canadian Review of Sociology* 53(1): 26–71.

Calnitsky, David, and Jonathan Latner. 2015. "Basic Income in a Small Town: Understanding the Elusive Effects on Work." Paper presented at the conference The Future of Basic Income Research, European University Institute, Florence, June 26–27.

Canada. 2016. *Final Report of the House of Commons Standing Committee on Finance Regarding Its Consultations in Advance of the 2016 Budget*, March. Ottawa: House of Commons.

Caputo, Richard K. 2012. "United States of America: GAI Almost in the 1970s but Downhill Thereafter." In Richard K. Caputo, ed., *Basic Income Guarantee and Politics: International Experiences and Perspectives on the Viability of Income Guarantees*, 265–281. New York: Palgrave Macmillan.

Carens, Joseph H. 1981. *Equality, Moral Incentives and the Market: An Essay in Utopian Politico-Economic Theory*. Chicago: University of Chicago Press.

Casassas, David. 2007. "Basic Income and the Republican Ideal: Rethinking Material Independence in Contemporary Societies." *Basic Income Studies* 2(2): 1–7.

——. 2016. "Economic Sovereignty as the Democratization of Work: The Role of Basic Income." *Basic Income Studies* 11(1): 1–15.

Casassas, David, and Simon Birnbaum. 2008. "Social Republicanism and Basic Income: Building a Citizen Society." In Stuart White and Daniel Leighton, eds., *The Emerging Politics of Republican Democracy*, 75–82. London: Lawrence and Wishart.

Casassas, David, Daniel Raventós, and Julie Ward. 2012. "East Timor and Catalonia: Basic-Income Proposals for North and South." In Matthew C. Murray and Carole Pateman, eds., *Basic Income Worldwide: Horizons of Reform*, 105–127. New York: Palgrave Macmillan.

Case, Anne, and Angus Deaton. 1998. "Large Cash Transfers to the Elderly in South Africa." *Economic Journal* 108(450): 1330–1361.

Castel, Robert. 1995. *Les métamorphoses de la question sociale. Une chronique du salariat*. Paris: Fayard.
ロベール・カステル『社会問題の変容：賃金労働の年代記』 前川真行訳 ナカニシヤ出版 2012年

——. 2009. *La montée des incertitudes. Travail, protection, statut de l'individu*. Paris: Le Seuil.

Castelein, Reinier. 2016. *Welzijn is de nieuwe welvaart*. Utrecht: Happy View.

Centre des Jeunes Dirigeants d'Entreprise. 2011. *Objectif Oikos. Changeons d'R. 12 propositions pour 2012*. Paris: CJD.

Charbonneau, Bernard, and Jacques Ellul. 1935/1999. "Directives pour un manifeste personnaliste," ed. Patrick Troude-Chastenet. *Revue Française d'Histoire des Idées Politiques* 9 (1999): 159–177.

Charlier, Joseph. 1848. *Solution du problème social ou constitution humanitaire. Basée sur la loi naturelle, et précédé de l'exposé des motifs*. Brussels: Chez tous les libraires du Royaume.

——. 1871. *Catéchisme populaire philosophique, politique et social*. Brussels: Vanderauwera.

——. 1894a. *La Question sociale résolue, précédée du testament philosophique d'un penseur*. Brussels: Weissenbruch.

——. 1894b. *L'Anarchie désarmée par l' équité. Corollaire à la question sociale résolue*. Brussels: Weissenbruch.

Christensen, Erik. 2000. *Borgerløn. Fortællinger om en politisk ide*. Højbjerg: Forlaget Hovedland.

Christensen, Erik, and Jørn Loftager. 2000. "Ups and Downs of Basic Income in Denmark." In Robert-Jan van der Veen and Loek Groot, eds., *Basic Income on the Agenda*, 257–267. Amsterdam: Amsterdam University Press.

City of Ypres. 1531/2010. *Forma Subventionis Pauperum*. In Paul Spicker, ed., *The Origins of Modern Welfare*, 101–140. Oxford: Peter Lang.

Clavet, Nicholas-James, Jean-Yves Duclos, and Guy Lacroix. 2013. "Fighting Poverty: Assessing the Effect of Guaranteed Minimum-Income Proposals in Québec." Discussion paper series, IZA DP No. 7283, March, Forschungsintitut für Zukunft der Arbeit / Institute for the Study of Labor, Bonn. http://ftp.iza.org/dp7283.pdf.

Clemons, Steven C. 2003. "Sharing, Alaska-Style." *New York Times*, April 9.

参考文献

Clerc, Denis. 2003. "L'idée d'un revenu d'existence: une idée séduisante et . . . dangereuse." In Jean-Paul Fitoussi and Patrick Savidan, eds., *Comprendre les inégalités*, 201–207. Paris: PUF.

Cobbett, William. 1827/1977. *The Poor Man's Friend*. New York: Augustus M. Kelley.

Cohen, Nick. 2014. "Two Days, One Night—A Film That Illuminates the Despair of the Low Paid." *The Observer*, August 30.

Cole, George D. H. 1929. *The Next Ten Years in British Social and Economic Policy*. London: Macmillan.

G.D.H.コール『經濟の國家統制』 清水元壽訳 千倉書房 1931年

———. 1935. *Principles of Economic Planning*. London: Macmillan.

G.D.H.コール『計画経済の原理』 八木澤善次、本田悦郎共訳 育生社 1940年

———. 1944. *Money: Its Present and Future*. London: Cassel.

G.D.H.コール『貨幣・その現在と将来』 村田次郎訳 実業之日本社 1951年

———. 1953. *A History of Socialist Though* . London: Macmillan.

Collectif Charles Fourier. 1985. "L'allocation universelle." *La Revue Nouvelle* 81: 345–351. English translation: "The Universal Grant." *IFDA dossier* 48 (July / August): 32–37.

Colombino, Ugo. 2015. "Five Crossroads on the Way to Basic Income: An Italian Tour." *Italian Economic Journal* 1(3): 353–389.

Colombino, Ugo, Marilena Locatelli, Edlira Narazani, and Cathal O'Donoghue. 2010. "Alternative Basic Income Mechanisms: An Evaluation Exercise with a Microeconometric Model." *Basic Income Studies* 5(1): 1–31.

Colombino, Ugo, and Edlira Narazani. 2013. "Designing a Universal Income Support Mechanism for Italy: An Exploratory Tour." *Basic Income Studies* 8(1): 1–17.

Colombo, Céline, Thomas De Rocchi, Thomas Kurer, and Thomas Widmer. 2016. "Analyse der eidgenössischen Abstimmung vom 5. Juni 2016." Zürich: VOX.

Colombo, Giulia, Reinhold Schnabel, and Stefanie Schubert. 2008. "Basic Income Reform in Germany: A Microsimulation-Age Analysis." Unpublished ms. http://www.aiel.it/Old/bacheca/BRESCIA/papers/colombo.pdf.

Commission on Social Justice. 1994. *Social Justice. Strategies for National Renewal*. The Report of the Commission on Social Justice. London: Vintage.

Condorcet, Antoine Caritat Marquis de. 1795/1988. *Esquisse d'un tableau historique des progrès de l'esprit humain*. Paris: Garnier-Flammarion.

コンドルセ『人間精神進歩史第一部』渡辺誠訳 岩波書店 1951年

Considerant, Victor. 1845. *Exposition abrégée du système Phalanstérien de Fourier*. Paris: Librairie sociétaire.

Cook, Stephen L. 1979. "Can a Social Wage Solve Unemployment?" Working Paper 165, University of Aston Management Centre, Birmingham.

Coote, Anna, Jane Franklin, and Andrew Simms. 2010. *21 Hours: Why a Shorter Working Week Can Help Us All to Flourish in the 21st Century*. London: New Economics Foundation.

COSATU. 2010. *A Growth Path towards Full Employment: Policy Perspectives of the Congress of South African Trade Unions?* Johannesburg: COSATU.

Cournot, Antoine Augustin. 1838/1980. *Recherches sur les principes mathématiques de la théorie des richesses*. Paris: Vrin.

Crocker, Geoffrey. 2014. *The Economic Necessity of Basic Income*. Bristol: Technology Market Strategies.

CSC (Confédération des syndicats chrétiens). 2002. "Dans quelle mesure mon revenu est-il juste?" *Syndicaliste CSC* 560, January 25.

Cummine, Angela L. 2011. "Overcoming Dividend Skepticism: Why the World's Sovereign Wealth Funds Are Not Paying Basic Income Dividends." *Basic Income Studies* 6(1): 1–18.

Cunha, Jesse M. 2014. "Testing Paternalism: Cash versus In-Kind Transfers." *American Economic Journal: Applied Economics* 6(2): 195–230.

Cunliffe, John, and Guido Erreygers. 2001. "The Enigmatic Legacy of Charles Fourier: Joseph Charlier and Basic Income." *History of Political Economy* 33(3): 459–484.

———, eds. 2004. *The Origins of Universal Grants: An Anthology of Historical Writings on Basic Capital and Basic Income*. Basingstoke: Palgrave Macmillan.

Currie, Janet, and Firouz Gahvari. 2008. "Transfers in Cash and In-Kind: Theory Meets the Data." *Journal of Economic Literature* 46(2): 333–383.

Dalla Costa, Mariarosa, and Selma James. 1975. *The Power of Women and the Subversion of the Community*. Bristol: Falling Wall Press.

Danaher, John. 2014. "Feminism and the Basic Income. Parts I and II." Institute for Ethics and Emerging Technologies, blog post. Part 1, July 17: http://ieet.org/index.php/IEET/more/danaher20140717; Part 2, July 19: http://ieet.org/index.php/IEET/more/danaher 20140719.

Daniels, Norman. 1985. *Just Health Care*. Cambridge: Cambridge University Press.

Davala, Sarath, Renana Jhabvala, Soumya Kapoor Mehta, and Guy Standing. 2015. *Basic Income: A Transformative Policy for India*. London: Bloomsbury.

Davidson, Mark. 1995. "Liberale grondrechten en milieu. Het recht op milieugebruiksruimte als grondslag van een basisinkomen." *Milieu* 5: 246–249.

Davis, Michael. 1987. "Nozick's Argument for the Legitimacy of the Welfare State." *Ethics*97(3): 576–594.

De Basquiat, Marc, and Gaspard Koenig. 2014. *LIBER, un revenu de liberté pour tous. Une proposition d'impôt négatif en France*. Paris: Génération Libre.

De Deken, Jeroen, and Dietrich Rueschemeyer. 1992. "Social Policy, Democratization and State Structure: Reflections on Late Nineteenth-Century Britain and Germany." In Rolf Torstendahl, ed., *State Theory and State History*, 93–117. London: Sage.

Defeyt, Philippe. 2016. *Un revenu de base pour chacun, une autonomie pour tous*. Namur: Institut pour le développement durable.

Defoe, Daniel. 1697/1999. *An Essay upon Projects*, New York: AMS Press.

——. 1704. *Giving Alms No Charity and Employing the Poor. A Grievance to the Nation.*London: Printed, and sold by the booksellers of London and Westminster.

De Jager, Nicole E. M., Johan J. Graafland, and George M. M. Gelauff. 1994. *A Negative Income Tax in a Mini Welfare State: A Simulation with MIMIC*. The Hague: Centraal Planbureau.

De Keyser, Napoleon. 1854/2004. *Het Natuer-regt, of de rechtveirdigheid tot nieuw bestuur als order der samenleving volgens de bestemming van den mensch*. Partial English translation as "Natural Law, or Justice as a New Governance for Society According to the Destiny of Man." In John Cunliffe and Guido Erreygers, eds., *The Origins of Universal Grants*, 56–72. Basingstoke: Palgrave Macmillan.

De Keyzer, Peter. 2013. *Growth Makes You Happy: An Optimist's View of Progress and the Free Market*. Tielt: Lannoo.

Dekkers, J. M., and Bart Nooteboom. 1988. *Het gedeeltelijk basisinkomen, de hervorming van de jaren negentig*. The Hague: Stichting Maatschappij en Onderneming.

Delvaux, Bernard, and Riccardo Cappi. 1990. *Les allocataires sociaux confrontés aux pièges financiers: Analyse des situations et des comportements*. Louvain: IRES.

De Paepe, César. 1889. "Des services publics." *La Revue socialiste* 10: 299–310. http://archive.org/stream/larevuesocialist10part/larevuesocialist10part_djvu.txt.

Deppe, Ina, and Lena Foerster. 2014. *1989–2014. 125 Jahren Rentenversicherung*. Berlin: August Dreesbach Verlag.

Desmet, Klaus, Ignacio Ortuño-Ortín, and Shlomo Weber. 2005. "Peripheral Linguistic Diversity and Redistribution." CORE Discussion Paper 2005/44, Université catholique de Louvain.

De Wispelaere, Jurgen. 2016. "The Struggle for Strategy: On the Politics of the Basic- Income Proposal." *Politics* 36(2): 131–141.

De Wispelaere, Jurgen, and Lindsay Stirton. 2007. "The Public Administration Case against Participation Income." *Social Service Review* 81(3): 523–549.

——. 2011. "The Administrative Efficiency of Basic Income." *Policy & Politics* 39(1): 115–132.

——. 2012. "A Disarmingly Simple Idea? Practical Bottlenecks in the Implementation of a Universal Basic Income." *International Social Security Review* 65(2): 103–121.

Dickens, Charles. 1838. *Oliver Twist, or the Parish Boy's Progress*. London: Richard Bentley.

Dilnot, Andrew, John A. Kay, and C. N. Morris. 1984. *The Reform of Social Security*. London: Institute of Fiscal Studies.

Dore, Ronald. 2001. "Dignity and Deprivation." In Philippe Van Parijs et al., *What's Wrong with a Free Lunch?* 80–84. Boston: Beacon Press.

Douglas, Clifford H. 1920. *Economic Democracy*. London: C. Palmer.

——. 1924. *Social Credit*. London: Eyre and Spottiswoode.

Dowding, Keith, Jurgen De Wispelaere, and Stuart White, eds. 2003. *The Ethics of Stakeholding*. Basingstoke: Palgrave Macmillan.

Duboin, Jacques. 1932. *La Grande Relève des hommes par la machine*. Paris: Fustier.

——. 1945. *Economie distributive de l'abondance*. Paris: OCIA.

——. 1998. *Le socialisme distributiste*. Paris: L'Harmattan.

Duboin, Marie-Louise. 1988. "Guaranteed Income as an Inheritance." In Anne G. Miller, ed., *Proceedings of the First International Conference on Basic Income*, 134–145. London: BIRG and Antwerp: BIEN.

Duchâtelet, Roland. 1994. "An Economic Model for Europe Based on Consumption Financing on the Tax Side and the Basic Income Principle on the Redistribution Side." Paper presented at the 5th BIEN Congress, London, September 8–10.

——. 2004. *De weg naar meer netto binnenlands geluk. Een toekomst voor alle Europeanen.*Leuven: Van Halewyck.

Dullien, Sebastian. 2014a. "The Macroeconomic Stabilisation Impact of a European Basic Unemployment Insurance Scheme." *Intereconomics* 49(4): 189–193.

——. 2014b. "Why a European Unemployment Insurance Would Help to Make EMU More Sustainable." *Social Europe*, October 3.

Dumont, Daniel. 2012. *La responsabilisation des personnes sans emploi en question*. Brussels: La Charte.

Durkheim, Emile. 1893/2007. *De la division du travail social*. Paris: P.U.F.

デュルケム『社会分業論』井坂玄太郎・寿里茂訳　理想社、1957年

Dworkin, Ronald. 1981. "What Is Equality? Part II: Equality of Resources." *Philosophy and Public Affairs* 10/4: 283–345.

ロナルド・ドゥウォーキン『平等とは何か』　小林公他訳　木鐸社　2002年

——. 1983. "Why Liberals Should Believe in Equality." *New York Review of Books*,

February 3.

——. 2000. *Sovereign Virtue: The Theory and Practice of Equality*. Cambridge, MA: Harvard University Press.

——. 2002. "*Sovereign Virtue* Revisited." *Ethics* 113: 106–243.

——. 2004. "Ronald Dworkin Replies." In Justine Burley, ed., *Dworkin and His Critics*,

339–395. Oxford: Blackwell.

——. 2006. *Is Democracy Possible Now? Principles for a New Political Debate*. Princeton: Princeton University Press, 2006.

ロナルド・ドゥウォーキン『民主主義は可能か? 新しい政治的討議のための原則について』　水谷英夫訳　信山社出版　2016年

Dyer, Christopher. 2012. "Poverty and Its Relief in Late Medieval England." *Past and Present* 216(1): 41–78.

Easterlin, Richard A. 1974. "Does Economic Growth Improve the Human Lot? Some Empirical Evidence." In Paul A. David and Melvin W. Reder, eds., *Nations and Households in Economic Growth: Essays in Honor of Moses Abramovitz*, 89–125. New York: Academic Press.

——. 2010. *Happiness, Growth, and the Life Cycle*. Oxford: Oxford University Press. Economiesuisse. 2012. "Bedingungsloses Grundeinkommen? Leider nein." *Dossiepolitik* 21,October 1.

Edin, Kathryn J., and H. Luke Shaefer. 2015. *$2.00 a Day: Living on Almost Nothing in America*. Boston: Houghton Mifflin Harcourt.

Einstein, Albert. 1955. "Introduction." In Henry H. Wachtel, *Security for All and Free Enterprise: A Summary of the Social Philosophy of Josef Popper-Lynkeus*, vii–viii. New York: Philosophical Library.

Elgarte, Julieta. 2008. "Basic Income and the Gender Division of Labour." *Basic Income Studies* 3(3).

Elster, Jon. 1986. "Comment on Van der Veen and Van Parijs." *Theory and Society* 15(5): 709–721.

——. 1988. "Is There (or Should There Be) a Right to Work?" In Amy Gutmann, ed., *Democracy and the Welfare State*, 53–78. Princeton: Princeton University Press.

Engels, Friedrich. 1845/2009. *The Condition of the Working-Class in England in 1844*. New York: Cosimo Classics.

——. 1880/2008. *Socialism: Utopian and Scientific*. New York: Cosimo Classics.

Engels, Wolfram, Joachim Mitschke, and Bernd Starkloff. 1973. *Staatsbürgersteuer. Vorschlag zur Reform der direkten Steuers und persönlichen Subventionen durch ein integriertes Personalsteuer- und Subventionssystem*. Wiesbaden: Karl Bräuer-Institut.

Erreygers, Guido, and John Cunliffe. 2006. "Basic Income in 1848." *Basic Income Studies* 1(2): 1–12.

Esping-Andersen, Gøsta. 1990. *The Three Worlds of Welfare Capitalism*. Princeton: Princeton University Press.

G. エスピン・アンデルセン『福祉資本主義の三つの世界: 比較福祉国家の理論と動態』岡沢憲美他訳　ミネルヴァ書房　2001年

European Central Bank. 2013. "The Eurosystem Household Finance and Consumption Survey. Results from the First Wave." Statistics Paper Series no. 2, April.

European Commission. 2012. "Analysis of Options beyond 20% GHG Emission Reductions: Member State Results." Commission Staff Working Paper, Brussels, 1.2.2012, SWD (2012) 5.

——. 2014a. "Employment and Social Developments in Europe 2013." Luxembourg: Publications Office of the European Union.

——. 2014b. "National Student Fee and Support Systems in European Higher Education 2014/15." Eurydice-Facts and Figures, European Commission: Education and Training.

European Union. 2008. "European Union Public Finance," 4th ed. Luxembourg: Office for Official Publications of the European Communities.

——. 2011. "General Budget of the European Union for the Financial Year 2012: General Statement of Revenue." Brussels, June 15. http://eur-lex.europa.eu/budget/data/DB2012/EN/SEC00.pdf.

Eydoux, Anne, and Rachel Silvera. 2000. "De l'allocation universelle au salaire maternel: il n'y a qu'un pas . . . à ne pas franchir." In Thomas Coutrot and Christophe Ramaux, eds., *Le bel avenir du contrat de travail*, 41–60. Paris: Syros.

Fantazzi, Charles. 2008. "Vives and the *Emarginati*." In Charles Fantazzi, ed., *A Companion to Juan Luis Vives*, 65–111. Leiden: Brill.

Faye, Michael, and Paul Niehaus. 2016. "What If We Just Gave Poor People a Basic Income for Life? That's What We're About to Test." Slate, April 14.

Federation of Claimants Union. 1985a. *On the Dole: A Claimant Union Guide for the Unemployed*. London: Federation of Claimants Union.

——. 1985b. *Women and Social Security*. London: Federation of Claimants Union.

Feige, Edgar L. 2000. "The Automated Payment Transaction Tax: Proposing a New Tax System for the 21st Century." *Economic Policy* 31: 473–511.

Feldstein, Martin. 1992. "The Case against EMU." *The Economist*, June 13.

——. 1997. "The Political Economy of the European Economic and Monetary Union: Political Sources of an Economic Liability." *Journal of Economic Perspectives* 11(4): 23–42.

——. 2012. "The Failure of the Euro: The Little Currency That Couldn't." *Foreign Affairs*

91(1): 105–116.

Fernández-Santamaria, J. A. 1998. *The Theater of Man: J. L. Vives on Society*. Philadelphia: American Philosophical Society.

Ferrarini, Tommy, Kenneth Nelson, and Helena Höög. 2013. "From Universalism to Selectivity: Old Wine in New Bottles for Child Benefits in Europe and Other Countries." In Ive Marx and Kenneth Nelson, eds., *Minimum Income Protection in Flux*, 137–160. New York: Palgrave Macmillan.

Ferry, Jean-Marc. 1985. "Robotisation, utilité sociale, justice sociale." *Esprit* 97: 19–29.

. 1995. *L'Allocation universelle. Pour un revenu de citoyenneté*. Paris: Cerf.

——. 2000. *La Question de l'Etat européen*. Paris: Gallimard.

——. 2014. "Pour un socle social européen." *Cahiers philosophiques* 137: 7–14.

Fichte, Johann Gottlied. 1800/2012. *The Closed Commercial State*. Translation of *Der geschlossene Handelsstaat*. New York: SUNY Press.

Fitzpatrick, Tony. 1999a / 2013. "Ecologism and Basic Income." In Karl Widerquist, Jose A. Noguera, Yannick Vanderborght, and Jurgen De Wispelaere, eds., *Basic Income: An Anthology of Contemporary Research*, 263–268. Chichester: Wiley-Blackwell.

——. 1999b / 2013. "A Basic Income for Feminists?" In Karl Widerquist, Jose A. Noguera, Yannick Vanderborght, and Jurgen De Wispelaere, eds., *Basic Income: An Anthology of Contemporary Research*, 163–172. Chichester: Wiley-Blackwell.

トニー・フィッツパトリック『自由と保障：ベーシック・インカム論争』 武川正吾、菊地英明訳　勁草書房　2005年

——. 1999c. *Freedom and Security: An Introduction to the Basic Income Debate*. London: Macmillan.

Flomenhoft, Gary. 2013. "Applying the Alaska Model in a Resource Poor State: The Example of Vermont." In K. Widerquist and M. Howard, eds., *Exporting the Alaska Model: Adapting the Permanent Fund Dividend for Reform around the World*, 85–107. New York: Palgrave Macmillan.

Flora, Peter, ed. 1986. *Growth to Limits: The Western European Welfare States since World War II*. New York: De Gruyter.

Forget, Evelyn. 2011. "The Town with No Poverty: The Health Effects of a Canadian Guaranteed Annual Income Field Experiment." *Canadian Public Policy* 37(3): 283–305.

Foucault, Michel. 1961/2006. *History of Madness*. London: Routledge.

——. 1979/2008. *The Birth of Biopolitics, Lectures at the Collège de France 1978–79*, ed. M. Senellart. Basingstoke: Palgrave Macmillan.

ミシェル・フーコー『生政治の誕生　コレージュ・ド・フランス講義1978〜79年度』慎改康之訳　筑摩書房　2008年

Fourier, Charles. 1803/2004. "Letter to the High Judge." In John Cunliffe and Guido Erreygers, eds., *The Origins of Universal Grants*,

99–102. Basingstoke: Palgrave Macmillan.

———. 1822/1966. *Théorie de l'unité universelle*, vol. 3. Paris: Anthropos.

———. 1829. *Le nouveau monde industriel ou sociétaire ou invention du procédé d'industrie attrayante et naturelle distribuée en series passionnées*. Paris: Bossange.

———. 1836/1967. *La Fausse Industrie, morcelée, répugnante, mensongère, et l'antidote, l'industrie naturelle, combinée, attrayante, véridique, donnant quadruple produit et perfection extrême en toutes qualités*. Paris: Anthropos.

France Stratégie. 2014a. *Quelle France dans Dix Ans. Les chantiers de la décennie*. Paris: Commissariat général à la stratégie et à la prospective.

———. 2014b. *Quelle France dans Dix Ans. Repères pour 2025*. Paris: Commissariat général à la stratégie et à la prospective.

———. 2014c. *Quelle France dans Dix Ans. Réconcilier l' économique et le social*. Paris: Commissariat général à la stratégie et à la prospective.

Frank, Robert H. 2014. "Let's Try a Basic Income and Public Work." Response essay, Cato Unbound, August 11. http://www.cato-unbound.org/2014/08/11/robert-h-frank/lets-try-basic-income-public-work.

Frank, Robert H., and Philip J. Cook. 1995. *The Winner-Take-All Society: Why the Few at the Top Get So Much More Than the Rest of Us*. New York: Free Press.

ロバート.H.フランク　フィリップ.J.クック『ウィナー・テイク・オール:「ひとり勝ち」社会の到来』　香西泰監訳　日本経済新聞社 1998年

Frankman, Myron J. 1998. "Planet-Wide Citizen's Income: Antidote to Global Apartheid." *Labour, Capital and Society* 31(1–2): 166–178.

———. 2004. *World Democratic Federalism: Peace and Justice Indivisible*. Basingstoke: Palgrave Macmillan.

Franzmann, Manuel, ed. 2010. *Bedingungsloses Grundeinkommen als Antwort auf die Krise der Arbeitsgesellschaft*. Weilerswist: Velbrück Wissenschaft.

Fraser, Nancy. 1997. "After the Family Wage: A Postindustrial Thought Experiment." In Fraser, *Justice Interruptus: Critical Reflections on the "Postsocialist" Condition*, 41–66. New York: Routledge.

Frazer, Hugh, and Eric Marlier. 2009. *Minimum-Income Schemes across EU Member States*. Brussels: European Commission and EU Network of National Independent Experts on Social Inclusion.

Frey, Carl Benedikt, and Michael Osborne. 2014. "Technological Change and New Work." Policy Network, May 15. http://www.policy-network.net/pno_detail.aspx?ID=4640&title=Technological-change-and-new-work.

Friedman, Milton. 1947. "Lerner on the Economics of Control." *Journal of Political Economy* 55(5): 405–416.

———. 1962. *Capitalism and Freedom*. Chicago: University of Chicago Press.

ミルトン・フリードマン『資本主義と自由』　村井 章子 訳　日経BP社　2008年

———. 1968. "The Case for the Negative Income Tax: A View from the Right." In John H. Bunzel, ed., *Issues of American Public Policy*, 111–120. Englewood Cliffs: Prentice-Hall.

———. 1972/1975. "Is Welfare a Basic Human Right?" In Milton Friedman, *There's No Such Thing as a Free Lunch*, 205–207. La Salle IL: Open Court, 1975.

———. 1973a / 1975. "Playboy Interview." In Milton Friedman, *There's No Such Thing as a Free Lunch*, 1–38. La Salle IL: Open Court, 1975.

———. 1973b / 1975. "Negative Income Tax." In Milton Friedman, *There's No Such Thing as a Free Lunch*, 198–201. La Salle IL: Open Court, 1975.

———. 1998. "The Government as Manager." Interview with Radio Australia, June 17. http://www.abc.net.au/money/vault/extras/extra5.htm.

———. 2000. "The Suplicy-Friedman Exchange." BIEN News Flash no. 3, May, 8–11. www .basicincome.org/bien/pdf/NewsFlash3.pdf.

Friedman, Yona. 2000. *Utopies réalisables*, 2nd ed. Paris: Editions de l'Eclat.

Friot, Bernard. 2012. *L'enjeu du salaire*. Paris: La Dispute.

Füllsack, Manfred. 2006. *Globale soziale Sicherheit: Grundeinkommen—weltweit?* Berlin: Avinus Verlag.

Fumagalli, Andrea, and Maurizio Lazzarotto, eds. 1999. *Tute bianche. Disoccupazione di massa e reddito di cittadinanza*. Rome: Derive

Approdi.

Furukubo, Sakura. 2014. "Basic Income and Unpaid Care Work in Japan." In Yannick Vanderborght and Toru Yamamori, eds., *Basic Income in Japan: Prospects of a Radical Idea in a Transforming Welfare State*, 131–139. New York: Palgrave Macmillan.

Future of Work Commission. 2016. "Ten Big Ideas from Our Consultation: Snapshot of Work to Date." March, Labour Party, Wellington, New Zealand. https://d3n8a8pro7vhmx.cloudfront.net/nzlabour/pages/4237/attachments/original/1458691880/Future_of_Work_Ten_Big_Ideas_sm.pdf ?1458691880.

Galbraith, John Kenneth. 1958. *The Affluent Society*. Boston: Houghton Mifflin

J.K. ガルブレイス『ゆたかな社会: 決定版』 鈴木 哲太郎訳 岩波書店 2006年

———. 1966. "The Starvation of the Cities." *The Progressive* 30 (12). Reprinted in J. K. Galbraith, *A View from the Stands: Of People, Politics, Military Power, and the Arts*. Houghton Mifflin, 1986.

———. 1969. *The Affluent Society*, 2nd ed. London: Hamish Hamilton.

———. 1972. "The Case for George McGovern." *Saturday Review of the Society*, July 1, 23–27.

———. 1973. *Economics and the Public Purpose*. Boston: Houghton-Mifflin.

———. 1975. *Money: Whence It Came, Where It Went*. New York: Houghton Mifflin.

———. 1999a / 2001. "The Unfinished Business of the Century." Lecture at the London School of Economics, June 1999. Reprinted in J. K. Galbraith, *The Essential Galbraith*, 307–314. Boston: Houghton Mifflin, 2001.

———. 1999b. "The Speculative Bubble Always Comes to an End—And Never in a Pleasant or Peaceful Way." Interview with Elizabeth Mehren, *Los Angeles Times*, December 12. http://latimesblogs.latimes.com/thedailymirror/2008/10/voices—-john.html.

Garon, Sheldon M. 1997. *Molding Japanese Minds: The State in Everyday Life*. Princeton: Princeton University Press.

Gauthier, David. 1986. *Morals by Agreement*. Oxford: Oxford University Press.

デイヴィド・ゴティエ『合意による道徳』 小林公訳 木鐸社 1999年

Geffroy, Laurent. 2002. *Garantir le revenu. Histoire et actualité d'une utopie concrete*. Paris: La Découverte / MAUSS.

Gelders, Bjorn. 2015. "Universal Child Benefits: The Curious Case of Mongolia." Development Pathways, June 24. http://www.developmentpathways.co.uk/resources/universal-child-benefits-the-curious-case-of-mongolia/.

Genet, Michel, and Philippe Van Parijs. 1992. "Eurogrant." *Basic Income Research Group Bulletin* 15: 4–7.

Genschel, Philipp, and Peter Schwartz. 2011. "Tax Competition: A Literature Review." *Socio-Economic Review* 9(2): 339–370.

Genschel, Philipp, and Laura Seekopf. 2016. "Winners and Losers of Tax Competition." In Peter Dietsch and Thomas Rixen, eds., *Global Tax Governance: What's Wrong with It and How to Fix It*, 56–75. Colchester: ECPR Press.

George, Henry. 1879/1953. *Progress and Poverty*. London: Hogarth Press.

G・ヘンリー『進歩と貧困』 山嵜義三郎訳 日本経済評論社1991年

———. 1881. *The Irish Land Question*. New York: D. Appleton & Company.

———. 1887/2009. "Address at the Second Public Meeting of the Anti-Poverty Society." Reprinted in Kenneth C. Wenzer, ed., *Henry George, the Transatlantic Irish, and Their Times*, 267–282. Bingley: Emerald Group Publishing.

Gerhardt, Klaus Uwe, and Arnd Weber. 1983. "Garantiertes Mindesteinkommen." *Alemantschen* 3: 69–99.

GESOP. 2015. *L'Omnibus de GESOP. Informe de resultats Juliol de 2015*. Barcelona: GESOP.

Gheaus, Anca. 2008. "Basic Income, Gender Justice and the Costs of Gender-Symmetrical Lifestyles." *Basic Income Studies* 3(3): 1–8.

Gibran, Kahlil. 1923. *The Prophet*. New York: Knopf.

カリール・ジブラン『預言者』 船井幸雄監訳 成甲書房 2009年

Gilain, Bruno, and Philippe Van Parijs. 1996. "L'allocation universelle: un scénario de court terme et son impact distributive." *Revue belge de Sécurité Sociale* 1996–1: 5–80.

Giraldo Ramirez, Jorge. 2003. *La renta básica, más allá de la sociedad salarial*. Medellin: Ediciones Escuela Nacional Sindical.

Glaeser, Edward. 2011. *The Triumph of the City*. New York: Penguin.

エドワード・グレイザー『都市は人類最高の発明である』 山形浩生訳 NTT出版 2012年

Glyn, Andrew, and David Miliband, eds. 1994. *The Cost of Inequality*. London: IPPR.

Godechot, Jacques. 1970. *Les Constitutions de la France depuis 1789*. Paris: Garnier-Flammarion.

Godino, Roger. 1999. "Pour la création d'une allocation compensatrice de revenu." In Robert Castel, Roger Godino, Michel Jalmain, and Thomas Piketty, eds., *Pour une réforme du RMI, Notes de la Fondation Saint Simon* 104: 7–20.

———. 2002. "Une alternative à la prime pour l'emploi: l'allocation compensatrice de revenu. Entretien avec Nicolas Gravel." *Economie publique* 2002(2): 9–14.

Goedemé, Tim. 2013. "Minimum Income Protection for Europe's Elderly: What and How Much Has Been Guaranteed during the 2000s?" In Ive Marx and Kenneth Nelson, eds., *Minimum Income Protection in Flux*, 108–133. New York: Palgrave Macmillan.

Goedemé, Tim, and Wim Van Lancker. 2009. "A Universal Basic Pension for Europe's Elderly: Options and Pitfalls." *Basic Income Studies* 4(1): 1–26.

Goldsmith, Scott. 2005. "The Alaska Permanent Fund Dividend: An Experiment in Wealth Distribution." In Guy Standing, ed., *Promoting Income Security as a Right: Europe and North America*, 553–566. London: Anthem Press.

Goodman, Paul, and Percival Goodman. 1947/1960. *Communitas: Means of Livelihood and Ways of Life*. New York: Random House.

Gorz, André. 1980. *Adieux au Prolétariat. Au-delà du socialisme*. Paris: Le Seuil.

———. 1983. *Les Chemins du Paradis. L'agonie du capital*. Paris: Galilée.

アンドレ・ゴルツ『エコロジー共働体への道：労働と失業の社会を超えて』　辻由美訳　技術と人間　1985年

———. 1984. "Emploi et revenu: un divorce nécessaire?" Interview with Denis Clerc. *Alternatives Economiques* 23: 15–17.

———. 1985. "L'allocation universelle: version de droite et version de gauche." *La Revue nouvelle* 81(4): 419–428.

———. 1988. *Métamorphoses du Travail. Quête du sens*. Paris: Galilée.

アンドレ・ゴルツ『労働のメタモルフォーズ：働くことの意味を求めて：経済的理性批判』　真下俊樹訳　緑風出版　1997年

———. 1992. "On the Difference between Society and Community, and Why Basic Income Cannot by Itself Confer Full Membership of Either." In Philippe Van Parijs, ed., *Arguing for Basic Income: Ethical Foundations for a Radical Reform*, 178–184. London: Verso.

———. 1997. *Misères du présent, Richesse du possible*. Paris: Galilée.

Goul Andersen, Jørgen. 1996. "Marginalization, Citizenship and the Economy: The Capacities of the Universalist Welfare State in Denmark." In E. O. Eriksen and J. Loftager, eds., *The Rationality of the Welfare State*, 155–202. Oslo: Scandinavian University Press.

Graeber, David. 2014a. "Why America's Favorite Anarchist Thinks Most American Workers Are Slaves." PBS News, April 17. http://www.pbs.org/newshour/making-sense/why-americas-favorite-anarchist-thinks-most-american-workers-are-slaves/.

———. 2014b. "Spotlight on the Financial Sector Did Make Apparent Just How Bizarrely Skewed Our Economy Is in Terms of Who Gets Rewarded." Salon, June 1. http://www.salon.com/2014/06/01/help_us_thomas_piketty_the_1s_sick_and_twisted_new_scheme/.

Gratianus. 1140/1990. *Decretum*. Munich: Münchener Digitalisierungszentrum. http:// geschichte.digitale-sammlungen.de/decretum-gratiani.

Greenberg, David H., and Mark Shroder. 2004. *The Digest of Social Experiments*. Washington DC: Urban Institute.

Green Party. 2015a. *For the Common Good. General Election Manifesto 2015*. London: The Green Party of England and Wales.

———. 2015b. *Basic Income: A Detailed Proposal*. London: The Green Party of England and Wales.

Green Party of New Zealand. 2014. *Income Support Policy*. Wellington: Green Party of Aotearoa New Zealand.

Greffe, Xavier. 1978. *L'Impôt des pauvres. Nouvelle stratégie de politique sociale*. Paris: Dunod.

Griffith, Jeremy. 2015. "Libertarian Perspectives on Basic Income." Unfettered Equality, January 15.

Groot, Loek, and Robert J. van der Veen. 2000. "Clues and Leads in the Debate on Basic Income in the Netherlands." In Robert J. van der Veen and Loek Groot, eds., *Basic Income on the Agenda*, 197–223. Amsterdam: Amsterdam University Press.

Gubian Alain, Stéphane Jugnot, Frédéric Lerais, and Vladimir Passeron. 2004. "Les effets de la RTT sur l'emploi: des simulations ex ante aux évaluations ex post." *Economie et statistique* 376: 25–54.

Guilloteau, Laurent, and Jeanne Revel, eds. 1999. "Revenu garanti pour tous." *Vacarme* 9: 9–22.

Gupta, Uttam. 2014. "Scrap the Food Security Act." May 28. www.thehindubusinessline.com.

Haarmann, Claudia, and Dirk Haarmann, eds., 2005. "The Basic Income Grant in Namibia. Resource Book." Windhoek: Evangelical Lutheran Church in the Republic of Namibia. http://base.socioeco.org/docs/big_resource_book.pdf.

———. 2007. "From Survival to Decent Employment: Basic Income Security in Namibia." *Basic Income Studies* 2(1): 1–7.

———. 2012. "Piloting Basic Income in Namibia—Critical Reflections on the Process and Possible Lessons." Paper presented at the 14th Congress of the Basic Income Earth Network (BIEN), Munich, September 14–16.

Hacker, Jacob S. 2002. *Benefits in the United States*. Cambridge: Cambridge University Press.

Haddow, Rodney S. 1993. *Poverty Reform in Canada, 1958–1978: State and Class Influences on Policy Making*. Montréal and Kingston: McGill-Queen's University Press.

——. 1994. "Canadian Organized Labour and the Guaranteed Annual Income." In Andrew F. Johnson et al., eds., *Continuities and Discontinuities: The Political Economy of Social Welfare and Labour Market Policy in Canada*, 350–366. Toronto: University of Toronto Press.

Hammond, Jay. 1994. *Tales of Alaska's Bush Rat Governor*. Alaska: Epicenter Press

Handler, Joel F. 2004. *Social Citizenship and Workfare in the United States and Western Europe: The Paradox of Inclusion*. Cambridge: Cambridge University Press.

Häni, Daniel, and Philip Kovce. 2015. *Was fehlt, wenn alles da ist? Warum das bedingungslose Grundeinkommen die richtigen Fragen stellt*. Zürich: Orell Füssli.

Hanlon, Joseph, Armando Barrientos, and David Hulme. 2010. *Just Give Money to the Poor: The Development Revolution from the Global South*. Herndon VA: Kumarian Press.

Hannan, Michael T., and Nancy Brandon Tuma. 1990. "A Reassessment of the Effect of Income Maintenance on Marital Dissolution in the Seattle-Denver Experiment." *American Journal of Sociology* 95(5): 1270–1298.

Hannan, Michael T., Nancy Brandon Tuma, and Lyle P. Groeneveld. 1977. "Income and Marital Events: Evidence from an Income-Maintenance Experiment." *American Journal of Sociology* 82(6): 1186–1211.

——. 1983. "Marital Stability." In Gary Christophersen, ed., *Final Report of the Seattle- Denver Income Maintenance Experiment*, vol. 1, 257–387. Washington DC: U.S. Dept. of Health and Human Services.

Hansen, James. 2014. "Too Little, Too Late? Oops?" June 19, Earth Institute, Columbia University. http://www.columbia.edu/~jeh1/mailings/2014/20140619_TooLittle.pdf.

Harrington, Joel F. 1999. "Escape from the Great Confinement: The Genealogy of a German Workhouse." *Journal of Modern History* 71(2): 308–345.

Harvey, Philip L. 2006. "Funding a Job Guarantee." *International Journal of Environment, Workplace and Employment* 2(1): 114–132.

——. 2011. *Back to Work: A Public Jobs Proposal for Economic Recovery*. New York: Demos.

——. 2012. "More for Less: The Job Guarantee Strategy." *Basic Income Studies* 7(2): 3–18.

——. 2014. "Securing the Right to Work and Income Security." In Elise Dermine and Daniel Dumont, eds., *Activation Policies for the Unemployed, the Right to Work and the Duty to Work*, 223–254. Brussels: Peter Lang.

Hatzfeld, Henri. 1989. *Du paupérisme à la sécurité sociale 1850–1940. Essai sur les origines de la Sécurité sociale en France*. Nancy: Presses universitaires de Nancy. (First edition Paris: Armand Colin, 1971.)

Hattersley, Charles Marshall. 1922/2004. *The Community's Credit. A Consideration of the Principle and Proposals of the Social Credit Movement*. Excerpt in J. Cunliffe and G. Erreygers, eds., *The Origins of Universal Grants*, 141–148. Basingstoke: Palgrave Macmillan.

Haveman, Robert H. 1988. "The Changed Face of Poverty: A Call for New Policies." *Focus* 11(2): 10–14.

Hayek, Friedrich A. 1944/1986. *The Road to Serfdom*. London: Routledge and Kegan Paul, ARK ed.

ハイエク『隷従への道』村井章子訳　日経BP社　2016年

——. 1945. "The Use of Knowledge in Society." *American Economic Review* 35(4): 519–530.

——. 1949/1967. "The Intellectuals and Socialism." In Hayek, *Studies in Philosophy, Politics and Economics*, 178–194. London: Routledge.

ハイエク『ハイエク全集　II　10　社会主義と戦争』尾近裕幸訳　春秋社　2010

——. 1979. *Law, Legislation and Liberty*, vol. 3. Chicago: University of Chicago Press.

Healy, Seán, Michelle Murphy, and Brigid Reynolds. 2013. "Basic Income: An Instrument for Transformation in the Twenty-First Century." *Irish Journal of Sociology* 21(2): 116–130.

Healy, Seán, Michelle Murphy, Sean Ward, and Brigid Reynolds. 2012. "Basic Income—Why and How in Difficult Times: Financing a BI in Ireland." Paper presented at the BIEN Congress, Munich, September 14.

Healy, Seán, and Brigid Reynolds. 2000. "From Concept to Green Paper: Putting Basic Income on the Agenda in Ireland." In Robert-Jan van der Veen and Loek Groot, eds., *Basic Income on the Agenda*, 238–246. Amsterdam: Amsterdam University Press.

Hegel, Georg Wilhelm Friedrich. 1820/1991. *Elements of the Philosophy of Right*. Cambridge: Cambridge University Press.

Heineman, Ben, et al. 1969. *Poverty amid Plenty: The American Paradox. The Report of the President's Commission on Income Maintenance Programs*. Washington, DC: President's Commission on Income Maintenance Programs.

Hesketh, Bob. 1997. *Major Douglas and Alberta Social Credit Party*. Toronto: University of Toronto Press.

Heydorn, Oliver. 2014. *Social Credit Economics*. Ancaster: Createspace independent publishing platform.

Hildebrand, George H. 1967. *Poverty, Income Maintenance, and the Negative Income Tax*. Ithaca NY: New York State School of

Industrial and Labor Relations, Cornell University.

Himmelfarb, Gertrude. 1970. "Bentham's Utopia: The National Charity Company." *Journal of British Studies* 10(1): 80–125.

——. 1997. "Introduction." In *Alexis de Tocqueville's Memoir on Pauperism*, 1–16. London: Civitas.

Hogenboom, Erik, and Raf Janssen. 1986. "Basic Income and the Claimants' Movement in the Netherlands." In Anne G. Miller, ed., *Proceedings of the First International Conference on Basic Income*, 237–255. London: BIRG and Antwerp: BIEN.

Holt, Steve. 2015. *Periodic Payment of the Earned Income Tax Revisited*. Washington DC: Brookings Institution.

Horne, Thomas A. 1988. "Welfare Rights as Property Rights." In J. Donald Moon, ed., *Responsibility, Rights and Welfare: The Theory of the Welfare State*, 107–132. Boulder: Westview Press.

Horstschräer, Julia, Markus Clauss, and Reinhold Schnabel. 2010. "An Unconditional Basic Income in the Family Context—Labor Supply and Distributional Effects." Discussion Paper No. 10–091, Zentrum für europäische Wirtschftforschung, Mannheim.

Hosang, Maik, ed. 2008. *Klimawandel und Grundeinkommen*. Munich: Andreas Mascha. Howard, Christopher. 1997. *The Hidden Welfare State: Tax Expenditures and Social Policy in the United States*. Princeton: Princeton University Press.

Howard, Michael W. 2005. "Basic Income, Liberal Neutrality, Socialism, and Work." In Karl Widerquist, Michael Anthony Lewis, and Steven Pressman, eds., *The Ethics and Economics of the Basic Income Guarantee*, 122–137. New York: Ashgate.

——. 2006. "Basic Income and Migration Policy: A Moral Dilemma?" *Basic Income Studies* 1(1), article 4.

——. 2007. "A NAFTA Dividend: A Guaranteed Minimum Income for North America."

Basic Income Studies 2(1), article 1.

——. 2012. "A Cap on Carbon and a Basic Income: A Defensible Combination in the United States?" In Karl Widerquist and Michael W. Howard, eds., *Exporting the Alaska Model*, 147–162. New York: Palgrave Macmillan.

——. 2015a. "Size of a Citizens' Dividend from Carbon Fees, Implications for Growth." BIEN News, September 14. www.basicincome. org/news/2015/09/size-citizens-dividend-carbon-fees-implications-growth/.

——. 2015b. "Exploitation, Labor, and Basic Income." *Analyse & Kritik* 37(1/2): 281–303.

Howard, Michael W., and Robert Glover. 2014. "A Carrot, Not a Stick: Examining the Potential Role of Basic Income in US Immigration Policy." Paper presented at the 15th Congress of the Basic Income Earth Network (BIEN), Montreal, June.

Howard, Michael W., and Karl Widerquist, eds. 2012. *Alaska's Permanent Fund Dividend: Examining Its Suitability as a Model*. New York: Palgrave Macmillan.

Huber, Joseph. 1998. *Vollgeld. Beschäftigung, Grundsicherung und weniger Staatsquote durch eine modernisierte Geldordnung*. Berlin: Duncker & Humblot.

——. 1999. "Plain Money: A Proposal for Supplying the Nations with the Necessary Means in a Modern Monetary System." Forschungsberichte des Instituts für Soziologie 99–3, Martin-Luther-Universität Halle-Wittenberg.

Huber, Joseph, and James Robertson. 2000. *Creating New Money: A Monetary Reform for the Information Age*. London: New Economics Foundation.

ジョセフ・フーバー、ジェイムズ・ロバートソン 『新しい貨幣の創造：市民のための金融改革』 石見尚・高安健一訳 日本経済評論社 2001年

Huet, François. 1853. *Le Règne social du christianisme*. Paris: Firmin Didot and Brussels: Decq.

Huff, Gerald. 2015. "Should We Be Afraid, Very Afraid? A Rebuttal of the Most Common Arguments against a Future of Technological Unemployment." Basic Income blogpost, May 25. https://medium.com/basic-income/should-we-be-afraid-very-afraid-4f7013a5137c.

Hum, Derek, and Wayne Simpson. 1991. *Income Maintenance, Work Effort, and the Canadian Mincome Experiment*. Ottawa: Economic Council of Canada.

——. 1993. "Economic Response to a Guaranteed Annual Income: Experience from Canada and the United States." *Journal of Labor Economics* 11(1): 263–296.

——. 2001. "A Guaranteed Annual Income? From Mincome to the Millenium." *Policy Options Politiques* 22(1): 78–82.

Hyafil, Jean-Eric, and Thibault Laurentjoye. 2016. *Revenu de base. Comment le financer?* Gap: Yves Michel.

IFOP. 2015. *Les Français et le libéralisme. Sondage IFOP pour l'Opinion / Génération libre / iTELE*. Paris: IFOP.

Iida, Fumio. 2014. "The Tensions between Multiculturalism and Basic Income in Japan." In Yannick Vanderborght and Toru Yamamori, eds., *Basic Income in Japan: Prospects of a Radical Idea in a Transforming Welfare State*, 157–168. New York: Palgrave Macmillan.

Ijdens, Teunis, Daniëlle de Laat-van Amelsfoort, and Marcel Quanjel. 2010. *Evaluatie van de Wet werk en inkomen kunstenaars (Wwik)*. Tilburg: IVA beleidsonderzoek en advies.

Internal Revenue Service (IRS). 2015. "EITC Participation Rate by States." https://www.eitc.irs.gov/EITC-Central/Participation-Rate.

International Monetary Fund. 2011. "IMF Executive Board Concludes 2011 Article IV Consultation with Kuwait." *Public Information Notice*, 11 / 93, July 19.

Ireland. 2002. *Basic Income: A Green Paper*. Dublin: Department of the Taoiseach.

Itaba, Yoshio. 2014. "What Do People Think about Basic Income in Japan?" In Yannick Vanderborght and Toru Yamamori, eds., *Basic Income in Japan: Prospects of a Radical Idea in a Transforming Welfare State*, 171–195. New York: Palgrave Macmillan.

Jackson, William A. 1999. "Basic Income and the Right to Work: A Keynesian Approach." *Journal of Post Keynesian Economics* 21(2): 639–662.

Jacobi, Dirk, and Wolfgang Strengmann-Kuhn, eds. 2012. *Wege zum Grundeinkommen*. Berlin: Heinrich Böll Stiftung.

Jauer, J., Thomas Liebig, John P. Martin, and Patrick Puhani. 2014. "Migration as an Adjustment Mechanism in the Crisis? A Comparison of Europe and the United States." OECD Social, Employment and Migration Working Papers, no. 155, OECD, Paris.

Jenkins, Davis. 2014. "Distribution and Disruption." *Basic Income Studies* 10(2): 257–279.

Jessen, Robin, Davud Rostam-Afschar, and Viktor Steiner. 2015. *Getting the Poor to Work: Three Welfare Increasing Reforms for a Busy Germany*. Discussion Paper 2015 / 22, School of Business and Economics, Freie Universität Berlin.

Johnson, Lyndon B. 1968. "Statement by the President upon Signing the Social Security Amendments and upon Appointing a Commission to Study the Nation's Welfare Programs." January 2. Online by Gerhard Peters and John T. Woolley, *The American Presidency Project*, http://www.presidency.ucsb.edu/ws/?pid=28915.

Johnson, Warren A. 1973. "The Guaranteed Income as an Environmental Measure." In Herman E. Daly, ed., *Toward a Steady-State Economy*, 175–189. San Francisco: Freeman.

Join-Lambert, Marie-Thérèse. 1998. *Chômage: mesures d'urgence et minima sociaux. Problèmes soulevés par les mouvements de chômeurs en France*. Paris: La Documentation française.

Jongen, Egbert, Henk-Wim de Boer, and Peter Dekker. 2014. *MICSIM—A Behavioural Microsimulation Model for the Analysis of Tax-Benefit Reform in the Netherlands*. Den Haag: Centraal Planbureau.

———. 2015. *Matwerk loont, Moeders prikkelbaar. De effectiviteit van fiscal participatiebeleid*. Den Haag: Centraal Planbureau.

Jordan, Bill. 1973. *Paupers: The Making of the New Claiming Class*. London: Routledge & Kegan Paul.

———. 1976. *Freedom and the Welfare State*. London: Routledge and Kegan.

———. 1986. "Basic Incomes and the Claimants' Movement." In Anne G. Miller, ed., *Proceedings of the First International Conference on Basic Income*, 257–268. London: BIRG and Antwerp: BIEN.

———. 1987. *Rethinking Welfare*. Oxford: Blackwell.

———. 1992. "Basic Income and the Common Good." In Philippe Van Parijs, ed., *Arguing for Basic Income: Ethical Foundations for a Radical Reform*, 155–177. London: Verso.

———. 1996. *A Theory of Poverty and Social Exclusion*. Cambridge, MA: Polity Press.

———. 2011. "The Perils of Basic Income: Ambiguous Opportunities for the Implementation of a Utopian Proposal." *Policy & Politics* 39(1): 101–114.

Jordan, Bill, Simon James, Helen Kay, and Marcus Redley. 1992. *Trapped in Poverty? Labour- Market Decisions in Low-Income Households*. London: Routledge.

Kaldor, Nicholas. 1955. *An Expenditure Tax*. London: George Allen and Unwin.

ニコラス・カルドア『総合消費税』時子山常三郎監訳 東洋経済新報社 1963年

Kalliomaa-Puha, Laura, Anna-Kaisa Tuovinen, and Olli Kangas. 2016. "The Basic Income Experiment in Finland." *Journal of Social Security Law* 23(2): 75–88.

Kameeta, Zephania. 2009. "Foreword." In *Making the Difference: The BIG in Namibia*, vi–viii. Windhoek: Namibia NGO Forum.

Kangas, Olli, and Ville-Veikko Pulkka, eds. 2016. "Ideasta kokeiluun?—Esiselvitys perustulokokeilun" [From Idea to Experiment—Preliminary Report on a Universal Basic Income]. Prime Minister's Office, March 30, Helsinki.

Kant, Immanuel. 1797/1996. *Metaphysics of Morals*. Cambridge: Cambridge University Press.

Kaus, Mickey. 1992. *The End of Equality*. New York: Basic Books.

Kearl, James R. 1977. "Do Entitlements Imply That Taxation Is Theft?" *Philosophy and Public Affairs* 7(1): 74–81.

Kelly, Paul J. 1990. *Utilitarianism and Distributive Justice: Jeremy Bentham and the Civil Law*. Oxford: Clarendon Press.

Kershaw, David, and Jerilyn Fair. 1976. *The New Jersey Income-Maintenance Experiment*, vol. 1: *Operations, Surveys, and Administration*. New York: Academic Press.

Keynes, John Maynard. 1930a / 1972. "Economic Possibilities for Our Grandchildren." In *Essays in Persuasion, The Collected Writings*, vol. 9: 321–332. London: Macmillan, for the Royal Economic Society.

ケインズ 『ケインズ説得論集』山岡洋一訳 日経BP 2021

——. 1930b / 1981. "The Question o f High Wages." In *Rethinking Employment and Unemployment Policies, The Collected Writings*, vol. 20, 2–16. London: Macmillan, for the Royal Economic Society.

King, Desmond. 1995. *Actively Seeking Work? The Politics of Unemployment and Welfare Policy in the United States and Great Britain*. Chicago: University of Chicago Press.

King, John E., and John Marangos. 2006. "Two Arguments for Basic Income: Thomas Paine (1737–1809) and Thomas Spence (1750–1814)." *History of Economic Ideas* 14(1): 55–71.

King, Martin Luther. 1967. *Where Do We Go From Here: Chaos or Community?* New York: Harper & Row.

キング『黒人の進む道』猿谷要訳 明石書店 1999年

Kipping, Katja. 2016a. "Ich streite schon über 15 Jahre für ein Grundeinkommen." Spreezeitung, February 8. www.spreezeitung. de/22398/katja-kipping-ich-streite-schon-ueber-15 -jahre-fuer-ein-grundeinkommen.

——. 2016b. "Grundeinkommen als Demokratiepauschale." Keynote speech at the Sixteenth Congress of the Basic Income Earth Network, Seoul, July. www.katja-kipping .de/de/article/1112.grundeinkommen-als-demokratiepauschale.html.

Klein, William A. 1977. "A Proposal for a Universal Personal Capital Account." Discussion Paper 422–77, Institute for Research on Poverty, University of Wisconsin–Madison.

Knott, John W. 1986. *Popular Opposition to the 1834 Poor Law*. London: Croom Helm.

Kobayashi, Hayato. 2014. "The Future of the Public Assistance Reform in Japan: Workfare versus Basic Income?" In Yannick Vanderborght and Toru Yamamori, eds., *Basic income in Japan: Prospects of a Radical Idea in a Transforming Welfare State*, 83–99. New York: Palgrave Macmillan.

Koistinen, Pertti, and Johanna Perkiö. 2014. "Good and Bad Times of Social Innovations: The Case of Universal Basic Income in Finland." *Basic Income Studies* 9(1–2): 25–57.

Kooistra, Pieter. 1983. *Voor.* Amsterdam: Stichting UNO-inkomen voor alle mensen.

——. 1994. *Het ideale eigenbelang, Een UNO–Marshallplan voor alle mensen.* Kampen: Kok Agora.

Kornbluh, Felicia. 2007. *The Battle for Welfare Rights: Politics and Poverty in Modern America.* Philadelphia: University of Pennsylvania Press.

Korpi, Walter, and Joakim Palme. 1998. "The Paradox of Redistribution and Strategies of Equality: Welfare State Institutions, Inequality, and Poverty in the Western Countries." *American Sociological Review* 63(5): 661–687.

Krätke, Michael. 1985. "Ist das Grundeinkommen für jedermann Weg zur Reform der sozialen Sicherheit?" In Michael Opielka and Georg Vobruba, eds., *Das Grundeinkommen.* Frankfurt: Campus.

Krause-Junk, Gerold. 1996. "Probleme einer Integration von Einkommensbesteuerung und steuerfinanzierten Sozialleistungen." *Wirtschaftsdienst* 7: 345–349.

Krebs, Angelika, ed. 2000. *Basic Income? A Symposium on Van Parijs.* Special Issue of *Analyse & Kritik* 22.

——. 2000. "Why Mothers Should Be Fed." In Angelika Krebs, ed., *Basic Income? A Symposium on Van Parijs.* Special Issue of *Analyse & Kritik* 22: 155–178.

Kropotkin, Peter. 1892/1985. *The Conquest of Bread.* London: Elephant Editions.

クロポトキン『麺麭の略取』幸徳秋水訳 岩波書店 1960年

Krug, Leopold. 1810. *Die Armensekuranz, das einzige Mittel zur Verbannung der Armuth aus unserer Kommune.* Berlin: Realschulbuchhandlung.

Krugman, Paul. 2011. "Boring Cruel Romantics." *New York Times*, November 20.

Kuiper, Jan Pieter. 1975. "Niet meer werken om den brode." In M. Van Gils, ed., *Werken en niet-werken in een veranderende omgeving.* Amsterdam: Swets & Zeitliger.

——. 1976. "Arbeid en Inkomen: twee plichten en twee rechten." *Sociaal Maandblad Arbeid* 9: 503–512.

——. 1977. "Samenhang verbreken tussen arbeid en levensonderhoud." *Bouw* 19: 507–515.

——. 1982. "Een samenleving met gegarandeerd inkomen." *Wending*, April, 278–283.

Kundig, Bernard. 2010. "Financement mixte d'un revenu de base en Suisse." In BIEN-Suisse, ed., *Le financement d'un revenu de base en Suisse*, 28–56. Geneva: Seismo.

Lampman, Robert J. 1965. "Approaches to the Reduction of Poverty." *American Economic Review* 55(1/2): 521–529.

Landelijk Beraad Uitkeringsgerechtigden. 1986. *Een basisinkomen van FL.1500,- per maand.* Nijmegen: LBU.

Lang, Kevin, and Andrew Weiss. 1990. "Tagging, Stigma, and Basic Income Guarantees." Paper presented at the Conference "Basic Income Guarantees: a New Welfare Strategy?" University of Wisconsin, Madison, April.

Lange, Oskar. 1937. "Mr Lerner's Note on Socialist Economics." *Review of Economic Studies* 4(2): 143–144.

Lavagne, Pierre, and Frédéric Naud. 1992. "Revenu d'existence: une solution à la crise agricole." In Gilles Gantelet and Jean-Paul Maréchal, eds., *Garantir le revenu: une des solutions a l'exclusion*, 95–106. Paris: Transversales Science Culture.

Lavinas, Lena. 2013. "Brazil: The Lost Road to Citizen's Income." In Ruben Lo Vuolo, ed. *Citizen's Income and Welfare Regimes in Latin America: From Cash Transfers to Rights*, 29–49. New York: Palgrave Macmillan.

Lechat, Benoît. 2014. *Ecolo. La démocratie comme projet 1970–1986*. Brussels: Etopia.

Le Grand, Julian. 2003. *Motivation, Agency and Public Policy*. Oxford: Oxford University Press.

ジュリアン・ルグラン『公共政策と人間 社会保障制度の準市場改革』 郡司 篤晃訳 聖学院大学出版会 2008年

Legum, Margaret. 2004. "An Economy of Our Own." SANE Views 4(8), July. The Hague: Centraal Planbureau.

Leman, Christopher. 1980. *The Collapse of Welfare Reform: Political Institutions, Policy and the Poor in Canada and the United States*. Cambridge, MA: MIT Press.

Lenkowsky, Leslie. 1986. *Politics, Economics, and Welfare Reform: The Failure of the Negative Income Tax in Britain and the United States*. New York: University Press of America.

Lerner, Abba P. 1936. "A Note on Socialist Economics." *Review of Economic Studies* 4(1): 72–76.

———. 1944. *Economics of Control: Principles of Welfare Economics*. New York: Macmillan.

A・P・ラーナー『統制の経済学 : 厚生経済学原理』 桜井一郎訳 文雅堂書店、1961年

Le Roux, Pieter. 2003. "Why a Universal Income Grant in South Africa Should Be Financed through VAT and Other Indirect Taxes." In Guy Standing and Michael Samson, eds., *A Basic Income Grant for South Africa*, 39–55. Cape Town: University of Cape Town Press.

Letlhokwa, George Mpedi. 2013. "Current Approaches to Social Protection in the Republic of South Africa." In James Midgley and David Piachaud, eds., *Social Protection, Economic Growth and Social Change*, 217–242. Cheltenham: Edward Elgar.

Levine, Robert A. et al. 2005. "A Retrospective on the Negative Income Tax Experiments: Looking Back at the Most Innovative Field Studies in Social Policy." In Karl Widerquist, Michael Anthony Lewis, and Steven Pressman, eds., *The Ethics and Economics of the Basic Income Guarantee*, 95–106. New York: Ashgate.

Lévi-Strauss, Claude. 1967. *Les Structures élementaires de la parenté*. Paris: Mouton.

クロード・レヴィ=ストロース『親族の基本構造』 福井和美訳 青弓社、2000年

Levy, Horacio, Christine Lietz, and Holly Sutherland. 2006. "A Basic Income for Europe's Children?" ISER Working Paper, 2006–47, Institute for Social and Economic Research, University of Essex.

Lewis, Michael. 2012. "Cost, Compensation, Freedom, and the Basic Income—Guaranteed Jobs Debate." *Basic Income Studies* 7(2): 41–51.

Locke, John. 1689. *First Treatise on Government*. London: Awnsham Churchill.

ジョン・ロック『完訳 統治二論』加藤節訳 岩波書店 2010

———. 1697. "On the Poor Law and Working Schools." http://la.utexas.edu/users/hcleaver/330T/350kPEELockePoorEdTable.pdf.

Long, Huey P. 1934. "Share Our Wealth: Every Man a King." In Robert C. Byrd, ed., *The Senate 1789–1989: Classic Speeches 1830–1993*, vol. 3, Bicentennial Edition, 587–593. Washington DC: U.S. Senate Historical Office, 1994. Radio address transcript: http://www.senate.gov/artandhistory/history/resources/pdf/EveryManKing.pdf.

———. 1935. "Statement of the Share Our Wealth Movement (May 23, 1935)." *Congressional Record*, 74th Congress, first session, vol. 79, 8040–43.

Longman, Phillip. 1987. *Born to Pay: The New Politics of Aging in America*. Boston: Houghton Mifflin.

Lubbers, Ruud F. M. 1985. "Standpunt met betrekking tot het WRR rapport 'Waarborgen voor zekerheid.' " The Hague: Kabinet van de Minister-President, 9 oktober.

Lubbi, Greetje. 1991. "Towards a Full Basic Income." *Basic Income Research Group Bulletin* (London) 12 (February 1991): 15–16.

Luxemburg, Rosa. 1918. "Die Sozialisierung der Gesellschaft." In *Gesammelte Werke*, Berlin 1970–1975, vol. 4, 431–434. English translation: "The Socialisation of Society." www.marxists.org/archive/luxemburg/1918/12/20.

Machiavelli, Niccoló. 1517/1969. *Discorsi sopra la prima deca di Tito Livio*. Reprinted in N. Machiavelli, *Opere*, 69–342. Milano: Mursia.

ニッコロ・マキァヴェッリ『ディスコルシ「ローマ史」論』永井三明訳 筑摩書房 2011年

Malthus, Thomas Robert. 1798/1976. *An Essay on the Principle of Population*. New York: Norton.

マルサス『人口の原理第6版』大淵寛・森岡仁・吉田忠雄・水野朝夫訳　中央大学出版部　1985

Marc, Alexandre. 1972. "Redécouverte du minimum vital garanti." *L'Europe en formation* 143: 19–25.

———. 1988. "Minimum social garanti, faux ou vrai?" *L'Europe en formation* 272: 13–21.

Marcuse, Herbert. 1967. *Das Ende der Utopie und das Problem der Gewalt.* Berlin: Verlag Peter von Maikowski. English translation: Herbert Marcuse Home Page, May 2005.

Martz, Linda. 1983. *Poverty and Welfare in Habsburg Spain: The Example of Toledo.* Cambridge: Cambridge University Press.

Marx, Axel, and Hans Peeters. 2004. "Win for Life: An Empirical Exploration of the Social Consequences of Introducing a Basic Income." COMPASSS working paper WP2004–29.

Marx, Karl. 1867/1962. *Das Kapital,* vol. 1. Berlin: Dietz.

マルクス『資本論』　新日本出版社、2020年新版

———. 1875/1962. "Randglossen zum Programm der deutschen Arbeiterpartei." In Karl Marx and Friedrich Engels, *Werke,* vol. 19, 13–32. Berlin: Dietz.

マルクス『ゴータ綱領批判』　望月清司訳　岩波書店 1975年

Mason, Paul. 2015. *Post Capitalism: A Guide to Our Future.* London: Allen Lane.

Matoba, Akihiro. 2006. "The Brussels Democratic Association and the Communist Manifesto." In Hiroshi Uchida, ed., *Marx for the 21st Century,* 165–178. London: Routledge.

Matthews, Dylan. 2014. "Mexico Tried Giving Poor People Cash Instead of Food. It Worked." Vox, June 26. http://www.vox.com/2014/6/26/5845258/mexico-tried-giving -poor-people-cash-instead-of-food-it-worked.

McGovern, George. 1974. *An American Journey: The Presidential Speeches of George McGovern.* New York: Random House.

———. 1977. *Grassroots: The Autobiography of George McGovern.* New York: Random House.

McGovern, George, and Wassily Leontief. 1972. "George McGovern: On Taxing and Re- distributing Income." *New York Review of Books,* May 4.

McKay, Ailsa. 2001. "Rethinking Work and Income Maintenance Policy: Promoting Gender Equality through a Citizens Basic Income." *Feminist Economics* 7: 93–114.

———. 2005. *The Future of Social Security Policy: Women, Work and a Citizen's Basic Income.*

London: Routledge.

———. 2007. "Why a Citizens' Basic Income? A Question of Gender Equality or Gender Bias." *Work, Employment & Society* 21: 337–348.

McLuhan, Marshall. 1967. "Guaranteed Income in the Electric Age." In Robert Theobald, ed., *The Guaranteed Income: Next Step in Socioeconomic Evolution?* 194–205. New York: Doubleday.

Meade, James E. 1935/1988. "Outline of an Economic Policy for a Labour Government." In Meade, *The Collected Papers of James Meade,* ed. Susan Howsen, vol. 1: *Employment and Inflation,* ch. 4. London: Unwin Hyman.

———. 1937. *An Introduction to Economic Analysis and Policy.* Oxford: Oxford University Press.

———. 1938. *Consumers' Credits and Unemployment.* Oxford: Oxford University Press.

———. 1948. *Planning and the Price Mechanism: The Liberal-Socialist Solution.* London: Allen and Unwin.

———. 1957. "The Balance of Payments Problems of a Free Trade Area." *Economic Journal* 67(3): 379–396.

———. 1971. *The Intelligent Radical's Guide to Economic Policy.* London: Allen and Unwin.

ジェームズ・E.ミード『理性的急進主義者の経済政策: 混合経済への提言』渡部経彦訳 岩波書店 1977年

———. 1989. *Agathotopia: The Economics of Partnership.* Aberdeen: Aberdeen University Press.

———. 1991. "Basic Income in the New Europe." *BIRG Bulletin* 13: 4–6.

———. 1993. *Liberty, Equality and Efficiency.* London: Macmillan.

———. 1995. *Full Employment Regained?* Cambridge: Cambridge University Press.

Meade, James E., ed. 1978. *The Structure and Reform of Direct Taxation. Report of a Committee Chaired by James E. Meade.* London: George Allen & Unwin.

Meyer, Niels I. 1986. "Alternative National Budget for Denmark Including a Basic Income." Paper presented at the First International Conference on Basic Income, Louvain-la- Neuve, September.

Meyer, Niels I., Kristen Helveg Petersen, and Villy Sørensen. 1978. *Oprør fra midten*, Copenhague: Gyldendal. English translation: *Revolt from the Center*. London: Marion Boyars, 1981.

Milanovic, Branco. 2016. *Global Inequality: A New Approach for the Age of Globalization*. Cambridge, MA: Harvard University Press.

Mill, John Stuart. 1848/1904. *Principles of Political Economy*. London: Longmans, Green & Co.

J・S　ミル『経済学原理5』　末永茂喜訳　岩波書店　1963

――. 1861. *Considerations on Representative Government*. London: Parker, Son, and Bourn.

――. 1870/1969. *Autobiography*. Oxford: Oxford University Press.

J・S　ミル『ミル自伝』　西本正美訳　岩波書店　1951

――. 1879/1987. *On Socialism*. Buffalo NY: Prometheus Books.

Miller, Anne G. 1983. "In Praise of Social Dividends." Working Paper 83.1, Department of Economics, Heriot-Watt University, Edinburgh.

――. 1988. "Basic Income and Women." In Anne G. Miller, ed., *Proceedings of the First International Conference on Basic Income*, 11–23. London: BIRG and Antwerp: BIEN.

Miller, David. 1992. "Distributive Justice: What the People Think." *Ethics* 102: 555–593.

Miller, Raymond K. 1987. "Social Credit, an Analysis of New Zealand's Perennial Third Party." PhD diss., University of Auckland.

Milner, Dennis. 1920. *Higher Production by a Bonus on National Output: A Proposal for a Minimum Income for All Varying with National Productivity*. London: George Allen & Unwin.

Milner, Mabel, and Dennis Milner. 1918. *Scheme for a State Bonus*. London: Kent, Simpkin, Marshall & Co.

Mirrlees James A. 1971. "An Exploration in the Theory of Optimum Income Taxation." *Review of Economic Studies* 38(2): 175–208.

Mitschke, Joachim. 1985. *Steuerund Transferordnung aus einem Guß. Entwurf einer Neugestaltung der direkten Steuern und Sozialtransfers in der Bundesrepublik Deutschland*. Baden-Baden: Nomos.

――. 1997. "Höhere Niedriglöhne durch Sozialhilfe oder Bürgergeld?" *Frankfurter Allgemeine*, September 28.

――. 2004. *Erneuerung des deutschen Einkommensteuerrechts*. Köln: Otto Schmidt Verlag.

Montesquieu, Charles-Louis de Secondat, baron de. 1748. *L'Esprit des Lois*, vol. 2. Paris: Flammarion.

モンテスキュー『法の精神（中）』　野田良之他訳　岩波書店　1989

More, Thomas. 1516/1978. *Utopia*. Harmondsworth: Penguin.

トマス・モア『ユートピア』　澤田昭夫訳 中央公論新社　2009

Morini, Cristina. 1999. "Alla ricerca della libertà: donne e reddito di cittadinanza." In Andrea Fumagalli and Maurizio Lazzarotto, eds., *Tute bianche. Disoccupazione di massa e reddito di cittadinanza*, 45–54. Rome: Derive Approdi.

Moynihan, Daniel Patrick. 1973. *The Politics of a Guaranteed Income: The Nixon Administration and the Family Assistance Plan*. New York: Random House.

Muellbauer, John. 2014. "Quantitative Easing for the People." Project Syndicate blog post, November 5. https://www.project-syndicate.org/commentary/helicopter-drops-eurozone-deflation-by-john-muellbauer-2014-11?barrier=true.

Müller, Christian, and Daniel Straub. 2016. *Die Befreing der Schweiz. Über das bedingungslose Grundeinkommen*. Zürich: Limmat Verlag.

Müller, Tobias. 2004. "Evaluating the Economic Effects of Income Security Reforms in Switzerland: An Integrated Microsimulation—Computable General Equilibrium Approach." June, Department of Econometrics, University of Geneva.

Mulvale, James P., and Yannick Vanderborght. 2012. "Canada: A Guaranteed Income Framework to Address Poverty and Inequality?" In Richard K. Caputo, ed., *Basic Income Guarantee and Politics: International Experiences and Perspectives on the Viability of Income Guarantees*, 177–201. New York: Palgrave Macmillan.

Murphy, Richard, and Howard Reed. 2013. "Financing the Social State: Towards a Full Employment Economy." Policy paper, April, Centre for Labour and Social Studies, London.

Murray, Charles. 2006. *In Our Hands: A Plan to Replace the Welfare State*. Washington, DC: AEI Press.

――. 2016. "A Guaranteed Income for Every American." *Wall Street Journal*, June 3. http://www.wsj.com/articles/a-guaranteed-income-for-every-american-1464969586.

Musgrave, Richard A. 1974. "Maximin, Uncertainty, and the Leisure Trade-Off." *Quarterly Journal of Economics* 88(4): 625–632.

Mylondo, Baptiste. 2010. *Un revenu pour tous! Précis d'utopie réaliste*. Paris: Utopia.

――. 2012. "Can a Basic Income Lead to Economic Degrowth?" Paper presented at the 14th Congress of the Basic Income Earth

Network (BIEN), Munich, September 14–16.

Myrdal, Alva. 1945. "In Cash or In Kind." In Alva Myrdal, *Nation and Family: The Swedish Experiment in Democratic Family and Population Policy,* 133–153. London: Kegan Paul.

National Welfare Rights Organization. 1969/2003. "Proposals for a Guaranteed Adequate Income (1969)." In Gwendolyn Mink and Rickie Solinger, eds. *Welfare: A Documentary History of U.S. Policy and Politics,* 320–321. New York: New York University Press.

Nicholls, George. 1854. *A History of the English Poor Law in Connexion with the Legislation and Other Circumstances Affecting the Condition of the People,* vol. 1. London: John Murray.

Nichols, Austin, and Jesse Rothstein. 2015. "The Earned Income Tax Credit (EITC)." NBER Working Paper 21211, May. http://www.nber.org/papers/w21211.

Nixon, Richard. 1969. "Address to the Nation on Domestic Programs." August 8. Online by Gerhard Peters and John T. Woolley, *The American Presidency Project.* http://www.presidency.ucsb.edu/ws/?pid=2191.

Nobrega, Francisco. 2015. "Basic Income Alternative Reconsidered." Basic Income Earth Network blog post, June 12. http://basicincome.org/news/2015/06/basic-income-alternatives-reconsidered/.

Noguchi, Eri. 2012. "The Cost-Efficiency of a Guaranteed Jobs Program: Really? A Response to Harvey." *Basic Income Studies* 7(2): 52–65.

Nooteboom, Bart. 1986. "Basic Income as a Basis for Small Business." *International Small Business Journal* 5(3): 10–18.

Nozick, Robert. 1974. *Anarchy, State and Utopia.* Oxford: Blackwell.

ロバート・ノージック『アナーキー・国家・ユートピア: 国家の正当性とその限界』 嶋津格訳 木鐸社、1992年

———. 1989. *The Examined Life: Philosophical Meditation.* New York: Simon & Schuster.

ロバート・ノージック『生のなかの螺旋: 自己と人生のダイアローグ』井上章子訳 青土社 1993年

Nyerere, Julius K. 1968. *Ujamaa: Essays on Socialism.* Oxford: Oxford University Press.

Nyland, Chris, Mingqiong Zhang, and Cherrie Jiuhua Zhu. 2014. "The Institution of Hukou-Based Social Exclusion: A Unique Institution Reshaping the Characteristics of Contemporary Urban China." *International Journal of Urban and Regional Research* 38(4): 1437–1457.

Nystrom, Scott, and Patrick Luckow. 2014. "The Economic, Climate, Fiscal, Power, and Demographic Impact of a National Fee-and-Dividend Carbon Tax." Prepared by Regional Economic Models, Inc., Washington DC, and Synapse Energy Economics, Inc., Cambridge, MA, for Citizens' Climate Lobby, Coronado CA. http:// citizensclimatelobby.org/wp-content /uploads/2014 /06/REMI-carbon-tax-report-62141.pdf.

Obinger, Julia. 2014. "Beyond the Paradigm of Labor: Everyday Activism and Unconditional Basic Income in Urban Japan." In Yannick Vanderborght and Toru Yamamori, eds., *Basic Income in Japan: Prospects of a Radical Idea in a Transforming Welfare State,* 141–155. New York: Palgrave Macmillan.

OECD. 2012. *OECD Economic Surveys: European Union 2012.* Paris: OECD Publishing.

Offe, Claus. 1985. "He Who Does Not Work Shall Nevertheless Eat." *Development* 2: 26–30.

———. 1992. "A Non-Productivist Design for Social Policies." In Philippe Van Parijs, ed., *Arguing for Basic Income: Ethical Foundations for a Radical Reform,* 61–78. London: Verso.

———. 1996a. "Full Employment: Asking the Wrong Question?" In Erik O. Eriksen and Jorn Loftager, eds., *The Rationality of the Welfare State,* 121–131. Oslo: Scandinavian University Press.

———. 1996b. "A Basic Income Guaranteed by the State: A Need of the Moment in Social Policy." In Offe, *Modernity and the State: East, West,* 201–221. Cambridge, MA: Polity.

Ontario. 2016. *Jobs for Today and Tomorrow. 2016 Ontario Budget: Budget Papers.* Ontario: Queen's Printer for Ontario. http://www.fin.gov.on.ca/en/budget/ontariobudgets/2016/papers_all.pdf.

Opielka, Michael, and Ilona Ostner, eds. 1987. *Umbau des Sozialstaats.* Essen: Klartext.

Opielka, Michael, and Georg Vobruba, eds. 1986. *Das garantierte Grundeinkommen. Ent-wicklung und Perspektiven einer Forderung.* Frankfurt: Fischer.

O'Reilly, Jacqueline. 2008. "Can a Basic Income Lead to a More Gender Equal Society?" *Basic Income Studies* 3(3): 1–7.

Orloff, Ann S. 1990/2013. "Why Basic Income Does Not Promote Gender Equality." In Karl Widerquist et al., eds., *Basic Income: An Anthology of Contemporary Research,* 149–152. New York: Wiley-Blackwell.

Ortiz, Isabel. 2015. "Social Protection for Children: Key Policy Trends and Statistics." Social Protection Policy Paper 14, December 6, International Labour Organization, Geneva. http://www.ilo.org/secsoc/information-resources/publications-and-tools/policy-papers/WCMS_366592/lang—en/index.htm.

Osterkamp, Rigmar. 2013a. "Lessons from Failure." Development and Cooperation blog post, March 5. www.dandc.eu/en/article/

disappointing-basic-income-grant-project-namibia.

——. 2013b. "The Basic Income Grant Pilot Project in Namibia: A Critical Assessment." *Basic Income Studies* 8(1): 71–91.

Otsuka, Michael. 2003. *Libertarianism without Inequality*. Oxford: Oxford University Press.

Paine, Thomas. 1791/1974. "The Rights of Man." In Philip S. Foner, ed., *The Life and Major Writings of Thomas Paine*, 241–458. New York: Citadel Press.

トマス・ペイン『人間の権利』西川正身訳　岩波書店、1971年

——. 1796/1974. *Agrarian Justice*. In Philip S. Foner, ed., *The Life and Major Writings of Thomas Paine*, 605–623. New York: Citadel Press.

Painter, Anthony, and Chris Thoung. 2015. *Creative Citizen, Creative State: The Principled and Pragmatic Case for a Universal Basic Income*. London: Royal Society for the Encouragement of Arts.

Parker, Hermione. 1982. "Basic Income Guarantee Scheme: Synopsis." In *The Structure of Personal Income Taxation and Income Support* (House of Commons, Treasury and Civil Service Committee), 424–453. London: HMSO.

——. 1988. "Obituary: Sir Brandon Rhys-Williams." *BIRG Bulletin* 8: 21–22.

——. 1989. *Instead of the Dole: An Enquiry into the Integration of the Tax and Benefit Systems*. London: Routledge.

——. 1993. "Citizen's Income and Women." Discussion Paper no. 2, Citizens Income Study Centre, London.

Parti socialiste. 2016. "Entreprendre, travailler, s'accomplir. Les Cahiers de la Présidentielle." April, Parti socialiste, Paris. http://www.parti-socialiste.fr/wp-content/uploads/2016/04/CAHIER_n1_entreprendre_DEF2.pdf.

Pateman, Carole. 2004/2013. "Free-Riding and the Household." In Karl Widerquist, Jose A. Noguera, Yannick Vanderborght, and Jurgen De Wispelaere, eds., *Basic Income: An Anthology of Contemporary Research*, 173–177. New York: Wiley-Blackwell.

——. 2006. "Democratizing Citizenship: Some Advantages of a Basic Income." In Erik Olin Wright, ed., *Redesigning Distribution*, 101–119. London: Verso.

——. 2011. "Securing Women's Citizenship: Indifference and Other Obstacles." *Eurozine*, March 7. http://www.eurozine.com/articles/2011-03-07-pateman-en.html.

Pechman, Joseph A., and P. Michael Timpane, eds. 1975. *Work Incentives and Income Guarantees: The New Jersey Negative Income Tax Experiment*. Washington DC: Brookings Institution.

Peeters, Hans, and Axel Marx. 2006. "Lottery Games as a Tool for Empirical Basic Income Research." *Basic Income Studies* 1(2): 1–7.

Pelzer, Helmut. 1996. "Bürgergeld—Vergleich zweier Modelle." *Zeitschrift für Sozialreform* 42: 595–613.

Pen, Jan. 1971. *Income Distribution*. London: Alan Lane Penguin Press.

Peny, Christine. 2011. "Les dépôts de mendicité sous l'Ancien Régime et les débuts de l'assistance publique aux malades mentaux (1764–1790)." *Revue d' histoire de la protection sociale* 1(4): 9–23.

Permanent Fund Dividend Division. 2015. Annual report 2015, State of Alaska, Department of Revenue, Juneau.

Perrin, Guy. 1983. "L'assurance sociale—ses particularités—son rôle dans le passé, le présent et l'avenir." In Peter A. Köhler and Hans Friedrich Zacher, eds., *Beiträge zu Geschichte und aktueller Situation der Sozialversichering*, 29–73. Berlin: Duncker & Humblot.

Petersen, Hans-Georg. 1997. "Pros and Cons of a Negative Income Tax." In Herbert Giersch, ed., *Reforming the Welfare State*, 53–82. Berlin: Springer.

Peterson, Paul E. 1995. *The Price of Federalism*. Washington DC: Brookings.

Peterson, Paul E., and Mark C. Rom. 1990. *Welfare Magnets: A New Case for National Standards*. Washington DC: Brookings Institution.

Pettit, Philip. 1999. *Republicanism: A Theory of Freedom and Government*. Oxford: Oxford University Press.

Phelps, Edmund S. 1994. "Low-Wage Employment Subsidies versus the Welfare State." *American Economic Review, Papers and Proceedings* 84(2): 54–58.

——. 1997. *Rewarding Work*. Cambridge, MA: Harvard University Press.

——. 2001. "Subsidize Wages." In Philippe Van Parijs et al., *What's Wrong with a Free Lunch?* 51–59. Boston: Beacon Press.

Pickard, Bertram. 1919. *A Reasonable Revolution. Being a Discussion of the State Bonus Scheme—A Proposal for a National Minimum Income*. London: George Allen & Unwin.

Pigou, Arthur Cecil. 1920/1932. *The Economics of Welfare*. London: MacMillan.

ピグー『厚生経済学』（全4巻）気賀健三他共訳　東洋経済新報社 1965

Piketty, Thomas. 1994. "Existence of Fair Allocations in Economies with Production." *Journal of Public Economics* 55: 391–405.

——. 1997. "La redistribution fiscale face au chômage." *Revue française d' économie* 12: 157–201.

——. 1999. "Allocation compensatrice de revenu ou revenu universel." In R. Godino et al., *Pour une réforme du RMI, Notes de la Fondation Saint Simon* 104, 21–29.

——. 2014. *Capital in the Twenty-First Century.* Cambridge, MA: Harvard University Press.

トマ・ピケティ『21世紀の資本』山形浩生、守岡桜、森本正史訳　みすず書房、2014年

——. 2015a. *The Economics of Inequality.* Cambridge, MA: Harvard University Press.

トマ・ピケティ『不平等と再分配の経済学:格差縮小に向けた財政政策』尾上修悟訳　明石書店 2020年

——. 2015b. "Capital, Inequality and Justice: Reflections on *Capital in the 21st Century*." *Basic Income Studies* 10(1): 141–156.

Piketty, Thomas, and Emmanuel Saez. 2012. "Optimal Labor Income Taxation." NBER Working Paper 18521, November, NBER, Cambridge, MA.

Pisani-Ferry, Jean, ed. 2000. *Plein emploi.* Paris: Conseil d'Analyse économique—La Documentation Française.

Pisani-Ferry, Jean, Erkki Vihriälä, and Guntram Wolff. 2013. "Options for an Euro-Area Fiscal Capacity." January, Bruegel Policy Contribution, Brussels.

Piven, Frances Fox, and Richard Cloward. 1993. *Regulating the Poor: The Functions of Public Welfare*, updated edition. New York: Vintage Books.

Pogge, Thomas. 1994. "An Egalitarian Law of Peoples." *Philosophy and Public Affairs* 23(3): 195–224.

——. 2001. "Eradicating Systemic Poverty: Brief for a Global Resources Dividend." *Journal of Human Development and Capabilities* 2(1): 59–77.

——. 2005. "Global Justice as Moral Issue: Interview with Alessandro Pinzani." *Ethic@* 4(1): 1–6.

Polanyi, Karl. 1944/1957. *The Great Transformation: The Political and Economic Origins of Our Time.* Boston: Beacon Press.

カール・ポラニー『大転換：市場社会の形成と崩壊』　野口建彦 栖原学訳　東洋経済新報社 2009年

Popper, Karl. 1948/1963. "Utopia and Violence." In Popper, *Conjectures and Refutations*, 355– 363. London: Routledge.

Popper-Lynkeus, Joseph. 1912. *Die allgemeine Nährpflicht als Lösung der sozialen Frage.* Dresden: Carl Reissner Verlag.

Prats, Magali. 1996. "L'allocation universelle à l'épreuve de la *Théorie de la justice*." *Documents pour l'enseignement économique et social* 106: 71–110.

Preiss, Joshua. 2015. "Milton Friedman on Freedom and the Negative Income Tax." *Basic Income Studies* 10(2): 169–191.

Quadagno, Jill. 1995. *The Color of Welfare: How Racism Undermined the War on Poverty.* New York: Oxford University Press.

Québec solidaire. 2014. *Plateforme électorale. Elections 2014.* Montréal: Québec solidaire.

Quinn, Michael. 1994. "Jeremy Bentham on the Relief of Indigence: An Exercise in Applied Philosophy." *Utilitas* 6(1): 81–96.

Raes, Koen. 1985. "Variaties op een thema. Kritiek op de loskoppeling." *Komma* 22: 21–32.

——. 1988/2013. "Basic Income and Social Power." In K. Widerquist Karl, J. A. Noguera, Y. Vanderborght, and J. De Wispelaere, eds., *Basic Income: An Anthology of Contemporary Research*, 246–254. New York: Wiley-Blackwell.

Rankin, Keith. 2016. "Basic Income as Public Equity: The New Zealand Case." In Jennifer Mays, Greg Marston, and John Tomlinson, eds., *Basic Income in Australia and New Zealand: Perspectives from the Neoliberal Frontier*, 29–51. New York: Palgrave Macmillan.

Rathke, Wade. 2001. "Falling in Love Again." In Philippe Van Parijs et al., *What's Wrong with a Free Lunch?* 39–42. Boston: Beacon Press.

Rätz, Werner, and Hardy Krampertz. 2011. *Bedingungsloses Grundeinkommen: woher, wozu und wohin?* Neu-Ulm: AG Spak.

Rätz, Werner, Dagmar Paternoga, and Werner Steinbach. 2005. *Grundeinkommen: bedingungslos.* Hamburg: VSA Verlag.

Raventos, Daniel. 1999. *El derecho a la existencia*, Barcelona: Ariel.

——. 2007. *Basic Income: The Material Conditions of Freedom.* London: Pluto Press.

Rawls, John. 1967. "Distributive Justice." In Rawls, *Collected Papers*, 130–153. Cambridge, MA: Harvard University Press.

——. 1971. *A Theory of Justice.* Cambridge, MA: Harvard University Press.

ジョン・ロールズ『正義論　改訂版』川本隆史・福間聡・神島裕子訳　紀伊國屋書店 2010

——. 1974. "Reply to Alexander and Musgrave." *Quarterly Journal of Economics* 88: 633– 655. Reprinted in Rawls, *Collected Papers*, 232–253. Cambridge, MA: Harvard University Press.

——. 1988. "The Priority of Right and Ideas of the Good." *Philosophy and Public Affairs* 17: 251–276.

———. 1993. *Political Liberalism*. New York: Columbia University Press.

———. 1999. *The Law of Peoples*. Cambridge, MA: Harvard University Press.

———. 2001. *Justice as Fairness*. Cambridge, MA: Harvard University Press.

Rawls, John, and Philippe Van Parijs. 2003. "Three Letters on the Law of Peoples and the European Union." *Revue de philosophie économique* 8: 7–20.

Razin, Assaf, and Jackline Wahba. 2015. "Welfare Magnet Hypothesis, Fiscal Burden, and Immigration Skill Selectivity." *Scandinavian Journal of Economics* 117(2): 369–402.

Read, Samuel. 1829. *An Enquiry into the Natural Grounds of Right to Vendible Property or Wealth*. Edinburgh: Oliver and Boyd.

Reed, Howard, and Stewart Lansley. 2016. *Universal Basic Income: An Idea whose Time Has Come?* London: Compass.

Reeskens, Tim, and Wim van Oorschot. 2013. "Equity, Equality, or Need? A Study of Popular Preferences for Welfare Redistribution Principles across 24 European Countries." *Journal of European Public Policy* 20(8): 1174–1195.

Reeve, Andrew, and Andrew Williams, eds. 2003. *Real Libertarianism Assessed: Political Theory after Van Parijs*. Basingstoke: Palgrave Macmillan.

Reeves, Richard V. 2016. "Time to Take Basic Income Seriously." Brookings Opinion, February 23. http://www.brookings.edu/research/opinions/2016/02/23-time-to-take-basic-income-seriously-reeves.

Regnard, Albert. 1889. "Du droit à l'assistance." *La Revue socialiste* 10(September): 257–275. http://archive.org/stream/larevuesocialist10part/larevuesocialist10part_djvu.txt.

Reich, Robert. 2015. *Saving Capitalism: For the Many, Not the Few*. New York: Knopf.
ロバート・B・ライシュ『最後の資本主義』雨宮寛・今井章子訳 東洋経済新報社、2016年

Réseau Salariat. 2014. *Revenu inconditionnel ou salaire à vie?* Malzeville: Réseau Salariat.

Reynolds, Brigid, and Seán Healy, eds. 1995. *An Adequate Income Guarantee for All*. Dublin: CORI Justice Commission.

Rhys-Williams, Brandon. 1982. "The Reform of Personal Income Taxation and Income Support. Proposals for a Basic Income Guarantee." House of Commons, Sub-Committee on the Structure of Personal Income Taxation and Income Support, 420–424. London: HMSO.

Rhys-Williams, Juliet. 1943. *Something to Look Forward To: A Suggestion for a New Social Contract*. London: Macdonald.

Ricardo, David. 1817/1951. *Principles of Political Economy and Taxation*. In Piero Sraffa, ed., *The Works and Correspondence of David Ricardo*, vol. 1. Cambridge: Cambridge University Press.

Rignano, Eugenio. 1919. "A Plea for Greater Economic Democratization." *Economic Journal* 29: 302–308.

Ringen, Stein. 1997. *Citizens, Families and Reform*. Oxford: Oxford University Press.

Ritter, Gerhard A. 1904/1983. *Sozialversicherung in Deutschland und England*. München: Beck.

Roberts, Keith V. 1982. *Automation, Unemployment and the Distribution of Income*. Maastricht: European Centre for Work and Society.

Roberts, Yvonne. 2014. "Low-Paid Britain: 'People Have Had Enough. It's Soul Destroying.' " *The Observer*, August 30. http://www.theguardian.com/society/2014/aug/30 /low-pay-britain-fightback-begins.

Robertson, James. 1989. *Future Wealth: A New Economics for the 21st Century*. London: Cassell.

———. 1994. *Benefits and Taxes: A Radical Strategy*. London: New Economics Foundation.

———, ed. 1998. *Sharing Our Common Heritage: Resource Taxes and Green Dividends*. Oxford: Oxford Centre for the Environment, Ethics and Society.

Robeyns, Ingrid. 2001a. "An Income of One's Own." *Gender and Development* 9: 82–89.

———. 2001b. "Will a Basic Income Do Justice to Women?" *Analyse und Kritik* 23: 88–105.

Roemer, John E. 1992. "The Morality and Efficiency of Market Socialism." *Ethics* 102: 448–464. Reprinted in J. E. Roemer, *Egalitarian Perspectives*, 287–302. Cambridge: Cambridge University Press, 1994.

———. 1996. *Equal Shares: Making Market Socialism Work*. London: Verso.

Roland, Gérard. 1988. "Why Socialism Needs Basic Income, Why Basic Income Needs Socialism." In Anne G. Miller, ed., *Proceedings of the First International Conference on Basic Income*, 94–105. London: BIRG.

Rosseels, David. 2009. *Implementation of a Tax on Electronic Transactions*. Université catholique de Louvain: Louvain School of Management.

Rossi, Peter H., and Katharine C. Lyall. 1976. *Reforming Public Welfare: A Critique of the Negative Income Tax Experiment*. New York: Russell Sage Foundation.

Rothbard, Murray N. 1982. *The Ethics of Liberty*. Atlantic Highlands NJ: Humanities Press.

マリー・ロスバード『自由の倫理学：リバタリアニズムの理論体系』 森村進・森村たまき・鳥澤円訳 勁草書房、2003年

Rothstein, Bo. 1998. *Just Institutions Matter: The Moral and Political Logic of the Universal Welfare State*. Cambridge: Cambridge University Press.

Rousseau, Jean-Jacques. 1754/1971. *Discours sur l'origine et les fondements de l'inégalité parmi les homes*. Paris: Flammarion.

ジャン＝ジャック・ルソー『人間不平等起源論：付「戦争法原理」』 坂倉裕治訳 講談社 2016年

———. 1762/2011. *Le Contrat social*. Paris: Le Livre de poche.

ジャン＝ジャック・ルソー『社会契約論/ジュネーヴ草稿』中山元訳 光文社

———. 1789/1996. *Les Confessions*, vol. 1. Paris: Pocket.

Russell, Bertrand. 1918/1966. *Roads to Freedom: Socialism, Anarchism and Syndicalism*. London: Unwin Books.

バートランド・ラッセル『自由への道』栗原孟男訳 角川書店 1953

———. 1932/1976. "In Praise of Idleness." In Bertrand Russell, *In Praise of Idleness and Other Essays*, 11–25. London: Unwin Paperbacks.

バートランド・ラッセル『怠惰への賛歌』堀秀彦・柿村峻訳 平凡社 2009

Sala-i-Martin, Xavier, and Jeffrey Sachs. 1991. "Fiscal Federalism and Optimal Currency Areas: Evidence for Europe from the United States." NBER Working Paper no. 3855, October. http://www.nber.org/papers/w3855.

Sala-i-Martin, Xavier, and Arvind Subramanian. 2003. "Addressing the Natural Resource Curse: An Illustration from Nigeria." NBER Working Paper no. 9804, June. http://www .nber.org/papers/w9804.

Salam, Reihan. 2014. "Unconditional Basic Income? You're Kidding." Oregon Live, opinion, June 5. http://www.oregonlive.com/opinion/index.ssf/2014/06/one_great_welfare_mistake _slat.html.

Salehi-Isfahani, Djavad. 2014. "Iran's Subsidy Reform: From Promise to Disappointment." Policy Perspective no. 13, June, Economic Research Forum (ERF). http://erf.org.eg/wp -content/uploads/2015/12/PP13_2014.pdf.

Salverda, Wim. 1984. "Basisinkomen en inkomensverdeling. De financiële uitvoerbaarheid van het basisinkomen." *Tijdschrift voor Politieke Ekonomie* 8: 9–41.

Santens, Scott. 2014. "Why Should We Support the Idea of an Unconditional Basic Income: An Answer to a Growing Question of the 21st Century." Working Life blog, June 2, Medium Corporation. https://medium.com/working-life/why-should-we-support-the -idea-of-an-unconditional-basic-income-8a2680c73dd3.

Saraceno, Chiara. 1989. "Una persona, un reddito." *Politica ed Economi* 1: 27–32.

———. 2010. "Concepts and Practices of Social Citizenship in Europe: The Case of Poverty and Income Support for the Poor." In Jens Alber and Neil Gilbert, eds., *United in Diversity? Comparing Social Models in Europe and America*, 162–168. Oxford: Oxford University Press.

Sas, Willem, and Kevin Spiritus. 2015. "De Europese Centrale Bank kan de economie aan- zwengelen met een beperkt monetair basisinkomen." *De Tijd*, April 9.

Schachtschneider, Ulrich. 2012. "Ökologisches Grundeinkommen—Ein Einstieg ist möglich." Paper presented at the 14th Congress of the Basic Income Earth Network (BIEN), Munich, September 14–16.

Scharpf, Fritz. 1993. "Von der Finanzierung der Arbeitslosigkeit zur Subventionierung niedriger Erwerbseinkommen." *Gewerkschaftliche Monatshefte* 7: 433–443.

———. 1994. "Negative Einkommensteuer—ein Programm gegen Ausgrenzung." *Die Mitbestimmung* 40(3): 27–32.

———. 1995. "Subventionierte Niedriglohn-Beschäftigung statt bezahlter Arbeitslosigkeit." *Zeitschrift für Sozialreform* 41(2): 65–82.

———. 2000. "Basic Income and Social Europe." In Robert J. van der Veen and Loek Groot, eds., *Basic Income on the Agenda*, 154–160. Amsterdam: Amsterdam University Press.

Schmähl, Winfried. 1992. "The Flat-Rate Public Pension in the German Social Policy Debate: From the Early 19th to the Late 20th Century." Arbeitspapier 6/92, Centre for Social Policy Research, Universität Bremen.

Schmid, Thomas, ed. 1984. *Befreiung von falscher Arbeit. Thesen zum garantierten Mindesteink- ommen*. Berlin: Wagenbach.Schmähl

Schmitt, Günther. 1980. "Vor einer Wende in der Agrarpolitik." *Agrarwitschaft* 29: 97–105.

Schmitter, Philippe, and Michael W. Bauer. 2001. "A (Modest) Proposal for Expanding Social Citizenship in the European Union." *Journal of European Social Policy* 11(1): 55–65.

Schor, Juliet B. 1993. *The Overworked American*. New York: Basic Books.

ジュリエット・ショアー『働きすぎのアメリカ人：予期せぬ余暇の減少』森岡孝二他訳 窓社、1993年

Schotter, Andrew. 1985. *Free Market Economics*. Cambridge: Cambridge University Press.

Schroeder, Wolfgang, Sascha Kristin Futh, and Bastian Jantz. 2015. "Change through Convergence? Reform Measures of European Welfare States in Comparison." Friedricht Ebert Stiftung Study, June.

Schulte-Basta, Dorotheee. 2010. *Ökonomische Nützlichkeit oder leistungsloser Selbstwert? Zur Kompatibilität von bedingungslosem Grundeinkommen und katholischer Soziallehre*. Freiberg: ZAS Verlag.

Scottish Green Party. 2014. "Citizen's Income." Green Yes, briefing note, August 10.

Scrope, George Julius Poulett. 1833. *Principles of Political Economy, deduced from the natural laws of social welfare, and applied to the present state of Britain*. London: Longman.

Scutella, Rosanna. 2004. "Moves to a Basic Income-Flat Tax System in Australia: Implications for the Distribution of Income and Supply of Labour." Melbourne Institute Working Paper No. 5/04, University of Melbourne.

Seekings, Jeremy, and Heidi Matisonn. 2013. "South Africa: The Continuing Politics of Basic Income." In Matthew C. Murray and Carole Pateman, eds., *Basic Income Worldwide: Horizons of Reform*, 128–150. New York: Palgrave Macmillan.

Segal, Hugh. 2012. "Scrapping Welfare: The Case for Guaranteeing All Canadians an Income above the Poverty Line." *Literary Review of Canada* 20(10): 8–10.

Sen, Amartya. 2009. *The Idea of Justice*. Cambridge, MA: Harvard University Press.

アマルティア・セン『正義のアイデア』 池本幸生訳 明石書店 2011年

———. 2012. "What Happened to Europe? Democracy and the Decisions of Bankers." *The New Republic*, August 2. http://www.tnr.com/article/magazine/105657/sen-europe-democracy-keynes-social-justice.

Sennett, Richard. 2003. *Respect in a World of Inequality*. New York: Norton.

Shachar, Ayelet. 2009. *The Birthright Lottery: Citizenship and Global Inequality*. Cambridge, MA: Harvard University Press.

Shapiro, Carl, and Joseph Stiglitz. 1984. "Equilibrium Unemployment as a Worker Discipline Device." *American Economic Review* 74(3): 433–444.

Shaviro, Daniel. 1997. "The Minimum Wage, the Earned Income Tax Credit, and Optimal Subsidy Policy." *The University of Chicago Law Review* 64(2): 405–481.

Sheahen, Allan. 2012. *Basic Income Guarantee: Your Right to Economic Security*. New York: Palgrave Macmillan.

Shipler, David K. 2004. *The Working Poor: Invisible in America*. New York: Vintage Books.

デイヴィッド・K.シプラー『ワーキング・プア：アメリカの下層社会』森岡孝二、川人博、肥田美佐子訳 岩波書店、2007年

Shirky, Ckay. 2008. *Here Comes Everybody: The Power of Organizing without Organizations*. New York: Penguin Books.

Shulevitz, Judith. 2016. "It's Payback Time for Women." *New York Times*, January 8.

Simon, Herbert A. 1998. "Letter to BIEN on the Flat Tax and Our Common Patrimony." *Basic Income* 29: 8. http://www.basic income.org/bien/pdf/BI29.pdf.

———. 2001. "UBI and the Flat Tax." In Philippe Van Parijs et al., *What's Wrong with a Free Lunch?* 34–38. Boston: Beacon Press.

Sirugue, Christophe. 2016. *Repenser les minima sociaux—Vers une couverture socle commune*. Paris: La Documentation française.

Skidelsky, Robert, and Edward Skidelsky. 2011. *How Much Is Enough? Money and the Good Life*. London: Penguin Books.

ロバート・スキデルスキー エドワード・スキデルスキー『じゅうぶん豊かで、貧しい社会：理念なき資本主義の末路』村井章子訳 筑摩書房、2022年

Skidmore, Felicity. 1975. "Operational Design of the Experiment." In Joseph A. Pechman and P. Michael Timpane, eds., *Work Incentives and Income Guarantees: The New Jersey Negative Income Tax Experiment*, 25–59. Washington DC: Brookings Institution.

Skidmore, Thomas. 1829. *The Rights of Man to Property*. New York: Burt Franklin.

Skocpol, Theda. 1991. "Targeting within Universalism: Politically Viable Policies to Combat Poverty in the United States." In Christopher Jencks and Paul E. Peterson, eds., *The Urban Underclass*, 411–436. Washington DC: The Brookings Institution.

Sloman, Peter. 2016. "Beveridge's Rival: Juliet Rhys-Williams and the Campaign for Basic Income, 1942–55." *Contemporary British History* 30(2): 203–223.

Smith, Adam. 1776/1977. *The Wealth of Nations*, Harmondsworth: Penguin Books.

アダム・スミス 高哲夫訳『国富論』講談社 2020

Smith, Jeff. 2006. "Fund Basic Income Grants Not from Income but from Outgo." *Georgist Journal* 104. www.georgistjournal.org/104-spring-2006/.

Snowden, Edward. 2014. "A Nation Interview." *The Nation*, November 17. www.thenation .com/article/186129/snowden-exile-exclusive-interview.

Soboul, Albert. 1962. *Histoire de la revolution française 1. De la Bastille à la Gironde.* Paris: Gallimard.

Social Justice Ireland. 2010. *Building a Fairer Tax System: The Working Poor and the Cost of Refundable Tax Credits.* Dublin: Social Justice Ireland.

Sombart, Werner. 1896/1905. *Sozialismus und soziale Bewegung.* Jena: Gustav Fischer, 1905. English translation: *Socialism and the Social Movement.* London: Dent & Co. and New York: Dutton & Co., 1990.

Sommer, Maximilian. 2016. *A Feasible Basic-Income Scheme for Germany: Effects on Labor Supply, Poverty, and Income Inequality.* Cham: Springer.

Spafford, Jesse. 2013. "Reconciling Basic Income and Immigration." Metamorphoses and Deformations, blog post, December 8. http://jessespafford.tumblr.com/post/69381354548/reconciling-basic-income-and-immigration.

Spence, Thomas. 1775/1982. *The Real Rights of Man.* In Spence, *The Political Works of Thomas Spence,* ed. H. T. Dickinson. Newcastle Upon Tyne: Avero.

——. 1782/1982. "A Supplement to the History of Robinson Crusoe." In Spence, *The Political Works of Thomas Spence,* ed. H. T. Dickinson. Newcastle Upon Tyne: Avero.

——. 1797/2004. "The Rights of Infants." In Spence, *The Origins of Universal Grants,* ed. John Cunliffe and Guido Erreygers, 81–91. Basingstoke: Palgrave Macmillan, 2004. Also available from http://thomas-spence-society.co.uk/4.html.

Spicker, Paul. 2010. *The Origins of Modern Welfare: Juan Luis Vives, De Subventione Pauperum, and City of Ypres, Forma Subventionis Pauperum.* Oxford: Peter Lang.

Srnicek, Nick, and Alex Williams. 2015. *Inventing the Future: Postcapitalism and a World without Work.* London: Verso.

Standing, Guy, and Michael Samson, eds. 2003. *A Basic Income Grant for South Africa.* Cape Town: University of Cape Town Press.

Standing, Guy. 1986. "Meshing Labour Flexibility with Security: An Answer to Mass Unemployment?" *International Labour Review* 125(1): 87–106.

——. 1999. *Global Labour Flexibility: Seeking Distributive Justice.* Basingstoke: Macmillan.

——. 2011. *The Precariat: The New Dangerous Class.* London: Bloomsbury.

ガイ・スタンディング『プレカリアート：不平等社会が生み出す危険な階級』 法律文化社、2016年

——. 2012. "Why a Basic Income Is Necessary for a Right to Work." *Basic Income Studies* 7(2): 19–40.

——. 2014a. *A Precariat Charter: From Denizens to Citizens.* London: Bloomsbury.

——. 2014b. "Cash Transfers Can Work Better than Subsidies." *The Hindu,* December 6. www.thehindu.com/article6666913.ece.

Steensland, Brian. 2008. *The Failed Welfare Revolution: America's Struggle over Guaranteed Income Policy.* Princeton: Princeton University Press.

Steiber, Nadia, and Barbara Haas. 2012. "Advances in Explaining Women's Employment Patterns." *Socioeconomic Review* 10(2): 343–367.

Steiner, Hillel. 1992. "Three Just Taxes." In Philippe Van Parijs, ed., *Arguing for Basic Income: Ethical Foundations for a Radical Reform,* 81–92. London: Verso.

——. 1994. *An Essay on Rights.* Oxford: Blackwell.

ヒレル・スタイナー『権利論：レフト・リバタリアニズム宣言』浅野幸治訳 新教出版社、2016年

——. 2003. "Compatriot Solidarity and Justice among Thieves." In Andrew Reeve and Andrew Williams, eds., *Real Libertarianism Assessed: Political Theory after Van Parijs,* 161–171. Basingstoke: Palgrave Macmillan.

Stern, Andy. 2016. *Raising the Floor: How a Universal Basic Income Can Renew Our Economy and Rebuild the American Dream.* New York: Public Affairs.

Stigler, George. 1946. "The Economics of Minimum Wage Legislation." *American Economic Review* 36: 358–365.

Stiglitz, Joseph. 2012. *The Price of Inequality.* New York: Columbia University Press.

St John, Susan. 2016. "Can Older Citizens Lead the Way to a Universal Basic Income?" In Jennifer Mays, Greg Marston, and John Tomlinson, eds., *Basic Income in Australia and New Zealand: Perspectives from the Neoliberal Frontier,* 95–114. New York: Palgrave Macmillan.

St John, Susan, and Larry Willmore. 2001. "Two Legs are Better than Three: New Zealand as a Model for Old Age Pensions." *World Development* 29(8): 1291–1305.

Stoffaës, Christian. 1974. *Rapport du groupe d' étude de l'impôt négatif.* Paris: Commissariat du Plan.

Stoleru, Lionel. 1973. "Politique sociale et garantie des revenus." *Futuribles* 16: 47–68.

——. 1974a. *Vaincre la Pauvreté dans les pays riches*. Paris: Flammarion.

リオネル・ストレリュ『富める国の貧困：社会的公正とは何か』益戸欽也、小池一雄訳　サイマル出版会　1981年

——. 1974b. "Coût et efficacité de l'impôt négatif." *Revue Economique* 5: 745–761.

Story, Michael. 2015. *Free Market Welfare: The Case for a Negative Income Tax*. London: Adam Smith Institute.

Sturn, Richard, and Dujmovits, Rudi. 2000. "Basic Income in Complex Worlds: Individual Freedom and Social Interdependencies." *Analyse und Kritik* 22(2): 198–222.

Summers, Lawrence H. 2016. "The Age of Secular Stagnation." *Foreign Affairs* 95(2): 2–9.

Suplicy, Eduardo M. 2006. *Renda de Cidadania. A saída é pela porta*, 4th ed. Sao Paulo: Cortez Editora.

——. 2011. "Towards an Unconditional Basic Income in Brazil?" In Axel Gosseries and Yannick Vanderborght, eds., *Arguing about Justice: Essays for Philippe Van Parijs*, 337–346. Louvain-la-Neuve: Presses Universitaires de Louvain.

Surrender, Rebecca. 2015. "South Africa: A Different Welfare and Development Paradigm?" In Reza Hasmath, ed., *Inclusive Growth, Development and Welfare Policy: A Critical Assessment*, 161–178. Oxford: Oxford University Press.

Sutter, John D. 2015. "The Argument for a Basic Income." CNN online, March 15. http:// edition.cnn.com/2015/03/01/opinion/sutter-basic-income/index.html.

Sykes, Jennifer, Katrin Križ, Kathryn Edin, and Sarah Halpern-Meekin. 2015. "Dignity and Dreams: What the Earned Income Tax Credit (EITC) Means to Low-Income Families." *American Sociological Review* 80(2): 243–267.

Tabatabai, Hamid. 2011. "The Basic Income Road to Reforming Iran's Price Subsidies." *Basic Income Studies* 6(1), 1–24.

——. 2012. "From Price Subsidies to Basic Income: The Iran Model and Its Lessons." In Karl Widerquist and Michael Howard, eds., *Exporting the Alaska Model*, 17–32. New York: Palgrave Macmillan.

Takamatsu, Rie, and Toshiaki Tachibanaki. 2014. "What Needs to Be Considered When Introducing a New Welfare System: Who Supports Basic Income in Japan?" In Yannick Vanderborght and Toru Yamamori, eds., *Basic Income in Japan: Prospects of a Radical Idea in a Transforming Welfare State*, 197–218. New York: Palgrave Macmillan.

Tanghe, Fernand. 1989. *Le Droit au travail entre histoire et utopie: de la répression de la mendicité à l'allocation universelle*. Florence: European University Institute.

——. 2014. "1848 and the Question of the *droit au travail*: A Historical Retrospective." In Elise Dermine and Daniel Dumont, eds., *Activation Policies for the Unemployed, the Right to Work and the Duty to Work*, 23–32. Brussels: Peter Lang.

Taylor-Gooby, Peter. 2013. "Why Do People Stigmatise the Poor at a Time of Rapidly Increasing Inequality, and What Can Be Done about It?" *Political Quarterly* 84(1): 31–42.

Theobald, Robert. 1961. *The Challenge of Abundance*. New York: Clarkson N. Potter.

——. 1963/1965. *Free Men and Free Markets*. New York: Anchor Books.

——. 1966. "The Guaranteed Income: What and Why." In John H. Bunzel, ed., *Issues of American Public Policy*, 99–108. Englewood Cliffs: Prentice-Hall.

——, ed. 1967. *The Guaranteed Income: Next Step in Socioeconomic Evolution?* New York: Doubleday.

Thornhill, John, and Ralph Atkins. 2016. "Basic Income: Money for Nothing." *Financial Times*, May 26. http://www.ft.com/intl/cms/s/0/7c7ba87e-229f-11e6-9d4d-c11776a5124d.html#axzz49pivjtkE.

Thurow, Lester C. 1974. "Cash versus In-Kind Transfers." *American Economic Review* 64(2): 190–195.

——. 1977. "Government Expenditures: Cash or In-Kind Aid?" In Gerald Dworkin, Gordon Bermant, and Peter G. Brown, eds., *Markets and Morals*, 85–106. New York: Wiley.

Tinbergen, Jan. 1956. *Economic Policy: Principles and Design*. Amsterdam: North Holland.

Tobin, James, Joseph A. Pechman, and Peter M. Mieszkowski. 1967. "Is a Negative Income Tax Practical?" *The Yale Law Journal* 77(1): 1–27.

Tobin, James. 1965. "On the Economic Status of the Negro." *Daedalus* 94: 878–898.

——. 1966. "The Case for an Income Guarantee." *The Public Interest* 4: 31–41.

——. 1968. "Raising the Incomes of the Poor." In Kermit Gordon, ed., *Agenda for the Nation*, 77–116. Washington DC: The Brookings Institution.

——. 1978. "A Proposal for International Monetary Reform." *Eastern Economic Journal* 4: 153–159.

——. 2001. "The Suplicy-Tobin Exchange." BIEN News Flash 11, September. www.basic income.org/bien/pdf/NewsFlash3.pdf.

Tocqueville, Alexis de. 1833/1967. "Voyage en Angleterre de 1833." In Tocqueville, *Voyages en Angleterre et en Irlande*, ed. Jacob Peter Mayer, 3–120. Paris: Gallimard.

———. 1835/1997. *Memoir on Pauperism*. London: Civitas.

Tomlinson, John. 2012. "Australia: Will Basic Income Have a Second Coming?" In Richard K. Caputo, ed., *Basic Income Guarantee and Politics: International Experiences and Perspectives on the Viability of Income Guarantees*, 153–175. New York: Palgrave Macmillan.

Torry, Malcolm. 2012. "The United Kingdom: Only for Children?" In Richard K. Caputo, ed., *Basic Income Guarantee and Politics: International Experiences and Perspectives on the Viability of Income Guarantees*, 235–263. New York: Palgrave Macmillan.

———. 2013. *Money for Everyone: Why We Need a Citizen's Income*. Bristol: Policy Press.

———. 2015. *101 Reasons for a Citizen's Income: Arguments for Giving Everyone Some Money*. Bristol: Policy Press.

———. 2016. *The Feasibility of Citizen's Income*. London: Palgrave Macmillan.

Townsend, Peter B. 1968. "The Difficulties of Negative Income Tax." In Townsend, *Social Services for All?* London: Fabian Society.

Tremblay, Robert. 1984. Lettre à Michel Rochon, Secrétaire de la Commission [Macdonald], Fédération québécoise anti-pauvreté, Québec, August 10.

Trudeau Foundation. 2013. *Backgrounder. Responsible Citizenship: A National Survey of Canadians*. Montreal: Trudeau Foundation.

Turgot, Anne-Robert Jacques. 1757. "Fondation." In *Encyclopédie*, tome 7, 72–77.

Unemployed Workers Movement. 1979. "The Guaranteed Minimum Income." Paper presented at the State Conference of UWU, Perth, Australia, July 28–29.

UNISON. 2016. Record of Decisions, 2016 Unison National Women's Conference, March 8, London. https://www.unison.org.uk/content/uploads/2016/03/2016-National-Womens-Conference-Decisions-Booklet.docx.

United Kingdom. 2015. "2010 to 2015 Government Policy: Welfare Reform. Appendix 1: Government Policy on Universal Credit, an Introduction." Policy paper, updated May 2015. Department for Work and Pensions, London. www.dwp.gov.uk/universal-credit.

Vallentyne, Peter. 2000. "Introduction: Left-Libertarianism—A Primer." In Peter Vallentyne and Hillel Steiner, eds., *Left-Libertarianism and Its Critics*, 1–20. Basingstoke: Palgrave Macmillan.

Vallentyne, Peter, and Hillel Steiner, eds. 2000a. *The Origins of Left-Libertarianism*. Basingstoke: Palgrave Macmillan.

———, eds. 2000b. *Left-Libertarianism and Its Critics*. Basingstoke: Palgrave Macmillan.

Van Berkel, Rik et al. 1993. *Met z'n allen zwijgen in de woestijn. Een onderzoek naar het ba-sisinkomen binnen de Voedingsbond FNV*. University of Utrecht: Vakgroep Algemene Sociale Wetenschappen.

Vandenbroucke, Frank. 1997. "A propos de l'instauration pragmatique d'une allocation universelle." *La Revue nouvelle* 105: 161–166.

Vanden Heuvel, Katrina, and Stephen F. Cohen. 2014. "Edward Snowden: A 'Nation' Interview." *Nation*, October 20.

Vanderborght, Yannick. 2001. "La France sur la voie d'un 'revenu minimum inconditionnel'?" *Mouvements* 15–16: 157–165.

———. 2002. "Belgique: VIVANT ou l'allocation universelle pour seul programme électoral." *Multitudes* 8: 135–145.

———. 2004a. "La faisabilité politique d'un revenu inconditionnel." PhD diss., Université catholique de Louvain.

———. 2004b. "Universal Basic Income in Belgium and the Netherlands: Implementation through the Back Door?" EUI Working Paper SPS No. 2004/4, European University Institute, Florence.

———. 2006. "Why Trade Unions Oppose Basic Income." *Basic Income Studies* 1(1): 1–20. Vanderborght, Yannick, and Yuki Sekine. 2014. "A Comparative Look at the Feasibility of Basic Income in the Japanese Welfare State." In Yannick Vanderborght and Toru Yamamori, eds., *Basic Income in Japan: Prospects for a Radical Reform in a Transforming Welfare State*, 15–34. New York: Palgrave Macmillan.

Vanderborght, Yannick, and Philippe Van Parijs. 2001. "Assurance participation et revenu de participation. Deux manières d'infléchir l'état social actif." *Reflets et perspectives de la vie économique* 40: 183–196.

———. 2005. *L'Allocation universelle*. Paris: La Découverte.

Van der Veen, Robert J., and Philippe Van Parijs. 1986a. "A Capitalist Road to Communism." *Theory and Society* 15: 635–655.

———. 1986b. "Universal Grants versus Socialism. Reply to Six Critics." *Theory and Society* 15: 723–757.

———. 2006. "A Capitalist Road to Global Justice. Reply to Another Six Critics." *Basic Income Studies* 1(1): 1–15.

Van Donselaar, Gijs. 2009. *The Right to Exploit: Parasitism, Scarcity, and Basic Income*. Oxford: Oxford University Press.

——. 2015. "In Company of the Funny Sunny Surfer off Malibu." *Analyse & Kritik* 2: 305–317.

Van Hove, Hildegard et al. 2011. *Femmes et hommes en Belgique. Statistiques et indicateurs de genre*, 2e édition. Bruxelles: Institut pour l'égalité des femmes et des hommes.

Van Keirsbilck, Felipe. 2015. "Un horizon peut-être, un chemin sûrement pas." In *Allocation universelle: miroir aux alouettes*, special issue of *Ensemble!* 89: 23–24.

Van Lancker, Wim, and Natascha Van Mechelen. 2015. "Universalism under Siege? Exploring the Association between Targeting, Child Benefits and Child Poverty across 26 Countries." *Social Science Research* 5: 60–75.

Van Male, Patrick. 2003. "A Basic Income Funded by the EU?" BIEN NewsFlash 22, July.

Van Mechelen, Natascha, and Jonathan Bradshaw. 2013. "Child Poverty as a Government Priority: Child Benefit Packages for Working Families, 1992–2009." In Ive Marx and Kenneth Nelson, eds., *Minimum Income Protection in Flux*, 81–105. New York: Palgrave Macmillan.

Van Middelaar, Luuk. 2013. *The Passage to Europe: How a Continent Became a Union*. New Haven: Yale University Press.

Van Ojik, Bram. 1982. *Basisinkomen*. Amsterdam: Politieke Partij Radikalen Studiestichting.

——. 1983. "Basisinkomen en arbeidstijdverkorting." *Socialisme en Democratie* 10: 25–30.

——. 1985. *Basisinkomen. Over arbeidsethos, inkomen en emancipatie*. Amsterdam: PPR Studiestichting.

——. 1989. *Basisinkomen. Van veenbrand naar gidsland*. Amsterdam: Politieke Partij Radikalen.

Van Ojik, Bram, and Bart Teulings. 1990. *De band tussen arbeid en inkomen: losser of vaster?* Amsterdam: Wetenschappelijk Bureau GroenLinks.

Van Parijs, Philippe. 1983. "L'allocation universelle." *Ecolo-Infos* (Namur) 16(7 February): 4–7.

——. 1985. "Marx, l'écologisme et la transition directe du capitalisme au communism." In Bernard Chavance, ed., *Marx en perspective*, 135–155. Paris: Ecole des Hautes Etudes en Sciences Sociales.

——. 1987a / 2013. "A Green Case for Basic Income?" In K. Widerquist, J. A. Noguera, Y. Vanderborght, and J. De Wispelaere, eds., *Basic Income: An Anthology of Contemporary Research*, 269–274. Chichester: Wiley-Blackwell.

——. 1987b. "A Revolution in Class Theory." *Politics and Society* 15: 453–482.

——. 1988. "Rawls face aux libertariens." In Catherine Audard et al., *Individu et justice sociale. Autour de John Rawls*, 193–218. Paris: Le Seuil.

——. 1990. "The Second Marriage of Justice and Efficiency." *Journal of Social Policy* 19: 1–25.

——. 1991. "Why Surfers Should Be Fed: The Liberal Case for an Unconditional Basic Income." *Philosophy and Public Affairs* 20: 101–131.

——. 1992. "Competing Justifications of Basic Income." In Philippe van Parijs, ed., *Arguing for Basic Income: Ethical Foundations for a Radical Reform*, 3–43. London: Verso.

——. 1995. *Real Freedom for All: What (If Anything) Can Justify Capitalism?* Oxford: Oxford University Press.

P.ヴァン・パリース『ベーシック・インカムの哲学: すべての人にリアルな自由を』　後藤玲子、齊藤拓訳　勁草書房、2009年

——. 1997. "Reciprocity and the Justification of an Unconditional Basic Income. Reply to Stuart White." *Political Studies* 45: 327–330.

——. 1998. "James Tobin, the Demogrant and the Future of US Social Policy." *Basic Income* 29: 6–7. http://www.basic income.org/bien/pdf/BI29.pdf

——. 2001. "Real Freedom, the Market and the Family. Reply to Seven Critics." *Analyse & Kritik* 23: 106–131.

——. 2002. "Difference Principles." In Samuel Freeman, ed., *The Cambridge Companion to John Rawls*, 200–240. Cambridge: Cambridge University Press.

——, ed. 2003a. *Cultural Diversity versus Economic Solidarity*. Brussels: De Boeck Université. http://www.uclouvain.be/en-12569.html.

——. 2003b. "Hybrid Justice, Patriotism and Democracy: A Selective Reply." In Andrew Reeve and Andrew Williams, eds., *Real Libertarianism Assessed: Political Theory after Van Parijs*, 201–216. London: Palgrave Macmillan.

——. 2006. "Basic Income versus Stakeholder Grants: Some Afterthoughts on How Best to Redesign Distribution." In Erik Olin Wright, ed., *Redesigning Distribution: Basic Income and Stakeholder Grants as Cornerstones of a More Egalitarian Capitalism*, 199–208. London: Verso.

——. 2007. "International Distributive Justice." *The Blackwell's Companion to Political Philosophy*, ed. Robert E. Goodin, Philip Pettit, and Thomas Pogge, vol. 2, 638–652. Oxford: Blackwell.

——. 2009. "Political Ecology: From Autonomous Sphere to Basic Income." *Basic Income Studies* 4(2): 1–9.

——. 2011. *Linguistic Justice for Europe and for the World*. Oxford: Oxford University Press.

——. 2015a. "Epilogue: Justifying Europe." In Luuk van Middelaar and Philippe Van Parijs eds., *After the Storm: How to Save Democracy in Europe*, 247–261. Tielt: Lannoo.

——. 2015b. "Real Freedom for All Women (and Men). A Reply." *Law, Ethics and Philosophy* 3: 161–175.

Van Parijs, Philippe, Laurence Jacquet, and Claudio Salinas. 2000. "Basic Income and Its Cognates." In Robert J. van der Veen and Loek Groot, eds., *Basic Income on the Agenda*, 53–84. Amsterdam: Amsterdam University Press.

Van Parijs, Philippe, and Yannick Vanderborght. 2001. "From Euro-Stipendium to Euro- Dividend." *Journal of European Social Policy* 11(4): 342–346.

Van Rie, Tim, Ive Marx, and Jeroen Horemans. 2011. "Ghent Revisited: Unemployment Insurance and Union Membership in Belgium and the Nordic Countries." *European Journal of Industrial Relations* 17(2): 125–139.

Van Trier, Walter. 1992. "Het basisinkomen als derde weg?" *Streven* 59(9): 779–801.

——. 1995. "Everyone a King: An Investigation into the Meaning and Significance of the Debate on Basic Incomes." PhD diss., Katholieke Universiteit Leuven.

Varian, Hal. 1975/1979. "Distributive Justice, Welfare Economics and the Theory of Fairness." In F. Hahn and M. Hollis, eds., *Philosophy and Economic Theory*, 135–164. Oxford: Oxford University Press.

Varoufakis, Yanis. 2016. "The Universal Right to Capital Income." Project Syndicate, October 31. www.project-syndicate.org/commentary/basic-income-funded-by-capital-income-by-yanis-varoufakis-2016-10.

Ventry, Dennis J. 2000. "The Collision of Tax and Welfare Politics: The Political History of the Earned Income Tax Credit, 1969–99." *National Tax Journal* 53(4): 983–1026.

Vielle, Pascale, and Philippe Van Parijs. 2001. "La prime de virilité." *Le Soir*, December 1.

Vives, Jan Loys. 1533/1943. *Secours van den Aermen*. Brussels: Valero & Fils.

Vives, Johannes Ludovicus. 1526/2010. *De Subventione Pauperum. On the Relief of the Poor, or of Human Needs*. In Paul Spicker, ed., *The Origins of Modern Welfare*, 1–100. Oxford: Peter Lang.

Voedingsbond FNV. 1981. *Met z'n allen roepen in de woestijn. Een tussenrapport over het losser maken van de band tussen arbeid en inkomen*. Utrecht: Voedingsbond FNV.

Von Schmoller, Gustav. 1890. *Zur Socialund Gewerbepolitik der Gegenwart*. Leipzig: Duncker & Humblot.

Wachtel, Henry H. 1955. *Security for All and Free Enterprise: A Summary of the Social Philosophy of Josef Popper-Lynkeus*. New York: Philosophical Library.

Wagner, Adolf. 1881. *Der Staat und das Versicherungswesen*. Tübingen: Laupp.

Walker, Mark. 2016. *Free Money for All: A Basic Income Guarantee Solution for the Twenty- First Century*. New York: Palgrave Macmillan.

Waltenberg, Fabio. 2013. "Are Latin Americans—Brazilians in Particular—Willing to Support an Unconditional Citizen's Income?" In Ruben Lo Vuolo, ed., *Citizen's Income and Welfare Regimes in Latin America: From Cash Transfers to Rights*, 141–167. New York: Palgrave Macmillan.

Warin, Philippe. 2012. "Non-Demand for Social Rights: A New Challenge for Social Action in France." *Journal of Poverty and Social Justice* 20(1): 41–55.

Weitling, Wilhelm. 1845. *Garantien der Harmonie und Freiheit*, 2nd ed. Hamburg: Im Verlage des Verfassers.

Weitzman, Martin L. 1984. *The Share Economy: Conquering Stagflation*. Cambridge, MA: Harvard University Press.

Wenger, Albert. 2016. "World after Capital." Self-published essay. https://www.gitbook.com/book/worldaftercapital/worldaftercapital/details.

Werner, Götz. 2006. *Ein Grund für die Zukunft. Das Grundeinkommen*. Stuttgart: Verlag freies Geistesleben.

ゲッツ・W・ヴェルナー『ベーシック・インカム：基本所得のある社会へ』渡辺一男訳　現代書館、2007年

——. 2007. *Einkommen für alle*. Köln: Kiepenheuer & Witsch.

ゲッツ・W・ヴェルナー『すべての人にベーシック・インカムを：基本的人権としての所得保障について』渡辺一男訳　現代書館、2009年

Werner, Götz, and Adrienne Goehler. 2010. *1000 € für jeden. Freiheit, Gleichheit, Grundeinkommen*. Berlin: Econ.

Werner, Götz, and Benediktus Hardorp. 2005. "Wir würden gewaltig reich warden." Der Spiegel Online, November 30.

Werner, Götz, and André Presse, eds. 2007. *Grundeinkommen und Konsumsteuer.* Karlsruhe: Universitätsverlag Karlsruhe.

Wernerus, Sabine. 2004. "Les syndicats contre l'allocation universelle? Mise en perspective des points de vue belges et québecois." Master's thesis, Université catholique de Louvain.

White, Stuart. 1996. "Reciprocity Arguments for Basic Income." Paper presented at the 6th Congress of the Basic Income European Network, Vienna, September 12–14.

——. 1997. "Liberal Equality, Exploitation, and the Case for an Unconditional Basic Income." *Political Studies* 45(2): 312–326.

——. 2003a. *The Civic Minimum.* Oxford: Clarendon Press.

——. 2003b. "Fair Reciprocity and Basic Income." In Andrew Reeve and Andrew Williams, eds., *Real Libertarianism Assessed: Political Theory after Van Parijs,* 136–160. London: Palgrave Macmillan.

——. 2015. "Basic Capital in the Egalitarian Toolkit?" *Journal of Applied Philosophy* 32(4): 417–431.

Widerquist, Karl. 1999. "Reciprocity and the Guaranteed Income." *Politics and Society* 33(3): 386–401.

——. 2005. "A Failure to Communicate: What (If Anything) Can We Learn from the Negative Income Tax Experiments." *Journal of Socioeconomics* 34(1): 49–81.

——. 2011. "Why We Demand an Unconditional Basic Income: The ECSO Freedom Case." In Axel Gosseries and Yannick Vanderborght, eds., *Arguing about Justice: Essays for Philippe Van Parijs,* 387–394. Louvain-la-Neuve: Presses Universitaires de Louvain.

——. 2012. "Citizens' Capital Accounts: A Proposal." In Karl Widerquist and Michael Howard, eds., *Exporting the Alaska Model: Adapting the Permanent Fund Dividend for Reform around the World,* 183–203. New York: Palgrave Macmillan.

——. 2013. *Independence, Propertylessness and Basic Income: A Theory of Freedom as the Power to Say No.* New York: Palgrave Macmillan.

Widerquist, Karl, and Michael Howard, eds. 2012a. *Alaska's Permanent Fund Dividend: Examining Its Suitability as a Model.* New York: Palgrave Macmillan.

——. 2012b. *Exporting the Alaska Model: Adapting the Permanent Fund Dividend for Reform around the World.* New York: Palgrave Macmillan.

Widerquist, Karl, Jose A. Noguera, Yannick Vanderborght, and Jurgen De Wispelaere, eds. 2013. *Basic Income: An Anthology of Contemporary Research.* New York: Wiley-Blackwell.

Widerstrom, Klaus. 2010. "Erich Fromm and His Proposal for a Basic Income." Indybay, July 6. http://www.indybay.org/newsitems/2010/07/06/18652754.php.

Wilkinson, Richard G., and Kate Pickett. 2009. *The Spirit Level: Why More Equal Societies Almost Always Do Better.* London: Allen Lane.

Willmore, Larry. 2007. Universal Pensions for Developing Countries. *World Development* 35(1): 24–51.

Withorn, Ann. 1993/2013. "Is One Man's Ceiling Another Woman's Floor?" In Karl Widerquist et al., eds., *Basic Income: An Anthology of Contemporary Research,* 145–148. New York: Wiley-Blackwell.

Wogaman, P. 1968. *Guaranteed Annual Income: The Moral Issues.* Nashville: Abingdon Press. Wood, Adrian. 1994. *North-South Trade, Employment and Inequality.* Oxford: Oxford University Press.

Woolf, Virginia. 1929/1977. *A Room of One's Own.* St Albans: Panther Books.
ヴァージニア・ウルフ『自分ひとりの部屋』片山亜紀訳 平凡社、2015年

Woolley, Frances. 2004. "Why Pay Child Benefits to Mothers?" *Canadian Public Policy* 30(1): 47–69.

Workers Party. 1985. *Social Welfare for All.* Dublin: The Workers Party.

Wright, Erik O. 1986. "Why Something Like Socialism Is Necessary for the Transition to Something Like Communism." *Theory and Society* 15(5): 657–672.

——, ed. 2006. *Redesigning Distribution: Basic Income and Stakeholder Grants as Cornerstones of a More Egalitarian Capitalism.* London: Verso.

——. 2015. "Eroding Capitalism: A Comment on Stuart White's 'Basic Capital in the Egalitarian Toolkit.' " *Journal of Applied Philosophy* 32(4): 432–439.

WRR (Wetenschappelijke Raad voor het Regeringsbeleid). 1985. *Safeguarding Social Security.* The Hague: Netherlands Scientific Council for Government Policy.

Yamamori, Toru. 2014. "A Feminist Way to Unconditional Basic Income: Claimants Unions and Women's Liberation Movements in 1970s Britain." *Basic Income Studies* 9(1–2): 1–24.

参考文献

Yamamori, Toru, and Yannick Vanderborght. 2014. "Income Security and the 'Right to Subsistence' in Japan." In Yannick Vanderborght and Toru Yamamori, eds., *Basic Income in Japan: Prospects for a Radical Reform in a Transforming Welfare State*, 1–11. New York: Palgrave Macmillan.

Yamashita, Junko. 2014. "The Impact of Basic Income on the Gendered Division of Paid Care Work." In Yannick Vanderborght and Toru Yamamori, eds. *Basic Income in Japan: Prospects for a Radical Reform in a Transforming Welfare State*, 117–130. New York: Palgrave Macmillan.

Yunker, James A. 1977. "The Social Dividend under Market Socialism." *Annals of Public and Cooperative Economy* 48(1): 91–133.

——. 2013. "The Basic Income Guarantee: A General Equilibrium Evaluation." *Basic Income Studies* 8(2): 203–233.

Zwolinski, Matt. 2011. "Classical Liberalism and the Basic Income." *Basic Income Studies* 6(2): 1–14.

——. 2013. "Why Did Hayek Support a Basic Income?" Libertarianism.org, December 23. http://www.libertarianism.org/columns/why-did-hayek-support-basic-income.

——. 2014. "The Pragmatic Libertarian Case for a Basic Income Guarantee." Cato Unbound blog, August 4. http://www.cato-unbound.org/2014/08/04/matt-zwolinski/pragmatic-libertarian-case-basic-income-guarantee.

Zylberman, Ariel. Forthcoming. "Bread as Freedom: Kant on the State's Duties to the Poor." In Dai Heide and Evan Tiffany, eds., *Kantian Freedom.*

Book Design：金澤浩二

翻訳：永盛鷹司

翻訳協力：株式会社トランネット
（https://www.trannet.co.jp/）

DTP：株式会社 明昌堂

[著者略歴]

フィリップ・ヴァン・パリース（PHILIPPE VAN PARIJS）

ルーヴァン大学経済社会政治科学部教授。ベルギーの政治哲学者、政治経済学者。ベーシック・インカムの概念の提案者。2020年に英国の『Prospect』誌でCOVID-19時代のトップ50の偉大な思想家のうち8番目の思想家として挙げられた。

ヤニック・ヴァンデルポルト（YANNICK VANDERBORGHT）

ブリュッセル・サン・ルイ大学教授。ルーヴァン・カトリック大学客員教授。主な研究分野は、比較政治学、比較社会政策、比較社会史。ベーシック・インカム・アース・ネットワーク（BIEN）実行委員会メンバー。

[監訳者略歴]

竹中平蔵（たけなか・へいぞう）

慶應義塾大学名誉教授。博士（経済学）。1951年、和歌山県生まれ。一橋大学経済学部卒業後、73年日本開発銀行入行、81年に退職後、ハーバード大学客員准教授、慶應義塾大学総合政策学部教授などを務める。2001年、小泉内閣の経済財政政策担当大臣就任を皮切りに金融担当大臣、郵政民営化担当大臣、総務大臣などを歴任。04年参議院議員に当選。06年9月、参議院議員を辞職し政界を引退。ほか公益社団法人日本経済研究センター研究顧問、アカデミーヒルズ理事長、SBIホールディングス（株）独立社外取締役、世界経済フォーラム（ダボス会議）理事などを兼職。

ベーシック・インカム

2022年12月1日　初版発行

著　者	フィリップ・ヴァン・パリース／ヤニック・ヴァンデルポルト
監訳者	竹中平蔵
発行者	小早川幸一郎
発　行	株式会社クロスメディア・パブリッシング 〒151-0051 東京都渋谷区千駄ヶ谷4-20-3 東栄神宮外苑ビル https://www.cm-publishing.co.jp ◎本の内容に関するお問い合わせ先：TEL（03）5413-3140／FAX（03）5413-3141
発　売	株式会社インプレス 〒101-0051 東京都千代田区神田神保町一丁目105番地 ◎乱丁本・落丁本などのお問い合わせ先：TEL（03）6837-5016／FAX（03）6837-5023 （受付時間10:00〜12:00、13:00〜17:30 土日祝祭日を除く） service@impress.co.jp ※古書店で購入されたものについてはお取り替えできません ◎書店／販売会社からのご注文窓口 株式会社インプレス 受注センター：TEL（048）449-8040／FAX（048）449-8041
印刷・製本	中央精版印刷株式会社

©2022 TRANNET KK., Printed in Japan　　ISBN978-4-295-40748-5　　C2034